**UNSERE LIEBSTEN
WIRTSHÄUSER**

Slow Food® Austria

UNSERE LIEBSTEN
WIRTSHÄUSER
Österreich & Südtirol 2019

Herausgeber:
Severin Corti & **Georges Desrues**

AUTOREN UND REFERENTEN

Severin Corti, geboren 1966, ist freier Journalist und Restauranttester der Tageszeitung *Der Standard*.
Georges Desrues, geboren 1966, ist Absolvent der Slow-Food-Universität und lebt als freier Journalist in Italien.

Regionale Referentinnen und Referenten:
Burgenland: Kerstin Rohrer
Kärnten: Herwig Ertl
Niederösterreich: Helmut Hundlinger
Oberösterreich: Philipp Braun
Salzburg: Wolfgang Schäffner, Alexandra Picker, Ilse Fischer
Steiermark: Manfred Flieser
Tirol: Elisabeth Senn
Vorarlberg: Vito Mussner
Wien: Severin Corti
Südtirol: Ivo De Pellegrin

Autorinnen und Autoren:
Sandra Aigmüller, Gottfried Bachler, Ingrid Bachler, Philipp Braun, Anna Burghardt, André Cis, Ivo De Pellegrin, Manfred Derflinger, Eva Dornauer, Edgar Eller, Herwig Ertl, Gregor Fauma, Pius Fink, Ilse Fischer, Manfred Flieser, Georg Friedl, Andrea Götsch, Bianca Gusenbauer, Sabine Hackl-Schatzmann, Margit Huber, Helmut Hundlinger, Elise-Marie Hütterer, Christine Koppelstätter, Rudi Morawitz, Vito Mussner, Helmut Nehr, Alexandra Picker-Rußwurm, Herbert Pümpel, Sigi Rathner, Harald Repar, Wolfgang Schäffner, Klaus Schauer, Sonja Schernitz, Jürgen Schmücking, Elisabeth Senn, Hans Stoll, Sabine Venier, Michael Vesely

BENUTZERHINWEISE

Die Auswahlkriterien: Die in diesem Buch angeführten Gasthöfe und Wirtshäuser beziehen ihre Lebensmittel bei regionalen Erzeugern oder stellen sie selbst her. Sie halten die kulinarischen Traditionen ihrer Region in Ehren. Und sie bieten Speis und Trank zu fairen Preisen an: Ein dreigängiges Essen sollte um höchstens 35 Euro zu haben sein.

Informationen: Ruhetage, Öffnungszeiten und Betriebsurlaube wurden nach bestem Wissen recherchiert respektive von den Betreibern selbst angegeben.

Preise: Die angeführten Zimmerpreise verstehen sich pro Person und Nächtigung inklusive Frühstück.

INHALT

■ **VORARLBERG**	**8**
Einkaufstipps	47
■ **TIROL**	**54**
Einkaufstipps	90
■ **SALZBURG**	**94**
Almen	134
Kulinarische und Einkaufstipps	138
■ **OBERÖSTERREICH**	**148**
Einkaufstipps	190
■ **KÄRNTEN**	**198**
Einkaufstipps	236
■ **STEIERMARK**	**244**
Buschenschanktipps	294
■ **BURGENLAND**	**308**
Einkaufstipps	333
■ **NIEDERÖSTERREICH**	**344**
Einkaufstipps	391
■ **WIEN**	**394**
Einkaufstipps	444
Heurigentipps	456
■ **SÜDTIROL**	**460**
Einkaufstipps	477
SLOW FOOD	480
WAS IST DIE „ARCHE DES GESCHMACKS"?	482
REGISTER DER ORTE	484
REGISTER DER WIRTSHÄUSER	488
GLOSSAR	495
IMPRESSUM	499

SYMBOLE & AUSZEICHNUNGEN

Ein Wirtshaus, das uns wegen der Küche, der Gastlichkeit, der Atmosphäre – und weil es der Slow-Food-Philosophie entspricht – **ganz besonders gut gefällt**.

Reiches und qualifiziertes **Weinangebot**.

Betrieb mit angeschlossener **Landwirtschaft**.

Ein Lokal, das über eine hauseigene **Fleischerei** verfügt.

Wirtshaus mit **eigenem Gemüsegarten**.

DIE ARCHE DES GESCHMACKS

Die Arche des Geschmacks ist ein internationales Projekt der Slow Food Stiftung für biologische Vielfalt. Sie stellt das Weltkulturerbe des Essens dar. Die Arche des Geschmacks schützt weltweit fast vergessene, regional wertvolle Lebensmittel, Pflanzenarten und Nutztierrassen, die unter den gegenwärtigen ökonomischen Bedingungen am Markt nicht bestehen können, nicht mehr den aktuellen Trends für Ernährung, Gastronomie oder Landwirtschaft entsprechen oder aus anderen Gründen in ihrer Existenz gefährdet sind.

EINLEITUNG

LIEBE LESERINNEN UND LESER!

Wir freuen uns sehr, Sie auf eine Reise durch die Regionen Österreichs mitzunehmen! Was Sie in Händen halten, ist kein Restaurantführer im üblichen Sinn, sondern ein Reisebegleiter, der die Kultur und Schönheit der Landschaften auf kulinarische Weise erlebbar macht.

Österreichs Tradition des guten Essens und Trinkens geht weit tiefer, als es der gern als „regionale Küche" zwischen Boden- und Neusiedler See ausgebreitete Teppich aus Wiener Schnitzel, Tafelspitz, Zwiebelrostbraten und Kaiserschmarren glauben macht. Diesem Schatz an traditionellen, in den Tälern und Regionen eng verhafteten kulinarischen Besonderheiten haben wir nachgespürt, um ihn für Sie zu bergen.

Wir, das sind in der großen Mehrzahl keine Gourmetkritiker, sondern Mitglieder der internationalen Slow-Food-Bewegung, die sich in ihren jeweiligen Regionen um die Erhaltung dieser Traditionen bemühen. Viele sind selbst Bauern oder Lebensmittelerzeuger. Alle sind wir überzeugt, dass es lohnt, die traditionellen Rezepte und Zubereitungsarten unserer Regionen, aber auch alte Nutztierrassen, Obst- und Gemüsesorten zu bewahren.

Wir von Slow Food sind stolz auf die österreichische Küche, die im einstigen Vielvölkerreich und seiner Hauptstadt aus vielen multikulturellen Einflüssen entstanden ist. Deshalb wissen wir, dass es nicht andere Kulturen sind, die unsere Spezialitäten bedrohen. Ganz im Gegenteil: Häufig sind es gerade sie, die eine reiche, lebendige Tradition überhaupt erst entstehen lassen.

Gleichzeitig glauben wir, dass es Alternativen zur industrialisierten Landwirtschaft und der Standardisierung unseres Essens durch multinationale Firmen und Ketten geben muss. Beim Essen darf nicht nur der Profit zählen, sonst bleiben der Genuss, die Umwelt und die Vielfalt auf der Strecke.

Mit diesem Lokalführer wollen wir Sie bei der Suche nach Wirtshäusern unterstützen, die mit lokalen Erzeugern zusammenarbeiten, die im Sinne der Vielfalt gewachsene kulinarische Traditionen hochhalten und die nicht nur Reisende ansprechen, sondern auch Einheimische. Ein Wirtshaus kann nämlich nur dann gut sein, wenn es mit Leben erfüllt ist!

Severin Corti & Georges Desrues

DAS IST
VORARLBERG

Der Schübling und der klassische Wurstsalat sowie der Lumpensalat mit zusätzlich Bergkäs', Zwiebel und Gurkerl

Die Fäden ziehenden Kässpätzle oder -knöpfle mit drei Sorten Käs'

Die prachtvollen Dorfwirtshäuser des Bregenzerwalds

Auf den steilen Hochalmen um Lech am Arlberg gedeiht im Sommer eine Vielzahl würziger Gräser und Kräuter.

Aufgenommen in die

SLOW FOOD ARCHE DES GESCHMACKS

Die würzigen Gebsenbergkäse der Senner aus dem Bregenzerwald

Die Spezialitäten aus dem weißen Riebelmais des Rheintals

Der hocharomatische magere Sura Kees aus dem Montafon

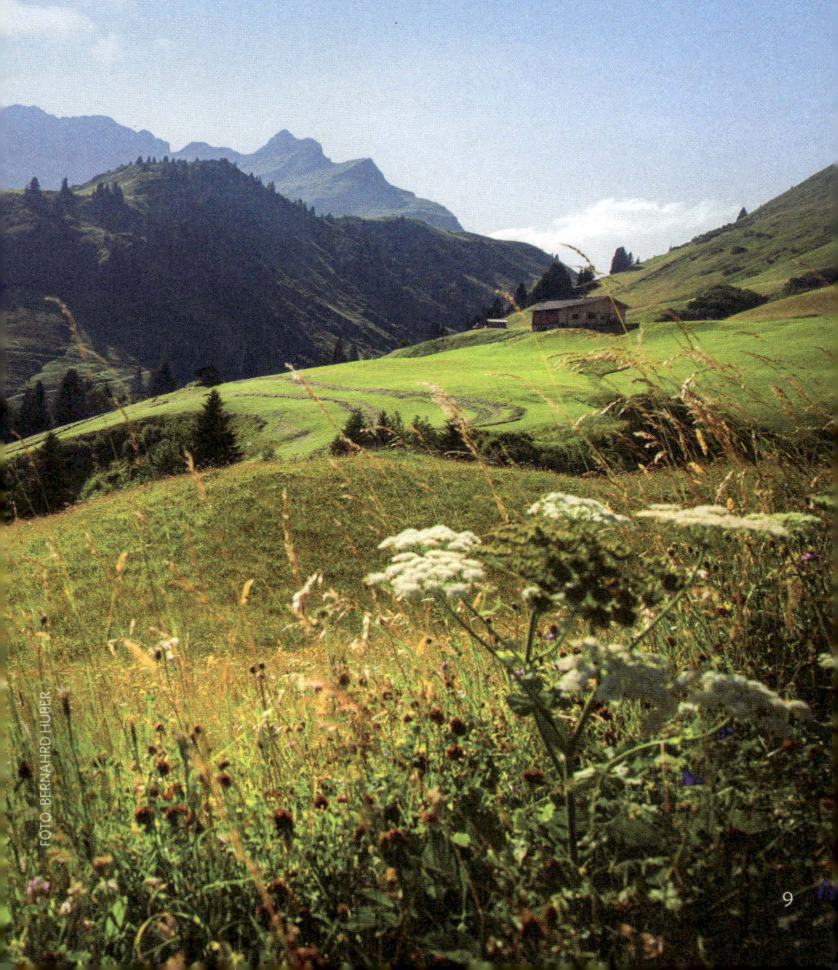

FOTO: BERNAHRD HUBER

WIRTSHÄUSER IN VORARLBERG

1. **Wirtshaus zur Taube**
2. **Edelweiß am Öberle**
3. **Biohotel Schwanen**
4. **Hotel Traube Braz**
5. **Zum goldenen Hirschen**

DORNBIRN

6. **Gasthaus Gemsle**
7. **Gasthaus Schiffle**

FELDKIRCH

8. **Hotel Gutwinski**
9. **Magma**
10. **Café Konditorei Zanona**
11. **Wirtschaft zum Schützenhaus**

12. **Landgasthof Hotel Schäfle**
13. **Fränzle's**
14. **Hotel Madrisa**
15. **Alpengasthof Brunella Stüble**
16. **Fischerheim am Schleienloch**
17. **Hotel Gasthof Krone**

HOHENEMS

18. **Gasthaus Adler**
19. **Die Genusswerkstatt**

20. **Gasthof Rössle**
21. **Café Bar Restaurant Dorfmitte**

KRUMBACH

22. **Gasthof Hotel Adler**
23. **Restaurant's Schulhus**

24. **s' Achtele**

RANKWEIL

25. **Gasthof Mohren**
26. **Rankweiler Hof**
27. **Gasthaus Schäfle**

28. **Weinlokal Rebberg**
29. **Kloster-Restaurant Propstei**

SCHWARZENBERG

30. **Gasthaus Alte Mühle**
31. **Gasthof Hirschen**

32. **Restaurant & Bar Fuxbau**
33. **Hotel Gasthof Kreuz**
34. **Traditionsgasthof Löwen**
35. **Gasthof Schöne Aussicht**

Koblach

Feldkirch-Altenstadt

Feldkirch

8 9 10 11

Gurtis

 **VORARLBERG** Alberschwende

WIRTSHAUS ZUR TAUBE

Hof 9, 6861 Alberschwende, Tel.: +43/5579/42 02
www.taube.at
Öffnungszeiten: Mittwoch bis Freitag 17.30–21 Uhr,
Samstag, Sonn- und Feiertag 11.30–14 Uhr und 17.30–21 Uhr
Ruhetage: Montag, Dienstag
Kreditkarten: Mastercard, Visa; Bankomat
Kleiner Gastgarten

Direkt am Dorfplatz von Alberschwende liegt das **traditionelle Bregenzerwälder Wirtshaus** Zur Taube (im Dialekt: „Tubô") mit seinen getäfelten Gaststuben und dem wunderschönen Festsaal. Wirt Lothar Eiler und sein Team bieten eine **gleichsam zeitgemäße wie traditionsverbundene regionale Küche**.

Vorweg gibt's ein dunkles Egger Bier von der Brauerei Egg. Wir starteten mit einer wunderbar milden Bregenzerwälder **Käserahmsuppe** mit gebackenen Apfelsäckle (Apfeltäschchen). **Bregenzerwälder Käsknöpfle** aus lokalen Käsesorten werden in der Gepse, einem traditionellen Holzgefäß, und mit Röstzwiebeln, Erdäpfelsalat und hausgemachtem Apfelmus serviert.

Sehr gelungen sind auch die flaumigen **Bärlauchknödele mit Bergkäse** auf gedämpftem Rettich und Rahmsauce. Ein Gedicht: der Kalbshackbraten vom Bregenzerwälder **Milchkalb mit Knöpfle**. Und zum Abschluss **Probiererle** (= Häppchen) von Berg-, Weich- und Frischkäse mit eingelegten schwarzen Nüssen und Fruchtsenfsauce.

Au im Bregenzerwald VORARLBERG

EDELWEISS AM ÖBERLE

Öberle 347, 6883 Au im Bregenzerwald, Tel.: +43/664/432 48 40
www.öberle.com
Öffnungszeiten: Mittwoch bis Montag 8–23 Uhr,
von Mitte Mai bis Oktober
Ruhetag: Dienstag
Kreditkarten: Mastercard, Visa; Bankomat
Große Terrasse, Zimmer ab € 89 p. P.

Das **Alpengasthaus** liegt auf einer Alm **am Fuße der legendären Kanisfluh** in Au und ist beliebt bei Wanderern und Naturbegeisterten.

Legendär ist das **Bergfrühstück mit selbst gebackenem Brot**, würzigem Bergkäse, Aufschnitt und selbst gemachter Marmelade. Man sitzt auf der **Terrasse mit Weitblick** oder in den getäfelten Stuben und freut sich über eine kräftige Brühe mit Grießnockerln und Leberknödeln im Suppentopf oder über die sensationelle Gerstensuppe. Exzellent auch die **Kaspressknödel mit Blattsalaten und Bergkräutern** sowie der Linseneintopf mit Wurzelgemüse und Serviettenknödel, der auf Wunsch mit einer Wild-Burenwurst serviert wird.

Zur Jause gibt's frische Bauernbrote mit Käse, Speck oder Aufstrichen sowie **hervorragende Blechkuchen und Strudel**. Zudem eine gute Auswahl an offenen Weinen und gepflegten Bieren.

VORARLBERG Bizau

BIOHOTEL SCHWANEN

Kirchdorf 77, 6874 Bizau, Tel.: +43/5514/2133
www.biohotel-schwanen.com
Küchenzeiten im À-la-carte-Restaurant:
Donnerstag bis Montag 11.30–13.30 Uhr und 17.30–20.30 Uhr;
dazwischen kleine Karte
Ruhetage: Dienstag, Mittwoch
Kreditkarten: Mastercard, Visa; Bankomat
Großer Gastgarten mit Bäumen, Zimmer ab € 86 p. P.

Nach **13 Wanderjahren in Top-Restaurants in Übersee** kehrte Emanuel Moosbrugger 2013 zurück in den elterlichen Betrieb, um von seinem Vater die Leitung des Hauses zu übernehmen. In der Küche regiert nach wie vor Emanuels Mutter, die wunderbare Köchin Antonia.

Der **enge Kontakt zu lokalen, regionalen und biologisch arbeitenden Produzenten** ist für Familie Moosbrugger seit jeher selbstverständlich. Viele der verwendeten Gemüsesorten und Kräuter stammen auch aus den neu angelegten **Hausgärten**. Einige, extra ausgewiesene Gerichte werden **nach den Grundsätzen der heilkundigen Äbtissin Hildegard von Bingen** zubereitet.

Köstlich schmeckte der blanchierte Pak Choi aus dem eigenen Garten mit wunderbar leichtem Erdäpfelschaum und pochiertem Ei, aber auch das zarte **Roastbeef mit grünem und weißem Spargel** in feiner Senfsauce sowie der **Coq au Vin** mit fein-mildem Speck. Überzeugend auch die Desserts wie etwa der Kaiserschmarren mit Apfelmus oder die legendären **Marillenknödel mit Butterbröseln** und brauner Butter.

Braz VORARLBERG

HOTEL TRAUBE BRAZ

Klostertaler Straße 12, 6751 Braz, Tel.: +43/5552/281 03
www.traubebraz.at
Öffnungszeiten: Frühstück 7–10 Uhr, große Karte 12–14 Uhr und 18–21.30 Uhr;
kleine Karte am Nachmittag
Ruhetag: keiner
Kreditkarten: Diners Club, Mastercard, Visa; Bankomat
Wellnessbereich, Zimmer ab € 98 p. P.

Ob im Ambiente der **jahrhundertealten Bauernstuben** oder im neu gestalteten Restaurantbereich – die Traube in Braz im schönen Klostertal **vereint Tradition mit Moderne** und Gemütlichkeit mit Eleganz. Gastgeber sind Marianne Tauber und Christoph Lorünser sowie Junior Matthias.

Küchenchef Herwig Pacher arbeitet am liebsten mit **Zutaten aus dem Klostertal**. Als Appetitanreger diente ein Alpsider mit edlen Alpenkräutern, es folgten Blattsalate in Himbeerdressing mit Rehfilet und Eierschwammerln, Kürbiscremesuppe mit Ravioli oder Terrine vom heimischen Reh. Als Tagesempfehlung gab's **Spanferkelkotelett gebacken und gegrillt mit Zwiebelsauce** sowie die Hausspezialität: **Klostertaler Kalbstafelspitz im Heusud** gekocht mit eingemachtem Kohlrabi und Erdäpfel-Liebstöckl-Lasagne. Den süßen Abschluss bildeten Frischkäsetörtchen mit Waldbeeren und ein **Birnenstrudel-Sackerl mit weißem Schokoladeneis.**

Zum gemütlichen Ausklang ist man an der **Hotelbar** bei Sommelier Stefan bestens aufgehoben. Dort treffen sich bei **knisterndem Kaminfeuer** Einheimische wie Gäste. Kalt gerührte Cognac-Preiselbeeren oder **Hirschwürste aus der Brazer Jagd** können auch zum Mitnehmen erworben werden.

VORARLBERG Bregenz

ZUM GOLDENEN HIRSCHEN

Kirchstraße 8, 6900 Bregenz, Tel.: +43/5574/428 15
www.hotelweisseskreuz.at/de/goldener-hirschen/
Öffnungszeiten: ab 11 Uhr
(durchgehend warme Küche)
Ruhetag: Dienstag
Kreditkarten: Diners Club, Mastercard, Visa; Bankomat

In der Kunst- und Kulturstadt Bregenz ein **uriges Gasthaus** zu finden ist nicht immer ein einfaches Unterfangen. Das Gebäude, in dem der Hirsch untergebracht ist, stammt vermutlich aus dem 15. Jahrhundert. Geführt wird der Betrieb seit 200 Jahren von der Familie Kinz. Im Erdgeschoß befindet sich die Gaststube, im Obergeschoß der 2011 hübsch restaurierte und **mit Fresken verzierte Hirschen-Saal**, der sich auch für größere Gruppen eignet.

In der Küche liegt der **Schwerpunkt auf österreichischen und regionalen Klassikern**. Beispielsweise gibt es **Hüferschwanzerl mit Markscheibe, Apfelkren und Schnittlauchsauce** oder gekochten Schweinebauch (Kesselfleisch) mit Knödel, Sauerkraut und Kren. Eine Besonderheit ist, dass die **Vorarlberger Spezialität Käsknöpfle hier in zweierlei Varianten** bestellt werden kann. Sowohl mit Erdäpfel-, als auch mit grünem Salat. Dazu ist zu wissen, dass jedes Tal in Vorarlberg eine eigene, die natürlich einzig echte, Beilage zu Käsknöpfle kennt und verteidigt.

Als süßen Abschluss empfehlen sich sowohl die **flaumigen Marillenknödel** als auch der warme Schokoladenkuchen.

Dornbirn VORARLBERG

GASTHAUS GEMSLE

Marktstraße 62, 6850 Dornbirn, Tel.: +43/5572/20 09 18
www.gemsle.at
Öffnungszeiten: Dienstag bis Samstag 11.30-14 Uhr und 17.30-24 Uhr;
die Küche ist mittags bis 13.30 Uhr und abends bis 21.30 Uhr geöffnet
Ruhetage: Sonntag, Montag sowie alle Feiertage
Kreditkarten: Mastercard, Visa; Bankomat
Gastgarten

Diesen altehrwürdigen Gasthof erreicht man, wenn man vom Dornbirner Marktplatz aus der Marktstraße bis an ihr Ende folgt. Hier kocht der Wirt Manfred Leitner persönlich. Man sitzt gemütlich in den **kleineren Gaststuben** an schlichten Holztischen oder im **Gastgarten unter Weinreben**.

Wunderbar gelingen der **Ziegenfrischkäse von der Dornbirner Fluh mit Spargel-Salat und Nussöl**, die Mohren-Kellerbier-Suppe mit Hirschwurst, die Vorarlberger Kässpätzle mit Erdäpfelsalat oder Apfelmus, das knusprig-saftige Backhendl mit Rahmgurken- und Erdäpfelsalat und die herrlich **zart geschmorten Bäckle vom Freilandschwein** der Rasse Duroc mit pikantem Riebelauflauf und Marktgemüse. Keinesfalls sollte man die Desserts auslassen, darunter etwa die **Erdbeertopfenknödel** oder die wunderbar luftige Crème brulée unter knackiger Karamellschicht mit Erdbeersorbet.

Und danach empfiehlt sich ein Besuch auf einen Drink in der **neu eröffneten Bar 10** gleich gegenüber.

VORARLBERG Dornbirn

GASTHAUS SCHIFFLE

Mühlebacher Straße 25, 6850 Dornbirn, Tel.: +43/5572/330 23
schiffle-dornbirn.at
Öffnungszeiten: Dienstag bis Freitag 11–14 Uhr und 17.30–1 Uhr,
Samstag 17.30–1 Uhr, Sonn- und Feiertag 10–14 Uhr
Ruhetag: Montag
Kreditkarten: Visa, Mastercard; Bankomat

Das Schiffle im Dornbirner Stadtteil Mühlebach ist ein **Dorfgasthaus wie aus dem Bilderbuch**. Die getäfelten Stuben strahlen Gemütlichkeit aus, die eingefügten modernen Elemente fügen sich gut ein. Im Schopf (eine Art Veranda oder Wintergarten) trinken die Besucher der Lourdeskapelle ihren Kaffee.

Gekocht wird **gutbürgerlich mit leichten internationalen Einflüssen**. Die Rinderkraftbrühe gelingt genauso gut wie das Tafelspitzsülzle oder der **mit Basilikumpesto überbackene Egger Frischkäse**. Als Hauptgang gibt es **geröstete Leber vom Ländlekalb an Rotweinsauce** und Reis oder geschmorte Kalbsbäckle mit Wurzelgemüse und Rahmpolenta. Das **Filet von Bodenseefelchen mit Pfirsichspalten und grünen Bohnen** bildet eine interessante Alternative. Zum Abschluss empfehlen sich Topfenknödel mit Erdbeer-Rhabarber-Ragout oder **gebackene Apfelküchle mit Zimtzucker und Vanilleeis**.

Bei der Weinauswahl wird besonderes Augenmerk auf **österreichische Weine** gelegt. Zudem **heimisches Bier und eine große Auswahl an edlen Bränden**.

Feldkirch **VORARLBERG**

HOTEL GUTWINSKI

Rosengasse 4-6, 6800 Feldkirch, Tel.: +43/5522/72175
www.gutwinski.cc
Öffnungszeiten: 12-14 Uhr und 18-22 Uhr
Ruhetage: Montag, Sonn- und Feiertag
Kreditkarten: American Express, Diners Club, Mastercard, Visa; Bankomat
Gastgarten, Zimmer ab € 87 p. P.

Im Jahr 1896 übernahm die Familie Gutwinski das **ehemalige Salzlager in der denkmalgeschützten Innenstadt** von Feldkirch und eröffnete ein Wirtshaus, das später zum Hotel erweitert wurde. Jahrzehntelang firmierte das Haus unter dem Namen Alpenrose, bis der jetzige Eigentümer und Enkel von Rosi Gutwinski, Clemens Banas, das Haus übernahm und zu Ehren seiner Großmutter in Gutwinski umbenannte.

Heute zählt das Stadthotel zu den angesehensten im gesamten Rheintal. Kein Wunder, dass auch die Küche **Tradition mit hoher Qualität** verbindet. Als Vorspeise bietet sich **Blattsalat mit gebratenen Eierschwammerln und Marille** an – oder eine kräftige Rindsbouillon mit Grießnockerln als Einlage. Sehr zart war die **Schweineschulter mit Polenta und Portweinjus**, alternativ ein knuspriges Backhendl mit Salatbeilage und Kürbiskernöl. Ein Klassiker des Hauses ist der **Kalbstafelspitz mit Wurzelgemüse und Apfelkren**.

Als Dessert stehen unter anderem verschiedene **selbst gemachte Sorbet-Varianten** zur Auswahl. **Butter und Käse kommen aus der Sennerei Schnifis** und werden mit Feigensenf serviert.

VORARLBERG Feldkirch

MAGMA

Schmiedgasse 12, 6800 Feldkirch, Tel.: +43/5522/322 55
www.koestliches.at
Öffnungszeiten: Dienstag bis Freitag 9–18.30 Uhr, Samstag 9–15 Uhr;
Gruppen auf Anfrage auch außerhalb dieser Öffnungszeiten
Ruhetage: Montag, Sonn- und Feiertag
Kreditkarten: Visa, Mastercard; Bankomat

Es ist die Spezialität von Erwin Kasper, der seit einigen Jahren inmitten der umtriebigen Feldkircher Schmiedgasse das „magma" betreibt, Klassikern durch den **spannenden Einsatz von Gewürzen und Kräutern** besondere Noten zu verleihen.

Wie beispielsweise beim **Schweinerückensteak mit Gemüse und geschmorten Erdäpfelspalten**. Doch auch Fleischlos-Esser kommen im magma auf ihre Kosten, beispielsweise mit **Pilzrisotto mit Rucola** oder beim Eierschwammerlragout mit gebratenen Serviettenknödelscheiben. Aus der näheren Umgebung bezieht der Wirt das Hühnerfleisch für seine **gebratenen Hühnerbrüste mit Chinakohl, Gurke und selbst gemachtem Marillen-Chutney**. Kaspers Chutney kann man übrigens, wie viele andere hausgemachte Produkte, auch im **kleinen angeschlossenen Laden** für zu Hause erwerben.

Als Nachtisch werden **täglich wechselnde Kuchen** angeboten, dazu serviert Kaspers Mitarbeiter David Schneider **einen der besten Espressi der Stadt**.

 Feldkirch **VORARLBERG**

CAFÉ KONDITOREI ZANONA

Montfortgasse 3, 6800 Feldkirch, Tel.: +43/5522/736 35
www.zanona.at
Öffnungszeiten: Montag bis Freitag 8.30–24 Uhr, Samstag 8–17 Uhr,
Sonntag (nur im Winter) 14.30–18.30 Uhr;
Frühstück: 8.30–11 Uhr, Küche 12–13 Uhr und 18–21 Uhr
Ruhetag: keiner
Kreditkarten: American Express, Diners Club, Mastercard, Visa; Bankomat

Während man im östlich gelegenen Wien seine eigene Kaffeehauskultur pflegte, war der Westen Österreichs in diesen Belangen bis vor wenigen Jahren noch Brachland. Heute jedoch findet man in jedem besseren Vorarlberger Restaurant eine **breite Auswahl an gut zubereiteten Kaffeearten**.

Ein **waschechtes österreichisches Kaffeehaus** indessen ist das Zanona, das Martina Häusle vor wenigen Jahren von ihrer Mutter Helene übernommen hat. Nach wie vor wird hier die **heimische Mehlspeisenkultur hochgehalten** – mit Germknödeln, Palatschinken und **täglich wechselnden Torten**.

Erweitert hat Häusle allerdings das Speisenangebot, sodass das **Café inzwischen auch als Restaurant-Geheimtipp** gilt. Besonders hervorzuheben sind Martinas **Lammsugo mit Spaghetti**, das Zander-Saltimbocca mit Polenta und Spinatsauce, der Kalbstafelspitz mit Gemüse und Kartoffeln oder der fleischlose **Erdäpfelstrudel mit Steinpilzsauce**.

VORARLBERG Feldkirch

WIRTSCHAFT ZUM SCHÜTZENHAUS

Göfiser Straße 2, 6800 Feldkirch, Tel.: +43/5522/852 90
www.schuetzenhaus.at
Küchenzeiten: Montag, Donnerstag und Freitag 17–21.30 Uhr,
Samstag 11.30–13.45 Uhr und 17–21.30 Uhr,
Sonn- und Feiertag 11.30–14.15 Uhr und 17–20.30 Uhr
Ruhetage: Dienstag, Mittwoch
Kreditkarten: Mastercard, Visa; Bankomat
Großer Gastgarten

Das Gasthaus ist untergebracht **im traditionsreichen Haus der Hauptschützengilde Feldkirch**. Wunderschön ist der Gastgarten mit eindrucksvollem **Blick auf das Feldkircher Wahrzeichen Schattenburg** und hinein ins benachbarte Fürstentum Liechtenstein. Die hohen Räume der Gaststuben und der Festsaal sind ganz im Zeichen der Schützengilde mit historischen Schützenscheiben dekoriert.

Die Küche leitet Jürgen Lang. Unter den Vorspeisen finden sich **Ziegenfrischkäsenockerl und eine kräftige Rindsuppe mit Kaspressknödel**. Unter den Hauptspeisen: Vorarlberger Kässpätzle mit Schmelzzwiebeln und Erdäpfelsalat sowie **saftige Schweinefleischpralinen auf Pastinakenpüree**. Sehr gut auch die **Kalbsbrust mit Portweinjus**, gebratenen Polentascheiben und frischen Ackerbohnen (Saubohnen).

Und zum Abschluss: **Topfenknödel mit herrlichem Marillenröster**.

Feldkirch-Altenstadt VORARLBERG

LANDGASTHOF HOTEL SCHÄFLE

Naflastraße 3, 6800 Feldkirch-Altenstadt, Tel.: +43/522/722 03
www.schaefle.cc
Öffnungszeiten: 11.45–13.45 Uhr und 17.45–21.30 Uhr
Ruhetage: Samstag und Sonntag
Kreditkarten: American Express, Diners Club, Mastercard, Visa; Bankomat
Gastgarten, Zimmer ab € 80 p. P.

Im Jahr 2018 feierte die Stadt Feldkirch ihr 800-Jahr-Jubiläum. 1218 soll die Stadt erstmals urkundlich erwähnt worden sein. Etwas verwirren mag, dass der älteste Teil der Altstadt „Neustadt" genannt wird und ein weiterer „Altenstadt". In letztgenanntem liegt der Landgasthof Schäfle. Der ist zwar nicht ganz so alt, hat aber immerhin auch schon **300 Jahre** am Buckel.

In der Küche liegt der **Schwerpunkt auf gutbürgerlicher Vorarlberger Kost**, erweitert um ein paar wenige **internationale Aspekte**. In früheren Zeiten war das Schäfle eine Braugaststätte, heute keltert Hausherr Christoph Fulterer am Fuße der Schattenburg einen **eigenen Rivaner**, den sein Küchenteam zur „Ardetzenberger Weinsuppe" verarbeitet. Dazu wird frisches, **im Steinofen gebackenes Nussbrot** gereicht. **Mutter Ediths Spezialität sind Innereien** wie geröstete Leber mit Apfel, aber auch Bries, Hirn und Kutteln. Bei Schönwetter empfiehlt es sich, einen Platz im **ruhigen Gastgarten hinter dem Haus** zu reservieren, der sicherlich zu den schönsten in Feldkirch gehört.

Wenn es Saison und Fang erlauben, sind auch immer wieder **Bodenseefische im Angebot**, wie etwa der auf der Haut gebratene Zander oder Felchenfilets mit jungen Erdäpfeln.

FRÄNZLE'S

Schanz 40a, 6972 Fußach, Tel.: +43/664/911 04 62
www.fraenzles.at
Öffnungszeiten: 10–21 Uhr (in der Saison von Mai bis Oktober und nur bei schönem Wetter, bei schlechtem Wetter vorher anrufen)
Ruhetag: Dienstag
Kreditkarten: keine
Terrasse

In dritter Generation führt Franz Blum jun. die **Fischerei seines Großvaters** mit Begeisterung weiter. Gemeinsam mit seiner Familie betreibt er zudem dieses Gasthaus. Die Terrasse des Fränzle's ist mit alten Schiffsbänken ausgestattet – und somit genau der richtige Ort, um **frischen Bodenseefisch** zu genießen.

Auf der Karte – beziehungsweise der Schiefertafel – findet sich, was der See gerade hergibt: **Lachsforelle, Felchen-, Saiblings- oder Zanderfilet** gebraten mit jungen Erdäpfeln. Ein Renner sind die **Fischknusperli mit hausgemachtem Erdäpfelsalat und Sauce Tartare** sowie die Fischlaibchen. Mit ein wenig Glück werden auch gerade die seltenen **Bodenseekrebse** angeboten.

Zu kaufen gibt es **frischen Fisch je nach Tagesfang**, darunter Felchen, Kretzer (Egli), Hecht, Forelle oder Plötze. Aus der **eigenen Räucherei** kommen ebenfalls je nach Fang Felchen, Forelle oder auch Aal, die man allesamt mitnehmen oder mit Brot und Kren auch vor Ort speisen kann.

Die Anreise zum Fränzle's funktioniert auch **per Boot bis zur Anlegestelle Schwedenschanze** – von dort sind es fünf Minuten zu Fuß.

Gargellen **VORARLBERG**

HOTEL MADRISA

Gargellen 39, 6787 Gargellen, Tel.: +43/5557/63 31
www.madrisahotel.com
Küchenzeiten im À-la-carte-Restaurant:
11.30–13 Uhr und 18.30–20.30 Uhr
Ruhetag: Mittwoch
Kreditkarten: Mastercard, Visa; Bankomat
Große Terrasse, Zimmer ab € 72 p. P.

Gargellen ist ein Ortsteil von St. Gallenkirch und liegt am Talschluss eines Hochtals an der Grenze zur Schweiz. Der Ort ist die höchstgelegene ganzjährig bewohnte Siedlung im Montafon. Der imposante Bau des Hotels Madrisa mit seiner **Außenfassade im Jugendstil** prägt das Ortsbild. Seit Generationen leitet Familie Rhomberg das Haus. Gemütlich sitzt man in der **Montafoner Stube mit alter Zirbentäfelung**.

Dem Hotel angeschlossen sind eine kleine **Bio-Landwirtschaft mit Bergschafen und Grauvieh** in Mutterkuhhaltung sowie eine **Hausmetzgerei**.

Ein Geschmackserlebnis ist die milde **Cremesuppe vom Sura Kees mit feinsüßlichem Marillen-Kürbis-Chutney**. Ebenso die würzig gefüllten Paprika mit Paradeisercreme, Sura-Kees-Kräuter-Pesto und Erdäpfelpüree. Sehr fein das säuerliche **Lammbeuschel in leichter Rieslingsahne mit Serviettenknödel** und das wunderbar zarte gekochte Beinfleisch am Knochen mit seinen klassischen Beilagen. Und zum Abschluss die aromatischen marinierten **Erdbeeren mit Topfeneis und Tannenwipfelhonig**.

ALPENGASTHOF BRUNELLA STÜBLE

Gleilebühel 2, 6820 Gurtis, Tel.: +43/5522/511 99
www.brunella-gurtis.com
Öffnungszeiten: 9-22 Uhr
Ruhetage: Dienstag und Mittwoch
Kreditkarten: Mastercard; Bankomat
Terrasse mit Ausblick, Zimmer ab € 46

Egal ob man nach einer Wanderung, dem Skifahren oder einer Radtour im Gasthof Brunella Stüble einkehrt oder mit dem Auto direkt hinfährt – in jedem Fall wird man belohnt mit einem **atemberaubenden Blick** über den Walgau bis nach Bludenz und ins Große Walsertal. Man sitzt in der rustikalen Gaststube, im Wintergarten oder auf der Terrasse. Auf der Speisekarte stehen **köstliche Klassiker der österreichischen Küche**, die Lieferanten sind namentlich angeführt.

Wir beginnen mit einem wunderbaren frisch zubereiteten Salat sowie Leberknödelsuppe und Knoblauchrahmsuppe. Das **Cordon bleu** ist eines der besten im Ländle; wer es fleischlos mag, hat die Wahl zwischen Zander und **Forellenfilet Müllerin-Art** beziehungsweise zwischen Käsknöpfle und Kärntner Kasnudeln. Ausgezeichnet munden auch die Wildgerichte wie Rehschnitzel mit Polenta oder **Gamsgulasch mit Spätzle**. Für den kleinen Hunger empfiehlt sich der Lumpensalat (Käse-Wurst-Salat).

Süßspeisen wie **Vanilleeis mit heißen Himbeeren**, Palatschinken mit Preiselbeerobers sowie selbst gemachte Kuchen runden das Erlebnis ab. Die Weinauswahl ist gepflegt mit Schwerpunkt Österreich, die Biere stammen aus der Region. Eine Reservierung ist unbedingt nötig.

Hard VORARLBERG

FISCHERHEIM AM SCHLEIENLOCH

Rechter Rheindamm 60, 6971 Hard, Tel.: +43/5574/782 20
www.fischerheim.at
Öffnungszeiten: Montag sowie Donnerstag bis Samstag 11–23 Uhr,
Sonn- und Feiertag 9–21 Uhr
Ruhetage: Dienstag und Mittwoch
Kreditkarten (ab € 20,–): American Express, Diners Club,
Mastercard, Visa; Bankomat
Terrasse

Das Fischerheim liegt **am Rande des Naturschutzgebietes Rheindelta**, direkt am Schilfgürtel des Bodensees. Mit seiner herrlichen Lage und der schönen Terrasse dient es als **beliebtes Ausflugsziel** für Radfahrer, Wanderer und auch Angler. Optisch erinnert das Lokal an eine traditionelle Bodensee-Fischerhütte.

Seit vielen Jahren schon steht Darko Moser in diesem Kleinod in der Küche. Weithin bekannt ist es für **hervorragende Fischgerichte**, aber auch für die **traditionelle Gasthausküche**. Eine Spezialität des Hauses ist die wunderbare **Fischsuppe**. Je nach Fang finden sich darin diverse Bodenseefische, ergänzt durch Zucht- und Meeresfische.

Wundervoll saftig geraten die **fangfrischen Felchen aus dem Bodensee**, die man entweder auf Müllerin-Art mit Petersilerdäpfln oder aber herrlich kross gebacken mit Sauce Tartare und frischem Salat bestellen kann. Gleichfalls überzeugend: das auf den Punkt gebratene **Zanderfilet mit grünem und weißem Spargel, Weißweinsauce und Salzerdäpfln**. Alternativ zu empfehlen: das **deftige Rindsgulasch mit frischen Spätzle**, etwa in der kühleren Jahreszeit und nach einer Wanderung im Naturschutzgebiet.

Zum Dessert gibt's Gebrannte Creme auf Erdbeer-Rhabarber-Ragout sowie **hausgemachten Apfelstrudel**. Kleine, aber **gepflegte Weinauswahl**.

VORARLBERG / Hittisau

HOTEL GASTHOF KRONE

Platz 185, 6952 Hittisau, Tel.: +43/5513/62 01
www.krone-hittisau.at
Küchenzeiten im À-la-carte-Restaurant:
11.45–13.45 Uhr und 18–20.45 Uhr
Ruhetage: Mittwoch und Donnerstag
Kreditkarten: Mastercard, Visa; Bankomat
Bewirteter Balkon, Zimmer ab € 66 p. P.

Bereits in dritter Generation führen Helene Nussbaumer-Natter und Dietmar Nussbaumer dieses wunderschöne **Traditionsgasthaus am Dorfplatz** der Bregenzerwälder Gemeinde Hittisau.

Das Küchenteam leitet Michael Garcia-Lopez, ein Bregenzerwälder mit spanischen Wurzeln. Für die wundervollen Desserts sorgt die Hausherrin persönlich. Gänzlich überzeugend geraten die **Kalbsbriesröschen mit frischer Schnittlauch-Sauerrahmcreme** und knackigem Blattsalat samt knusprigen Schwarzbrot-Croutons. Sehr gut auch das **hausgeräucherte Forellentartar** mit Gurken, Dill, Sauerrahm und einem erfrischenden Hauch Zitrone, dazu Pumpernickel, oder die mit Kreuzkümmel gewürzten **Spinat-Kichererbsen-Laibchen auf Blattspinat** und Jungzwiebeln. Klassischer: **Ragout und Butterschnitzel vom Bregenzerwälder Milchkalb** mit Gemüsebouquet und luftigen Grießknödeln. Unglaublich fein: der **Milchreis mit Crumble und Karamellsauce**.

Großes Angebot an **regionalen Spirituosen**.

Hohenems `VORARLBERG`

GASTHAUS ADLER

Kaiser-Franz-Josef-Straße 104, 6845 Hohenems, Tel.: +43/5576/722 92
adlerhohenems.com
Öffnungszeiten: Montag sowie Mittwoch bis Samstag 11–13 Uhr und 17–24 Uhr, Sonn- und Feiertag 11–24 Uhr
Ruhetag: Dienstag
Kreditkarten: Mastercard, Visa; Bankomat
Prächtiger Gastgarten

Seit vielen Jahren schon zählt das Gasthaus Adler zu den **Top-Destinationen für heimische Küche**. Martin Griesser versteht es, **lokale Zutaten** perfekt in Szene zu setzen. Vor kurzem wurde die prächtige Schindelfassade erneuert und ein Glasboden eingezogen, der den Blick in den **gut sortierten Weinkeller** ermöglicht.

Spezialitäten des Hauses sind unter anderen das **Zürcher Rahmgeschnetzelte mit Kalbsniere und Rösti** und das **Bœuf Stroganoff** mit Spätzle, aber auch **Wildgerichte** wie das Hirschgeschnetzelte sowie die **frischen Fische aus heimischen Gewässern**. Zudem gibt es häufig **Kaninchen und Innereien**. Unter Letztgenannten sticht das flaumige Kalbsbries ganz besonders hervor. Köstlich auch die Topfenknödel mit frischen Beeren und als Alternative die **Vorarlberger Käseplatte**.

Erwähnenswert sind zudem die **große Auswahl an edlen Bränden** sowie der **prachtvolle Gastgarten**, der auch von Gästen aus der nahen Schweiz geschätzt wird, die hier in Scharen einkehren. Eine Reservierung ist sehr ratsam.

VORARLBERG Hohenems

DIE GENUSSWERKSTATT

Reutestraße 54a, 6845 Hohenems, Tel.: +43/5576/982 35
www.die-genusswerkstatt.at
Öffnungszeiten: Mittwoch bis Samstag 11–14 Uhr und 17.30–24 Uhr,
Sonn- und Feiertag 9–18 Uhr
Ruhetage: Montag und Dienstag
Kreditkarten: Mastercard, Visa; Bankomat
Gastgarten

Untergebracht ist die Genusswerkstatt im Hotel Berghof. Vom Wintergarten aus genießt man einen wundervollen **Blick auf das Rheintal und die Schweizer Berge**.

Daniel und Melanie Mathis setzen auf **lokale Küche** und freundlichen Service. Unter den saisonalen Gerichten wählten wir die musterhafte Erdäpfel-Bärlauch-Suppe sowie **gratinierten Ziegen-Camembert mit Rhabarber-Ragout** als Vorspeise und fuhren fort mit rosa gebratener **Lammkrone in Kräuterkruste mit Spargelrisotto**. Überzeugend auch die geröstete **Kalbsleber auf Wildkräutersalat**, das Kalbsbeuschel oder das Zürcher Geschnetzelte mit goldbraunen Rösti. **Fisch gibt es nach Tagesangebot, Wild im Herbst**. Herrliche Nachspeisen sind die ausgezeichneten hausgemachten Strudel oder die **selbst gemachten Eissorten und Sorbets**.

Die **Weinkarte ist gut sortiert**, einiges gibt es glasweise.

 Innerbraz **VORARLBERG**

GASTHOF RÖSSLE

Arlbergstraße 61, 6751 Innerbraz, Tel.: +43/5552/28 10 50
www.roesslebraz.at
Öffnungszeiten: Mittwoch bis Freitag ab 16 Uhr
Samstag, Sonn- und Feiertag ab 10 Uhr
Ruhetage: Montag und Dienstag
Kreditkarten: Mastercard, Visa; Bankomat
Zimmer ab € 60 p. P.

Im Rössle in Braz steht Valentin Bargehr in der Küche, während sich sein Bruder Martin um den **aufmerksamen Service** und die **Weinbegleitung** kümmert.

Wir beginnen mit **Rindskraftsuppe mit Flädle** oder mit gebackenem Käseknödel als Einlage, dazu gibt's **selbst gebackenes Brot mit Kümmel**. Wunderbar auch der **gebackene Kalbskopf mit Sauerrahm und Schnittlauch**. Es folgen die geröstete Leber vom Ländle-Kalb mit Polenta vom Rheintaler Riebelmais und **Filet vom Lecher Bachsaibling mit Zitronen-Thymian-Risotto** und Blattspinat. Eine Sünde wert sind die **Topfennockerl mit Marillenröster** oder Holunderblütenmousse, Prosecco-Suppe und Beeren.

Vor allem wenn im Herbst die **Wildwochen** eingeläutet werden, ist der Andrang groß und eine Reservierung erforderlich.

CAFÉ BAR RESTAURANT DORFMITTE

Werben 9, 6842 Koblach, Tel.: +43/5523/531 35
www.dorfmitte.com
Küchenzeiten: Montag bis Samstag 11.30–14 Uhr und 17.30–21 Uhr,
Sonn- und Feiertag 11.30–20 Uhr
Ruhetag: Mittwoch
Kreditkarten: Mastercard, Visa; Bankomat
Große Terrasse

Das Lokal ist in einem modernen Gebäude zu finden, in dem auch das Gemeindeamt und der Gemeindesaal von Koblach untergebracht sind. Zur „Dorfmitte" gehören auch ein Eissalon, ein Café und eine Bar – was das von Franziska Gächter geführte Lokal zu einem **beliebten Treffpunkt der Gemeinde** macht.

Im Gastraum steht ein **Reifeschrank, in dem Rinder- oder Schweinerücken aus lokaler Zucht reifen**. Daraus schneidet Chefkoch Leon Hütten **saftige Steaks**. Bei unserem Besuch im Frühjahr gab's gebackenen grünen und weißen Spargel, umwickelt mit geräuchertem Schweinebauch. Unverschämt knusprig geriet der **zarte Schweinebauch mit Apfel-Erdäpfel-Gratin und Jungkraut**. Hervorragend auch das **Apfelmost-Risotto mit Birne und Blauschimmelkäse** und natürlich das **hausgemachte Eis aus lokalen Zutaten** wie Milch, Joghurt und frischen Früchten.

Zu trinken gibt es eine **feine Auswahl an Weinen sowie lokale Mostspezialitäten** von der Mosterei Amann. Abends, an Feiertagen und am Wochenende ist das Speisenangebot um **zahlreiche Tagesempfehlungen** erweitert.

Krumbach **VORARLBERG**

GASTHOF HOTEL ADLER

Dorf 5, 6942 Krumbach, Tel.: +43/5513/8156-0
www.adler-krumbach.at
Öffnungszeiten: Montag, Dienstag und Freitag ab 17 Uhr,
Samstag und Sonntag ab 11 Uhr
Ruhetage: Mittwoch und Donnerstag
Kreditkarten: keine
Terrasse, Zimmer ab € 60 p. P.

Internationale Aufmerksamkeit erlangte Krumbach im Bregenzerwald, als vor wenigen Jahren **alle Buswartehäuschen des Ortes von internationalen Architekten gestaltet** wurden. Dahinter steckte die außergewöhnliche Idee, in einen intensiven Dialog mit Vorarlberger Tradition, Baukultur und Handwerk zu treten. Entsprechend unüblich war auch das Honorar an die Architekten, es bestand aus einem Urlaub im Bregenzerwald.

Ähnlich verbunden mit Region und Landschaft sind die Gastronomen in Krumbach. Einige von ihnen haben sich als „Moorwirte" zusammengeschlossen, um die **Besonderheiten der Moorlandschaft rund um Krumbach** auf den Tellern erlebbar zu machen. So wie im Gasthof Adler bei Jürgen und Marlies Hirschbühl: Ein Gericht mit Moorbezug steht hier immer auf der Karte. Beispielsweise **Geschmortes vom Moorschwein mit Sauerrahm oder Moorschweinsülzchen auf Salat**. Ebenfalls aus der eigenen Moorwirtezucht kommt der **Schweinerücken vom Duroc-Schwein mit Wildkräuterkruste, Steinpilzen und Topfenschupfnudeln**. Je nach Saison gibt's auch Spargelsuppe mit frischem Bodenseespargel oder gebratenen Saibling mit Bärlauchspinat. Zum Abschluss bietet sich eine Käseplatte oder ein **Schnaps von den umliegenden Brennern** an.

Die Moorwirte Krumbachs organisieren **regelmäßig Veranstaltungen im Moor**. Beispielsweise Moorführungen zum „Moorraum" mit Frühstück – eine besonders intensive Variante, die Landschaft des Bregenzerwaldes gastronomisch kennenzulernen.

VORARLBERG Krumbach

RESTAURANT 'S SCHULHUS

Glatzegg 58, 6942 Krumbach, Tel.: +43/5513/83 89
www.schulhus.at
Öffnungszeiten: 11.30–14.30 Uhr und ab 17.30 Uhr
Ruhetage: Montag und Dienstag
Kreditkarten: Bankomat
Terrasse

Die Fahrt nach Krumbach lohnt sich. 20 Jahre ist es nun schon her, dass Gabi und Herbert Strahammer diesem **ehemaligen Schulhaus** neues Leben eingehaucht haben. Die Wirtin ist eine exzellente Köchin, **in deren Gerichten sich die Jahreszeiten und die umliegende Natur widerspiegeln**. Um den Service in Gaststube und auf der grünen Terrasse kümmert sich umsichtig der Wirt.

Das **Schweinefleisch stammt von hausgemästeten Tieren der Rasse Duroc**. Das Brot ist hausgemacht, unter den Vorspeisen überzeugen die **hausgebeizte Lachsforelle mit Erdäpfelknusperchips, Rucola und Senfsauce**, der Couscous-Salat mit Wassermelone und knusprigem Felchenfilet, das Duroc-Fleischsülze mit Radieschen-Linsen-Salat sowie eine **Tafelspitzsuppe mit Käseknödel** und Gemüsestreifen. Die Tagesempfehlungen sind ein tadelloser **Kalbstafelspitz mit Krenrahmsauce, Wurzelgemüse und Rösti** sowie die frischen Filets von Felchen und Zander mit Gartenkräutersauce.

Und zum Abschluss: das Erdbeertörtchen mit Rhabarberkompott sowie der **Zitronenverbenen-Eislutscher**.

Lech **VORARLBERG**

S' ACHTELE

Zug 525, 6764 Lech, Tel.: +43/5583/393 70
www.staefeli.at
Öffnungszeiten: 18–24 Uhr, Küche bis 21.30 Uhr (im Winter bis 22.30 Uhr)
Ruhetag: Sonntag
Kreditkarten: Mastercard, Visa; Bankomat
Terrasse, Zimmer ab € 65 p. P.

Wenn man vom Osten Österreichs nach Vorarlberg fährt, lohnt sich der Weg über den Arlbergpass. Nicht allein aufgrund des sensationellen Panoramas. Auch der eine oder andere **kulinarische Abstecher** entginge einem, würde man den Tunnel wählen. Im s'Achtele im Hotel Stäfeli im Ortsteil Zug findet man **gehobene Alpenküche zu vernünftigen Preisen**. Letzteres ist in dem mondänen Skiort leider eine Seltenheit.

Wein-, Sauer- und Rotkraut werden selbst eingemacht, gesammelte Beeren und Kräuter bilden die Basis für Essige und Marmeladen. Als Vorspeise empfiehlt sich Rindertatar mit Gemüse und Kräuterdip oder Mousse vom geräucherten Forellenfilet. **Wildfleisch aus der Region** wird von Küchenchef Andi Rumpf selbst geräuchert, gereift und verarbeitet. Außerhalb der Wildsaison sind das **Filetsteak mit Schmorgemüse** oder das Steak vom Beiried mit frischer Zitronenbutter ein willkommener Ersatz. Fleischloses gibt's in Form von **Spinat-Lauch-Nockerln auf Zwiebelschmelze mit Bergkäse** oder als zweierlei Knödel vom Sura Kees mit Karotten-Kraut-Salat.

Im Winter ist **einmal die Woche Fondue-Abend**. An solchen empfiehlt es sich, eine Nacht im Hotel zu verbringen. Wird doch ein Fondue in der Regel mit dem einen oder anderen Schnaps abgerundet. Da sollte man die Kurven des Arlbergs erst am nächsten Tag in Angriff nehmen.

VORARLBERG Rankweil

GASTHOF MOHREN

Stiegstraße 17, 6830 Rankweil, Tel.: +43/5522/442 75
www.mohren.at
Öffnungszeiten: Dienstag bis Freitag 10–24 Uhr,
Samstag 14–24 Uhr, Sonntag 10–16 Uhr, Feiertag 10–24 Uhr
Ruhetage: Montag
Kreditkarten: Mastercard, Visa; Bankomat
Terrasse, Gastgarten, Zimmer ab € 56 p. P.

Im Mohren, einem der **traditionsreichen Gasthäuser in Rankweil**, wird Gastlichkeit seit Generationen hochgehalten. Gerda und Elmar Herburger sowie Tochter Michaela samt Team sind mit Leidenschaft um den Gast bemüht. Neben den **unterschiedlich gestalteten Gaststuben** ist bei schönem Wetter der **Gastgarten** ein besonderes Erlebnis. Hier speist man inmitten von Pflanzen und Kräutern sowie freilaufenden Hühnern und Enten. Und für besondere Anlässe steht der 120 Jahre alte Mohrenschopf zur Verfügung.

Gestartet wird mit **Salaten vom hervorragend sortierten Salatbuffet** mit verschiedenen Dressings oder einem **Carpaccio vom Dünserberger Jungstier mit hausgemachten Grissini und Safran-Aioli**. Eine Besonderheit ist die Vorarlberger Nationalspeise **Käsknöpfle, die mit Hanf, Äpfeln und gebeiztem Mohren-Hühner-Eigelb** serviert wird. Oder aber ein gebratener Saibling an Vin blanc mit Gemüse aus dem Garten und Holunder-Brennnessel-Ravioli. Klassischer: die **exzellente Kalbsleber** in Butter gebraten mit Reis und Gemüse. Für danach empfiehlt sich eine Auswahl an **hausgemachtem Creme-Eis**, ein Millefeuille von Haselnüssen und Himbeeren mit Zitronenmelisse-Eis oder aber eine **Selektion von Käsespezialitäten aus Vorarlberg**.

Ein großer Teil der Hauptspeisen kann auch als **kleinere Bistro-Portion** geordert werden.

Rankweil **VORARLBERG**

RANKWEILER HOF

Ringstraße 25, 6830 Rankweil, Tel.: +43/5522 /441 13
www.rankweiler-hof.com
Öffnungszeiten: Mittwoch 16-24 Uhr,
Donnerstag bis Sonntag 11-24 Uhr
Ruhetage: Montag und Dienstag
Kreditkarten: alle gängigen; Bankomat
Schattiger Gastgarten

Im Zentrum von Rankweil, **am Fuße des Liebfrauenbergs** und unterhalb der Basilika, liegt der Rankweiler Hof, ein **waschechtes Dorfgasthaus mit gemütlichen Stuben**, mit einer denkmalgeschützten, 300 Jahre alten Gaststubendecke sowie **mit schattigem Gastgarten** voller Bierbänke.

Wirtin Martina Vith begrüßt die Gäste. Wirt Roland Vith und sein Bruder Armin, deren Familie seit über 40 Jahren den Hof führt, stehen am Herd. Man erfreut sich an **klassischer Hausmannskost** wie einem **ofenfrischen Schweinsbraten mit Semmelknödel und Krautsalat** (im Sommer immer samstagmittags), oder an Käsknöpfle mit Blatt- und Erdäpfelsalat, die auf Wunsch auch mit dem intensiven, **traditionellen Sauerkäse** zubereitet werden. Im Frühjahr gibt's viel weißen Spargel, etwa mit Kalbsschnitzel und jungen Erdäpfeln. Zum Abschluss wählten wir **lauwarmen Schokoladenkuchen** und einen Apfelstrudel mit Schlagrahm.

Immer wieder werden **saisonale Veranstaltungen** abgehalten, wie etwa **die Schlachtpartie, der Käseanschnitt der Alpe Saluver oder die Wildwochen**, für die das Wild aus dem eigenen Gehege in Furx oder aus dem Jagdrevier Laterns bezogen wird. Im Rankweiler Hof ist immer etwas los. Und zu später Stunde kann es durchaus vorkommen, dass der Wirt zur Handorgel greift.

VORARLBERG Rankweil

GASTHAUS SCHÄFLE

Sigmund-Nachbauer-Straße 14, 6830 Rankweil, Tel.: +43/5522/445 48
www.schaefle.com

Öffnungszeiten: Mittwoch bis Freitag ab 16 Uhr,
Samstag, Sonn- und Feiertag ab 10 Uhr
Ruhetage: Montag und Dienstag
Kreditkarten: Mastercard, Visa; Bankomat
Kinderspielplatz, schattiger Gastgarten

Das Gasthaus Schäfle liegt in unmittelbarer Nähe zum Bahnhof und wird schon seit vielen Jahren von Günter Hämmerle geführt, der selbst mit Leidenschaft am Herd steht. Der Empfang vom Serviceteam ist herzlich, man sitzt in **zwei gemütlichen Gaststuben mit Schank** oder im Sommer im **Gastgarten** im Schatten von Platanen.

Die **Küche ist saisonal** und richtet sich nach dem Angebot der Region. Im Frühjahr beginnt das Menü mit einem Schnifner Topfenaufstrich mit Bärlauch und hausgemachtem Brot oder **Bregenzerwälder Ziegenfrischkäse** im Speckmantel mit fruchtig-pikantem Apfelchutney. Es folgen ein **rosa gebratenes Lammnüsschen vom Vorarlberger Bauernlamm mit Bärlauchspätzle** oder als Tagesempfehlung **Bodenseefelchen in Zitronenbutter gebraten mit Rahmerdäpfeln**. Auch das klassische **Wiener Schnitzel vom Ländle-Kalb** mit Petersilerdäpfeln und Preiselbeeren ist wunderbar zart, dazu passen ein **Bio-Kellerbier** aus der Brauerei in Frastanz oder ein Grüner Veltliner aus dem **gut sortieren Weinkeller**.

Zum Abschluss empfiehlt sich der **legendäre Nusspudding von Fanny Amann** oder ein gemischter **Ländle-Käseteller**. In diesem Lokal hat sich das „Convivium Vorarlberg" anlässlich seiner Gründung erstmalig versammelt.

Röthis **VORARLBERG**

WEINLOKAL REBBERG

Walgaustraße 41, 6832 Röthis, Tel.: +43/5522/446 68
www.rebberg.at
Öffnungszeiten: Dienstag bis Samstag 18–24 Uhr,
Sonntag 10–22 Uhr
Ruhetage: Montag und jeder letzte Sonntag im Monat
Kreditkarten: Mastercard, Visa; Bankomat
Gemütlicher Gastgarten

Direkt am Kreisverkehr in Röthis liegt das prachtvolle Weinlokal Rebberg aus dem Jahr 1830, eines der ältesten Häuser in der Ortschaft, das mit viel Liebe renoviert wurde. Angelika und Ingo Prettner verwöhnen die Gäste in **drei unterschiedlich gestalteten Stuben**. Angelika kümmert sich um den Service und ist bei der Weinauswahl behilflich. Ingo steht in der kleinen Küche.

Dort bereitet er **Vorarlberger und österreichische Spezialitäten** zu, darunter etwa als Vorspeise oder für den kleinen Hunger: Grammel- oder Liptauerbrot, pikanter Rindfleischsalat mit Kernöl, Lumpensalat oder **feine Suppen wie die Kalbsbrätspätzlesuppe oder die hausgemachte Gerstensuppe**. Tagesgerichte können zum Auftakt ein würziger Matjessalat oder eine Altwiener Erdäpfelsuppe sein. Und zum Hauptgang gibt es eine bestens zubereitete Kalbsleber oder einen „**Ramschwagsaibling" mit Risotto und frischem Gemüse** von Lukas Breuss. Und zum Abschluss warten der bereits **legendäre Apfelschmarrn mit Walnuss-Eis** oder die Dessertvariationen Rebberg.

Tolle Weinauswahl mit ausschließlich heimischen Etiketten!

VORARLBERG St. Gerold

🍷🚜 KLOSTER-RESTAURANT PROPSTEI

St. Gerold 29, 6722 St. Gerold, Tel.: +43/5550/212 13 95
www.propstei-stgerold.at
Küchenzeiten: Montag bis Sonntag 12–14 Uhr und 18–20.30 Uhr
Ruhetage: keine
Kreditkarten: Mastercard, Visa; Bankomat
Zimmer ab € 65 p. P.

In welchem Jahr das Kloster gegründet wurde, ist heutzutage nicht mehr so genau zu bestimmen. Eine eventuelle Gründungsurkunde fiel vermutlich einem Brand in der Propstei im Jahre 1311 zum Opfer. Es ist aber davon auszugehen, dass die **Ursprünge des Ortes über 1.000 Jahre zurückreichen**.

In den letzten Jahrzehnten wurde das Kloster gleich zweimal aus seinem Dornröschenschlaf geweckt. Ende der 1950er-Jahre kam der junge Vikar der Pfarrei Einsiedeln in der Schweiz, Nathanael Wirth, nach St. Gerold auf Erholungsaufenthalt. Aus einigen Wochen wurden rund 50 Jahre, in denen er die verwahrloste Klosteranlage in ein **spirituell wie gastronomisch bedeutendes Zentrum** verwandelte. Vor wenigen Jahren wurde komplett saniert, wovon auch die Gastronomie profitierte, die nicht nur technisch auf Vordermann gebracht wurde, sondern auch hellere und freundlichere Gasträume verpasst bekam. Die **Zutaten stammen zu einem großen Teil aus der eigenen Bio-Landwirtschaft**, bestehend aus 38 Hektar Wiese, 46 Hektar Wald sowie einem weitläufigen Klostergarten. Die Speisen sind eher klassisch. Auf der Karte stehen unter anderem **Kalbsrahmgeschnetzeltes mit buntem Gemüse und Butterspätzle**, Grillteller, Kalbsschnitzel oder gegrilltes Forellenfilet mit Paradeisern und Petersilerdäpfeln. Als Dessert sehr zu empfehlen sind die **täglich wechselnden Blechkuchen** oder Apfelküchle.

Tipp: Im **angeschlossenen Klosterlädele** kann man **Kräuter und Produkte aus dem Tal** erwerben.

Schwarzenberg **VORARLBERG**

GASTHAUS ALTE MÜHLE

Dorn 138, 6867 Schwarzenberg, Tel.: +43/5512/37 80
www.alte-muehle.cc
Öffnungszeiten: 11–14.30 Uhr und 17.30–24 Uhr
Ruhetage: Montag und Dienstag
Kreditkarten: Bankomat
Schöner Gastgarten

Wie der Name des Gasthauses verrät, kocht Marietta Wild in einer alten, **idyllisch gelegenen Mühle am Rande von Schwarzenberg**. Die Einrichtung der Gaststube ist eine Kombination aus Neuem und Altem, ein **großer gemauerter Ofen** sorgt für Gemütlichkeit, an warmen Tagen sitzt man im **Gastgarten direkt am Bach**.

Mariettas Küche ist vorwiegend regional, mit Ausflügen in die italienische und Wiener Küche. Fisch wie **Saibling stammt aus heimischen Gewässern** und wird mit Bärlauchnudeln und Eierschwammerln serviert. Sehr gut sind auch das **Kalbsbeuschel auf Frühlingssalaten** sowie die **saftige Rehkeule mit Schupfnudeln**.

Zum Abschluss gab's puristischen **Topfenstrudel** und Crème brûlée mit frischen Beeren.

VORARLBERG Schwarzenberg

GASTHOF HIRSCHEN

Hof 14, 6867 Schwarzenberg, Tel.: +43/5512/29 44
www.hotel-hirschen-bregenzerwald.at
Öffnungszeiten: Donnerstag bis Dienstag 12–14 Uhr und 18–21 Uhr
Ruhetag: Mittwoch
Kreditkarten: American Express, Mastercard, Visa; Bankomat
Schöner Gastgarten, Zimmer ab € 85 p. P.

Der Dorfplatz in Schwarzenberg ist einer der schönsten in ganz Vorarlberg. Betritt man dort den **denkmalgeschützten und über 250 Jahre alten Gasthof** Hirschen im Stil des Bregenzerwälder Barock, fühlt man neben Romantik und Nostalgie auch den **jungen frischen Wind**, den Juniorchef Peter Fetz einfließen lässt. Auch in der Küche werden durch Jonathan Burger neue Akzente gesetzt.

Neben den Klassikern – wie **Wälderkäsle mit Leinsamen** oder Carpaccio mit Wildkräutern, der Tafelspitzbouillon mit Brätspätzle, zum Hauptgang **Lachsforelle, Kalbsleber** oder Käsknöpfle und für danach Dornbirner Beeren oder Topfenknödel – gibt es auch ein **täglich wechselndes Menü** mit Rücksicht auf die Jahreszeiten zur Auswahl. Wir kosten **Kalbszunge mit Kürbiskernpesto und sauren Zwiebeln**, frische Erbsen mit Sesamcreme, Knochenmark mit schwarzer Schalottencreme, Röstzwiebel und Sauerteigbrot, dazwischen ein **erfrischendes Waldmeistersorbet mit Himbeere**, danach die **Lachsforelle an Buttermilchsauce mit Salzmandeln und Mangold**. Und zum Abschluss gebackenen Holunder mit Holunderbrandcreme und getrockneten Erdbeeren.

Wer die Möglichkeit hat, im Hirschen zu übernachten und das **Frühstück im Landammannsaal** zu genießen, sollte unbedingt zugreifen.

Stuben am Arlberg `VORARLBERG`

RESTAURANT & BAR FUXBAU

Dorfstraße 22, 6762 Stuben am Arlberg, Tel.: +43/5582/301 88-400
www.restaurant-fuxbau.at
Öffnungszeiten: Frühstück 8–10 Uhr, Snacks 14–18 Uhr,
mittags 11.30–14 Uhr, abends 18–21 Uhr
Ruhetage: Montag und Dienstag
Kreditkarten: Mastercard, Visa; Bankomat

Für ein gastronomisches Erlebnis der besonderen Art sollte der, der Richtung Arlberg fährt, unbedingt einen **Abstecher einplanen**, und zwar in Stuben: im Fuxbau bei Tanja Gohrke und Tobias Schöpf sowie Sandra Köberl und Markus Gitterle. Die beiden Männer stehen **ambitioniert in der Küche**, die Frauen kümmern sich herzlich um den Service. Die Einrichtung ist zeitgemäß, das Ambiente gemütlich.

Verarbeitet wird **Gemüse aus dem Rheintal**, Sig (eine Art Molke-Karamell) aus dem Bregenzerwald, **Fleisch aus dem Klostertal**, **Fisch aus dem Zuger Fischteich** oder Wasserbüffel-Mozzarella aus dem Rheindelta. Als Auftakt wählten wir ein **selbst gebackenes Dinkel-Einkorn-Brot** mit Vogerlsalat-Creme und Kürbis süß-sauer sowie das Tartar mit Bergschnittlauch. **Die Forelle wird im Zedernholz serviert**, das Kalbfleisch mit Öl vom Krenblatt und Markkruste.

Wer es einfacher möchte, bestellt ein FUXBrot mit Spiegelei, Schinken und Bergkäse, die gekochte Hirschwurst, die **traditionellen Käsknöpfle aus der Gepp** oder das musterhafte Wiener Schnitzel. Beim süßen Abschluss herrscht die Qual der Wahl: **hausgemachtes Eis aus Sig**, eine **Bienenwachs-Mousse** mit Flieder und Löwenzahn oder der pikante Ziegenfrischkäse mit Kürbiskernen, Marille und Thymian.

VORARLBERG Sonntag

HOTEL GASTHOF KREUZ

Buchboden 1, 6731 Sonntag, Tel.: +43/5554/52 14
www.hotel-kreuz.info
Küchenzeiten: 11.30–13.30 Uhr und 17–19.30 Uhr
Ruhetag: keiner, aber ein vorheriger Anruf wird empfohlen
Kreditkarten: Bankomat
Terrasse, Zimmer ab € 55 p. P.

Das Walsertal ist eine **von der UNESCO ausgezeichnete Modellregion**, die sich um einen nachhaltigen Ausgleich zwischen Naturschutz und Naturnutzung bemüht. Hier hat der anderswo in Vorarlberg sehr hoch stehende Tourismus noch nicht wirklich Fuß gefasst, weswegen Gasthäuser wie das Kreuz weiterhin als **Geheimtipp unter Genießern** gelten.

Margot und Georg Türtscher führen das Haus im Zentrum des Ortes mit dem schönen Namen Sonntag mit viel Liebe zum Tal und der Region. Entsprechend angepasst ist die **Speisekarte, die je nach Saison wechselt**. Der großen Käsetradition des Tales folgend, findet sich die **Walserstolzrahmsuppe** immer auf der Karte. Walserstolz ist der Name des bekanntesten Käses der Region.

Ebenfalls ganzjährig gibt es **Wildkräutersuppe**. Ein Verein aus Walser-Frauen, die sogenannten „Alchemilla-Frauen", sammelt Jahr für Jahr die besten Kräuter auf den Wiesen und in den Wäldern und bereitet daraus Kräutermischungen. Im Kreuz werden diese zur Wildkräutersuppe oder zu **Bergtees** verarbeitet. Im Herbst findet sich zudem **Wildfleisch** auf der Speisekarte, beispielsweise **Rehrücken mit Blaukraut und Knödel**. Als Dessert ein Vanille-Halbgefrorenes mit Beerenspiegel.

Tschagguns **VORARLBERG**

TRADITIONSGASTHOF LÖWEN

Kreuzgasse 9, 6774 Tschagguns, Tel.: +43/5556/722 47
www.loewen-tschagguns.at
Öffnungszeiten: warme Küche 11.30–14 Uhr und 17.30–21 Uhr,
kleine Karte 14–17.30 Uhr und 21–22 Uhr
Ruhetag: Montag
Kreditkarten: Mastercard, Visa; Bankomat
Jeden Donnerstag Hausmusik ab 21 Uhr, Zimmer ab € 74 p. P.

Ein wunderschöner Ecktisch in der alten Stube sorgte von Beginn an für ein rundum angenehmes Klima. In der Küche des Traditionshauses steht Mutter Tschohl und sorgt für **bodenständige und traditionelle Gerichte**.

Als Aperitif gab's Prosecco mit heimischen Preiselbeeren, als Vorspeise **Montafoner Sauerkäse im Speckmantel gebraten und hausgemachte Sulz** sowie die würzige Montafoner Gerstensuppe. Beim Hauptgang überzeugten das **heimische Forellenfilet in Mandelbutter**, die frischen Spinat-Käse-Knödel oder Tiroler Knödel mit Sauerkraut, der wunderbar mürbe Zwiebelrostbraten sowie die **deftige Bauernbratwurst mit Erdäpfelsalat**. Und natürlich die Vorarlberger Käsknöpfle nach traditionellem Hausrezept mit Montafoner Käse und Röstzwiebeln, die zu den besten im Ländle zählen. Den Abend versüßten Karamell-Köpfli, Mohr im Hemd oder warmer Apfelstrudel und alternativ eine **Käseauswahl aus den besten Vorarlberger Sennereien**.

Sehr zu empfehlen sind außerdem die **lokalen Schnäpse wie Enzian, Subira oder Honig-Williams**. An Donnerstagen spielt Familie Tschohl ab 21 Uhr **Hausmusik!**

VORARLBERG Viktorsberg

GASTHOF SCHÖNE AUSSICHT

Klosterweg 7, 6836 Viktorsberg, Tel.: +43/5523/647 15
www.gh-schoeneaussicht.at
Öffnungszeiten: am besten immer vorher anrufen
Ruhetage: variabel
Kreditkarten: Mastercard; Bankomat
Gastgarten mit sensationellem Ausblick, Zimmer ab € 58 p. P.

Seinen Namen trägt der Gasthof der Familie Ritter völlig zu Recht. Eine **sechs Kilometer lange Bergfahrt** wird belohnt mit einem atemberaubenden **Panoramablick über das Vorarlberger Rheintal** bis weit hinein in die Schweizer Bergwelt. Neben dem Kloster Viktorsberg und in absoluter Ruhelage genießt man **spektakuläre Sonnenuntergänge**.

Die rustikal-gemütlichen Gaststuben werden von der Hausherrin Monika liebevoll mit selbst gestalteter Dekoration geschmückt. Der Hausherr, Robert Ritter, ist ein leidenschaftlicher Koch mit **Hang zur traditionellen und naturnahen Küche**.

Man beginnt etwa mit einer Kraftbrühe mit Markknödeln oder **hausgemachten Teigtaschen gefüllt mit Gemüse**. Tagesempfehlung war diesmal ein wunderbares **Huhn in Rotweinsauce mit Erdäpfelstampf und Saisongemüse**. Und zum Dessert gab es einen „umgeworfenen Blumentopf", der aus hauchdünner Schokolade bestand, gefüllt mit selbst gemachtem Himbeereis und zerkrümeltem Schokoladenbiskuit. Die **hauseigenen Säfte** wie Minze mit Ingwer und Holunderblüten sind äußerst erfrischend und stammen zum großen Teil aus dem eigenen Garten.

EINKAUFSTIPPS

SENNKUCHI GARNERA

Hier wird **Sura Kees** (ein Slow-Food-Arche-Produkt) in urigem Ambiente produziert. Der fettarme Sauerkäse gilt nicht nur im Montafon als Spezialität. Sennerin Veronika Kartnig probiert in ihrer Sennkuchi auch Neues, beispielsweise den „Saladiner", ein nach der Bergwiese Saldina benannter und in Salzlake gereifter Rohmilch-Weichkäse.

Alpe Garnera, 6793 Gaschurn, Tel.: +43/664/460 23 44
sennkuchi@garnera.at, www.garnera.at

MICHELEHOF FAMILIE BÜCHELE

Veredeltes Obst ist Albert Bücheles Leidenschaft. In puristischer Holzarchitektur werden **edle Brände** kredenzt, darunter der Subirer, ein regionaltypischer Birnenbrand (auch ein Slow-Food-Arche-Produkt).

Marktstraße 26, 6971 Hard, Tel.: +43/5574/724 12
www.michelehof.at
Schnapsverkostungen nach Voranmeldung
Öffnungszeiten: Montag bis Samstag, außer während der Mittagspause

MOORWIRTE

Krumbach wird von einem der größten Hochmoore Österreichs flankiert. Vier Wirte haben sich zusammengeschlossen und bieten Veranstaltungen und **Spezialitäten mit Moorbezug** an, auch Wanderungen mit ausgebildeten MoorführerInnen.

www.bregenzerwald.at/s/de/moorwirte-krumbach

DIETRICH – VORARLBERGER KOSTBARKEITEN

Richard Dietrich hat an der Universität für Bodenkultur studiert. Mit Forschungsgeist führt er die elterliche Landwirtschaft weiter. Als Mostsommelier veredelt er zudem traditionelle, regionale Früchte zu **Säften und Bränden**. Ihm ist auch die Wiederentdeckung des Vorarlberger Riebelmais zu verdanken, den er etwa zu **Whisky und Gin** verarbeitet. Im Laden gibt es zum Mais auch die Riebelpfanne aus Eisen, ohne die das Vorarlberger Traditionsgericht nicht komplett wäre.

Lerchenauer Straße 45, 6923 Lauterach, Tel.: +43/5574/639 29
www.dietrich-kostbarkeiten.at
Öffnungszeiten: Montag bis Freitag 9–17 Uhr, Samstag 9–12 Uhr

SUMMER EDELBRÄNDE UND MOSTEREI

In unmittelbarer Nähe zum Gasthaus Rankweiler Hof brennt Markus Summer seine hervorragenden **Schnäpse** und stellt **süße und vergorene Moste** her.

Hadeldorfstraße 3, 6830 Rankweil, Tel.: +43/5522/441 18
www.destillerie-summer.at
Öffnungszeiten: Dienstag bis Samstag 9–18 Uhr

NACHBAUER WEINE

Familie Nachbauer in Röthis bewirtschaftet zwei Hektar Rebfläche biologisch; angebaut werden Chardonnay, Weißburgunder, Rheinriesling und Grauburgunder sowie die Rotweinsorte Blauburgunder und ein Pinot noir Rosé. Und diverse **Edelbrände** gibt es auch.

Ganta 1, 6832 Röthis,
www.weingut-nachbauer.at
Weinverkauf nach Rücksprache ab Hof
Kontakt Michael Nachbauer, Tel.: +43/650/920 88 66
Buschenschank mit Hausmannskost in den Monaten Mai und September,
Öffnungszeiten: Dienstag bis Sonntag 15–22 Uhr
Kontakt: Judith Nachbauer, Tel.: +43/650/669 36 39

SENNEREI SCHNIFIS

Diese ausgezeichnete Sennerei im Walgau mit Verkaufsstelle erzeugt neben **Bergkäse** auch **Laurentius-Käse** sowie **Butter, Joghurt**, einen hervorragenden **Topfen und Sauerkäse** mit „topfigem" Kern und sogenannter Speckschicht (anders also als der Montafoner Sura Kees). Der Sauerkäse wird auch mit Kümmel, Chili, Pfeffer oder im Öl eingelegt angeboten. Zudem gibt die Sennerei ein liebevoll gestaltetes **Sennerei-Kochbuch** heraus – mit Rezepten zu den eigenen Produkten und Fotos sowie Geschichten der Bauern aus der Region.

Jagdbergstraße 84, 6822 Schnifis, Tel.: +43/5524/25 88
www.sennerei-schnifis.at
Öffnungszeiten: Montag bis Samstag 8–12 Uhr und 17–18.30 Uhr,
Sonn- und Feiertag 9–11 Uhr und 17–18.30 Uhr
Weitere Verkaufsstelle: Müsinenstraße 20/1, 6832 Sulz,
Tel.: +43/5522/443 51
Öffnungszeiten: Freitag von 8–18 Uhr

Einkaufstipps VORARLBERG

KARIN KAUFMANN

Gewürzwerkstatt und Kochschule. Im historischen Kellergewölbe des Gasthauses Engel, wo im oberen Stock die Kochrunden von Frau Kaufmann stattfinden, ist dieser kleine Laden untergebracht. Im Bregenzerwald produzierte **Gewürzmischungen, hochwertige Backmischungen** für Salzstängel, Zopf und sonstige Brote. Neu im Sortiment sind ein Vintage-Wermut namens VREIMUTH, eine Komposition aus einer einzigartigen Kräutermischung, **Bio-Wein** des Weinviertler Winzers Fidesser und Williams aus der Destillerie Freihof in Lustenau.

Buchrain 339, 6863 Egg, Tel.: +43/676/495 41 44
www.fraukaufmann.at
Öffnungszeiten: Freitag 8.30–11.30 Uhr und 14–18 Uhr
(während des Schuljahres); am besten vorher anrufen.
Einkaufen rund um die Uhr im Onlineshop

LAWURSCHT

Frischfleisch, Wurst- und Schinkenspezialitäten sowie Eier aus der eigenen Bio-Landwirtschaft, **hausgemachte Nudeln** und weitere **Feinkostspezialitäten** aus der Region und aus dem Piemont.

Platz 188, 6952 Hittisau, Tel.: +43/664/441 80 74
www.lawurscht.at
Öffnungszeiten: Donnerstag und Freitag 9–12 Uhr und 14.30–18 Uhr,
Samstag 8–12 Uhr
Besuch des Bio-Hofes nach Voranmeldung möglich

VETTERHOF

Bio-Pionier in Vorarlberg; hofeigenes Bio-Gemüse, Bio-Rind- und Bio-Schweinefleisch, Bio-Essig, Dinkel-Wodka und Gin sowie Feinkost und Produkte von regionalen Partnerbetrieben.

Alberried 14, 6890 Lustenau, Tel.: +43/5577/633 95
www.vetterhof.at
Öffnungszeiten Hofladen: Freitag 9–18 Uhr
Samstag Wochenmarkt in Dornbirn
Exkursionen und Studiengruppen sind auf dem Hof
nach Voranmeldung willkommen

NATURPRODUKTE FLATZ

Hofeigene Puten und Rinder, Schlachtung der Puten im **hofeigenen Schlachtbetrieb**. Feine Auswahl an Puten- und Rindfleisch, Wurstwaren und anderen Fleischprodukten sowie Fertiggerichte. Große, gut sortierte Auswahl an **regionalen Lebensmittelspezialitäten** von ausgesuchten Partnerbetrieben.
Landstraße 30, 6971 Hard, Tel.: +43/5574/659 74
www.naturprodukte-flatz.at
Öffnungszeiten Hofladen: Mittwoch und Samstag 8-12 Uhr, Freitag 8-17 Uhr
Freitag Bauernmarkt in Bregenz, Samstag Wochenmarkt in Dornbirn

SCHAFMILCHBETRIEB GMEINER

Landwirtschaft mit Milchschafen und Hofsennerei. Schafmilchprodukte: Joghurt, verschiedenste Schafkäsespezialitäten, Butter, Butterschmalz. **Schafprodukte** von Partnerbetrieben hergestellt: Schokolade, Wollwaren und Molke-Pflegeprodukte. Einige Schafmilchprodukte sind auch im gut sortierten Vorarlberger Lebensmittelhandel erhältlich.
Kirchdorf 60, 6874 Bizau, Tel.: +43/5514/25 09
www.schafmilchbetrieb.com
Öffnungszeiten Hofladen: von März bis Oktober
jeweils Freitag 9-12 Uhr und 14-18 Uhr, Samstag 9-12 Uhr

LISILIS BIOHOF

Große Auswahl an **Bio-Produkten** wie hofeigenes Bio-Gemüse, Bio-Rindfleisch, Milch, Milchprodukte und Bio-Eier, sowie Feinkost und Produkte von regionalen Partnerbetrieben.
Scheidgasse 17, 6812 Meiningen, Tel.: +43/5522/311 07
www.lisilis.at
Öffnungszeiten Hofladen: Dienstag 16-19 Uhr,
Freitag 9-11 Uhr und 16-19 Uhr
Dienstag und Samstag Wochenmarkt in Feldkirch

BACKWAREN MANUFAKTUR BACK KULTUR

Ausgezeichnetes und handwerklich erzeugtes
Brot in Bio-Qualität von Rupert Lorenz.
Pfründeweg 4, 6811 Göfis, Tel.: +43/650/444 07 72
www.back-kultur.at
Öffnungszeiten: Dienstag bis Samstag 6-12 Uhr,
zusätzliche Bestellabholung Dienstag bis Freitag 16-18 Uhr

Einkaufstipps VORARLBERG

BIOHOF BERG VIELFALT – KRÄUTERDOROTHEUM

Armin und Dorothea Rauch züchten **Jungpflanzen** – sowohl für den eigenen Gemüseanbau als auch für den Verkauf. Zudem bauen sie **Gemüse, Beerenobstsorten und Kräuter** an, die sie donnerstagnachmittags im Bioladen verkaufen. Dort gibt es auch Eier (rund um die Uhr aus der Eierklappe), selbst gebackenes Brot aus dem Steinofen und diverse eingelegte Gemüse, Marmeladen, Kräutertees, Essig, Süßmost, Gärmost sowie köstliche **Edelbrände**.

Bassig 1, 6822 Dünserberg, Tel.: +43/5524/23 52
armin.rauch@aon.at
Öffnungszeiten: Donnerstag 14–19 Uhr, außer feiertags

BIOHOF BREUSS

Der junge Bio-Bauer Lukas Breuss produziert mit Leidenschaft und mit Unterstützung seiner Eltern **saisonales Bio-Gemüse** in Röthis.
Gängle 4, 6832 Röthis, Tel.: +43/650/231 20 12
www.biohof-breuss.at
Öffnungszeiten Hofladen: Freitag 8–18 Uhr
Samstag von 8–13.30 Uhr Stand auf dem Wochenmarkt in Feldkirch

---

WEGWARTE – BIOLADEN UND BIOLOGISCHE GEMÜSEPRODUKTION

Die Familien Grabher und Keckeis bauen ca. **40 verschiedene Gemüsesorten** in ihrem nahe dem kleinen, aber sehr gut sortierten Bio-Lädele gelegenen Garten an. Vorarlberger Bio-Bauern liefern zusätzlich Gemüse, **Fleisch- und Milchprodukte**. Im Winter wird das Sortiment durch Importe von Bio-Bauern aus dem Süden ergänzt.
Kiesweg 7, 6842 Koblach, Tel.: +43/5523/548 16
www.wegwarte.at
Öffnungszeiten: Dienstag 9–12 Uhr und 15–19 Uhr, Freitag 9–19 Uhr, Samstag 9–12 Uhr

SENNEREIEN

BREGENZERWÄLDER BERGKÄSE,
EIN SLOW FOOD-ARCHE-PRODUKT, KANN IN FOLGENDEN KLEINEN DORFSENNEREIEN DIREKT VERKOSTET UND GEKAUFT WERDEN

ALMA BERGSENNEREI LUTZENREUTE
Lutzenreute 23, 6911 Eichenberg, Tel.: +43/5573/833 80
www.bergsennerei-lutzenreute.at
Öffnungszeiten: Montag bis Sonntag 8.30–12 Uhr,
Montag und Freitag 17.30–19 Uhr
oder aus dem Käseautomaten rund um die Uhr!

DORFSENNEREI LANGENEGG
Berkmann 116, 6941 Langenegg, Tel.: +43/5513/61 90
www.kaeserei.com
Öffnungszeiten: Montag bis Freitag 8.30–11.30 Uhr und 15–18 Uhr,
Samstag 7.30–11.30 Uhr und 15–17 Uhr

BERGKÄSEREI SCHOPPERNAU
6886 Schoppernau, Unterdorf 248, Tel.: +43/5515/301 51
www.bergkaeserei.at
Öffnungszeiten: Montag bis Freitag 8.30–11.30 Uhr und 15–18 Uhr,
Samstag 8.30–11.30 Uhr und 15–17 Uhr (in der Nebensaison nur vormittags)
oder aus dem Käseautomaten rund um die Uhr!

SAISONALE GASTHÄUSER

JAGDGASTHAUS EGENDER

Schönenbach ist ein beliebtes Ausflugsziel für Wanderer und Mountainbiker. Die einzigartige Vorsäßsiedlung ist über eine Mautstraße von Bizau aus und mit dem öffentlichen Bus erreichbar. Legendär im Jagdgasthaus sind die **Käsknöpfle** (in der Holzgepse serviert) und die **Wildspezialitäten** aus dem Schönenbacher Revier.

Schönenbach 342, 6870 Bezau, Tel.: +43/664/244 04 47
www.jagdgasthaus-egender.at
Sommerbetrieb von 1. Mai bis Ende Oktober
Öffnungszeiten: ganztägig geöffnet,
warme Küche Dienstag bis Samstag 11.30–20 Uhr, Sonntag 11.30–18 Uhr
Ruhetag: Montag

ADLER GROSSDORF

Irma Renner öffnet ihr Gasthaus ausschließlich sonntags. Den ganzen Tag wird ein mindestens **dreigängiges Menü** aufgetischt. Am Herd stehen Wälder Hausfrauen, Hobbyköche und immer wieder auch Spitzenköche.

Großdorf 14, 6863 Egg, Tel.: +43/650/456 34 37
Öffnungszeiten: Sonntag 9–21 Uhr
adler-grossdorf.at

DAS IST
TIROL

Die Murmeltierbraten der traditionellen Küche

Der Speck, wenn er noch von handwerklichen Selchern stammt

Aufgenommen in die
SLOW FOOD ARCHE DES GESCHMACKS

Der Krautinger, ein Schnaps von magischer Kraft aus den Stoppelrüben der Wildschönau

Das Tiroler Grauvieh, seine Milch und sein fein marmoriertes Fleisch

Der Wilde Kaiser, einer der markantesten Gebirgszüge der Ostalpen, besteht aus Kalkfels und erstreckt sich zwischen Kufstein und St. Johann.

WIRTSHÄUSER IN TIROL

1. **Kulinarik- und Genießerwirtshaus Alpin**
2. **Hallerwirt**
3. **Kirchenwirt Mehrn**
4. **Bauernkuchl**
5. **Tirolerhof**
6. **Der Unterwirt**

ERL
7. **Beim Dresch**
8. **Blaue Quelle**

9. **Gasthof Gröbenhof**
10. **Restaurant Heimspiel**
11. **Alpengasthof Kasern**
12. **Der Gannerhof**

INNSBRUCK
13. **Oscar kocht**
14. **Riese Haymon**
15. **Gasthaus Planötzenhof**

- 31 Zöblen
- 18 Leutasch
- Innsbruck
- 17 Lans
- 13 14 15 20 Mutters
- 29 Zams
- 9 Fulpmes
- 24 Sölden

- **16** **Gasthaus Bärenbichl**
- **17** **Gasthof Isserwirt**
- **18** **Gasthaus Naturwirt**
- **19** **Strumerhof**
- **20** **Gasthof zum Schupfen**
- **21** **Penzinghof**
- **22** **Gasthaus Großvenediger**
- **23** **Angerer Alm**
- **24** **Gampe Thaya**
- **25** **Strasserwirt**

STUMM
- **26** **Gasthaus Nester**
- **27** **Landgasthof Linde**
- **28** **Gasthof zum Schwan**
- **29** **Postgasthof Gemse**
- **30** **Hotel-Gasthof „Bräu"**
- **31** **Gasthof Morent**

① Achenkirch
⑦ ⑧ Erl
⑥ Ebbs
㉑ ㉓ Oberndorf — St. Johann in Tirol
③ Brixlegg-Mehrn
④ Buch
② Aurach bei Kitzbühel
⑯ Jochberg
㉘ Wattens
㉚ Zell am Ziller
Stumm ㉖ ㉗
⑪ Innerschmirn
㉒ Prägraten am Großvenediger
⑲ Matrei in Osttirol
⑫ Innervillgraten
⑩ Heinfels
㉕ Strassen
⑤ Dölsach

TIROL Achenkirch

KULINARIK- UND GENIESSERWIRTSHAUS ALPIN

6215 Achenkirch 35, Tel.: +43/5246/68 00
www.kulinarikhotel-alpin.at
Öffnungszeiten: täglich 11–23 Uhr,
Küchenzeiten: 11.30–14 Uhr und 17.30–21 Uhr
Ruhetage: in der Zwischensaison Dienstag, Mittwoch
Kreditkarten: Mastercard, Visa
Zimmer ab € 89

Gründler's Genießerwirtshaus ist eine Art Refugium für grandiose Klassiker und regional geprägte Wirtshausküche. Der **gebackene Lammbauch** mit Endivien-Erdäpfel-Salat, Radieschen und Kresse ist ein ungewöhnlicher, aber über die Maßen köstlicher Einstieg. Ebenso das Forellencarpaccio mit Rettich und Apfel.

Beide Gänge machen Lust auf mehr. Auf die gefüllten Erdäpfelknödel zum Beispiel, gefüllt mit **Wildschweinragout** und serviert mit Rotkraut und in hervorragender Wildsauce. Oder – wieder ein Gründler-Klassiker – der gekochte **Tafelspitz vom Achenseer Merinoschafl**.

Anstatt des Desserts sollte man sich auf die **Käseempfehlung von Alexander Gründler** verlassen. Der Diplom-Käsesommelier hortet die besten Sorten und hat eine sichere Hand bei Auswahl und Beratung. Wer doch Lust auf Süßes hat, fragt am besten nach den **Achentaler Bergschnallen** (einem schmalzgebackenen Germteig) mit Sauerrahmeis und Apfelragout.

Aurach bei Kitzbühel TIROL

HALLERWIRT

Oberaurach 4, 6371 Aurach bei Kitzbühel
Tel.: +43/5356/645 02
www.hallerwirt.at
Öffnungszeiten: warme Küche 11.30–22 Uhr, kleine Karte 14–18 Uhr
Ruhetage: Montag, Dienstag
Kreditkarten: Mastercard, Visa; Bankomat
Zimmer ab € 33

Der Erbhof Hallerwirt ist **eine zuverlässige Adresse**, wenn man rund um Kitzbühel nach einem ordentlichen Wirtshaus sucht. Jürgen Stelzhammer hat Sinn und Leidenschaft für gute Lebensmittel. Dabei kann er auch aus dem Vollen schöpfen.

Die Schwiegereltern betreiben in unmittelbarer Nähe die Landwirtschaft des Hallerwirts mit einer stattlichen Herde Pinzgauer Rinder, den (hornlosen) **Jochberger Hummeln**. Aber auch mit anderen Lieferanten wird eine enge Partnerschaft gepflegt. Fisch wird von **Leo Trixl vulgo Scheffaurer** geliefert, Ziegenkäse vom **Reitbauer in Unken**.

Empfehlenswert sind vor allem jene Gerichte, in denen das Fleisch der Jochberger Hummeln verarbeitet wird. Etwa das **gekochte Rindfleisch mit Rösterdäpfeln, Cremespinat und Apfelkren**. Der generische Name ist der Tatsache geschuldet, dass nicht nur der Tafelspitz, sondern auch eine Reihe anderer Teile verwendet werden. Auch die Rindfleischsulz mit Salat und Kernöl kann sich sehen lassen. Unter der Rubrik „Klassiker" findet man ein sensationell gutes **Kalbsbeuschel und Daumnidei** (goldbraun gebackene, daumendicke Erdäpfelteignudeln) mit Sauerkraut, ein altes Tiroler Rezept, das nur noch sehr selten auf einer Speisekarte zu finden ist.

TIROL Brixlegg/Bad Mehrn

KIRCHENWIRT MEHRN

Faberstraße 7, 6230 Brixlegg/Bad Mehrn, Tel.: +43/5337/633 63
www.kirchenwirt-mehrn.at
Öffnungszeiten: nach Vereinbarung
Ruhetag: Dienstag
Kreditkarten: keine
Gastgarten

Ein bezaubernder Hügel in Mehrn bei Brixlegg beheimatet ein vorchristliches Quellheiligtum, eine Kirche, eine **Heilquelle mit klarem, wohlschmeckendem Wasser** und das kleinste Wirtshaus Tirols.

Hier kocht Familie Unterrainer traditionelle Speisen, regional und saisonal, mit Gemüse, Beeren und Kräutern aus dem eigenen Garten. Fleisch kommt von der Biometzgerei, Knödelbrot wird selbst gebacken und Käse selbst hergestellt. Gespeist wird in der **Zirbenstube oder im hübschen Garten**.

Das Menü muss vorab **mit den Wirtsleuten besprochen werden**. So kann es Rind- oder Gemüsesuppe mit diversen Einlagen geben, selbstverständlich hausgemacht, Salate mit Pilzen, Pilzgulasch, Rostbraten mit Kartoffeln, Gnocchi oder die berühmte **Zillertaler Ofenleber**. Die Nachspeisen bieten Variationen mit Erdbeeren, Rhabarber, Himbeeren, Heidelbeeren: als Sorbet, mit Grießflammeri, Joghurtcreme und Kuchen.

Berühmt sind auch die selbst gemachten Krapfen, darunter die traditionellen **Zillertalerkrapfen**, aber auch **Mehrner Krapfen** (Bergkäse, Kartoffeln, Spinat, Minze) und **Kirchenwirt-Krapfen** (Schafkäse, Spinat, Sonnenblumenkerne). Sehr gut außerdem das Knödeltris mit Rohnen, Spinat, Käse, Schwammerln sowie die süßen Krapfen mit Beeren, Äpfel oder Mohn.

Das Törggelen im Herbst beginnt traditionell mit einer **heißen Gerstlsuppe** mit Geselchtem, heißen Maroni, gefolgt von Speck und Käse.

Buch **TIROL**

BAUERNKUCHL

St. Margarethen 113A, 6220 Buch, Tel.: +43/5244/623 84
www.bauernkuchl.at
Öffnungszeiten: Mittwoch bis Sonntag 9.30–23 Uhr,
warme Küche 11.30–14 Uhr und 17.30–21 Uhr
Ruhetage: Montag, Dienstag, im Juli geschlossen
Kreditkarten: Mastercard, Visa; Bankomat
Gastgarten

Die Küche von Anni Ritter und ihrem Mann ist bodenständig und traditionell im besten Sinne. Die meisten Zutaten stammen aus der eigenen Landwirtschaft und von nahe liegenden Bauernhöfen. Der **schöne Speisesaal** wird häufig für Festlichkeiten wie Hochzeiten genutzt.

Vom Tiroler Grauvieh Almochs (Slow Food Arche des Geschmacks) stammt der **Vanillerostbraten** mit Püree aus Kartoffeln vom eigenen Hof, aber auch das Gulasch vom **Wadschunken mit Polenta** und der Schmorbraten, Letztgenannter ist ein traditionelles Sonntagsessen. Die Thierseer Bio-Metzgerei Juffinger liefert das Schweinefleisch für die Wiener Schnitzel mit Kartoffelsalat und fürs **Cordon Bleu**.

Gebackene Bio-Zucchini und Bio-Sellerie, Pfifferlingsgulasch, Pfifferlinge in Rahm oder geröstet genauso wie **Knödel mit Pfifferlingen oder Spinat** erfreuen fleischlos. Weitere Knödelvarianten sind Speckknödel, Leberknödel, **Kasknödel**, **Pressknödel mit Suppe**, Sauerkraut oder zerlassener Butter mit Schnittlauch. Hervorragend das **Bio-Berglamm als Schmorbraten** mit Kartoffelpüree. Die Zillertaler Krapfen sind köstlich – hauchdünner, selbst gemachter Roggen-/ Weizenteig, gefüllt mit Kartoffeln, Graukäse, Topfen und Schnittlauch, in selbst ausgelassenem Butterschmalz herausgebacken („außapresst").

Zur Törggelenzeit im Herbst gibt es hausgeräucherten Speck, Gerstlsuppe, **Schweinsschopf und -bauch**, Leber- und Blutwurst, Ofenleber, Semmelknödel, Sauerkraut, **„siaße" Krapfen und gebratene Keschtn** (Kastanien).

TIROL Dölsach

TIROLERHOF

9991 Dölsach 8, Tel.: +43/4852/64111
www.tirolerhof.or.at
Öffnungszeiten: Dienstag bis Sonntag 8–24 Uhr,
warme Küche 12–14 Uhr und 18.30–22 Uhr
Ruhetag: Montag
Kreditkarten: Mastercard, Visa
Gastgarten, Zimmer ab € 53

Östlich von Osttirols Hauptstadt Lienz schmiegt sich sonnseitig das Obstdorf Dölsach an die sanft ansteigenden Hänge des Iselsbergs. Unterhalb der Kirche liegt das **Dorfgasthaus mit angeschlossenem Gemeindesaal**, das seit vielen Jahren von der Familie Sander betrieben wird. Einmalig die sonnendurchflutete Terrasse **mit Blick auf die Lienzer Dolomiten**.

Zu den Klassikern des Hauses zählt etwa die **Schottsuppe mit Röstbrot**; die Küche versteht sich auch bestens auf Innereien und kredenzt schmackhaftes **Beuschel mit Knödel** oder Kalbsleber mit Schalotten, Speck und Kartoffeln oder **Kalbsbackerl mit Osttiroler Senf** und Brennnesselknödel. Köstlich auch das Lamm mit Polenta, die „dry aged" Kalbin vom Grill, das zarte Kaninchen und die **Osttiroler Schlipfkrapfen**. Und zum Nachtisch Topfenknödel mit Zimtbröseln oder **gebrannte Creme**.

Gepflegte Auswahl an Weinen und an **lokalen Schnäpsen**.

Ebbs TIROL

DER UNTERWIRT

Wildbichler Straße 38, 6341 Ebbs, Tel.: +43/5372/42 22 88
www.unterwirt.at
Öffnungszeiten: Donnerstag bis Montag 11.30–14 Uhr und 18–21.30 Uhr,
Mittwoch ab 17 Uhr
Ruhetag: Dienstag
Kreditkarten: Mastercard, Visa

Der Unterwirt ist ein **Gasthaus alter Schule** – gediegene Tiroler Gastlichkeit, urige Stuben und ein wunderschöner Garten. Die Speisekarte zählt einerseits pflichtbewusst die **Klassiker der Tiroler und Wiener Küche** auf, macht aber auch auf weniger Bodenständiges neugierig und ändert sich alle vier Wochen.

Die **Spinatcremesuppe** als Vorspeise (serviert mit Wachtelei und Rinderfilet) ist ein guter Einstieg. Richtig gut wird es aber beim Hauptgang. **Kaninchen in drei Variationen**, mit Saubohnen, Polenta oder Grammeln. Auch bei der Präsentation hat der Unterwirt eine Linie gefunden. Sehr aufgeräumt, kein Firlefanz, dafür **etwas umfangreichere Portionen**, als man erwarten würde.

Weil Edmund Steindl ein Wirt ist, dem Saisonalität seit jeher ein Anliegen ist, orientieren sich auch die Desserts daran, was der Markt gerade bietet. Wenn man zur richtigen Zeit in Ebbs ist, wäre es unverzeihlich, **Edmunds Marillenknödel** nicht zu probieren.

TIROL Erl

BEIM DRESCH

Oberweidau 2, 6343 Erl, Tel.: +43/5373/81 29
www.dresch.at
Öffnungszeiten: warme Küche 11.30–14 Uhr und 18–21 Uhr
Ruhetage: Mittwoch, Donnerstag
(außer an Feiertagen oder Vorstellungstagen der Festspiele)
Kreditkarten: Mastercard, Visa

Wer vor einer Vorstellung im Festspielhaus noch was essen möchte, ist gut beraten, das im Gasthaus Dresch der Familie Anker zu tun. Wirt und Koch Karl Anker kocht **bodenständig und mit intensivem Bezug zur Region**. Käse liefert die nahe Käserei Plangger in Walchsee, das Fleisch kommt zum größten Teil von der Metzgerei Wäger im Nachbardorf Ebbs.

Zur Vorspeise empfiehlt sich die **Wildkräutersuppe** (mit Kräutern aus dem Hausgarten) mit Briocheknödel. Oder alternativ der lauwarme Ziegenkäse mit Carpaccio von der Roten Rübe.

Zum Hauptgang indessen das **Knödel-Tris**, bestehend aus gebackenem Kasnockerl, Schnittlauch-Ricotta-Tascherl und Spinatknödel mit brauner Butter und frisch geriebenem Hartkäse.

Unter den Nachspeisen fällt der **Kaiserschmarren** ins Auge. Der wird **karamellisiert**, mit Rumrosinen verfeinert und mit Zimtzucker serviert.

GROSSE KUNST.
OHNE ALLÜREN.

Österreichs Weine sind daheim im Herzen Europas, wo kontinentale Wärme mit kühler Nordluft tanzt. In diesem einzigartigen Klima wachsen edle Weine mit geschützter Ursprungsbezeichnung – zu erkennen an der rotweißroten Banderole auf der Kapsel und der staatlichen Prüfnummer auf dem Etikett.

österreichwein.at

ÖSTERREICH WEIN
Große Kunst. *Ohne Allüren.*

WINEinMODERATION.eu
Art de Vivre

TIROL Erl

BLAUE QUELLE

Mühlgraben 52, 6343 Erl, Tel.: +43/5373/8128
www.blauequelle.at

Öffnungszeiten: 10-23 Uhr, warme Küche 11.30-14 Uhr, 17-21 Uhr, dazwischen kleine Karte
Ruhetage: Montag, Dienstag
Kreditkarten: Master, Visa; Bankomat
Laube, Terrasse, Zimmer ab € 50

Bereits zu Beginn des 17. Jahrhunderts wurde in diesem stattlichen Gasthaus, nur wenige Schritte vom Festspielhaus gelegen, Bier gebraut. Der Name stammt von einem kleinen und von einer Quelle gespeisten Teich gleich hinterm Haus. Man sitzt in **gemütlichen Stuben** oder auf der **großzügigen Terrasse**.

Spezialität des Hauses sind **Regenbogenforellen**, die auf verschiedenste Arten zubereitet werden, wie etwa „blau", „Müllerin", „mediterran" oder „Tiroler Art" (mit Speck). Auch beim Wiener Schnitzel gibt's Wahlmöglichkeit, nämlich vom Kalb oder vom Schwein. Tirolerischer sind da sicher die **Schlutzkrapfen mit Spinatfülle** und das **Blutwurstgröstl** mit Kren und Salat.

Zum Abschluss werden **Moosbeerschmarren**, karamellisierter Kaiserschmarren und frisch gemachte **Palatschinken** serviert.

GASTHOF GRÖBENHOF

Gröben 1, 6166 Fulpmes, Tel.: +43/5225/624 42
www.groebenhof.at
Öffnungszeiten: 10-22 Uhr, warme Küche 11-14 Uhr und 17.30-20.30 Uhr
Ruhetag: Mittwoch
Kreditkarten: American Express, Diners Club, Mastercard, Visa; Bankomat
Zimmer ab € 44,50

Der Gröbenhof mit angeschlossener Landwirtschaft liegt am Waldrand oberhalb von Fulpmes mit **herrlichem Ausblick ins Stubaital** und wird als Familienbetrieb geführt. Die Küche besticht besonders durch die Verarbeitung hauseigener Produkte, zumal sie es versteht, **Tradition und Innovation** zu vereinen.

Gänzlich überzeugend etwa die kräftige **Rindsbouillon** mit den selten gewordenen **Hirnpofesen**. Und als Vorspeise die zarte Entenbrust auf Blattsalaten und Apfelspalten mit hauseigenem Walnussdressing. Die **Haussülze** vom eigenen Rind wird wahlweise mit Röstkartoffeln oder sauer mit steirischem Kernöl angeboten.

Zu den Klassikern wie dem Backhuhn, dem **Siede-Brustkern vom heimischen Ochsen**, dem Tiroler Gröstl und dem Kalbsrahmgeschnetzelten gesellen sich Innereien – köstlich das **Rahmbeuschel vom Lamm** – oder ein **Spanferkel-Kotelett mit Speckkrautsalat**. Saisonal finden sich auch Pilze wie Pfifferlinge, die etwa als Rahmsauce zu den Schweinsmedaillons gereicht werden, aber auch ein zartfleischiges **Stubaier Kitz**. Dazu gibt's frisches Gemüse und Kartoffeln aus der Region und Saison.

Unter den Nachspeisen herausragend: die **Buttermilch-Mousse mit Strauben** (das sind in heißem Fett herausgebackene Hollerblüten, die zuvor in Teig getaucht wurden) und frischen oder marinierten Beeren oder zur Kirschenzeit die **Kirschnocken**.

TIROL Heinfels

RESTAURANT HEIMSPIEL

Panzendorf 25 a, 9919 Heinfels, Tel.: +43/699/19 96 17 43
www.heim-spiel.at
Öffnungszeiten: 10-22 Uhr, warme Küche 12-14 Uhr und 18-20 Uhr
Ruhetage: Sonntagabend, Montag, Dienstag,
7. Jänner 2019 bis Mitte März geschlossen
Kreditkarten: Mastercard, Visa; Bankomat
Terrasse

Wer unweit der Burg Heinfels in Richtung Drau fährt, den erwartet direkt am Radweg das kleine, aber feine Restaurant Heimspiel. Was ursprünglich als Buffet für die umliegenden Sportstätten gedacht war, wurde dank der umtriebigen Pächterfamilie Muhr schnell zum **Geheimtipp unter Feinspitzen**. Im lichtdurchfluteten Ambiente des Lokals erwarten einen neben herzlichst gelebter Gastfreundschaft auch Chef Muhrs **Interpretationen der Tiroler Küche** dies- und jenseits der Grenze zu Italien.

Ob Spargelschaumsuppe mit Schinkentascherl oder **Saibling auf Zirbenholz** zubereitet – die regionalen Zutaten werden gekonnt in Szene gesetzt. Wie auch bei den **Schlipfkrapfen** mit Schnittlauch und brauner Butter oder der **Hüfte vom Tiroler Lamm mit Bergkräutern**, Sommergemüse und Schwammerl-Polenta.

Wenn im Sommer einmal wöchentlich der Smoker angeheizt wird, gibt es unter anderem **Köstlichkeiten vom Osttiroler Schwein** und verschiedenste Offerte vom Rind. Die Desserts reichen von hausgemachten Kuchen über Crème brûlée bis hin zu köstlichen **Eiskreationen**.

Ausgewählte Weine und edle Schnäpse komplettieren das Angebot zu einem Gesamterlebnis.

Innerschmirn TIROL

ALPENGASTHOF KASERN

Kasern 43, 6154 Innerschmirn, Tel.: +43/5279/54 15
www.gasthof-kasern.at
Öffnungszeiten: Mitte Mai bis Juni täglich 10–18 Uhr,
Juli bis September 10–21 Uhr
Ruhetage: keine
Kreditkarten: keine

An einem der **schönsten Talschlüsse Tirols**, im Schmirntal, liegt der gut **hundert Jahre alte Alpengasthof** Kasern. Geführt wird er von Gabi Eller, unterstützt von Mutter Midi sowie Tanten und Nichten.

Rundherum grasen **Tiroler Grauviecher** (Slow Food Arche des Geschmacks), die von Metzger Holzmann im nahen Steinach geschlachtet und im Gasthof von der **Nase bis zum Schwanz** verarbeitet werden. Das fein marmorierte Fleisch wird zur Erzeugung von **kräftigen Suppen** mit den verschiedensten hausgemachten Einlagen verwendet, zu Gulasch mit Knödel, zu **Zwiebelrostbraten**, **Rindsbraten** und der hervorragenden **Sulz**.

Hier wird alles selbst gemacht, genauso die verschiedenen Knödel und **Schlutzkrapfen**, Speckknödel „nass" und „trocken", also entweder in der Suppe oder mit Salat, die Spinatknödel, die **Kasknödel** und das **Gröstl**.

Wunderbar auch die **Kuchen mit Früchten** der Saison, wie Himbeeren oder Marillen, und die **Eierlikörtorte**.

TIROL Innervillgraten

DER GANNERHOF

Gasse 93, 9932 Innervillgraten, Tel.: +43/4843/52 40
www.gannerhof.at
Öffnungszeiten: Anfang Mai bis Anfang November ab 18.30 Uhr,
Änderungen nach Wetterlage vorbehalten
Ruhetage: Montag, Dienstag
Kreditkarten: Mastercard, Visa; Bankomat
Zimmer ab € 87

Das wildromantische abgeschiedene Villgratental beheimatet nicht nur viele kitschig schöne **Bergalmen** und zahlreiche Wildererlegenden, sondern auch einige engagierte und innovative **Handwerker und Wirte**. Unter ihnen Josef Mühlmann, der das Traditionsgasthaus von seinen Eltern übernommen hat und die **Küchenlinie der Mutter** behutsam weiterführt.

In den ebenso urigen wie gediegenen Stuben des altehrwürdigen Gannerhofs serviert er je nach Saison etwa **Osttiroler Spargel mit frischen Morcheln** und jungen Erdäpfeln. Neben zartem Fisch von der Unterstalleralm aus der Kleinstzucht „La Trouche" darf auch das zarte **Villgrater Lamm** nicht fehlen, das im Ofen geschmort mit Gerste serviert wird. Köstlich auch die **Bauernente mit reduziertem Hollerjus**, Schwarzbeerblaukraut und Wurzelfrüchten vom Holzkohlegrill.

Zum Abschluss gibt es perfekt gebackene Palatschinken oder **Sauerampfer-Eis** mit Rhabarber sowie eine schöne Auswahl an **Tiroler und Osttiroler Schnäpsen**.

Innsbruck **TIROL**

OSCAR KOCHT

Defreggerstraße 21, 6020 Innsbruck, Tel.: +43/660/617 44 17
www.oscarkocht.com
Öffnungszeiten: Dienstag bis Freitag 12–14 Uhr und
Dienstag bis Samstag 19–22 Uhr
Ruhetage: Sonntag, Montag, Feiertag

Oscar Germes Castro stammt aus Mexiko und betreibt seit einigen Jahren dieses winzige **vegetarische Lokal** in Innsbruck. Typische Tiroler Gerichte wird man bei ihm nicht finden, dafür solche aus sorgsam ausgewählten **saisonalen Zutaten von lokalen Erzeugern.**

Der Wirt unterhält enge Beziehungen zu seinen Lieferanten, darunter Bauern, **Selbsterntegärtnern und Gemeinschaftsgärtnern.** Gerne gibt er Auskunft über die Herkunft der Lebensmittel.

So kann es etwa ein **fünfgängiges Frühsommermenü** geben, bestehend aus **Gazpacho von Tomaten, Gurken und Chili aus Tirol**, gefolgt von Melanzani mit Haselnüssen, einem **Ceviche mit Champignons** und einem Couscous mit Zucchini, Erbsen und Radicchio, zum Abschluss ein **Zwetschkensorbert**.

Die Weine stammen aus Österreich und Georgien, die Schnäpse unter anderem aus Tirol. **Reservierung in jedem Fall notwendig.**

TIROL Innsbruck

RIESE HAYMON

Haymongasse 4, 6020 Innsbruck, Tel.: +43/512/56 68 00
www.riese-haymon.at
Öffnungszeiten: Dienstag bis Samstag 10.30–23.30 Uhr,
warme Küche 11.30–14 Uhr, 17.30–21.00 Uhr, dazwischen kleine Karte
Ruhetage: Sonntag, Montag
Kreditkarten: Diners, Mastercard, Visa; Bankomat
Gastgarten

Das Traditionshaus im Zentrum der Landeshauptstadt Tirols bietet mehrere Stuben sowie einen weitläufigen Gastgarten mit Kräuterbeet und **altem Kastanienbaumbestand**. Hausherr Fritz Marx steht persönlich in der Küche.

Besonders ansprechend sind die saisonalen Angebote: die **Kastanienspatzln** mit Gorgonzolasauce, die **Lammnüsschen** mit in Natursaft eingemachten Berglinsen oder die **Lammofenleber** vom Berglamm mit Spitzkraut und Brezenknödel zur Herbstzeit – um Martini natürlich die Ganslgerichte; im Frühling indessen der frische, **heimische Spargel mit Rohschinken** und Sauce hollandaise oder mit der wundervollen Bozner Sauce.

Immer wieder gibt es Überraschungen, wie etwa das **Dreierlei vom Graukäs** oder die schaumige Tiroler Graukässuppe mit hausgemachtem Bergerdäpfelbrot. Traditionelles wie das ausgelöste **Bauernbackhenderl aus dem Pfandl** mit Kartoffel-Vogerlsalat und Kernöl sowie ein **Innsbrucker Herrengröstl** mit einem großen Anteil Kalbfleischstreifen und Spiegelei stehen ganzjährig im Angebot. Hervorragend aber auch die echte **Rindfleischsuppe mit Buttergrießnockerln** und Gemüsestreifen und das in der Pfanne in Butterschmalz gebackene **Wiener Schnitzel von der Kalbsnuss** mit Petersilienkartoffeln und Preiselbeeren.

Saisonal geraten auch die Nachspeisen, wie etwa im Herbst die gebackenen **Tiroler Apfelknöderl** auf einem Spiegel aus Hollermandl und Apfelsorbet; im Winter eine **Schafmilch-Crème-brûlée mit Hagebuttengelee** und Weißweinbirne; im Frühling dann ein Basilikumsorbet und marinierte Erdbeeren mit Tiramisu.

Freunden hausgemachter Säfte wird ein **Holundersaft** geboten, für alle anderen gibt es eine gut sortierte **Weinkarte mit Schwerpunkt Österreich, Südtirol und Trentino**.

Innsbruck TIROL

GASTHAUS PLANÖTZENHOF

Planötzenhofstraße 30, 6020 Innsbruck, Tel.: +43/512/27 40 17
www.planoetzenhof.at
Öffnungszeiten: warme Küche Dienstag, Mittwoch, Freitag und Samstag 11.30–20 Uhr, Sonntag 11.30–19 Uhr
Ruhetage: Montag, Donnerstag

Der Planötzenhof, mit Blick über den Innsbrucker Flughafen bis ins Oberland und einer **prachtvollen Veranda**, bezieht zahlreiche Zutaten aus der **angeschlossenen Landwirtschaft**. Die Bemühungen der Betreiberfamilie Heis um sorgsamen Umgang mit der Natur zeigen sich auch an der Solarenergieanlage und an der Hackschnitzelheizung.

Als Gruß aus der Küche kommt ein hauseigener, **gebratener Ziegenkäse** auf Blattsalaten. Die echte Rindsuppe mit selbst gemachten Frittaten, **Speck- oder Kaspressknödel** eröffnet den Reigen.

Neben dem Wiener Schnitzel aus Kalbfleisch findet man je nach Schlachtung auch **gebackenen Kalbskopf, Kalbsbeuschel** (auf Wunsch mit Weißweinessig extra), Bries, gebackene oder gebratene Kalbsleber sowie **gefüllte Kalbsbrust** auf der Tageskarte. Gut gewürztes **Rindsgulasch** sowie das klassische Tiroler Gröstl sind genauso stimmig wie die saisonalen Gerichte vom Lamm. Beilagen und Salate kommen zu einem großen Teil aus dem eigenen Garten. Ein besonderer Höhepunkt sind die goldgelb herausgebackenen **Tiroler Erdäpfelblattln** mit Sauerkraut als Vor- oder Hauptspeise oder mit süßer Preiselbeerbeilage als Nachspeise.

Ebenfalls zu empfehlen sind die saisonal wechselnden **hausgemachten Obstkuchen**. Zu trinken gibt es regionales Mineralwasser aus Obladis sowie **selbst gemachten Holunder-, Ribisel- und Melissensaft**. Die großteils österreichische Weinauswahl entspricht der eines Landgasthauses.

TIROL Jochberg

GASTHAUS BÄRENBICHL

Bärenbichlweg 35, 6373 Jochberg, Tel.: +43/5355/53 47
www.baerenbichl.at
Öffnungszeiten: warme Küche 12–14 Uhr und 18–21 Uhr
Ruhetag: Dienstag

Das Bärenbichl ist *das* **Tiroler Wirtshaus** schlechthin. Leicht abgelegen, traumhafter Blick aufs Kitzbüheler Horn, saisonale und **regionale Küche, solides Handwerk**.

Die Karte ist reduziert auf Tiroler Wirtshausklassiker: Gröstl, Pressknödel, Schlutzkrapfen, Bergkäse, Speck, Blutwurst und Backhendl. Obwohl das Angebot überschaubar ist, fällt die Wahl schwer.

Hier eine kleine Entscheidungshilfe: die garnierte **Haussulz in Essig und Öl** mit Bauernbrot ist ein guter Start ins rustikale Menü. Beim Hauptgang empfiehlt es sich, danach zu **fragen, was nicht auf der Karte steht**. Häufig handelt es sich dabei um eine perfekt knusprige **Stelze vom Spanferkel** mit Sauerkraut, Semmelknödel und traumhaft würzigen Natursafterl. Sehr schmackhaft auch die fangfrischen **Kaiserforellen**, die von den Bichlacher Angelteichen in Kössen bezogen werden.

Als Nachtisch unbedingt nach den **Bärenbichler Mooschbeer-Päschern** fragen. Heidelbeeren (und zwar kleine, wild gesammelte Waldheidelbeeren), Palatschinkenteig und Kristallzucker, die in der Pfanne serviert werden.

Regionalität ist auch beim Bier Programm: Ausgeschenkt werden die Biere der **Familienbrauerei Huber** aus St. Johann.

Lans bei Innsbruck TIROL

GASTHOF ISSERWIRT

Dorfstraße 9, 6072 Lans, Tel.: +43/512/37 72 61
www.isserwirt.at
Öffnungszeiten: warme Küche Dienstag bis Sonntag
11.30–14 Uhr und 17.30–21 Uhr
Ruhetag: Montag; ca. 3 Wochen im November geschlossen
Kreditkarten: Mastercard, Visa; Bankomat
Gastgarten mit überdachter, offener Terrasse
Zimmer ab € 57

Seit sagenhaften 15 Generationen ist das **seit 1313** bestehende Haus im Besitz der Familie Raitmayr, die die **holzgetäfelten Stuben**, die feine Tischkultur und die hochqualitative Speisen als Garant für gewachsene Tiroler Wirtshauskultur bereithält. Der gepflegte Gastgarten mit teilweise überdachter Terrasse erweitert im Sommer das Angebot.

Die Fleischqualität und die Zubereitung bei **Tafelspitz und Schnitzel** (sowohl vom Kalb als auch vom Schwein) ist konstant hochwertig. Gerichte wie die **Südtiroler Weinsuppe, die Kasspatzln, das Isser-Tris mit Spinatknödel, Kasnocken und Schlutzkrapfen** mit brauner Butter und Parmesan zeugen von gekonnter Traditionspflege. Und die Tranchen von der Kalbsleber und das Beuscherl beweisen Kompetenz im Umgang mit **Innereien**.

Zum Nachtisch wird man mit Klassikern verwöhnt, wie etwa **Marillenpalatschinken**, Schokolademousse, Vanilleparfait, **Eisgugelhupf mit Rumtopffrüchten** oder aber verschiedenen Käsevariationen. Die Tageskarte trumpft noch mit einer **Himbeer-Mascarpone-Mousse** mit geeistem Zitronenobers und Biskuit auf.

Zu trinken gibt's diverse Bierspezialitäten sowie eine gute Auswahl **österreichischer und Südtiroler Winzer**.

TIROL Leutasch

GASTHAUS NATURWIRT

Gasse 190, 6105 Leutasch, Tel.: +43/664/147 61 58
www.naturwirt.at
Öffnungszeiten: 11.30–21 Uhr
Ruhetag: Montag
Kreditkarten (ab € 30): Diners Club, Mastercard, Visa; Bankomat
Ferienwohnung ab € 35

Ein architektonisch gelungener Holzbau mit hellen und **freundlichen Räumlichkeiten** an der Straße Richtung Scharnitz empfängt den Gast. Von der stark touristisch geprägten Umgebung hebt sich der Naturwirt wohltuend ab, indem er konsequent auf **biologische, regionale und frische Zutaten** setzt. Diese stammen zum überwiegenden Teil aus der Region, wie etwa das Fleisch vom Planötzenhof bei Innsbruck, frische **Forellen und Saiblinge** aus der Leutasch, Brot und Getreide aus Haiming, das Wild indessen wird in den umliegenden Wäldern erlegt.

Unter den Vorspeisen zu empfehlen sind etwa die Sommersalate mit warmem Ziegenkäse oder steirischem **Backhendl**, die **geräucherte Lachsforelle** oder die Bio-Pasta. Unter den Suppen finden sich neben den klassischen Bouillons mit Speckknödeln oder Frittaten auch die feine **Wildkräuter-Schaumsuppe** sowie die würzige Pastinakensuppe.

Zum Hauptgang gibt's neben Tiroler Lokalregenten wie faschierten Laibchen, **Zweierlei vom Berglamm** oder Beuschel eine Variante der **Spinatknödel mit Bergbrennnesseln**. Ebenso fleischlos das Bio-Wildkräuter-Risotto oder die vegane Frühlingsrolle. Einen Genuss auf der Zunge verspricht die zartrosa gebratene **Hirschleber** mit Apfelscheiben und Kartoffelpüree. Zum Nachtisch das **Fondant au Chocolat** oder die flaumige Crème brûlée.

Auch die angebotenen **Weine aus Österreich und Italien** sind von der hier vorherrschenden **Bio-Philosophie** getragen und runden das erfreuliche Mahl bestens ab.

Matrei in Osttirol **TIROL**

STRUMERHOF

Hinteregg 1, 9971 Matrei in Osttirol, Tel.: +43/4875/63 10
www.strumerhof.at
Öffnungszeiten: nur im Sommer, im Winter nur bei Voranmeldung, Samstag ganztägig (warme Küche 11.30-20 Uhr), Sonntag bis 15 Uhr
Terrasse, Gastgarten, Hofladen

Die lange Auffahrt zu Familie Holzers Kräuterwirtshaus Strumerhof wird belohnt mit atemberaubendem **Blick ins Tal und auf die Hohen Tauern**. An **Annas Kräutergarten** vorbei spaziert man entweder zur großartigen Panoramaterrasse oder hinein in eine der **urigen Bauernstuben**.

Bei den meisten Speisen spielen natürlich Kräuter die Hauptrolle, wie etwa bei der bereits legendären **Unkrautsuppe**, der **Wiesenlasagne**, dem **Quendl-Hendl** oder dem **Guter-Heinrich-Risotto**. Wunderbar aber auch der bäuerliche Vorspeisenteller oder das **Lamm aus eigener Zucht im Bergheu gebraten**.

Als Ausflugsgastwirtschaft bietet man naturgemäß auch eine reiche Auswahl an **Torten, Kuchen und Strudeln**; weniger konventionelle Nachspeisenkreationen sind indessen **Gefrorenes aus dem Wald** und **Blütenpollen-Zauber**.

TIROL Mutters

GASTHOF ZUM SCHUPFEN

Unterberg 5, 6020 Mutters, Tel.: +43/512/56 24 26
www.gasthof-zum-schupfen.at
Öffnungszeiten: warme Küche Mittwoch bis Sonntag 12–14 Uhr und 18–21 Uhr
Ruhetage: Montag, Dienstag
Kreditkarten: Mastercard, Visa; Bankomat
Gastgarten, Zimmer inkl. Frühstück ab € 90

Die lange Geschichte dieses Hauses geht vom späten Mittelalter über die Tage des Tiroler Aufstandes von 1809, als es zeitweise als **Hauptquartier der Rebellen** diente. Die Gaststuben sind einladend und gemütlich, die Tische mit Liebe zum Detail gedeckt. Die **Speisekarte ist beruhigend klein**, was auf frisch zubereitete, handwerklich gefertigte Speisen und Zutaten hindeutet.

Das Angebot beinhaltet neben einer **Rindsuppe mit Frittaten** auch **Gartensalate** mit gratiniertem Ziegenkäse, herrlich flaumige, hausgemachte **Spinatknödel** mit Parmesan und brauner Butter sowie **Zanderravioli** mit Zitronenbutter. Die Hauptgerichte sind bodenständig, wie etwa das **Cordon bleu** vom Schwein mit Kartoffelsalat, das **Rinderbacken-Gulasch** oder der **Schweinsbraten**, beides mit Semmelknödel, das **Tiroler Gröstl** gibt's mit Spiegelei und Krautsalat sowie den **Tafelspitz** mit Röstkartoffeln.

Zum süßen Abschluss empfehlen sich das **Schokoladefondant** mit flüssigem Kern, eine **Dessertvariation** mit Espresso und Vanilleeis, einen **Apfelstrudel** mit Vanilleeis und **Crème brûlée.**

Freunde heimischer Biere kommen ebenso auf ihre Kosten wie Liebhaber von fair berechneten **österreichischen und internationalen Weinen**. Die feinen Brände stammen von der nahen Schnapsbrennerei Kerschbuacher der Familie Leismüller.

Oberndorf TIROL

PENZINGHOF

Penzingweg 14, 6372 Oberndorf, Tel.: +43/5332/654 66
www.penzinghof.at
Öffnungszeiten: 11.30–22 Uhr, warme Küche 12–14 Uhr und 18–21.30 Uhr, dazwischen Schmankerlkarte und Kuchen
Kreditkarten: Master, Visa; Bankomat
Terrasse, Zimmer ab € 83

Bereits in dritter Generation führt Familie Lindner dieses **elegante Hotel-Gasthaus**. Angeschlossen sind eine **Landwirtschaft** und eine **Hofkäserei**, aus denen etliche Zutaten stammen, die dann in der Küche verarbeitet werden. Darunter Rind-, Kalb- und Schweinefleisch und Hauswürstel, Eier, Milch, Milchprodukte und Käsesorten sowie Obst und Schnaps.

Vorweg gibt's **Kartoffel-Eierschwammerl-Suppe** mit frischem Majoran, eine Tomatenkraftsuppe mit Basilikumknöderl oder **Kleine Muh – ein Frischkäse nach Mozzarella-Art – im Speckmantel gebraten** mit bunten Tomaten und Basilikumpesto.

Es folgen **Zweimal Innereien vom Kalb**, also Beuschel mit Knödel und rosa Leber Tiroler Art mit Kartoffel-Liebstöckl-Püree, die knusprige **Milchferkelstelze** mit Apfelsauerkraut und Weißbrotserviettenknödel und als fleischlose Alternative **gratinierte Polentascheiben mit gebratenen Eierschwammerln**. Und zum Abschluss Kaiserschmarren mit allem, was dazugehört, sowie täglich frische und **hausgemachte Kuchen und Torten**.

Üppige Weinauswahl, gepflegte **Biere vom Fass** und interessante Fruchtsäfte.

TIROL Prägraten am Großvenediger

GASTHAUS GROSSVENEDIGER

St. Andrä 3, 9974 Prägraten am Großvenediger, Tel.: +43/477/52 05
www.gasthaus-grossvenediger.at
Öffnungszeiten: warme Küche Dezember bis März, Juni bis Oktober
11.30–13.30 Uhr und 17.30–20 Uhr, Juli und August bis 20 Uhr
Terrasse

Wo sich oberhalb des **Osttiroler Virgentals** die Dreitausender im Nationalpark Hohe Tauern auftürmen, liegt in der Ortschaft Prägraten das aus Stein gemauerte Gasthaus Großvenediger. In freundlich gestalteten, von **Holz dominierten Stuben** lässt man sich vom **stets gut gelaunten Patron** und Weinakademiker Gottfried Steiner Spezialitäten aus der Küche seiner Gattin Birgit empfehlen.

Omas Suppentopf mit Fadennudeln und Rindfleisch weckt die ersten Lebensgeister, der genial kombinierte **Bauernsalat mit heimischem Ziegenkäse** im Speckmantel strotzt nur so vor geschmacklicher Intensität.

Stets frische Süßwasserfische in Form von **Forelle und Saibling** werden im nahen Kärnten bezogen, immerzu in Perfektion gebraten und am Tisch filetiert. Klassiker der Tiroler Hausmannskost wie die **Schlipfkrapfen, Tiroler Gröstl und Kasspatzln** dürfen natürlich nicht fehlen.

Freunde des gepflegten Rebensafts kommen hier voll auf die Kosten, der **reich bestückte Weinkeller** ist mehr als beeindruckend.

St. Johann in Tirol **TIROL**

ANGERER ALM

Kitzbüheler Horn 5, 6380 St. Johann in Tirol, Tel.: +43/5352/627 46
www.angereralm.at
Öffnungszeiten: Mitte Mai bis ca. Mitte Oktober,
Anfang Dezember bis Mitte April (je nach Schneelage) 11–21 Uhr
Kreditkarten: Mastercard, Visa; Bankomat
Terrasse, Zimmer ab € 66

Auf 1.300 Meter Seehöhe und **direkt an der Skipiste** liegt diese ungewöhnliche Almhütte am Kitzbüheler Horn. Der **Ausblick ist gewaltig**, der Empfang herzlich. Annemarie Foidl, Präsidentin der Sommelierunion Austria, und ihre Tochter Katharina sind die Gastgeberinnen.

In der Küche setzt man auf **Beeren, Kräuter oder sonstige Wildpflanzen**, die auf den Almwiesen und in den umliegenden Wäldern wachsen. **Tagsüber gibt es Tiroler Hausmannskost** für Wanderer, Radfahrer oder Skifahrer, die auf **Speckknödel, Gröstl oder Kaiserschmarren** einkehren.

Abends wird indessen **anspruchsvoller** gekocht. Speisekarte gibt es keine, dafür die Wahl zwischen einem drei- und einem fünfgängigen **Überraschungsmenü**. Diese können etwa Folgendes beinhalten: ein hausgebeiztes Hirschcarpaccio mit Walnusspesto und Rucola, **Brennnesselschaumsuppe mit Bröselknödeln**, Löwenzahnquiche mit Sauerrahmdip, Hirschcarpaccio mit Wildkräutersalat oder **Brennnesselrisotto**.

Begehbarer Weinkeller mit sensationeller Auswahl.

TIROL Sölden

GAMPE THAYA

Gampe Alm 1, 6450 Sölden, Tel.: +43/664/240 02 46
www.gampethaya.at
Öffnungszeiten: 15. Juni bis 30. September, Ende November bis Mitte April
Ruhetag: Montag
Kreditkarten: keine
Terrasse

Auf der Gampe Thaya ist alles anders, als man es von Tiroler Almhütten heutzutage gewohnt ist: Hier gibt es **keine laute Musik**, kein Cola, keine Massenabfertigung. Und das, obwohl die auf 2.000 Meter Seehöhe gelegene Alm direkt an den Pisten des Söldener Skigebietes liegt und **im Sommer nur zu Fuß** erreichbar ist.

Daniela und Jakob Prantl bieten eine **Almküche, wie sie jahrhundertelang in Tirol üblich war**. In seiner Sennerei erzeugt Jakob ausschließlich Käse und Butter vom Tiroler Grauvieh (Slow Food Arche des Geschmacks), die man im Almladen erwerben kann. Selbst gemacht ist unter anderen auch die **Hauswurst** mit 80 Prozent Grauviehanteil, das **Henkele**, der Speck, das eingeschnittene Sauerkraut und der **Grantensaft** (Preiselbeersaft).

Wundervoll das **Frühstück mit Eiern der Gampe-Hühner**, Berg- und Almkäse, Speck, hausgemachten Marmeladen, **Löwenzahnhonig**, Butter, Brot und frischer Milch.

Später am Tag erfreuen **Schälfelar mit „Gampe Kaas"** und Butter, **Knödel** in verschiedenen Varianten wie etwa „nass", also in der Suppe, oder „trocken" mit Sauerkraut oder Salat, **Röstkartoffeln mit viel Speck**, Hauswurst mit Kraut, Kasspatzln, **eingezetteltes Kraut** mit Knödeln oder der **Kaiserschmarren** mit Ötztaler Granten.

Zu empfehlen sind die **frische Buttermilch** und **der Selbstgebrannte**. Oft werden Lesungen und Konzerte mit neuer Tiroler Volksmusik veranstaltet. Und im Herbst findet ein sehenswerter Almabtrieb statt.

Strassen **TIROL**

STRASSERWIRT

Dorfstraße 28, 9918 Strassen, Tel.: +43/4846/63 54
www.strasserwirt.com
Öffnungszeiten: warme Küche 12–14 Uhr, 18.30–21 Uhr
Ruhetage: im Winter Montag bis Donnerstag zu Mittag,
Urlaub: 1. April bis Anfang Mai 2019
Kreditkarten: Mastercard, Visa
Terrasse, Gastgarten

Der Strasserwirt zählt zu den in Tirol recht häufig anzutreffenden Traditionswirtschaften, die aus **ehemaligen Poststationen** hervorgegangen sind. In der Küche des behutsam renovierten alten Gebäudes im Pustertal steht seit über 20 Jahren Werner Gander. Man sitzt unter den **holzgetäfelten Decken der Stuben** oder im lauschigen Gastgarten.

Bei den Vorspeisen ersetzt das **Osttiroler Rindshenkele** den klassischen Prosciutto zur Melone, würzige **Kraftsuppen** mit flaumigen **Grießnockerln oder Leberknödeln**, aber auch die **Tiroler Schwarzbrotsuppe** und die **Almkassuppe** wärmen die Seele.

Wunderbar sind ebenso **Schlipfkrapfen mit Bauernkas** und **Schlutzkrapfen** mit Parmesan. Die Küche beherrscht natürlich auch Klassiker wie das Wiener Schnitzel, den **Zwiebelrostbraten Tiroler Art** sowie diverse **Wildgerichte**.

Verlockende Desserts wie das Rosmarinparfait oder die **Eierlikörmousse** und **Topfenknödel** in Butterbrösel auf Marillensauce warten auf echte Genießer.

TIROL Stumm

GASTHAUS NESTER

Dorf 24, 6275 Stumm, Tel.: +43/5283/22 64
www.nester.at
Öffnungszeiten (Sommersaison):
Donnerstag bis Dienstag 11.30–13.30 Uhr und 17.30–21 Uhr,
8. Oktober bis 22. November 2018 geschlossen
Ruhetag: Mittwoch
Kreditkarten: Mastercard, Visa
Gastgarten

Fleischgerichte und die Verarbeitung ganzer Tiere aus eigener Schlachtung bestimmen die Speisekarte in diesem **historischen Gasthaus mit angeschlossener Metzgerei** und schattigem Gastgarten.

Neben der kräftigen **Rindsuppe mit klassischen Einlagen** wie Frittaten und Milzschnitten überzeugt auch die mildrahmige **Kuttelsuppe**. Und unter den Vorspeisen die famose **Haussülze**, die Spinat-Schlutzkrapfen und das feine **Tatar von Alpenrind.**

Bei den Hauptspeisen empfiehlt sich Saisonales, wie etwa der **Rostbraten** mit Pfifferlingen und Zillertaler Bio-Erdäpfeln. Sehr gut auch das **Bauernbratl vom heimischen Steinlamm**. Sehr erfreulich ist auch die **schöne Auswahl von Innereien**, beispielsweise Kalbskopf gebacken, **Kalbshirn**, Beuscherl von Lamm und Kalb oder die sensationelle Zillertaler Ofenleber, ein traditioneller **Hackbraten mit Leber,** dazu Speckkraut und Püree.

Unter den Nachspeisen bestechen die saisonalen, regionalen **Moosbeernocken** und flaumige Crème brûlée mit **hausgemachtem Kirscheneis**.

Zu all den Köstlichkeiten gibt es eine **Weinbegleitung** aus überwiegend heimischen Kreszenzen.

Stumm TIROL

LANDGASTHOF LINDE

Dorf 2, 6275 Stumm, Tel.: +43/5283/22 77
www.landgasthof-linde.at
Öffnungszeiten: Mittwoch bis Sonntag 11–14 und 17–23 Uhr,
warme Küche 11.30–13.30 Uhr und 17.30–21 Uhr
Ruhetage: Montag, Dienstag bis 17 Uhr
Kreditkarten: Mastercard, Visa; Bankomat
Gastgarten mit alten Obstbäumen und „Sommerhäusl",
Zimmer ab € 65

Die namensgebende mächtige Linde steht gleich vor dem **1506 erbauten Gasthof**, der seit 160 Jahren im Besitz der Familie Ebster ist. Elegante **getäfelte Stuben** und der neue **Wintergarten** sorgen für gediegene Atmosphäre. Im Sommer sitzt man auf der **Streuobstwiese** und im Sommerhäusl.

Daneben erstreckt sich ein Garten, der Kräuter und Gemüse liefert. Viele weitere Zutaten für die gutbürgerliche Küche stammen aus der **angeschlossenen Landwirtschaft**.

Zu Beginn gibt's **buntes Tomaten-Carpaccio** mit Wildkräutersalat, **Rindfleischsuppe mit Frittaten** oder Nudeln sowie Wildkräuterschaumsuppe mit Frischkäseröllchen. Danach **Alpenlachs, Maishendlbrust** oder Zwiebelrostbraten mit Kräutererdäpfeln. Hervorragend auch die **Zillertaler Ofenleber** mit Speckwirsing und Erdäpfelpüree, **Schlutzkrapfen** mit Spinat-Topfen-Fülle, **Rindsbackerl** mit Polenta und das Beste vom **Tiroler Berglamm** mit flaumigem Kartoffel-Sellerie-Püree.

Zum Abschluss stehen **Marillenknödel mit Lavendeleis**, Ribiselparfait mit **Moosbeermandl**, Rosmarin-Pannacotta, Fruchtsalat und Café „Gourmand" zur Auswahl.

Zillertaler **Bierspezialitäten**, wie zum Beispiel aus der alten Fisser Gerste, und gut gelagerte **heimische und internationale Weine** sowie hochprozentige Spezialitäten komplettieren das Angebot.

TIROL Wattens

GASTHOF ZUM SCHWAN

Swarovskistraße 2, 6112 Wattens, Tel.: +43/5224/521 21
www.gasthof-schwan.at
Öffnungszeiten: Montag bis Freitag 12–14 und 18–21.30 Uhr
Ruhetage: Samstag, Sonn- und Feiertag
Kreditkarten: Bankomat
Gastgarten mit überdachter, offener Terrasse

Vorbei am riesigen Vorhang aus fein gesponnenem Stahl der Swarovski-Werke, betritt man durch einen **romantischen Garten mit Terrasse und Salettl** den Gasthof. Im Erdgeschoß befinden sich der Schankraum mit kleiner Bar und der Stammtisch. Über eine Stiege erreicht man den hellen, teilweise **mit Holz getäfelten Gastraum** im ersten Stock. Günther Eberl ist ein **Spezialist für Wildpflanzen** und kocht regional und traditionell, bisweilen neu und modern interpretiert.

Zu Beginn gibt es **Wildkräutersuppe mit Pressknödel**, klare Suppe mit Grießnockerln sowie **hausgemachten Lammschinken** mit Schwammerln oder Ziegenfrischkäse im Strudelteig mit seltenen Tomatensorten.

Und als Hauptspeise: Wildkräuter-Spinat-Knödel, **Brennnessel-Schlutzkrapfen** mit Bergkäse und **Kletzen-Nudeln mit Graukäse** und Birnenchutey. Aber auch **Lammbeuscherl** mit Pfefferminze und Semmelknöderln, Tafelspitz vom Jahrling mit den klassischen Beilagen, **allerhand vom Hirschkalb** aus der hauseigenen Jagd sowie **Saiblingsfilet** aus der Teufelsmühle natur gebraten.

Zum Schluss genießen wir noch die feinen Nachspeisen wie hausgemachte Sorbets, **Maibutter mit Zimtzucker** und Vanilleeis, **Melchermuscrème** mit Honigknusperl.

POSTGASTHOF GEMSE

Hauptplatz 1, 6511 Zams, Tel.: +43/5442/624 78
www.postgasthof-gemse.at
Öffnungszeiten: Montag, Dienstag, Freitag, Samstag
11.30–14 Uhr und 17.30–21 Uhr, Sonn- und Feiertag 11.30–20 Uhr
Ruhetage: Mittwoch, Donnerstag
kleiner Gastgarten, Zimmer ab € 35

Der Postgasthof Gemse ist das ältestes Haus in Zams. Bereits **726 stand hier eine Herberge für Pferdewechsel** und später die Salzfuhrwerke aus Hall, seit 1726 ist es in Familienbesitz. Man geht durch den prächtigen Eingang und sitzt in einer der **zwei schönen Stuben**, im eindrucksvollen **verandaartigen Bürgersaal** oder im kleinen Gastgarten.

Seppl Haueis, Wirt und Koch, schöpft aus dem Vollen: ein eigener **Beeren-, Kräuter- und Gemüsegarten**, eigene **Felder für Kürbis und Kartoffeln** auf 1.000 Meter Seehöhe, Wild aus der **eigenen Jagd**, Fleisch und Käse von den eigenen Tieren. Wenn geschlachtet wird, gibt es Innereien wie **Beuschel, Tiroler Leber** mit Zwiebeln und Äpfeln, **Kalbsnieren, Wangerl, Ochsenschlepp** oder **Kalbskopf**, auf die sich die Einheimischen geradezu stürzen.

Ganz ausgezeichnet auch die Rindsuppe mit klassischen und hausgemachten Einlagen, das **gekochte Rind vom heimischen Grauvieh** (Slow Food Arche des Geschmacks), selbst gemachte **Sulz** mit Essig, Öl, Zwiebeln und Bratkartoffeln, Wiener Schnitzel aus der Pfanne mit Kartoffelsalat oder **Hirschragout** mit Polenta als Tagesgericht.

Sind die Rinder noch im Tal, wird **Frischkäse** erzeugt und mit Salat, **im Kürbiskernmantel gebacken** oder vom Grill mit Tomatenpüree und Speck serviert. Die Fruchtsäfte sind hausgemacht. Seppl Haueis setzt sich dafür ein, dass in den Tourismusschulen Tirols wieder das Handwerk zur **Verarbeitung des ganzen Tieres** gelehrt wird.

TIROL Zell am Ziller

HOTEL-GASTHOF „BRÄU"

Dorfplatz 1, 6280 Zell am Ziller, Tel.: +43/5282/231 30
www.hotel-braeu.at
Öffnungszeiten: täglich 12–14 Uhr und 17.30–20.30 Uhr
Kreditkarten: Mastercard, Visa; Bankomat
Terrasse, Zimmer ab € 90

Bekannt ist das geschichtsträchtige Haus aus dem 16. Jahrhundert nicht zuletzt wegen seines herrlich frischen Bieres, das hier **seit 16 Generationen gebraut** wird. Man sitzt in **getäfelten Stuben** oder auf der Terrasse mitten auf dem Zeller Dorfplatz.

Die Küche ist gutbürgerlich und erfreut mit saisonalen Spezialitäten wie etwa **Rahm-Pfifferling-Gulasch** oder **Schlutzer** mit Pfifferlingfülle und Bärlauchpesto. Ganzjährig gibt's ein tadelloses **Tiroler Gröstl** aus knusprigen Kartoffeln und hochwertigem Fleisch, einen äußerst mürben Tafelspitz mit Bratkartoffeln und Spinat oder einen klassischen **Zwiebelrostbraten**.

In einigen Gerichten kommt auch das Hausbier zur Anwendung, beispielsweise in der rahmigen **Biersuppe** oder den **Schweinenacken in Schwarzbiersauce** mit Rotkraut. Im Sommer gibt's zudem fangfrische Forellen aus den eigenen Fischgewässern, die entweder blau oder nach Müllerin-Art zubereitet werden.

Unter den Nachspeisen wählt man beispielsweise herrlich flaumigen **Kaiserschmarren mit Apfelmus** und Preiselbeeren (kann sowohl als Haupt- als auch als Nachspeise geordert werden) oder eine der Spezialitäten des Hauses, nämlich **hausgemachte Stanitzel** mit Preiselbeer-Obers, cremigem Vanilleeis und frischen Früchten.

Zöblen **TIROL**

GASTHOF MORENT

6677 Zöblen 14, Tel.: +43/5675/200 33
www.morent.at
Öffnungszeiten: Sommer 16–22 Uhr, Winter 17–22 Uhr,
warme Küche 18–21 Uhr
Reservierung telefonisch erforderlich
Zimmer ab € 33

Inmitten eines kleinen Dorfes im Tannheimer Tal im Außerfern liegt dieses Gasthaus, bei dessen Konzeption bereits der Slow-Food-Gedanke Pate stand. In einem **alten Bergbauernhaus** wurde der einstige Stalltrakt in eine gemütliche **Gaststube mit Lehmkuppelofen** und Küche verwandelt. In den Obergeschoßen der ehemaligen Scheune wurden drei schöne **Zimmer mit Altholz** und Altmöbel eingerichtet.

Timi Morent verarbeitet Lebensmittel, die sie aus dem **eigenen Garten**, aus der Region, aus **Vorarlberg und dem Trentino** bezieht. Das Wild wird in den umliegenden Wäldern geschossen, die Fische aus dem nahem Haldensee geholt.

Die Speisen serviert und erklärt Wirt Ralph Morent. Darunter etwa **Lángos** (eine Brotspezialität aus Ungarn, woher die Wirtin stammt) **mit Bergkäse und Kräutern**, danach Gockel-, Tomaten- oder Wildspargelsüppchen, **Häuptelsalat mit hauseigenem Frischkäse**, Paradeisern und Bauch (Lardo), **Hirschfilet** mit Pasta und Pfifferlingen und zum Abschluss **Marillenpalatschinken** mit Kirsch.

Die Gewürzmischungen **Ras el-Hanout, Ducca und Berbere sind selbst hergestellt** und werden dezent eingesetzt. Seit über zehn Jahren leben die Morents in ihrer stimmigen Dorfwirtschaft die Philosophie, dass weniger mehr ist.

EINKAUFSTIPPS

HOFKÄSEREI SCHÖRGERER

Im Laden der Bio-Hofkäserei bekommt man alles aus hauseigener Produktion: Fruchtmilch, Joghurt, Sauerrahmbutter, Rohmilchkäse verschiedenster Sorten sowie Ziegenkäse und Edelbrände, darüber hinaus Speck, Hauswürste, Molkebauernbrot und Honig.

Penzingweg 17, 6372 Oberndorf in Tirol, Tel.: +43/664/918 94 70
schoergerer.com
Mittwoch und Freitag 15–18.30 Uhr

GATTERERHOF

Die Familie Lutz züchtet Tiroler Grauvieh und schlachtet am Hof – dann gibt es Grauviehpakete mit oder ohne Knochen sowie Hauswürste mit Fleisch vom Grauvieh, Hausschwein und, wenn der Jäger vorbeikommt, auch mit Wild. Außerdem frische Eier, einen ausgezeichneten Camembert von der Grauviehmilch und hausgemachten Speck.

Hochmark 22, 6254 Schmirn, Tel.: +43/5279/54 40, Fax: +43/5279/54 40
www.wipptal.net/gatterer/
2 Ferienwohnungen, keine Kreditkarten
Hofladen: täglich und nach Absprache geöffnet

STADTMARKT LIENZ

Jeden Freitagnachmittag und Samstagvormittag verwandelt sich diese Altstadtgasse in einen lebendigen Bauernmarkt, auf dem allerlei Produkte von Bauernbrot über Speck, aber auch Filzpatschen und mehr gekauft werden können.

Messinggasse, 9900 Lienz
www.lienz-cityguide.at/thema/stadtmarkt/

SCHNAPSBRENNEREI RUDOLF M. SCHWARZER

Feinste Edelbrände von einem der landesweit Besten seines Fachs mit Besonderheiten wie dem Brand von Tarocco-Orangen oder der Osttiroler Kartoffel Oskar. Telefonische Anmeldung wird empfohlen.

Messinggasse 18, 9900 Lienz
Tel.: +43/4852/733 66
www.schwarzerbrennerei.at

Einkaufstipps TIROL

VILLGRATER NATUR PRODUKTE

In Sepp Schetts Refugium dreht sich alles um das Schaf und seine Wolle. Von Filzpantoffeln über Wolldecken bis hin zu Bettwaren kann man hier ein ganzes Haus hochwertig einrichten – und, wenn es sein soll, sogar mit Dämmmaterial aus Schafwolle isolieren. Überdies präsentieren sich im Laden Handwerker vom Tischler bis zum Kunstschmied. Käse, Wurst und Schnaps aus bäuerlicher Produktion komplettieren das Angebot.

9932 Innervillgraten 116
Tel.: +43/4843/55 20
www.villgraternatur.at

BÄCKEREI JOAST

Osttirols vermutlich bestes Bio-Brot gibt es in der Bäckerei Joast. In verschiedenen Standorten in und um Lienz sind bestes Sauerteig- und Vollkornbrot, aber auch hausgemachte Torten und Kuchen zu finden.

Bürgeraustraße, 20 9900 Lienz
Tel.: +43/4852/645 25
www.joast.at

KAFFEERÖSTEREI MOCAFE

Über viele Jahre schon betreibt Familie Moser die einzige Kaffeerösterei Osttirols. Mit viel Bedacht entstehen Kaffeekompositionen von außergewöhnlicher Qualität. Diese lassen sich in zahlreichen Cafés und Hotel-Restaurants des Bezirks, aber auch im eigenen Kaffeehaus der Familie Moser in Lienz genießen.

Zettersfeldstraße 60, 9905 Gaimberg
Tel. und Fax: +43/4846/65 96, mobil: +43/664/431 16 82
www.mocafe.at

TALMARKT MATREI

Diese für Osttirol einzigartige Selbstvermarktungsinitiative führt in Form einer Kooperative in umgebauten Räumlichkeiten der örtlichen Raiffeisenbank ein Gemischtwarengeschäft samt Kaffeehaus. Lebensmittel sowie viele Dinge des täglichen Bedarfs kommen ausnahmslos aus der unmittelbaren Region.

Rauterplatz 4, 9971 Matrei in Osttirol
Tel.: +43/4875/420 14
www.talmarkt.at
Öffnungszeiten: Montag bis Freitag 8–12 und 14–18 Uhr, Samstag 9–16 Uhr

TIROL Einkaufstipps

BIOMARKT TASCHLER

In Barbaras Naturkostladen gibt's biologisch angebautes Obst und Gemüse sowie Säfte, Kaffee, Fleisch und vieles mehr.

Amlacher Straße 2, 9900 Lienz
Tel.: +43/4852/637 95

DOLOMITEN MARKT

Kurt Fritzer, der Wirt der Jausenstation an der Galitzenklamm, hat als gut vernetzter Mensch in der Lienzer Innenstadt einen fein sortierten Bauernladen eröffnet und bietet Brot, Speck, Wurst und Käse, Milchprodukte, Eier, Fisch und Schnaps aus bäuerlicher Erzeugung.

Südtiroler Platz 9, 9900 Lienz
Tel.: +43/4852/617 52
www.deinbergtirol.at
Öffnungszeiten: Montag bis Freitag 9–12 Uhr und 14.30–18.30 Uhr
Samstag 9–13 Uhr

ALMSENNEREI TAUER

Die neu gegründete Milchkooperative bereichert die Osttiroler Käselandschaft und verschreibt sich der Produktion von qualitativ hochwertigen Lebensmitteln.

Tauer 40, 9971 Tauer
Tel.: +43/664/88 29 45 17
almsennerei.at

JOASA HOF

Die kleine, Demeter-zertifizierte Landwirtschaft von Familie Außerlechner bietet von veredelten Milchprodukten über Getreide und Feldfrüchte bis hin zu Kräuterprodukten ein vielseitiges Angebot in ihrem Hofladen.

Kartitsch 104, 9941 Kartitsch
Tel.: +43/664/101 21 72
joasa.jimdo.com

DAS IST
SALZBURG

*Das Fleisch der Pinzgauer Rinder
aus Mutterkuhhaltung*

*Die knusprigen Krapfen mit Sauerkraut
oder Marmelade*

Der Gamsbraten

**Die Landschaft des Lammertals
im Tennengau ist durch traditionelle
Almbewirtschaftung geprägt.
Im Vordergrund das Winterstellgut,
in dem auch vorzüglich gekocht wird.**

Aufgenommen in die
SLOW FOOD ARCHE DES GESCHMACKS

―

Die bäuerlichen Gerichte der Alpentäler, von Schottnocken über Stinkerknödel und Pinzgauer Bladln bis zum Lungauer Rahmkoch

―

FOTO: MARCO ROSSI

WIRTSHÄUSER IN SALZBURG

1. **Winterstellgut**
2. **Gasthof Schichlreit**
3. **Husarenwirt**
4. **Bertahof**
5. **Weyerhof**
6. **Zachhofalm**
7. **Romantikhotel Gmachl**
8. **Brunnwirt**
9. **Döllerers Wirtshaus**
10. **Grüll Bistro**
11. **Gasthof Hohlwegwirt**

LEOGANG

12. **Der Kirchenwirt**
13. **Hüttwirt in Leogang**
14. **Schloss Kammer Hotel & Landgasthof**
15. **Jausenstation Wielandhof**
16. **Bräurup Hotel, Restaurant, Brauerei**
17. **Seehotel Restaurant Winkler**
18. **Hotel Tiroler Buam**

SAALFELDEN

19. **Die Völlerei Restaurant & Bar**
20. **Der Brandlwirt**

SALZBURG

21 Paracelsusstube in der Stiegl-Brauwelt
22 Der Weiserhof bei Jules
23 Die geheime Specerey
24 Blaue Gans
25 Gasthof Schloss Aigen
26 Rauchenbichlgut
27 Gasthaus Hinterbrühl

28 Einkehr Holzingerbauer
29 Gasthof Fürberg
30 Der Schützenwirt
31 Landgasthof Löckerwirt
32 Krämerladen auf Gut Wildshut
33 Sonnhof Wirtshaus-Stuben
34 Landhaus zu Appesbach
35 Rauchkuchl Berngarten-Schwaigerlehen
36 Steinerwirt

SALZBURG Annaberg im Lammertal

WINTERSTELLGUT

Braunötzhof 4, 5524 Annaberg im Lammertal, Tel.: +43/6463/600 78-0
www.winterstellgut.at
Öffnungszeiten: Mittwoch bis Sonntag 12–22 Uhr
Ruhetage: Montag, Dienstag
Kreditkarten: alle; Bankomat
Zimmer ab € 110 p. P.

Erwin Werlberger ist Chefkoch und Gastgeber im Winterstellgut. Das schöne Gutsensemble ist ein **wunderbares Beispiel für stilvoll-traditionelle Renovierung und Erhaltung von alten Höfen**.

„Das Beste vom …" ist hier nicht nur ein Schlagwort, sondern aus Pfannen und Töpfen kommt **Biofleisch von Rind, Kalb und Geflügel, kombiniert mit heimischem und saisonalem Gemüse**. Darunter pfiffige Ideen, wie zum Beispiel das **Zweierlei von der Petersilienwurzel zum Kalb** oder Risinabohnen zum Maishendl. Zu empfehlen auch das **gebratene Saiblingsfilet aus der eigenen Fischerei auf Paradeiser-Junglauch-Risotto**, die geschmorten Rindsbackerl auf Berglinsen und Erdäpfelpüree sowie unter den Desserts der **Kaiserschmarren im Reindl serviert mit Apfelmus** oder Variationen von Sauerkirschen.

In der Saison gibt es **Wild aus den Jagden der Umgebung.** Das Beste aus der Sommer- und Herbsternte kommt ins Glas, geräuchert oder gepökelt. Im **kleinen Gutsladen** kann man **kulinarische Souvenirs** als Mitbringsel erstehen.

Annaberg-Lungötz SALZBURG

GASTHOF SCHICHLREIT

Neubach 26, 5523 Annaberg-Lungötz, Tel.: +43/6463/70 56
Öffnungszeiten: Mittwoch bis Sonntag 11.30–24 Uhr
Ruhetage: Montag, Dienstag
Kreditkarten: keine

Er liegt nicht gerade zentral, der Gasthof Schichlreit **im hinteren Neubachtal** in Lungötz. Doch die Anreise lohnt sich nicht nur für die idyllische Lage **mit Blick auf die Bischofsmütze**, sondern auch wegen der vortreffliche Küche von Quereinsteigerin Maria Haigermoser, die den Betrieb vor einigen Jahren von ihrer Großmutter geerbt hat.

Vor allem im Herbst freut man sich über **hervorragende Wildgerichte wie Zweierlei von der Gams,** aber auch über Ganslsuppe mit Käseknöderln oder Entenfilet mit Kürbisrisotto. Das Rindfleisch bezieht die Wirtin vom elterlichen Bärhof in Annaberg, die Lämmer hält sie selbst. Klassiker wie die typischen **Salzburger Fleischkrapfen**, der Tafelspitz oder der **Bauernlammbraten** geraten allesamt vorzüglich.

Sehr zu empfehlen auch das herrliche **Schichlreit-Frühstück aus allerlei Selbstgemachtem** (um 12 Euro, gegen Voranmeldung). Und einen wunderbaren **Kinderspielplatz** gibt es obendrein.

SALZBURG Anif

HUSARENWIRT

Aniferstraße 15, 5081 Anif, Tel.: +43/6246/723 54
Öffnungszeiten: Donnerstag bis Dienstag 10.30–14.30 und 17.30–23 Uhr
Ruhetag: Mittwoch
Kreditkarten: keine
Gastgarten, Zimmer ab € 26 p. P.

Der Husarenwirt in Anif wirkt ein wenig **wie ein aus der Zeit gefallenes Dorfgasthaus**. Der Wirt, Klaus Bankhammer, führt das Haus in fünfter Generation. Seine Mutter, die legendäre Emmi Bankhammer, war ein geliebtes Original mit einem ausgezeichneten Händchen für **beste Hausmannskost**, das der Sohn geerbt hat.

Und so gibt es **wunderbar knusprige Schweinsbraten**, würziges Gulasch, **Linsen mit Geselchtem** und üppige Spinatknödel. Und da die Mutter aus dem Innviertel stammte, stehen stets auch **guter Most sowie besondere Biere** auf der Getränkekarte, zum Beispiel jene von der nahen bayerischen Landbrauerei Schönram.

Der Husarenwirt hat einen **gemütlichen Gastgarten**.

Bad Hofgastein SALZBURG

BERTAHOF

Vorderschneeberg 15, 5630 Bad Hofgastein, Tel.: +43/6432/76 08
www.bertahof.at
Öffnungszeiten: Donnerstag 17.30–23.30 Uhr,
Freitag bis Dienstag 11.30–23.30 Uhr
Ruhetag: Mittwoch
Kreditkarten: Mastercard, Visa; Bankomat
Schöner Garten

Der 350 Jahre alte Bertahof ist ein **Kleinod im Gasteinertal** mit einer sehr guten und ganz und gar nicht alltäglichen Wirtshausküche. Das stilvoll renovierte Haus und der schöne Garten machen ihn zu einem der schönsten Landgasthöfe im Salzburger Land.

Hausherr Robert Granitzer steht am Herd und verarbeitet vieles, was der eigene Hof oder die Nachbarn erzeugen, ganz im Sinne von **traditioneller Gasteiner Kost nach alten Familienrezepten**, neu und manchmal leichter interpretiert. Lamm und Rind zum Beispiel oder die **Fische aus dem Hausteich**. Auf der sehr **originellen Karte** liest sich das dann so: **Beef Tatar vom Pongauer Ox** („Verkleidet als Gasteiner Fleischkrapfen"), Milchlammbeuschel („Vom Biobauern Patzberg und Kerscher") mit Wachtelspiegelei oder „Vergiss mein nicht" (fast vergessene Fleischteile vom Rind). Für alle, die kein Fleisch oder keinen Fisch mögen, sind Lektüre und Genuss der vegetarischen Gerichte auf der Karte ein Gedicht: „nit Fisch – nit Fleisch", etwa **Kärntner Kasnudel mit Bergkas** („Handgeroadelt von Marias Mama") oder **Roggerne Gasteiner Bladl-Kropf'n**.

Zum süßen Abschluss schmeckt einer der **Dessertweine**, die Auswahl ist überraschend groß.

SALZBURG Bramberg am Wildkogel

WEYERHOF

Weyer 9, 5733 Bramberg am Wildkogel, Tel.: +43/6566/72 38
www.weyerhof.at
Öffnungszeiten: im Winter Montag, Mittwoch bis Freitag 17–21 Uhr,
Samstag, Sonntag, Feiertag 11.30–14 und 17–21 Uhr,
im Sommer Donnerstag bis Montag 11.30–14 und 17.30–21 Uhr
Ruhetag: Dienstag
Kreditkarten: Mastercard, Visa; Bankomat
Zimmer ab € 65 p. P.

Der Weyerhof ist ein **Erbhof mit langer Tradition**, der von der Familie Meilinger in siebter Generation betrieben wird. Er liegt idyllisch in unmittelbarer Nähe des Habachtals, des einzigen Smaragdvorkommens Europas, **mit Blick auf das Habachkees**.

Das Fleisch kommt von lokalen Metzgern, das **Wild aus den Hohen Tauern** und die Eier vom Käferhofbauern aus Bramberg. Die frischen **Kräuter werden im eigenen Kräutergarten gezogen**, das köstlich würzige Hausbrot kommt, wie die Kuchen und Torten, aus dem gediegenen Backofen. Fichtenhonig und Holunderblütensirup werden regelmäßig angesetzt und der **Speck in der eigenen Selch geräuchert**. Unter den Speisen finden sich **lokale Klassiker** wie die stimmige Kaspressknödelsuppe, die Pinzgauer Kasnocken, die geröstete Schweinsleber „Jäger Art" mit Reis oder der **Zwiebelrostbraten von der Beiried mit Rösterdäpfeln**.

Ein absoluter Geheimtipp ist **das Schöpserne nach Urgroßmutters Rezept**.

Dienten **SALZBURG**

ZACHHOFALM

Dachegg 1, 5622 Dienten, Tel.: +43/6461/200 56
www.zachhofalm.at
Öffnungszeiten: saisonal wechselnd,
im Sommer (bis September) von 11 bis 16 Uhr
Ruhetag: Mittwoch
Kreditkarten: keine

Kraida, Wuid und Bio (Kräuter, Wild und Bio) – so beschreiben Heidi und Isabella, die beiden Hüttenwirtinnen, die Küche auf der Hütte Zachhofalm in Dienten am Hochkönig. Die **Zutaten für ihre Küche stammen vom eigenen Bio-Bauernhof Dachegg**.

Eine besondere Liebe pflegen die beiden zu allen möglichen Kräutern. Die **Kräutertees** werden zeitig aufgebrüht, dürfen ordentlich lange ziehen und schmecken dementsprechend intensiv. Außergewöhnlich auf einer Alm ist aber das **vegane Menü**. Aufgetischt werden alle Produkte, die die Alm, der Kräutergarten oder der Wald bieten. Probieren sollte man unbedingt die **Hanfnudeln mit Pesto**, das eingelegte Gemüse oder die **verschiedenen Getreideaufstriche**. In der gemütlichen Stube sitzt gemeinsam am großen Joggltisch und beim lodernden Herdfeuer zusammen, während die **Schwarzbeernocken** in der Pfanne brutzeln.

In den Wintermonaten kommt man auch **wegen des berühmten Nani-Schmarrens**, benannt nach einer ehemaligen Hüttenwirtin. Da so ein Schmarren seine Zeit braucht, ist er immer erst ab 14.30 Uhr fertig und wird wie einst **aus der Pfanne gegessen**.

SALZBURG Elixhausen

ROMANTIKHOTEL GMACHL

Dorfstraße 14, 5161 Elixhausen, Tel.: +43/662/452 12 40
www.gmachl.com
Öffnungszeiten: täglich 12–14 und 18–21.30 Uhr
Ruhetage: keine
Kreditkarten: Mastercard, Visa; Bankomat
Schöner Gastgarten, Zimmer ab € 99 p. P.

Seit 23 Generationen ist hier im Salzburger Land die gepflegte Gastlichkeit daheim. Die Küche des Romantikhotel Gmachl **hat sich der Region, den Saisonen und dem Fleischgenuss verschrieben**. Kein Wunder, liefert doch die Landmetzgerei des Familienbetriebs hochwertige **Fleisch- und Wurstspezialitäten**. Darunter etwa die Filetsteaks vom Almochsen oder die hausgemachte Blutwurst.

Beim **Gmachl Traditionsmenü** kommen typische Gerichte auf den Tisch: Brezensuppe mit Elixhausner Bergkäse, knuspriger Schweinebauch mit Radisalat oder **im Ganzen gebratene Bluntautalforelle** und zum Abschluss ein Kaiserschmarren mit Zwetschkenröster. Fleischloses gibt es auch, wie etwa **geschmorten Karfiol mit Erbsensorbet und Zitrone** oder Urkarotte gleichfalls geschmort mit Gewürzschaum.

Eine Besonderheit ist der **prächtige Gastgarten**.

Fuschl am See SALZBURG

BRUNNWIRT

Wolfgangseestraße 11, 5330 Fuschl am See, Tel.: +43/6226/82 36
www.brunnwirt.at
Öffnungszeiten: Dienstag bis Samstag 18–21 Uhr
Ruhetage: Sonntag, Montag
Kreditkarten: Mastercard, Visa; Bankomat
Gastgarten unter Bäumen direkt am See

Was für eine Pracht von einem Garten hat der Brunnwirt doch: Mitten auf der Wiese, direkt am Wasser stehen die **rohen Holztische**, eine 300-jährige **Linde spendet Schatten**, und der Fuschlsee sorgt für einzigartige Kulisse. Seit mehr als 600 Jahren wird hier schon verbrieft aufgekocht, seit sechs Generationen von der Familie Johannes Brandstätters. Er selbst hat den Wirten seit 2001 über und führt in der Küche eine **feine Klinge**.

Wenn es frischen Fisch aus dem See gibt, heißt es zuschlagen: So auf den Punkt wie hier wird man **Forelle blau**, gebratenen Seesaibling oder die ebenso rare wie wunderbar festfleischige **Aalrutte** kaum je serviert bekommen. Aber auch **gedämpfter Waller mit Fenchelsamen und Fisolen** oder **soufflierter Hecht mit Eierschwammerln** werden gefühlvoll an den Garpunkt geführt. Die Fleischgerichte sind allesamt tadellos, in Wahrheit aber fährt man wegen des frischen Fischs an den See.

Und wegen der überirdisch lockeren **Topfenknödel mit Nussbröseln, Beeren und Vanilleeis**. Wobei: Die überbackene Topfenpalatschinke mit Nektarinen war mindestens so gut!

SALZBURG Golling

DÖLLERERS WIRTSHAUS

Markt 56, 5440 Golling, Tel.: +43/6244/42 20,
www.doellerer.at
Öffnungszeiten: Dienstag 17–22 Uhr, Mittwoch bis Samstag 11.30–22 Uhr
Ruhetage: Sonntag, Montag
Kreditkarten: alle; Bankomat
Zimmer ab € 74 p. P.

Döllerers Wirtshaus **gehört zu Meisterkoch Andreas Döllerers Genusswelten** und bietet Speisen zu Alltagspreisen, darunter viele traditionelle Gerichte, aber auch so manche interessante Kombination.

Zu erstgenannten zählen mit Sicherheit die **legendären Würstel „Döllerers Frische"** mit hausgemachtem Senf und Gebäck sowie die **Topfen-Spinat-Schlutzkrapfen in brauner Butter** mit Blattsalat. Innovativer indessen das **Wurzelfleisch vom Bluntausaibling** mit Salzerdäpfeln und Kren. Perfekt gebraten kommt der knusprige Bauch vom Grubachschwein aus Sankt Koloman begleitet von feinem Speckkrautsalat auf den Tisch. Die **Milchkalbsniere**, im Ganzen gebraten oder geröstet, ist eine wahre Sensation, genau wie das gebackene Milchkalbsbries sowie die Kalbsleber Tiroler Art. Zum Dessert gibt es die wohl besten Schwarzbeernocken des Landes mit Tahiti-Vanilleeis sowie **karamellisierten Nussschmarren mit Röster und Eis**.

Dass die Weinkarte alle Stückeln spielt, ist kein Wunder, betreibt Familie Döllerer doch auch eine **Weinhandlung**.

Grödig **SALZBURG**

GRÜLL BISTRO

Neue-Heimat-Straße 13, 5082 Grödig, Tel.: +43/6246/754 92
www.gruell-salzburg.at
Öffnungszeiten: Montag bis Freitag 11–15 Uhr
Ruhetage: Samstag, Sonntag
Kreditkarten (ab 20 €): alle; Bankomat

Bekannt ist Walter Grüll aus Grödig für seinen exquisiten Kaviar von Stören, die er selbst züchtet. Neben dem **Fisch- und Fischeierhandel** betreibt er aber auch ein Bistro.

Die täglich wechselnden Gerichte spiegeln das gesamte Sortiment aus dem Fischgeschäft wider: Es gibt **hausgemachte Pasteten, Räucherfische und feine Fischsalate** – alles auch zum Mitnehmen. Neu, ungewöhnlich, aber durchaus zu empfehlen sind die **Fisch-Würstchen** – von der Käsekrainer bis zur würzig-rauchigen Cabanossi. Oder der **Leberkäse aus Lachs**.

Die **Wein- und Champagner-Auswahl** ist beachtlich, die Preise moderat, die Qualität in allen Fällen außergewöhnlich.

SALZBURG Hallein

GASTHOF HOHLWEGWIRT

Salzburger Straße 84, 5400 Hallein, Tel.: +43/6245/82 41 50
www.hohlwegwirt.at
Öffnungszeiten: Dienstag 18–24 Uhr, Mittwoch bis Samstag 9–24 Uhr,
Sonntag 9–19 Uhr
Ruhetag: Montag
Kreditkarten: Mastercard, Visa; Bankomat
Schöner Garten, Zimmer ab € 54,50 p. P.

Im 19. Jahrhundert hielten hier die Postkutschen, und schon damals war das Haus im Besitz der Familie Kronreif. Heute betreiben in fünfter Generation Ernst Kronreif und Biljana Pavkic **das liebevoll gestaltete Wirtshaus mit dem schönen Garten**.

Die Fische wie Bachforelle, Saibling und Huchen werden aus dem **Kalter vorm Haus** gefischt und mit Buttergemüse und Braterdäpfeln serviert. Das Fleisch stammt vom Metzger aus dem Tennengau, darunter **Tennengauer Lamm** fürs Lamm-Menü oder das Kalb für geschnetzelte Leber und saftigen Tafelspitz. **Schwammerl und Wild kommen von den Leoganger Steinbergen** und in der Saison etwa als Rehbraten vom Maibock mit Eierschwammerln auf den Tisch.

Berühmt ist der Wirt auch für die **zahlreichen Pasteten aus allen erdenklichen Fleisch- und Fischsorten**. Hinterher schmeckt ein Schnaps von der Halleiner Spitzenbrennerei Guglhof.

Leogang **SALZBURG**

DER KIRCHENWIRT

Leogang Nr. 3, 5771 Leogang, Tel.: +43/6583/82 16
www.k1326.com
Öffnungszeiten: große Karte 11.30–13.30 Uhr und 17.30–21.30 Uhr,
kleine Nachmittagskarte 13.30–17.30 Uhr
Ruhetage: laut Aushang, im Sommer meistens Dienstag
Kreditkarten: Mastercard, Visa

In ein paar Jahren feiert der Kirchenwirt ein stattliches Jubiläum. **700 Jahre** hat das Haus dann am Buckel. Damals hieß es noch Taverne zu St. Leonhard. Zwar bestand zu der Zeit die namensgebende Kirche bereits, doch war die eher ein windiger Holzbau, während die steinernen Mauern der Taverne die Jahrhunderte überdauert haben.

In der Karte werden die Lieferanten der Lebensmittel akribisch aufgelistet. Die Eier kommen vom Leoganger Biohof Enn, der **Bio-Almkäse von der Sinnlehen Alm**. Die Bio-Kälber grasen, bevor sie als großartiges **Kalbsrahmbeuscherl** auf die Karte kommen, auf eigenen Weiden. Unter den Vorspeisen findet sich unter der Bezeichnung „Zünglein an der Waage" eine köstliche **gesottene Kalbszunge mit weißem Spargel und Paradeisern**. Hauptgang? Das klassische Wiener Schnitzel ist immer noch mustergültig. In Butterschmalz gebacken, Petersilerdäpfel, wie sie im Buche stehen, und Granggn (der Pinzgauer Begriff für Preiselbeeren) nach altem Rezept. Herausragendes Dessert: der **Moosbeerschmarren mit Topfeneis**.

Neu ist ein Menü, bei dem Pflanzen von Butz bis Stingl (also auch Schalen, Knollen, Blüten und Wurzeln) verarbeitet und **mit verschiedenen Bio-Ölen der Ölmühle Fandler verfeinert** werden.

SALZBURG Leogang

HÜTTWIRT IN LEOGANG

Hütten 9, 5771 Leogang, Tel.: +43/6583/82 27
www.huettwirt.com
Öffnungszeiten: im Winter Montag bis Freitag ab 14 Uhr,
Samstag, Sonn- und Feiertag ab 11 Uhr;
im Sommer Dienstag bis Sonntag 11–24 Uhr;
Küchenzeiten 11–14 Uhr und 17–21.15 Uhr
Ruhetag: Montag (nur im Sommer)
Kreditkarten: Mastercard, Visa; Bankomatkarte
Terrasse, Zimmer ab € 45 p. P.

Der Hüttwirt im Leoganger Ortsteil Hütten wurde 1634 erbaut. Man sitzt in der **gemütlichen Stube** und bei Schönwetter auf der **Terrasse neben der plätschernden Leoganger Ache** oder unter der alten Linde. Es kocht der Wirt, ums Service kümmert sich die Wirtin.

Seit vielen Jahren sorgen die gastfreundlichen Wirtsleute und ihre Mitarbeiter für viele zufriedene Stammgäste. Die **Forelle aus Leogang** wird als Vorspeise lauwarm und mild geräuchert mit saisonalen Salaten mit Frischkäse serviert. **Der klassische Zwiebelrostbraten mit den reschen Zwiebelringen,** den Braterdäpfeln und der gehaltvollen selbst gemachten Bratensoße schmeckt hervorragend und kommt auf althergebrachte Art mit aufgeschnittener Essiggurke auf den Tisch. Der **Waldbeerenschmarren mit Eis** bildet einen würdigen Abschluss.

Zum Übernachten stehen **15 Zimmer im Salzburger Stil** zur Verfügung.

Maishofen **SALZBURG**

SCHLOSS KAMMER
HOTEL & LANDGASTHOF

Kammererstraße 22, 5751 Maishofen, Tel.: +43/6542/68 20 20
www.schlosskammer.at
Öffnungszeiten: Restaurant täglich 11.30–21.30 Uhr
Ruhetag: Montag im Mai/Juni/September
Kreditkarten: im Restaurant nur Bankomat
Zimmer ab € 52 p. P.

Genau genommen ist das Schloss Kammer vielmehr ein Landgut, vor allem aber ist es **ein ländlich-architektonisches Kleinod im Pinzgau**. Vom gotischen Rossstall, der heute ein besonderer Ort für Feiern, Konzerte oder Ausstellungen ist, bis zum Schießstand, vom **Badeteich** bis zu den beeindruckenden Sälen ist es ein Ensemble von besonderer Schönheit und Tradition.

Aufgetischt wird österreichisch-pinzgauerisch, und **viele der Zutaten kommen aus der eigenen Jagd**, der biologisch geführten Landwirtschaft und aus dem Küchengarten. Hier kommt (fast) nur in die Töpfe und Pfannen, was der eigene Biohof und die Region anbieten: vom **Pinzgauer Naturrind** über feines Bergschaf bis zum **Sauerteigbrot aus dem Holzofen** mit köstlicher Bauernbutter. Der Schnaps ist natürlich hausgebrannt. Auf Vorbestellung gibt es köstliche Kalbshaxen, **Lammschlögl im Heu gebacken** oder die urpinzgauerischen Bladl-Krapfen.

Oder man versucht die **Erdäpfelnidei**, eine spezielle Art von Nockerln, in Butterschmalz herausgebacken und mit Sauerkraut serviert. Die traditionellen **Pinzgauer Kasnock'n** fehlen natürlich ebenso wenig wie klassische Salzburger Nockerl.

SALZBURG Mariapfarr

🚜 🔪 JAUSENSTATION WIELANDHOF

Liegnitz 47, 5571 Mariapfarr, Tel.: +43/6473/71 62
www.wielandhof.at
Öffnungszeiten: 22. 6. bis 16. 9. Dienstag bis Sonntag,
22. 9. bis 14. 10. Samstag und Sonntag 11.30–20 Uhr
Ruhetag: Montag
Kreditkarten: keine
Terrasse mit Fernblick

Auf 1.350 Metern über dem Meer liegt der schöne alte Wielandhof, auf dem die **traditionelle Viehwirtschaft mit Pinzgauer Rindern** im Mittelpunkt steht. Von ihnen stammen auch die angebotenen Fleisch- und Milchprodukte von allerbester Qualität.

Ein Teil der Heumilch wird in der **Hofkäserei** zu feinen Käsespezialitäten verarbeitet, die zum Beispiel als Frischkäse die knackigen Salate begleiten oder auch fein zur Jause sind. **Hausgemacht sind zudem sämtliche Wurstprodukte.** Serviert wird in den Stuben oder auf der **Terrasse mit sensationellem Weitblick**. Auf der Karte findet sich eine **nach überliefertem Rezept gekochte Lärchane Knödelsuppe**, eine Rindsuppe mit geselchten Rindfleischknödeln. Das Beuschel kommt klassisch mit Semmelknödel, das Blutwurst-Gröstl mit Lungauer Eachtling. Das **Wiener Schnitzel vom Almochsen** wird in der Pfanne in Butterschmalz gebacken.

Einen würdigen Abschluss bildet der **Schwarzbeerschmarren mit Beeren aus dem eigenen Wald.** Oder der selten gewordene **Lungauer Rahmkoch**.

Mittersill **SALZBURG**

BRÄURUP
HOTEL, RESTAURANT, BRAUEREI

Kirchgasse 9, 5730 Mittersill, Tel.: +43/6562/621 60
www.braurup.at
Küchenzeiten: Mittwoch bis Montag 11.30–14 Uhr und 17.30–21 Uhr
Ruhetag: Dienstag
Kreditkarten: Diners, Mastercard, Visa; Bankomat
Gastgarten, Zimmer ab € 72 p. P.

Der Name dieses traditionsreichen Gasthofs weist auf seine Gründung im Jahr 1823 hin. Damals wurde das „Schwertlehen" von Bierbrauer Rupert Schwaiger erworben, und seit dieser Zeit wird – mit Unterbrechungen – das **Bier selbst gebraut**. Im einladenden **Gastgarten** sitzt man unter schattenspendenden Bäumen.

Vorweg ein frisch gezapftes Seidel vom selbst gebrauten, naturtrüben Märzen oder ein helles Hefeweizen. Auf der Speisekarte finden sich in erster Linie **traditionelle Gerichte aus der österreichischen Wirtshausküche**, wie Tafelspitz mit Röstkartoffeln, Zwiebelrostbraten oder Blunzengröstl. Eine Besonderheit ist das **Bierschnitzel, ein gebackener Schweinerücken, mariniert im selbst gebrauten Bier**. Außergewöhnlich ist die **umfangreiche Fischkarte**. Der Fischersalat mit gebratenen Filets von heimischen Fischen aus Leogang und aus eigenen Gewässern sei hier besonders empfohlen.

Als Nachspeise gönnt man sich am besten den speckigen **Schokokuchen mit hausgemachtem Bier-Eis**, Kaiserschmarren oder Salzburger Nockerl.

SALZBURG Neumarkt am Wallersee

SEEHOTEL RESTAURANT WINKLER

Uferstraße 32, 5202 Neumarkt am Wallersee, Tel.: +43/6216/52 70-0
www.winkler.at
Öffnungszeiten: täglich 12–14 Uhr und 18–21 Uhr
Ruhetage: keine
Kreditkarten: alle außer American Express; Bankomat
Schöner Gastgarten, Zimmer ab € 70 p. P.

Fisch- und Schneckenrestaurant steht im Untertitel, vielen Gästen ist das Restaurant in **wunderbarer Lage direkt am Wallersee** noch **als „Schnecken Winkler" bekannt**.

Schnecken werden zwar nach wie vor serviert, über allem stehen jedoch die **exzellent zubereiteten und servierten Fischgerichte**. Darunter etwa **Waller im Wurzelsud** sowie Zander, Saibling, Reinanke und bisweilen auch **Huchen vom Rost**. Oder die Forelle blau. Einen herrlichen Abschluss bilden die dünnen, mit Marillen- oder Preiselbeermarmelade beziehungsweise Nüssen gefüllten Palatschinken sowie die bilderbuchhaften **Salzburger Nockerln**.

Die **Weinkarte ist gut sortiert** mit Schwerpunkt Österreich.

Saalbach **SALZBURG**

HOTEL TIROLER BUAM

Vorderglemm 267, 5733 Saalbach, Tel.: +43/6541/6513
www.tirolerbuam.at
Öffnungszeiten: täglich 11.30–14 Uhr und 17.30–21 Uhr
Ruhetage: keine
Kreditkarten: alle; Bankomat
Kochkurse (Sonntag 10–15 Uhr), Zimmer ab € 49 p. P.

Hier, so scheint es, hat die **Zukunft der Alpenkulinarik** bereits begonnen. Robert Mair gehört zu jenen jungen Köchen, die regionale Küche mit internationaler Erfahrung verbinden und **heimische Produkte** mit Leidenschaft und Kreativität neu in Szene setzen.

Vorwiegend aus der Region stammen Rind, Wild, Fisch und Käse sowie der sortenreine **Mühlauer Schnaps**. Alte Verbundenheit mit der ursprünglichen Tiroler Heimat zeigt sich noch bei den Stamser Erdäpfeln, die Lust am Experimentieren indessen am **Heidewuggerl, einer Freiland-Schweinerasse aus dem Burgenland**, serviert mit einem Eierschwammerl-Püree und geschmortem Gemüse. Weitere Highlights sind gebackene Steinpilze, **poschierter Holunder-Saibling mit heurigen Erdäpfeln und Radieschengemüse**, Bauernente im Wiesenheu mit Himbeer-Rotkraut und Serviettenknödeln sowie die Pinzgauer Kasnocken. Als Vorspeise empfohlen sei eine der echten Rindsuppen (Grießnockerl oder Kaspressknödel). Und unter den hervorragenden Nachspeisen die **Sorbetvariationen auf Eisblock** oder die Pinzgauer Moosbeernocken mit Sauerrahm-Eis.

Für die **Weinbegleitung** sorgen die umsichtige und freundliche Wirtin und Sommelière Sarah Mair.

SALZBURG Saalfelden

DIE VÖLLEREI
RESTAURANT & BAR

Bahnhofstraße 6, 5760 Saalfelden, Tel.: +43/6582/707 03
www.voellerei.at
Öffnungszeiten: Dienstag bis Samstag 14–2 Uhr;
Küche 14–21.30 Uhr, Bar 15–2 Uhr
Ruhetage: Sonntag, Montag
Kreditkarten: alle; Bankomat

Im altehrwürdigen Gasthof Hindenburg im Zentrum von Saalfelden gelingt Lukas Ziesel und Harald Salzmann ein **Spagat zwischen Dorfwirtshaus einerseits und kreativer Küche andererseits.**

Im Mittelpunkt stehen jedenfalls **regionale und saisonale Zutaten**. Als Vorspeise überzeugte ein **fein gehacktes Rinderfilet auf würziger Lauchcreme** mit fein marinierter Karotte und knusprigem, selbst gebackenem Wurzelbrot. Es folgte ein wunderbar **zarter Tafelspitz serviert im Kupferpfandl**. Dazu bissfestes Wurzelgemüse, knusprige Braterdäpfel und ein cremiger Spinat mit leichter Muskatnote. Zum Abschluss gab es **fein marinierten Rhabarber mit Himbeeren und Sauerklee aus dem Garten**, Wobei das zart sauer, süße Joghurteis mit Honig den herrlichen Geschmack des Rhabarbers ergänzte.

Freundliches und kompetentes Personal begleitete den genussvollen Abend, der mit einem von Haralds **sensationellen Cocktails mit hausgemachtem Sirup aus Kräutern** frisch vom Dachgarten einen wunderbaren Ausklang fand.

Saalfelden **SALZBURG**

DER BRANDLWIRT

Ritzenseestraße 1, 5760 Saalfelden, Tel.: +43/6582/724 60
www.brandlwirt.at
Öffnungszeiten: Mittwoch bis Samstag 11–21 Uhr, Sonntag 11–14.30 Uhr
Ruhetage: Montag, Dienstag
Kreditkarten: Mastercard, Visa; Bankomat
Kleiner Gastgarten, Zimmer ab € 45 p. P.

Seit sich der Brandei, wie ihn die vielen einheimischen Gäste liebevoll nennen, bewusst an der Slow-Food-Philosophie orientiert, ist seine **regionale Esskultur** noch hochwertiger geworden. Ohne zeitgeistigen Schnickschnack gibt es hier **authentische Speisen aus besten regionalen Produkten**.

Wie etwa das von der Brandei-Wirtin Rosmarie wunderbar zubereitete **Rehschnitzel in Kürbispanade mit cremigem Erdäpfelsalat** und selbst gemachtem Chutney. Oder das originelle Saalfeldner Schnitzel gefüllt mit Blaukraut und Heumilchbrie mit Petersilienerdäpfel und buntem Salat. Der Frischkäse kommt vom Nachbarbauern, das Wild, wenn nicht von Brandei-Wirt Bernhard selbst geschossen, aus dem Pinzgau, aus dem auch die **Bramberger Obstsäfte** stammen. Wer es altösterreichisch liebt, findet auf der Karte **Rieslingbeuschl mit Semmelknödel und Blunzengröstel mit Sauerkraut** oder selbst gemachte Leberknödel in der Rindsuppe.

In der auch für Familienfeiern geeigneten Stube mit dem hochfrequentierten Stammtisch empfehlen sich als Nachspeise Apfelradl oder Zwetschkenpofesen. **Selbst gebrannter Schnaps und ein reichhaltiges Bierangebot** (aus den Brauereien Kaltenhausen und Schladming) gleichen das schmale Weinspektrum aus. Im **kleinen Garten** des frisch renovierten Hauses aus dem 17. Jahrhundert sitzt man wunderschön unter einem Kastanienbaum an der Urslau.

SALZBURG Salzburg

PARACELSUSSTUBE
IN DER STIEGL-BRAUWELT

Bräuhausstraße 9, 5020 Salzburg, Tel.: +43/50/14 92 14 92
www.brauwelt.at
Öffnungszeiten: täglich 10–24 Uhr
Ruhetage: keine
Kreditkarten: Mastercard, Visa; Bankomat

In der liebevoll gestalteten Paracelsusstube, dem **Brau-Restaurant der Stiegl-Bauwelt**, werden die **Klassiker der heimischen Küche** saisonal kreativ interpretiert.

Küchenchef Matthias Mackner verfeinert seine Speisen gerne mit frischem Bier. Die würzigen Kräuter kommen aus dem eigenen Garten, das **Fleisch vom Pinzgauer Rind aus der eigenen Bio-Landwirtschaft**. Wie es sich für ein „echtes" Brau-Restaurant gehört, empfehlen diplomierte Biersommeliers die **passende Bierbegleitung zu den ausgewählten Speisen**.

Wer tiefer in die Welt des Bieres eintauchen möchte, kann auch eine **Bierverkostung in kleiner Runde** mit passender Essensbegleitung buchen.

Salzburg **SALZBURG**

DER WEISERHOF BEI JULES

Weiserhofstraße 4, 5020 Salzburg, Tel.: +43/662/87 22 67
www.weiserhof.at
Öffnungszeiten: Montag bis Freitag 11–23 Uhr
Ruhetage: Samstag, Sonntag
Kreditkarten: Mastercard, Visa; Bankomat

An diesem Ort kochte jahrelang Roland Essl und etablierte seine ganz besondere **Heimatküche**. Das neue Team um Julian Grössinger setzt weiterhin auf **bodenständige Gerichte aus regionalen und saisonalen Zutaten**.

Und so gibt's nach wie vor die **Klassiker der österreichischen Küche** – vom Wiener Schnitzel bis zu Innereien-Gerichten, wie zum Beispiel die **feurigen Paprikakutteln**, ein perfekt zubereitetes **Kalbsbeuschel, Bries oder Kalbskopf** gebacken. Das Fleisch für das gesottene Rindfleisch kommt vom Rauchenbichlgut, das Gemüse aus dem Salzburger Umland.

Für die **Jause am Nachmittag** stehen verschiedene Speckplatten, Aufstriche oder auch Jules' Würstel zur Auswahl, die er aus seiner **Metzgerei** „Meat & Eat by Jules" anliefert. Das **Brot ist selbst gebacken**, die Weinkarte gut sortiert.

SALZBURG Salzburg

DIE GEHEIME SPECEREY

Sigmund-Haffner-Gasse 16, 5020 Salzburg, Tel.: +43/699/17 50 18 06
felleis-knittelfelder.at/fkt/
Öffnungszeiten: Montag bis Samstag 11–24 Uhr
Ruhetage: Sonntag
Kreditkarten: Mastercard, Visa; Bankomat
Historischer Weinkeller

Die Sigmund-Haffner-Gasse ist **eine der ältesten Gassen Salzburgs** und benannt nach einem ehemaligen Bürgermeister, der auch als Delikatessenhändler und Feinschmecker berühmt war.

Die große Besonderheit des Lokals sind die **Spezialitäten aus der eigenen Weideschweinzucht**. Daraus stammen Köstlichkeiten wie der feine Beinschinken, der **butterzarte Lardo** oder der würzige Rohschinken. Aber auch die warme Küche hat das Schwein im Angebot, wie zum Beispiel bei der **hausgemachten Pasta mit Weideschwein-Ragout** oder dem gebratenen Schopfsteak vom Weideschwein mit dreierlei Risoléekartoffeln.

Im **historischen Weinkeller** lagern besondere Flaschen, aber auch die Tagesangebote lassen keine Wünsche offen.

Salzburg **SALZBURG**

BLAUE GANS

Herbert-von-Karajan-Platz 3, 5020 Salzburg, Tel.: +43/662/84 24 91 54
www.blauegans.at
Öffnungszeiten: Montag, Freitag, Samstag 12–14 Uhr und 18–21.30 Uhr,
Sonntag 12–19 Uhr
Ruhetage: Dienstag bis Donnerstag
Kreditkarten: alle; Bankomat

In seiner Blauen Gans vereint Hotelier und Gastwirt Andreas Gfrerer Tradition mit gekonnt behutsamer Anpassung an das Neue. Das gutbürgerliche Lokal liegt mitten in der Altstadt mit **Blick auf die Festspielhäuser**.

Gutbürgerlich ist auch die Küche von Küchenchef Martin Bauernfeind. So beginnt man etwa mit einer tadellosen und kräftigen **Tafelspitzsuppe mit Grießnockerln** oder Gänseleberknödeln, fährt fort mit einem ausgelösten Backhendl mit Erdäpfel-Vogerlsalat und handgerührten Preiselbeeren beziehungsweise einem saftigem gekochten **Schulterscherzel mit Erdäpfelrösti**, Cremespinat, Apfelkren und Schnittlauchsauce und schließt mit einem hausgemachten Schokoladeneis oder den **bilderbuchhaften Salzburger Nockerln** für zwei Personen und nach gebotener Wartezeit.

Übersichtliche und **gut sortierte Weinkarte mit Schwerpunkt Österreich**.

SALZBURG Salzburg

GASTHOF SCHLOSS AIGEN

Schwarzenbergpromenade 37, 5026 Salzburg, Tel.: +43/664/408 15 15
www.schloss-aigen.at
Öffnungszeiten: Donnerstag, Freitag 11.30–14 und 17.30–22 Uhr,
Samstag, Sonntag 11.30–22 Uhr
Ruhetage: Montag bis Mittwoch
Kreditkarten: Mastercard, Visa; Bankomat
Garten

Der Ort könnte schöner und traditionsreicher nicht sein, gehört das Anwesen doch zum namensgebenden Schloss Aigen, seit 1921 im Besitz der Grafen Revertera. Berühmt ist das Haus wegen seiner von Pächterfamilie Berger liebevoll gepflegten Rindfleischkultur. Man sitzt in eleganten Stuben oder im wunderbaren Garten und bekommt die **gekochten Rindfleischteile** stilecht im Kupfertopf serviert. In der kräftigen Rindsuppe schwimmen Markscheiben, wahlweise **Grießnockerl, Leberknödl oder Fleischstrudel**.

Im Anschluss werden Kruspelspitz, Wiener Melange, **Tafelspitz** oder Schulterscherzl mit klassischen Beilagen serviert. Die Karte hat auch viele andere Köstlichkeiten parat wie etwa hausgemachte **Grammelknödel** mit lauwarmem Veltlinerkraut oder Eierschwammerlrisotto mit Sommertrüffel. So wie alles hier sind auch die Nachspeisen äußerst gepflegt, darunter etwa kalte **Topfennockerl** mit marinierten Erdbeeren und Sorbet, Kaiserschmarren mit Rosinen, Apfelmus und Sauerrahm-Sorbet oder die Palatschinken mit hausgemachter Marmelade.

Die **Weinkarte** ist kompetent bestückt mit einer guten Auswahl an Halbflaschen und glasweisen Angeboten.

Salzburg **SALZBURG**

RAUCHENBICHLGUT

Rauchenbichlerstraße 23, 5020 Salzburg, Tel.: +43/662/45 80 48
www.rauchenbichlgut.at
Öffnungszeiten: Dienstag bis Freitag 16–23 Uhr
Ruhetage: Samstag bis Montag
Kreditkarten: keine
Garten, Zimmer ab € 49 p. P.

Der **300 Jahre alte Erbhof** der Familie Wörndl ist eine Ausnahmeerscheinung im Salzburger Land: Seit 1677 wird er von derselben Familie bewirtschaftet, Viehzucht und Ackerbau waren immer die Säulen des Hofes, seit 1993 gibt es auch die **berühmte Mostschänke** und seit 2002 ein paar **gemütliche und modern ausgestattete Zimmer**.

Auf die Jausenbrettln kommt, was die Landwirtschaft erzeugt und der Hausgarten hergibt – vom Speck über die **Hauswürsteln** bis hin zu köstlichen, auch **vegetarischen Aufstrichen**. Serviert wird im Sommer im **Garten**, im Winter in den beiden gemütlichen Stuben. Köstlich sind auch die Ripperl oder **Bratln im Reindl mit Knödeln**, mitgebratenen Erdäpfeln und frischem Kraut- oder Radi-Salat. Die **Haussulz vom Schwein oder Rind** ist wunderbar.

Täglich gibt es **frisch gemachten Kuchen und Pofesen**, herben Most und die **Edelbrände des Hausherrn**.

SALZBURG Salzburg

GASTHAUS HINTERBRÜHL

Schanzlgasse 12, 5020 Salzburg, Tel.: +43/662/84 43 27
www.gasthaus-hinterbruehl.at
Öffnungszeiten: Montag bis Freitag 11.30–22 Uhr,
jeden ersten Samstag im Monat 11.30–17 Uhr
Ruhetag: Sonntag
Kreditkarten: Mastercard, Visa; Bankomat

Sylvia und Peter Bernhofer sind Wirte und Gastgeber mit Herz und Leidenschaft. In ihrem **Gasthaus in einem historischen Gebäude** in der Salzburger Altstadt bieten sie **Hausmannskost vom Feinsten**.

Darunter etwa der tadellose **ofenfrische Schweinsbraten**, die Salzburger Bratwurst oder das Kalbszüngerl. Das Fleisch kommt vom Metzger Stefan Auernig, das Bier aus der Stiegl-Brauerei.

Viele Gäste kommen allein schon wegen der **herrlichen Nachspeisen**, die Powidl-Pofesen sind köstlich, die **frischen Strudel** genau so, wie sie sein sollen, der Kaiserschmarren und die Palatschinken unerreicht.

Scharfling am Mondsee **SALZBURG**

EINKEHR HOLZINGERBAUER

Oberburgau 12, 5310 Scharfling am Mondsee, Tel.: +43/6232/38 41
Öffnungszeiten: Montag, Dienstag, Donnerstag und Freitag 15–23.15 Uhr
Ruhetage: Mittwoch, Samstag, Sonntag
Kreditkarten: Mastercard, Visa; Bankomat
Garten mit Aussicht

Ein Geheimtipp ist der Holzingerbauer schon lange nicht mehr, sondern eine weit **über die Grenzen des Mondseelandes bekannte Jausenstation**. Und zwar zu Recht. Der **Blick über den Mondsee** ist grandios, die Gastfreundschaft legendär.

In urigen Stuben oder unter alten Obstbäumen werden herausragende **hausgemachte Spezialitäten** serviert. Wem der **Most** zu herb ist, der mischt ihn mit Apfel- oder Holunderblütensaft. Die **Schnäpse und Liköre** sind natürlich hausgebrannt und immer ein perfekter Abschluss nach der **berühmten Brettljause**. Auf dieser türmen sich Speck, Käse, Hartwurst, Bratl, Erdäpfelkäse, feine Kräuteraufstriche und selbst gebackenes Schwarzbrot.

Wunderbar auch die **saisonalen Mehlspeisen**, unter denen die Powidl-Pofesen besonders hervorzuheben sind.

SALZBURG St. Gilgen am Wolfgangsee

GASTHOF FÜRBERG

Fürbergstraße 30, 5340 St. Gilgen am Wolfgangsee, Tel.: +43/6227/238 50
www.fuerberg.com
Öffnungszeiten: April bis Oktober und Anfang bis Mitte Dezember
Mittwoch bis Montag 11–22 Uhr, von 25. 12. bis 6. 1. täglich 11–22 Uhr
Ruhetag: Dienstag
Kreditkarten: Mastercard, Visa; Bankomat
Direkt am Seeufer, Zimmer ab € 68 p. P.

Der behutsam renovierte Gasthof ist perfekt gelegen, **direkt am Ufer des schönen Wolfgangsees**. Küchenchefin Karin Ebner verkocht in erster Linie heimisches Bio-Rind, Wild aus den umliegenden Revieren und die **Fische aus der eigenen Fischerei**, das alles verfeinert mit Kräutern aus dem eigenen Garten.

Die **Fischsuppe nach Art des Hauses** ist so, wie sie sein soll, mit fangfrischem Fisch, perfekt abgestimmt und gewürzt. Die Saiblinge und Reinanken sind auf den Punkt gebraten, das **Dreierlei von der Rindszunge** saftig und ehrlich, die geschmorten Kalbsbäckchen mit Wurzelgemüse zart und überzeugend.

Und zur Nachspeise? Da gibt es dann die **fast schon legendären flaumigen Zwetschkenknödel**.

St. Jakob am Thurn **SALZBURG**

DER SCHÜTZENWIRT

Dorf 96, 5412 St. Jakob am Thurn, Tel.: +43/662/63 20 20-20
www.gasthaus-schuetzenwirt.at
Öffnungszeiten: Donnerstag bis Sonntag 12–23 Uhr
Ruhetage: Montag bis Mittwoch
Kreditkarten: alle; Bankomat
Terrasse

Der Schützenwirt ist ein **Bio-Restaurant im besten Sinn** und zu 100 Prozent biozertifiziert. Auf der Karte findet sich eine **bunte Vielfalt saisonaler Gerichte**.

Man speist in der schönen Stube, im **Wintergarten mit Kamin** oder auf den **Sonnenterrassen**. Küchenchef Klaus Petz verwendet ausschließlich Bio-Produkte, daneben ist auch das **soziale Engagement** ein großes Thema. Das Restaurant unterstützt die Paracelsus-Schule in Salzburg, der ein Demeter-Hof angeschlossen ist, auf dem die Jugendlichen mitarbeiten.

Fleischlos und wunderbar die **Steinpilzknödel mit Rauchkas** und brauner Butter. Neu ist, dass es **immer auch einige vegane Gerichte auf der Karte** gibt – zum Beispiel vegane Gnocchi mit Mandelsauce. Fleischliebhaber haben die Qual der Wahl, auch **feines Wild** ist im Angebot. Ein Gedicht ist auch der Zwetschken-Crumble zur Nachspeise.

SALZBURG St. Margarethen im Lungau

LANDGASTHOF LÖCKERWIRT

Dorfstraße 25, 5581 St. Margarethen im Lungau, Tel.: +43/6476/212
www.loeckerwirt.at
Öffnungszeiten: im Sommer Mittwoch bis Sonntag 11.30–15 und 17.30–20.30 Uhr
im Winter 11.30–14.30 und 17.30–20.30 Uhr
Ruhetage: Montag, Dienstag; keine Ruhetage zwischen 8. 12. und 31. 3.
Kreditkarten: alle; Bankomat
Zimmer ab € 45 p. P.

Die **biologisch betriebene Landwirtschaft** der Familie Löcker im Lungau bildet die **Grundlage für die traditionelle Küche** des Gasthofs – von der Weidegans über den Tauernroggen bis zum Angus-Rind.

Zum Auftakt erfreut uns ein Teller mit feinen **Spezialitäten vom Bio-Almschwein aus der hauseigenen Räucherkammer**. Das Lüngerl (Beuschl) serviert man mit klassischen Semmelknödeln, die **hausgemachte Blutwurst mit würzigem Sauerkraut**. Der Käse für die Lungauer Kasknödel kommt vom Biobauern, und das Gröstl wird, wie es sich gehört, aus der lokalen Erdäpfelsorte Lungauer Eachtling sowie **frischem Gemüse vom Hof** gemacht. Wunderbar auch die **Blattkrapfen mit Sauerkraut**.

Und zum Dessert der herrliche und seltene **Lungauer Rahmkoch**.

St. Pantaleon **SALZBURG**

KRÅMERLADEN
AUF GUT WILDSHUT

Wildshut 8, 5120 St. Pantaleon, Tel.: +43/6277/641 41
www.biergut.at
Öffnungszeiten: Mittwoch bis Sonntag 10–22 Uhr
Ruhetage: Montag, Dienstag
Kreditkarten: Mastercard, Visa; Bankomat

Im Krämerladen auf Gut Wildshut dreht sich alles um „Bier & Brot". Die **im hofeigenen Holzofen gebackenen Brote** werden in den unterschiedlichsten Varianten – warm und kalt – belegt. Zudem kommt noch auf den Teller, was das Gut sonst noch hergibt: selbst gekäster Käse, **Lardo vom Mangalitzaschwein** oder Steaks vom Pinzgau Rind sind nur einige der Köstlichkeiten, die im Krämerladen vorrätig sind.

Immer auf der Karte steht ein ausgezeichneter **Schweinsbraten vom Mangalitzaschwein**. Wer es lieber fleischlos mag, ist mit dem **Risotto aus Urgetreide** gut beraten. Dazu passen die **Wildshuter Biere, die aus selbst angebautem Urgetreide gebraut werden**.

Neben diesen seltenen Getreidesorten werden auf dem **Bio-Hof,** den man auch besichtigen kann, vom Aussterben bedrohte Tierrassen (Mangalitzaschwein, Pinzgauer Rind, Dunkle Biene) gehalten. Für die kleinen Besucher steht eine Arche bereit, die als Symbol für die Überzeugung des Unternehmens steht: Das große Anliegen der Eigentümerfamilie Kiener ist, die **Vielfalt der Kulturpflanzen** auch für nachkommende Generationen zu schützen und zu bewahren.

SALZBURG St. Veit im Pongau

SONNHOF
WIRTSHAUS-STUBEN

Kirchweg 2, 5621 St. Veit im Pongau, Tel.: +43/5675/63 75
www.verwoehnhotel.at
Öffnungszeiten: Mittwoch bis Montag 18–19.30 Uhr
Ruhetage: Dienstag
Kreditkarten: alle; Bankomat
Zimmer ab € 87 p. P.

Während **Ausnahmekoch Vitus Winkler** im Gourmetrestaurant auf höchstem kreativen Niveau kocht, bietet er in den Wirtshaus-Stuben **perfekt zubereitete Gerichte zu Alltagspreisen**.

Seinen Frischkäse erzeugt er selbst, im **Hotelgarten** wachsen sechzig verschiedene Kräuter, an die **achtzig Rebstöcke** liefern süße Trauben für die Desserts. Die „Almwiese" ist in Wahrheit eine **Almkräutersuppe**, das „Alpen-Vitello" ein feiner **Kalbstafelspitz mit Forellenkaviar und Minzraritäten**.

Die Schottnock'n, die Erdäpfelnidei oder die **Pongauer Schlutzkrapfen** sind **selten gewordene traditionelle Salzburger Gerichte**, die Freude bereiten.

St. Wolfgang **SALZBURG**

LANDHAUS ZU APPESBACH

Au 18, 5360 St. Wolfgang, Tel.: +43/6138/22 09
www.appesbach.com
Öffnungszeiten: täglich 12–14 und 18.30–22 Uhr
Ruhetage: keine
Kreditkarten: alle außer Diners; Bankomat
Picknick im Ruderboot, Strandbar, Zimmer ab € 99 p. P.

Großzügig und intim zugleich sollte das Anwesen sein, mit dem sich der Erbauer 1912 seinen **Traum vom englischen Landhaus mitten im Salzkammergut** erfüllte. Das, was Küchenchef Christian Buhl auf die Teller zaubert, ist des besonderen Ortes und seiner Geschichte würdig.

Gegessen werden kann außer im Restaurant auch an der Strandbar beziehungsweise, wenn es besonders romantisch sein soll, in Form eines **Picknicks im Ruderboot**. Die Karte bietet Traditionelles wie etwa Rindsuppe mit Wurzelwerk und Leberknödeln, aber auch Kreativeres wie die Galantine vom **Saibling aus der Fischerei Ausseerland**. Unter den Hauptspeisen: Forelle oder Reinanke im Ganzen oder filetiert sowie einen **Lammrücken vom Mondseelamm mit Schafskäseravioli und Buchenpilzen** oder das Hirschkalb aus der Strobler Jagd mit Brennnesselschupfnudel.

Überzeugend auch der **flambierte Baumkuchen** zum Abschluss.

SALZBURG Stuhlfelden

RAUCHKUCHL
BERNGARTEN-SCHWAIGERLEHEN

Weyerstraße 8, 5724 Stuhlfelden, Tel.: +43/6562/5118
www.schwaigerlehen.at
Öffnungszeiten: nur nach Voranmeldung,
telefonisch oder via Mail an anfragen@schwaigerlehen.at
Kreditkarten: keine
Letzte Rauchkuchl Österreichs, Zimmer ab € 50 p. P.

Eine Art **kulinarische Zeitreise** mit Verzauberung der besonderen Art ist ein Besuch bei Theresia Bacher in Stuhlfelden. Ihr Küchengeheimnis? Pure weibliche Kraft am lodernden **Erlenholzfeuer in der letzten Rauchkuchl Österreichs**, gepaart mit dem Charme des alten Bauernhauses – eingebettet in Wiesen, Wälder und Berge – und vor allem die Gastfreundschaft der Wirtin.

Aus alledem wird ein Abend, wie man ihn sonst nicht mehr so leicht erleben kann. Die **Gerichte vom offenen Feuer** sind eine Offenbarung des Einfachen und des Einzigartigen. In die große Pfanne kommen frische Almbutter, Fleisch aus der Region, Pinzgauer Rinderfilet oder Wild zum Beispiel, dazu gesellen sich **Waldpilze und Kräuter aus dem eigenen Garten**. Wenn dann die feinen Schwammerl die rauchige Würze des Feuers annehmen oder zarte **Moosbeeren von der Hochalm als Nocken** duftend auf die Teller kommen, dann sind die Gäste **im siebten Genusshimmel** angekommen.

Und sollte der Weg ins Tal zu weit sein, kann man **in schönen Gästezimmern** in der reinen Almluft wunderbar schlafen. Und am nächsten Morgen den Ausblick und **das herrliche Frühstück genießen**.

Zell am See SALZBURG

✗
STEINERWIRT

Dreifaltigkeitsgasse 2, 5700 Zell am See, Tel.: +43/6542/725 02
www.steinerwirt.com
Öffnungszeiten: täglich 11.30–14 und 18–21 Uhr
Ruhetage: keine
Kreditkarten: Mastercard, Visa; Bankomat
Schöner Gastgarten, Zimmer ab € 80 p. P.

Der zentral gelegene Steinerwirt aus dem Jahre 1493 ist **eines der ältesten Gasthäuser im Pinzgau**. Man sitzt in gemütlichen Stuben, im Kellergewölbe oder im **lauschigen Gastgarten**.

Die **Küche ist gutbürgerlich** und bietet Gerichte wie Salonbeuscherl, Saftgulasch vom Pinzgauer Rind, Wiener Schnitzel vom Milchkalb oder **Zwiebelrostbraten von der Stierbeiried** sowie gleich mehrere fleischlose Gerichte, darunter auch Pinzgauer Kasnocken mit grünem Salat. Als Vorspeise empfiehlt sich die kräftige Grießnockerlsuppe, als Hauptspeise ein **Tafelspitz vom Pinzgauer Rind mit Cremespinat**, Erdäpfelrösti, Apfelkren und Schnittlauchsauce. Und als Nachspeise die herrlichen Moosbeernocken, die frischen Palatschinken oder die flaumigen Marillenknödel.

Eine Freude auch: der **gut sortierte Weinkeller**.

ALMEN

ARBESREITALM (MARIA ALM, 1.080 m)

Nach einer kurzen Gehzeit von ca. 45 Minuten erreicht man diese kleine, urige Almhütte. Begrüßt wird man von freilaufenden Enten, einem prächtigen Almkräutergarten und knorrigen alten, wunderbar blühenden und herrlich duftenden Holunderbüschen. Die Leidenschaft der Sennerin Angelika zeigt sich in der Blumen- und Kräuterpracht, aber auch in ihrer Gabe, die Gäste kulinarisch zu versorgen, mit hausgemachten Wurst- und Speckspezialitäten, mit Frisch- und Bergkäse und mit knusprigem Bauernbrot. Besonders zu erwähnen sind die selbst gezüchteten geräucherten Forellen, angerichtet auf Blattsalaten, frisch aus dem Bauerngarten. Ein feiner Genuss ist ein schmackhaftes Bauernbrot mit Sperkas, einem milden Frischkäse aus Kuhmilch, mit Zwiebeln und Schnittlauch. Frühaufsteher werden dienstags mit einem umfangreichen Almfrühstück belohnt. Experimentierfreudigen bietet sich eine Vielfalt an Frucht- und Kräutersirupen (Holler, Ribisel, Melisse, Schafgarbe).

Die Arbesreitalm ist von Mai bis Oktober geöffnet, Donnerstag Ruhetag. Sie ist von Maria Alm/Ortsteil Unterberg-Jetzbach aus in ca. 45 Minuten zu Fuß erreichbar.

Familie Angelika und Gerhard Perterer
5761 Maria Alm, Stegen 14, Tel.: +43/664/211 99 43

LINDLALM (LEOGANG, 1.483 m)

Man erreicht diese wunderschön idyllisch am Spielberghorn gelegene Alm in eineinhalb Stunden Gehzeit, ausgehend vom Parkplatz der Knappenstube in Hütten. Schon die Wanderung durch herrlich blühenden Almwiesen, vorbei an friedlich grasenden Kühen ist ein Erlebnis für sich. Auf der Alm angekommen nimmt man an liebevoll gedeckten Tischen Platz und belohnt sich für den Aufstieg mit den hausgemachten Erzeugnissen der Sennerin Resi: hausgemachtes Brot mit Almbutter und Wurst und Käse aus eigener Produktion. Weiters gibt's Knödelspezialitäten, serviert in würziger Gemüsebrühe, die schon seit dem Morgen, mit frischem Gemüse und Wildkräutern angesetzt, auf dem Herd köchelt. Und zum Abschluss den „Almwuzel", eine herrlich luftige Pinzgauer Spezialität und eine Mischung aus Kaiserschmarren und Salzburger Nockerln.

Geöffnet ist die Lindlalm täglich von Anfang Juni bis Oktober. Sie liegt am Fuße des Spielbergs bei Leogang und ist in ca. 90 Minuten zu Fuß erreichbar.

Familie Alois und Theresia Schuster
5760 Saalfelden, Pfaffing 6, Tel.: +43/664/126 83 96

Gegen Durst sind Kräuter gewachsen.

Almdudler
#lassunsdudeln

SALZBURG Almen

ÖRGENBAUERNALM (SAALFELDEN, 1.330 m)

Ein guter Forstweg ermöglicht Wanderern den eineinhalbstündigen Aufstieg zu dieser Alm, wo sie mit einem grandiosem Ausblick belohnt werden. Auf der Hütte kann man sich neben den typischen Almköstlichkeiten wie hausgemachten Wurst- und Speckspezialitäten aus der eigenen Landwirtschaft, an Pinzgauer Bladln laben. Die Sennerin Kathi bereitet diese herausgebackenen Roggenkrapfen mit Sauerkraut und Granggn immer samstags zu.

Die Örgenbauernalm ist von 1. Mai bis Juli und Mitte September bis Ende Oktober an Wochenenden und Feiertagen, von Juli bis Mitte September durchgehend geöffnet. Man erreicht sie von Saalfelden/Ortsteil Harham (Richtung Zell/See) auf dem Forstweg in etwa 90 Minuten zu Fuß.

Familie Alois und Kathi Hörl
5760 Saalfelden, Harham 1, Tel.: +43/676/931 38 85

ALPENGASTHOF SAUSTEIGALM (ST. GILGEN, 1.110 m)

Die Sausteigalm erreicht man entweder zu Fuß, nach einer wunderschönen Wanderung in Richtung Zwölferhorn, oder aber ganz mühelos mit der pittoresken, über fünfzig Jahre alten Kabinenseilbahn, die von Sankt Gilgen hier heraufführt, aber leider bald eingestellt und durch eine modernere Anlage ersetzt werden soll. Der Blick von der einfachen Hütte über die Seen des Salzkammerguts ist atemberaubend. Betrieben wird sie von Familie Scharf, die sehr hohe Ansprüche an die Qualität stellt, wie allein schon der knusprige Schweinsbraten beweist, der aus dem holzbefeuerten Ofen kommt. Die Schnitzel werden vorbildlich in der Pfanne und mit Butterschmalz gebacken, die vorzüglichen Bratwürste mit Sauerkraut stammen von der Metzgerei Gstöttner in Abersee. Wer Glück hat, kommt gerade dann auf der Sausteigalm an, wenn Sabine Scharf einen ihrer legendären Obstkuchen aus dem Rohr zieht. Das Bier ist gepflegt, der Bauernmost ebenso, und die Liköre werden von Wolfgang Scharf selbst gemacht.

Der Alpengasthof Sausteigalm ist von Mai bis Oktober durchgehend sowie von Weihnachten bis Ostern in der Ferienzeit an Samstagen, Sonn- und Feiertagen geöffnet; ganztägig warme Küche.

Familie Scharf
5340 St. Gilgen, Laim 59, Tel.: +43/664/124 73 80

Almen **SALZBURG**

JAUSENSTATION VORHOFALM (UTTENDORF, 1.040 m)

Durch das idyllische Stubachtal und vorbei an einem Wasserkraftwerk der Bundesbahnen führt die Panoramastraße, an der auf beachtlicher Höhe die kleine Jausenstation Vorhofalm von Theresia Brugger liegt. Der Blick ins Tal ist einzigartig, die Wanderwege in der Umgebung sind zahlreich. Natürlich wird hier alles geboten, was man sich zur Jause erwartet, also Brettljause, hausgeräucherter Speck und hausgemachte Sulz. Aber auch vorzügliche Pinzgauer Kasnocken und Kaspressknödel sowie Gerichte vom Wild aus dem nahe gelegenen Nationalpark Hohe Tauern oder vom Großglocknergebiet, wie etwa Rehschnitzel mit Nockerln, Hirschgulasch oder Steak vom Hirschrücken. Wer Glück hat, bekommt Braten von Schweinen, die den Sommer auf der Alm verbracht haben. Sehr beliebt sind Bruggers saisonal wechselnde Spezialitäten, wie etwa die Martinigansl-Tage, die Wildwochen und das Kirchtags-Lammbratl. Die vorzüglichen Nachspeisen, wie Krapfen, Strudel und der Kaiserschmarren, sind allesamt hausgemacht. Unbedingt probieren sollte man die Granggn – kalt eingelegte Preiselbeeren, die von der Hausherrin oder von ihren spazierenden Bekannten gepflückt werden.
Die Jausenstation Vorhofalm ist auch ein beliebter Treff
von Sennern der umliegenden Almen.

Ab den Osterferien geöffnet, Zeiten variabel, vorher anrufen; ganztags warme Küche; Ruhetag: Mittwoch (Mai, Juni und Oktober).

Theresia Brugger
5723 Uttendorf, Schneiderau-Stubach 68, Tel.: +43/664/764 76 72
www.vorhofalm.uttendorf.biz

TIPPS STADT SALZBURG

SALZBURGER MARKTLEBEN

Der Salzburger Grünmarkt und seine Aromen sind ein köstliches Universum der Besonderheiten, erschaffen von den Marktbetreibern, die täglich diesen Genussort zum Leben erwecken. Mitten in der Salzburger Barockstadt ist der Markt ein Schmelztiegel aus Menschen, Geschmäckern und bunten Standln, Höhepunkt des Treibens ist der Samstag.

DER GRÜNMARKT AM SAMSTAG
Am Grünmarkt/Universitätsplatz, 5020 Salzburg
Öffnungszeiten: Montag bis Freitag 6–18 Uhr, Samstag 6–13 Uhr

An Samstagen finden die Marktbummler ein überaus facettenreiches Angebot an jahreszeitlichen Verführungen aller Art an den Ständen der Bauern aus dem Umland. Den ersten Bärlauch, den alte Frauen mit Kopftuch bringen, selbst gebackene Krapfen, dazu Schwarzbeeren, Eierschwammerl und Steinpilze, die oft aus dem Lungau oder aus Kärnten kommen. Ein Stand lockt im Herbst mit Pilzraritäten wie Herbsttrompeten, Semmelstoppelpilzen oder dem fast schon mythischen Kaiserling. Baischer und Kriechbaum, die Metzger aus Lochen, bieten bestes heimisches Fleisch, die Käsestände sind voll mit würzigem Käse aus Salzburg, Pinzgauer Bierkäse oder Heublumenkäse zum Beispiel. Brot von kleinen Produzenten ist ebenso vertreten wie Geflügel von höchster Qualität. Ein Hauch von Meer weht von der Biofischzucht Krieg über den Markt. Besonders zu empfehlen sind die Produkte aus eigener Zucht wie das berühmte Fischpesto aus heimischen Fischen.

OBST UND GEMÜSE ALLERBERGER
Am Grünmarkt/Universitätsplatz, 5020 Salzburg
www.allerberger.at

Die Jahreszeiten spiegeln sich in der Angebotspalette von Nina Allerberger. Und man kann sicher sein, dass immer etwas Besonderes – und das in exzellenter Qualität – an ihrem Marktstand bereitsteht. Dieser sieht gerade in den Jahreszeiten, in denen die Auswahl üppig ist, wie ein buntes Gemälde aus, das die Kundschaft magisch anzuziehen scheint. Im Frühling sind es die Kräuter, die Ninas Mutter sammelt und die nach den kalten Monaten ein wahres Elixier für die Lebensgeister sind. Im Sommer kann man eintauchen in gelbe Eierschwammerl-Berge, die ersten, von zwei Sammlern aus dem Lungau, sind winzig klein und duften köstlich nach dem Wald. Im Herbst sind es dann die in vielen Grüntönen leuchtenden Walser Krautköpfe oder die gelborangen Kürbisse, die das eindrucksvolle Gemüsegemälde bunt färben. Natürlich gibt es auch wunderbares Obst – von heimischen alten Sorten bis zum globalen Angebot.

STIFTSBÄCKEREI ST. PETER

Seit mehr als 700 Jahren verkörpert die Stiftsbäckerei St. Peter das Bäckerhandwerk in der Salzburger Altstadt. Im Mittelpunkt steht nach wie vor die Herstellung von Schwarzbrot aus Natursauerteig, das in einem holzbefeuerten Ofen gebacken wird. Mehl stammt aus der Stifts- und Salzachmühle, Holz aus den Wäldern des Stifts St. Peter, die Energie liefert der Almkanal. Sehr zu empfehlen die Gewürzweckerl, Vintschgerl, die flaumigen Brioches oder Milchbrotstriezel und zu Weihnachten das Früchtebrot.

Kapitelplatz 8, Tel.: +43/662/84 78 98
www.stiftsbaeckerei.at
Öffnungszeiten: werktags 7–17 Uhr, Samstag 7–13 Uhr
Ruhetag: Mittwoch (im Jänner und Februar auch Montag)
Frisches Brot gibt es Montag und Dienstag ab ca. 8.30 Uhr,
Donnerstag bis Samstag ab ca. 7.30 Uhr.

ORIGINAL SALZBURGER WÜRSTELSTÄNDE

Der Grünmarkt auf dem Universitätsplatz bietet die traditionsreichsten Würstelstände Salzburgs. Vier sind es meist – freitags kommt ein fünfter dazu –, die von alteingesessenen Salzburger Familien seit Generationen geführt werden. Jeden Montag rücken die Stände jeweils um einen Platz weiter, wodurch jeder von ihnen abwechselnd vom besten Standplatz auf dem Markt profitiert. Das Besondere an den Würstelständen: Der Wurstkessel wird mit Holzkohle beheizt, Würste und Backwaren stammen von lokalen Handwerkern.

Grünmarkt, Universitätsplatz
Öffnungszeiten: Montag bis Donnerstag 8–18 Uhr (ab 14 Uhr nur noch ein Stand), Samstag 8–15 Uhr.
Ruhetag: Sonntag (Ausnahme: der Sonder-Grünmarkt zu Pfingsten sowie in den Monaten August und Dezember)

SALZBURG Stadt

BALKAN GRILL WALTER
Auf nicht einmal drei Quadratmetern wird in einem schmalen Durchgang zur Getreidegasse seit 1950 die beste Bosna Salzburgs gegrillt. Ihr Erfinder Zanko Todoroff verkaufte die bulgarische Spezialität ursprünglich unter dem Namen Nadinizer. Die Salzburger konnten sich den Namen nicht merken und benannten sie kurzerhand in Bosna (bulgarisch „Jause") um. Der kleine Imbissstand ist längst eine Salzburger Institution. Preis pro Portion: € 3.
Getreidegasse 33, im Dantendorfer Durchhaus
Öffnungszeiten: Montag bis Freitag 11–19 Uhr, Samstag 11–17 Uhr, in der Weihnachts- und Festspielzeit auch Sonntag 16–20 Uhr

SPORER LIKÖR- UND PUNSCHMANUFAKTUR
Seit 1903 wird in der „Branntweinschenke" Sporer Kreativ-Hochprozentiges „erfunden" und zur Meisterschaft gebracht: Der Gründer und Urgroßvater Franz Sporer komponierte den legendären Orangenpunsch, Michael Sporers Großvater Otto mixte die bekannte Hausmischung, die auch Jahrhundertkoch Eckart Witzigmann begeisterte. Vater und Seniorchef Peter Sporer schuf viele köstliche Mischungen, die zum fixen Bestandteil des Sortiments gehören. 2018 gesellte sich ein Zitronenlikör aus Salzburg dazu, kreiert von Michael Sporer, der pur, mit Schaumwein, Tonic und mit Eis und Zitronenscheibe genossen, ein Gedicht ist.
Getreidegasse 39, Tel.: +43/662/84 54 31
www.sporer.at
Öffnungszeiten: Montag bis Freitag 9.30–19 Uhr
Samstag 8.30–17 Uhr

AUGUSTINER-BRÄU KLOSTER MÜLLN
Im Augustiner-Bräu wird eines der besten Biere Österreichs gebraut und, hierzulande einzigartig, in Holzfässer gefüllt. Speisen kann man entweder selbst mitbringen oder im sogenannten „Schmankerlgang" kaufen und in einer der prachtvollen Bierhallen oder unter den Kastanien im Biergarten des Bräustüberls genießen.
Lindhofstraße 7, Tel.: +43/662/43 12 46
www.augustinerbier.at
Öffnungszeiten: Montag bis Freitag 15–23 Uhr,
Samstag, Sonntag und Feiertag 14.30–23 Uhr

Stadt SALZBURG

220° RÖSTHAUS UND CAFÉ

In den verwinkelten Gassen des Kaiviertels versteckt sich das kleine Rösthaus und Café. Mit viel Liebe zum Detail wird jede einzelne Tasse Kaffee zubereitet. Alois und Margret Macheiner kennen ihre Kaffeebauern persönlich. Die Veredelung der kostbaren Bohnen erfolgt bei 220 Grad im eigenen Café. Das erzeugt himmlischen Kaffeeduft zu hervorragenden Kuchen, Tartes und Torten. Seit Mai 2018 hat das Rösthaus eine Schwester in der alten Motorenwerkstatt Matschl Nonntal, die Architektur ist außergewöhnlich, das Kaffeeangebot natürlich auch. Feine Snacks und herrliche Kuchen auch hier.

Chiemseegasse 5, Tel.: +43/662/82 78 81
Nonntaler Hauptstraße 9a (keine Telefonnummer)
Reservierung: office@220Grad.com)
www.220grad.com
Öffnungszeiten: Dienstag bis Freitag 9–19 Uhr, Samstag 9–18 Uhr

EINKAUFSTIPPS SALZBURGER LAND

SALZBURG UMGEBUNG

SCHLOSS-FISCHEREI FUSCHL

Fischspezialitäten vom Fuschlsee. Einst diente der Fuschlsee mit seiner Trinkwasserqualität als Fischlieferant für die Salzburger Erzbischöfe. Heute wird der See von Fischermeister Gerhard Langmaier und seinen Mitarbeitern betreut. Langmaier ist auch zuständig für die Veredelung der Fische, die allesamt frisch oder geräuchert, im Ganzen oder filetiert angeboten werden. Man kann sie mitnehmen oder direkt vor Ort am Ufer des Sees verspeisen.

**Schloss-Fischerei Fuschl, Schlossstraße 19,
5322 Hof bei Salzburg, Tel.: +43/6229/22 53-1533
fischerei@schlossfuschl.com
Öffnungszeiten und Fischverkauf:**
April bis November: täglich 8–18 Uhr
Dezember bis März: Montag bis Freitag 8–18 Uhr, Samstag 8–12 Uhr

---

STIEGL-GUT WILDSHUT
**Wildshut 8, 5120 St. Pantaleon
Telefon +43/6277/641 41
www.biergut.at**
Öffnungszeiten: Mittwoch bis Sonntag & an Feiertagen 10–22 Uhr

Das Stiegl-Gut Wildshut liegt an der Grenze zwischen Salzburg, Oberösterreich und Bayern. Für Alessandra und Dieter Kiener beginnt Bierbrauen schon im Boden, deshalb wachsen auf den Feldern rund um den Gutshof alte, fast vergessene Urgetreidesorten, daraus werden besondere Biere gebraut. Das Biergut ist auch eine perfekte Auszeit für Genießer – vom Gasthaus bis zum Kramerladen und dem Gästehaus bietet es Entspannung vom Feinsten.

Übernachtung: ab € 73 pro Person

BRAUHAUS GUSSWERK

In der Brauerei Gusswerk werden seit 2007 innovative Biersorten von Braumeister Reinhold Barta aus ausschließlich österreichischen und biodynamisch angebauten Zutaten gebraut. Im angeschlossenen Brauhaus gibt's dazu einfache, deftige und günstige Speisen.

Römerstraße 3, 5322 Hof bei Salzburg, Tel.: +43/6229/397 77
www.brauhaus-gusswerk.at
Öffnungszeiten Gastronomie Brauhaus: Dienstag, Mittwoch, Donnerstag und Samstag ab 16 Uhr, Freitag ab 11 Uhr
Öffnungszeiten Rampenverkauf Brauerei:
Montag bis Donnerstag 8–16 Uhr, Freitag 8–12 Uhr
sowie zu den Öffnungszeiten des BierPubs

LUNGAU

HIASNHOF GUNTHER NAYNAR

In der Ortschaft Göriach liegt der Hiasnhof von Gunther Naynar, der zu den besten Käsern des Landes gehört und auch die alte Roggensorte Tauernroggen wiederbelebt hat. Der Tauernroggen ist eines der fünf österreichischen *Slow Food Presidi*, also ein besonders schützenswertes Produkt.
Ab-Hof-Verkauf nach Voranmeldung.

5571 Göriach 31, Tel./Fax: +43/6483/219
Familie Naynar-Lanschützer
www.tauernroggen.at/de/hiasnhof.html

BIOHOF SAUSCHNEIDER

Lungauer Tauernroggen ist das Hauptgetreide am Sauschneiderhof von Peter und Liesi Löcker in Oberbayrdorf in St. Margarethen, daneben werden noch Dinkel, Laufener Weizen, Leindotter (Leindotteröl) und Lungauer Eachtling (Kartoffel) angebaut. Freitag ist Backtag, und es gibt ab Hof frisches Natursauerteigbrot und Weckerl. Kräftig sind auch die Vollkornnudeln aus Lungauer Tauernroggen oder Dinkel, die ebenfalls im Hofladen zu finden sind.

Oberbayrdorf 21, 5581 St. Margarethen, Tel.: +43/6476/297
www.biourlaub.at
Öffnungszeiten: Montag und Mittwoch 8–12 Uhr, Samstag 14–16 Uhr
sowie auf Anfrage

SALZBURG Land

BIOSPHÄRENLADEN

Produkte von Lungauer Bauern, Bäckern, Handwerkern und Kräuterfrauen wie Käse, Joghurt, Speck, Wurst, Lungauer Eachtling, Eier, verschiedene Brotsorten, Liköre, Schnäpse, Marmeladen, teilweise in Bioqualität, findet man im Biosphärenladen von Harald Buchberger in St. Michael.

Marktstraße 52, 5582 St. Michael
Öffnungszeiten: Montag bis Samstag 8–13 Uhr sowie Montag bis Mittwoch, Freitag und Samstag 16–18.30 Uhr geöffnet

---

AIGNERHOF MUHR

Bei der Familie Aigner in Hemerach, Gemeinde Muhr, im Lungau gibt es nicht nur Rinder und Schweine, auch Wild und Forellen kommen vom eigenen Hof. Auf Bestellung als Frischfleisch oder verarbeitet als Speck, Wurst oder Würstel sind die Köstlichkeiten ab Hof zu erwerben.

Hemerach 15, 5583 Muhr/Lungau
www.aignerhof.at

KUH

Kunsthandwerkerinnen, Kräuterfrauen und Bäuerinnen betreiben den „kuh"-Laden in Tamsweg. Es wird nur Handgefertigtes und regional Erzeugtes verkauft. Töpferarbeiten, Filzwaren, Mosaikkunstwerke, allerhand aus Lungauer Zirbe, Tees, Marmeladen, Lungauer Tauernroggenprodukte, Schnäpse und vieles mehr ist hier zu finden.

Amtsgasse 10, 5580 Tamsweg
www.kuh-kunstundhandwerk.at

TRIMMINGERHOF SAUERFELD

Von Tamsweg aus erreicht man den Trimmingerhof der Familie Hötzer. Rosalie hat ein Gartenparadies geschaffen, Eduard ist Bauer und Käser, im Hofladen werden verschiedene Käse von Schaf und Kuh, daneben noch zahllose Kräuterprodukte, Schnäpse und Filzwaren angeboten.

Sauerfeld 40, 5580 Tamsweg, Tel.: +43/6476/8164
trimmingerhof@aon.at

Land **SALZBURG**

PINZGAU

COOPINZGAU BIO REGIO FAIR

Die erste Nahrungsmittel-Genossenschaft des Pinzgaus besticht durch hohe Qualität und soziales Engagement. Dieser gemeinnützige Verein ist Regionalstelle des Vereins „Nets.werk", der ein Versorger-Verbraucher-Netzwerk schafft, in dem jeder ausgegebene Euro regional, biologisch und fair wirkt.
Im Online-Shop kann man zwischen den besten regionalen Milch- und Käseprodukten wählen, das Gemüse kommt vom Stechaubauern, der Nationalpark-Gärtnerei und dem Biogut Walchen, Doris Metzger liefert jede Woche vielfältige Sorten Brot. Am Freitagnachmittag und Samstagvormittag sind die frisch gelieferten Waren abholbereit. Und das Tolle an diesem System: Es bleibt nichts übrig! Geliefert wird nur, was bestellt worden ist.

Stadtplatz 6, 5730 Mittersill, Tel.: +43/650/347 98 39
www.coopinzgau.at
Öffnungszeiten: Freitag 13–18 Uhr und Samstag 10–12 Uhr

STECHAUBAUER

Ein österreichischer Biopionier, der in seinem Vier-Generationen-Hof mit seiner Experimentierlust exzellente Lebensmittel schafft. Einer der wenigen Gemüsebauern des Pinzgaus zeigt vor, dass man auch im kargen, alpinen Klima mit neu interpretierten traditionellen Methoden dem Boden hervorragende Qualität abgewinnen kann. Eine Vielzahl von Erdäpfeln, Karotten, Salaten und vielen anderen saisonalen Sorten kann man entweder im Zentrum Saalfeldens oder direkt ab Hof im Gerstboden in Lenzing kaufen. Ausgezeichnet wurde der Stechaubauer unter anderem für seine mobilen Hühnerställe, die dafür sorgen, dass die Tiere jeweils frische Wiesen zum Auslauf haben.

Familie Haitzmann, Wiesersberg 3, 5760 Saalfelden,
Tel.: +43/6582/733 94, www.stechaubauer.at
Hofverkauf: Dienstag 9–11.30 Uhr und Freitag 14–17 Uhr
Obsmarktstraße (im Gang vor der Gärtnerei Schwaighofer),
5760 Saalfelden
Verkauf: Samstag 9–12 Uhr

WEINKISTL

Georg Fürstauers „kleines Reich der Flaschen" zählt zu den originellsten Geschäften weit und breit. Sein toll sortiertes Angebot umfasst neben bekannten österreichischen und internationalen Weinen vor allem auch von ihm entdeckte kleine Winzer, „Arche"-Produkte wie den Roten Veltliner oder biologisch-dynamische und vegane Weine. Biere, Fruchtsäfte, heimische Schnäpse und Gewürze wie geschmackvolle Accessoires finden sich hier genauso wie verschiedenste Spielarten von Essig und Öl.

Zellerstraße 1, 5760 Saalfelden, Tel.: +43/6582/713 23
www.weinkistl.at

Öffnungszeiten: Dienstag bis Donnerstag 9–12.30 Uhr und 13.30–18 Uhr, Freitag 9–18 Uhr und Samstag 9–16 Uhr

TEH NATURWERKE

Im alten Zollgebäude am kleinen deutschen Eck wird altes Kräuterwissen der Pinzgauer Bäuerinnen angewandt und zu allerhand Heilendem und Köstlichem verarbeitet. Es gibt Kräuterzucker und -salz, diverse Tees und Pulver, aber auch Ansatzschnäpse nach alter Tradition sowie Essig-, Sirup- und Honigspezialitäten.

Niederland 112, 5091 Unken, Tel.: +43/664/88 67 80 05
www.teh.at

Öffnungszeiten: Dienstag bis Freitag 13–19 Uhr und Samstag 9–16 Uhr

OAFOCH GUAT

Sandra Kleinschroth und Hansjörg Zisler, seines Zeichens diplomierter Käse- und Weinsommelier, bieten in ihrem Genussladen handgemachte Köstlichkeiten aus dem Pinzgau und dem angrenzenden Salzburger und Tiroler Raum. Pinzgauer Käse, Wildspezialitäten aus St. Martin, Bio-Eier, Tees und Liköre, eigene Aufstriche und ein Sauerteigbrot aus dem Naturpark sowie handverlesene Weine und Biere lassen sich vor Ort verkosten oder zur Jause mitnehmen. In der Bistro-Küche wird frisch, leicht und saisonal gekocht, außerdem gibt es selbst gemachte Kuchen und wunderbaren Espresso.

Unterweißbach 19, 5093 Weißbach
Tel.: +43/699/15 04 13 81 oder +43/660/705 00 88
www.oafochguat.at

Öffnungszeiten: Montag bis Samstag 9–18 Uhr, in der Hauptsaison auch Sonntag ab 15 Uhr

DAS IST
OBERÖSTERREICH

Fische aus Donau und Salzkammergut-Seen

Grammel-, Speck- oder Hascheeknödel mit Sauerkraut oder Krautsalat

Linzertorte und Linzeraugen

Aufgenommen in die
SLOW FOOD ARCHE DES GESCHMACKS

*Das Böhmische Waldschaf,
eine alte und robuste lokale Schafrasse*

*Innviertler Abgereifter,
ein intensiver Sauermilchkäse*

Die Steyr, die hier geradewegs durch die gleichnamige Stadt fließt, ist heute wieder für ihren Fischreichtum bekannt. Links im Bild: die Marienkirche.

WIRTSHÄUSER IN OBERÖSTERREICH

1. Hotel Bärnsteinhof
2. Spitzwirtin
3. Gasthaus Kleebauer
4. Satzinger
5. Almgasthof Windlegern
6. Gasthaus Steegwirt
7. Waldschenke am Sternstein
8. Färberwirt
9. Gasthaus Gössnitzer
10. Gasthaus Schlagerwirt
11. Restaurant Gorfer
12. Gasthof Klinger
13. Jenichl Most & Mehr
14. Köglerhof
15. Landhotel Grünberg
16. Gasthaus Zum Edi
17. Gasthaus Taverne Pöll
18. Gasthof Rahofer
19. Gasthaus Haderer
20. Landgasthaus Holzpoldl

LINZ

21. Die Donauwirtinnen
22. Rauner

23. Fernruf 7
24. Culinariat im Bergergut

25. Gasthof Populorum
26. Gasthaus Seebauer
27. Taverne Silmbroth
28. Gasthaus zum Felx'n
29. Knapp am Eck
30. Landhotel Keplingerwirt
31. Gasthof Ahorner

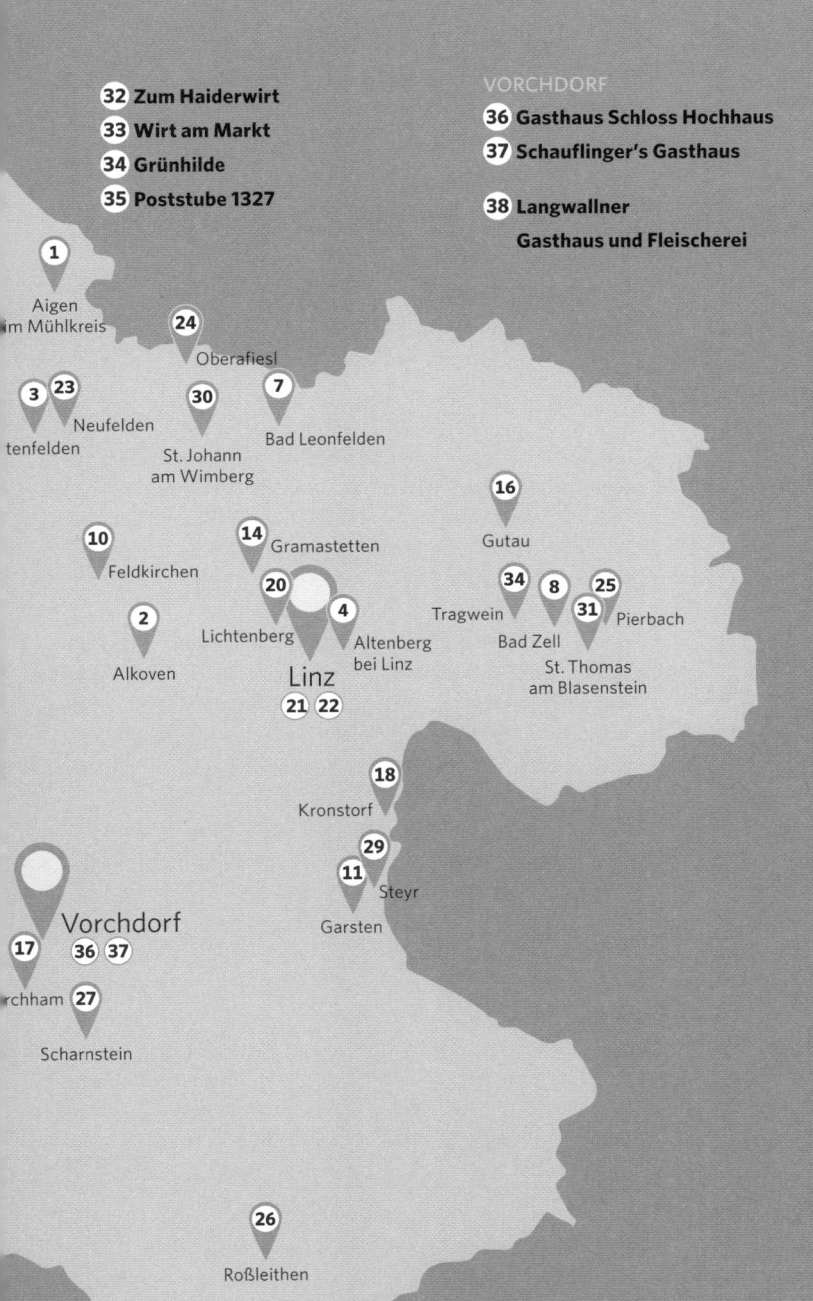

Nr.	Name
32	**Zum Haiderwirt**
33	**Wirt am Markt**
34	**Grünhilde**
35	**Poststube 1327**

VORCHDORF

Nr.	Name
36	**Gasthaus Schloss Hochhaus**
37	**Schauflinger's Gasthaus**
38	**Langwallner Gasthaus und Fleischerei**

- (1) Aigen im Mühlkreis
- (24) Oberafiesl
- (3) (23) Neufelden
- tenfelden
- (30) St. Johann am Wimberg
- (7) Bad Leonfelden
- (10) Feldkirchen
- (14) Gramastetten
- (16) Gutau
- (20) Lichtenberg
- (4) Altenberg bei Linz
- (34) Tragwein
- (8) Bad Zell
- (25) (31) Pierbach
- (2) Alkoven
- Linz
- (21) (22)
- St. Thomas am Blasenstein
- (18) Kronstorf
- (29) (11) Steyr
- Garsten
- Vorchdorf
- (17) (36) (37)
- rchham (27)
- Scharnstein
- (26) Roßleithen

OBERÖSTERREICH Aigen im Mühlkreis

HOTEL BÄRNSTEINHOF

Marktplatz 12, 4160 Aigen im Mühlkreis, Tel.: +43/7281/62 45
www.baernsteinhof.at
Öffnungszeiten: Freitag bis Montag 11.30–13.30 Uhr und 18–21.30 Uhr,
Dienstag, Donnerstag 18–21.30 Uhr
Ruhetag: Mittwoch
Kreditkarten: Mastercard, Visa; Bankomat
Gastgarten, Terrasse, Gästezimmer ab € 78

Mitten am Marktplatz von Aigen-Schlägel liegt das Kräuterhotel Bärnsteinhof. Das Haus hat sich vorwiegend auf Hotelgäste spezialisiert, die hier **wandern, fliegenfischen, Rad fahren oder einfach nur ausruhen** wollen. Der Stammtisch in der Gaststube wird aber auch gerne von Einheimischen besucht. In der Speisekarte werden die Lieferanten angeführt, wobei der Fokus auf der **Region Böhmerwald** liegt.

Als Vorspeise empfehlen sich das **gebeizte Weiße Scherzl vom Bio-Hochlandrind** auf Wiesenkräutercreme und Kräutersalat, die Salatvariation mit Spargel-Karotten-Salat, der **Kohlrabisalat** mit Äpfeln, der **Frühkrautsalat** mit Zitrone, die Zupfsalate mit **Erdäpfelschedl** (in der Rein gebackene Erdäpfel mit Speck) und Ziegenkäse. Wunderbar frisch auch die Wiesenkräutersuppe.

Gänzlich überzeugen das **Schweinssteak süß-sauer auf Mühlviertlerisch** mit Erdäpfel-Topfen-Nocken und Rhabarber, aber auch die Spinatknödel mit Karotten-Spargel-Ragout, Haselnüssen und Pimpinelle. Die mit Frühlingsgemüse **gedämpfte Forelle** mit Erdäpfelzweckerln ist köstlich.

Hausgemachte Torten wie etwa Karotten-Zitronen-Torte sowie **geeiste Liwanzen** mit Mohnerdbeeren gibt's zum Schluss.

Mittags werden preisgünstige Menüs angeboten. Der **Apfelsaft** stammt aus der Region, einige **Bioweine** werden offen ausgeschenkt, und beim **Bier** greift man auf die Vielfalt der hier ansässigen Brauerei Schlägl zurück.

Alkoven **OBERÖSTERREICH**

SPITZWIRTIN

Forst 27, 4072 Alkoven, Tel.: +43/7274/77 27
www.spitzwirtin.at
Öffnungszeiten: Samstag, Sonntag 11–19 Uhr, Montag, Freitag 14–21 Uhr
warme Küche jeweils zu Mittag, Montag und Freitag auch abends
Ruhetage: Dienstag, Mittwoch, Donnerstag
Kreditkarten: Bankomat
Gastgarten mit Streuobstbäumen

Dort, wo sich Hase und Fuchs gute Nacht sagen, liegt das als Spitzwirtin bekannte „Wirtshaus im Wald". Man sitzt in gemütlichen **kleinen Stuben** und im Sommer auf der grünen Wiese unter den Streuobstbäumen.

Auf einer großen Schiefertafel werden die Speisen aufgelistet: Karotten-Ingwer-Suppe, Forellenbrötchen mit Rucola, **Linsen mit Speck**, Nudeln mit scharfer Gemüsebutter.

Dazu die Spezialitäten des Hauses in Top-Qualität wie etwa gebratenes **Bio-Wildhendl** mit Erdäpfeln oder der **Braten vom glücklichen Schwein** aus dem Holzofen mit Krautsalat und flaumigem Serviettenknödel. Die **fangfrische Forelle** ist mit Thymian gebraten, dazu gibt's Kartoffeln und Salat.

Die köstlichen Desserts und Kuchen sind die große Leidenschaft der Wirtin. Diesmal auf der Karte: dunkler Schokokuchen, **Grießflammeri mit Erdbeeren**, Göttinnenspeise mit Baiser, **Besoffener Kapuziner**, Mohn-Sauerrahm-Torte mit Erdbeeren, **gebackene Topfentorte**.

Feine Weine, Säfte aus der unmittelbaren Umgebung, **hauseigener Most** und Eggenberger Bier ergänzen das Angebot.

Im November, wenn die Jagd erfolgreich war und die Beute den Qualitätskriterien der Hausherrin entspricht, gibt es **Fasan im Speckhemd** gebraten – dafür vorzeitig reservieren!

OBERÖSTERREICH Altenfelden

GASTHAUS KLEEBAUER

4121 Altenfelden, Mairhof 5, Tel.: +43/7282/563 56
www.kleebauer.at
Öffnungszeiten: warme Küche Donnerstag, Freitag, Samstag 17.30–21 Uhr
Ruhetage: Sonntag, Montag, Dienstag, Mittwoch
Kreditkarten: Mastercard, Visa; Bankomat
Gastgarten, Gästezimmer ab € 56

Michael Schmid lässt wenig anbrennen. Der gelernte Brandsachverständige hat einst die **erste biologische zertifizierte Grillschule** Österreichs eröffnet. Etwas abseits des Ortskerns gelegen, fügt sich ein stattlicher Vierseithof in die malerische **hügelige Landschaft des Mühlviertels**. Mit seiner Lebensgefährtin Eveline Mittermayr verwirklichte Schmid ein **Hofprojekt** aus Restaurant, Grillschule, Landwirtschaft, Hotel und Biokosmetik.

Von den Tieren wird hier alles verarbeitet, von der Backe bis zum Schlepp. Die Rindsuppe mit Milzschnitten und **flaumigem Leberknödel** strotzt von Kraft. Das Carpaccio mit Rapsölmayonnaise und eingelegten Senfkörnern zeugt von Eleganz. **Mühlviertler Tascherl** werden mit knusprigen Grammeln gefüllt und mit **Mostkraut** serviert.

Alternativ zu den Fleischgerichten stehen **Forellenfilet** mit Kartoffelpolster, gebeizte Forelle mit Auberginencreme oder **Urkorntaler** mit Rote-Rüben-Püree zur Auswahl.

Bevor man eine Wanderung über die Hügel des Mühlviertels antritt, sind luftige **Topfenknödel** oder Schokokuchen ein Muss. Für Wanderer gibt es zudem eine köstliche Jausenkarte mit **selbst gemachten Würsten und Speck**.

Altenberg bei Linz OBERÖSTERREICH

SATZINGER

Stratreith 9, 4203 Altenberg bei Linz Tel.: +43/7230/75 24
jausenstation-satzinger.at
Öffnungszeiten: Freitag, Samstag, Sonntag ab 14 Uhr (April bis November)
Ruhetage: Montag bis Donnerstag
Kreditkarten: keine
Gastgarten teilweise überdacht

Die idyllisch gelegene Jausenstation Satzinger von Eva und Josef Kerschbaumer liegt auf 790 Meter Höhe und ist seit 1993 anerkannter Bio-Betrieb. Rund um das Bauernhaus **weiden Mutterkühe mit ihren Kälbern**, bei Schönwetter empfiehlt sich der stimmungsvolle Gastgarten inklusive Spielplatz für die lieben Kleinen, ansonsten die **rustikale Stube**. Der Großteil der Zutaten wie Fleisch, Most, Schnaps und Brot stammt aus der **eigenen Landwirtschaft**.

Neben Broten mit Speck, Bratl oder Gselchtem gibt es **Schweinsbratl-Jausn**, diverse Brote mit Topfen, **Erdäpfelkäs**, Bratlfett oder Butter. Weitere Spezialitäten sind der **Drilling** (Rindfleisch, Sulz und Beef) in Essig und Kernöl, das Rindfleisch vom jungen Charolais-Rind in Essig und Kernöl oder das **marinierte Rind spezial**. Dazu werden dicke Scheiben des wunderbaren, selbst gebackenen Bio-Brots gereicht.

Verführerische Nachspeisen sind **Oma Satzingers Gebackene Mäuse** oder die unvergleichlichen Kuchen. Dazu werden die mehrfach ausgezeichnete **Moste** sowie diverse **Fruchtsäfte** getrunken. Und danach die **klaren Obstbrände**.

OBERÖSTERREICH Altmünster

ALMGASTHOF WINDLEGERN

Kollmannsberg 122, 4814 Altmünster, Tel.: +43/7617/28 44
www.windlegern.at
Öffnungszeiten: warme Küche Donnerstag bis Montag 11.30–20.30 Uhr
Ruhetage: Dienstag, Mittwoch
November bis April auch Montag
Kreditkarten: keine
Gastgarten, Gästezimmer ab € 40

Einen herrlichen Ausblick hat man vom Almgasthof Windlegern, hoch über dem Traunsee – ein Wirtshaus, **wie aus dem Bilderbuch**.

Zur Einstimmung sei der **mürb-zarte Hirschschinken** mit Preiselbeerchutney empfohlen. Zu selbigem gibt es ab dem Spätsommer natürlich auch Schwammerl, die in der Umgebung gedeihen. Kraftvoll die Rindsuppe mit Fleischteilchen vom Galloway-Rind, in der sich der **gebackene Leberknödel** sichtlich wohlfühlt.

Rindfleischgerichte wie das gschmackige **Gulasch** und der zarte **Rostbraten** stammen ausschließlich von Rindern, die auf der Almwiese vor dem Gasthof grasen. Sehr gut aber auch der in Butter gebratene **Mühlbachsaibling**.

Zur Nachspeise werden wundervolle **Palatschinken** aus der 30jährigen Schmiedeeisenpfanne mit Topfen, Preiselbeer- oder Marillenfüllung serviert.

Das Bier liefert die Steinbacher Bierschmiede am nahen Attersee, Weine kommen aus Österreich, aber auch aus dem Ausland, **Zirben-, Nuss- und Kirschengeist** setzt die Hausherrin selbst an.

Bad Goisern OBERÖSTERREICH

GASTHAUS STEEGWIRT

Au 12, 4822 Bad Goisern, Tel.: +43/6135/83 02
www.steegwirt.at
Öffnungszeiten: 10–24 Uhr, warme Küche 11.30–21.30 Uhr
Ruhetag: Montag (November bis April)
Kreditkarten: Mastercard, Visa; Bankomat
Gastgarten, Gästezimmer ab € 48

Hallstatt mit der malerischen Lage am See und seinen historischen Bauten ist immer einen Besuch wert. Doch davor muss man beim Steegwirt einkehren. Das prachtvolle Wirtshaus wurde **1571 in Steeg** beim Hallstättersee erbaut und erst im Mai dieses Jahres umgebaut. Dabei wurde der **250 Jahre alte Kuchlofen** behutsam renoviert und in die Stube verlegt. Neu sind auch vier hübsche Gästezimmer.

In der Küche stehen Fritz Grampelhuber und sein Bruder Tamino. Traditionell werden selbst geräucherter Gamsschinken, **Backhendl**, Schnitzel und **knuspriges Bratl aus der Rein** mit Stöcklkraut und Knödel serviert. Die Innereienküche – gratinierte **Paprikakutteln mit Flusskrebsen**, rosa gebratene Kalbsleber, **Kalbszüngerlragout** und Rahmbeuscherl – beherrschen die zwei Brüder ebenso famos wie die Fischküche mit frischer **Reinanke** aus dem Hallstättersee.

Zum Abschluss darf man sich auf **Kardinalschnitten** der „k. u. k. Hofkonditorin" Silvia, auf den **Latscheneisbecher** oder auf Eispalatschinken freuen.

OBERÖSTERREICH Bad Leonfelden

WALDSCHENKE AM STERNSTEIN
BERGGASTHOF

Amesberg 11, 4190 Bad Leonfelden, Tel.: +43/7213/62 79
www.waldschenke.at
Öffnungszeiten: Freitag bis Dienstag 8–23 Uhr, Mittwoch 8–15 Uhr
Ruhetag: Donnerstag
Kreditkarten: Bankomat
Gastgarten, Gästezimmer ab € 35

Der etwas versteckt gelegene Gasthof am Fuße des Sternsteins ist Ausgangs- und Zielpunkt für Wanderungen oder Langlauftouren, aber auch ein **kulinarischer Anlaufpunkt**.

Die Küche ist biozertifiziert, für den hausgemachten Speck, die **Leber- und Blutwürste** wird ausschließlich Natursteinsalz verwendet. Unter den Vorspeisen überzeugen der **hausgemachte Lammschinke**n mit Lardo, die Frischkäsetascherl mit Rucola und die kräftige **Rindsuppe mit Grießnockerln**.

Sehr gut auch das **Reinankenfilet aus Wildfang** vom Hallstättersee mit Kartoffel-Spargel-Gröstl. Wunderbar zart das Kalbsrückensteak mit Eierschwammerlrisotto, genauso wie die **Kalbsleber mit Preiselbeersaftl**, Reis und Blattsalat. Auf der Karte stehen auch Klassiker wie **Schweinsbraten mit Waldviertler Knödeln**, Backhendl, **gekochtes Schulterscherzl** mit Erdäpfelschmarren und Schnittlauchsauce.

Und danach gibt es überbackene Erdbeeren mit Vanillesauce, hausgemachte **Powidltascherl**, Sacher- oder Mohntorte, Erdbeertorte sowie **Blätterteig-Topfenstrudel**.

Der Betrieb liegt mitten im „Bierviertel" und bietet eine große Auswahl an Spezialbieren aus der Region. Eine feine überschaubare Auswahl an **österreichischen Weiß- und Rotweinen** gibt's außerdem. Für eine Übernachtung stehen einige hübsche Zimmer zur Verfügung.

Bad Zell OBERÖSTERREICH

FÄRBERWIRT

Kurhausstraße 10, 4283 Bad Zell, Tel.: +43/7263/74 34
www.faerberwirt-badzell.at
Öffnungszeiten: 11–21 Uhr, Feiertag bis 19 Uhr
Ruhetage: Montag, Donnerstag
Kreditkarten: Bankomat
Gastgarten

Der Name des Gasthauses stammt von einer **Leinen-Färberei**, die hier einst untergebracht war. Zusätzlich zu ihrer Landwirtschaft betreibt Familie Holzer die Gastwirtschaft.

Die Wirtin steht in der Küche und greift zurück auf **hauseigene Zutaten** wie die blauen Erdäpfel, Obst und Kräuter. Was nicht vom Hof stammt, kommt **aus der Umgebung**, wie beispielsweise die Aisttalforelle von der Fischzucht Haider oder das Spezialgemüse vom Biohof Farthofer.

An heißen Tagen locken Salate wie der **Mühlviertler Almsalat** mit wachsweichem Ei und Speck, der Sommersalat mit Bio-Zupfsalat, aber auch Vorspeisen wie **Ziegenkäse mit Eierschwammerln** oder im Kürbiskernmantel gebacken. In der kräftigen Rindsuppe finden sich wahlweise Milzschnitte, **Rahmschöberl**, Leberknödel oder Kaspressknödel.

Die Mühlviertler **Erdäpfelcremesuppe mit Eierschwammerln** und Hausbrot ginge auch als Hauptgericht durch. Ein Klassiker des Hauses – der **Mostschopfbraten aus dem Holzofen** mit Erdäpfelknödeln und Krautsalat – ist genauso empfehlenswert wie die **Aisttalforelle** mit Eierschwammerlrisotto. Als fleischlose Varianten gibt's **Grünkernlaibchen** mit Joghurt, Gemüseragout mit frischen Nudeln sowie Erdäpfel-Gemüse-Gröstl mit Eierschwammerln und Kräutern.

Wer Lust auf Süßes hat, sollte die **Kardinalschnitte** oder die **Färberwirt-Nusstorte** wählen. Darüber hinaus können auch Palatschinken mit hausgemachter Erdbeer- oder Marillenmarmelade überzeugen.

Eine kleine, feine Bier- und Weinauswahl sowie Schnäpse der Region und **hausgemachte Säfte** runden das Angebot ab.

OBERÖSTERREICH Eggelsberg

GASTHAUS GÖSSNITZER

Salzburgerstraße 15, 5142 Eggelsberg, Tel.: +43/7748/23 46
www.amphicles.net
Öffnungszeiten: 9–14 Uhr, 17–24 Uhr
warme Küche 11–14 Uhr, 17.30–22 Uhr
Ruhetage: Dienstag, Mittwoch
Kreditkarten: Mastercard, Visa; Bankomat
Gastgarten

Bernhard Gössnitzer scheint aus dem gleichen Holz geschnitzt zu sein wie der alte Wirtshaustisch in der **historischen Stube**. Der Tischler Schlögl hat ihn damals mit allen Ecken und Rundungen so gelassen, wie das Holz gewachsen ist. Auch der Küchenchef hat sich in seiner Berufslaufbahn nie verdrehen lassen und ist seinen **Prinzipien treu** geblieben.

Vor knapp dreißig Jahren hat er mit seiner Frau Ilse das **600 Jahre alte Wirtshaus** in Eggelsberg übernommen und zaubert mit handwerklichem Geschick wunderbare Speisen, auch für die kleine Geldbörse. „Essen ohne Nebenwirkungen ist das Um und Auf in der **ehrlichen Wirtshausküche**", sagt der Koch. Neben Brot und Gebäck fertigt er auch köstlichen, leicht körnigen Topfen und cremigen **Frischkäse aus Demetermilch**.

Die Zutaten weisen **starken Regionsbezug** auf: Knoblauch kommt von Wolfgang Mayr aus Ostermiething, die Öle werden vom Schürmann aus Neukirchen geliefert, und **Mangalitzaschweine** zieht Hannes Leitner groß. Bernhard Gössnitzer veredelt das Borstenvieh zu **Sulz oder Braten** mit Semmelknödeln und Radi.

Wenn ganze Lämmer geliefert werden, dürfen sich Gäste auf die Innereien freuen wie Nieren, Leber oder **Lammbeuschl**. Fleischlos indessen die Eierschwammerlsauce, das Omelette mit Sommergemüse oder der **eingemachte Kohlrabi und Karfiol**.

Bei den Nachspeisen hat man die Qual der Wahl zwischen **Zwetschkenknödeln** und selbst gemachtem **Schwarzbeereis**.

Feldkirchen **OBERÖSTERREICH**

GASTHAUS SCHLAGERWIRT

Oberwallsee 12, 4101 Feldkirchen, Tel.: +43/7233/72 20
www.schlagerwirt.at
Öffnungszeiten: Donnerstag bis Sonntag und an Feiertagen 10-20 Uhr
Ruhetage: Montag, Dienstag, Mittwoch
Kreditkarten: keine
überdachter Gastgarten

Hoch über dem Naturschutzgebiet Pesenbachtal liegt die Land- und Gastwirtschaft der Familie Berger. Im überdachten urigen Gastgarten sitzt man auf massiven Holzbänken, drinnen präsentiert sich der **Gastraum ländlich und gediegen**. Warm gekocht wird **in erster Linie mittags**, gegen Anfrage aber auch abends.

Die **Schlagertascherln** aus Erdäpfelteig mit Spinat-Kräuter-Fülle und brauner Butter sind genauso beliebt wie das **Holzofenbratl** mit Natursaftl, Knödeln und Kraut. Ausgezeichnet die Suppen wie **Rindsuppe mit Leberknödeln** beziehungsweise Frittaten, der Rindsuppentopf mit Gemüse und Fleisch vom Weideochsen oder die **Rahmsuppe** mit Schwarzbrotwürfeln. Vorwiegend wird das hofeigene Schweine- und Rindfleisch verarbeitet.

Seit einigen Jahren werden in der **Hofkäserei** auch Frisch- und Schnittkäse erzeugt, die sich unter den Jausengerichten wiederfinden. Haxlsulz, saures Rindfleisch vom Weideochsen, **kaltes Surfleisch**, Kochkas und **Topfenaufstriche** schmecken vorzüglich.

Hausgemachte Torten wie die Nusstorte, die Powidltascherl und die **Bauernkrapfen** entführen in den Mehlspeisenhimmel.

Das Obst der umliegenden Streuobstwiesen wird zu **Saft und Most** verarbeitet beziehungsweise zu **feinen Bränden** veredelt. Tagesweinempfehlungen, hausgemachte Fruchtsäfte und Bier aus der nahen Brauerei Hofstetten ergänzen das exzellente Angebot.

OBERÖSTERREICH Garsten

RESTAURANT GORFER

Herrenweidestraße 20, 4451 Garsten, Tel.: +43/664/325 39 62
www.gorfernaturgourmet.at
Öffnungszeiten: Freitag 18–23 Uhr, warme Küche 18–21 Uhr
Samstag 11.30–14.30 Uhr, 18–23 Uhr, warme Küche 11.30–21 Uhr
Sonntag 11.30–14.30 Uhr
Ruhetage: Montag bis Donnerstag
Kreditkarten: keine
Gastgarten

Der Hof der Familie Gorfer liegt idyllisch inmitten der Natur und nur wenige Kilometer entfernt von der Stadt Steyr. 15 Jahre ist es her, dass die Gorfers beschlossen, den Spagat zwischen **Landwirtschaft und Gastronomie** zu wagen.

Die hauseigenen Rinder sind eine Kreuzung aus **Galloway und Angus**. Zudem werden **Shropshire-Schafe** gehalten. Um die Feinzerlegung der Tiere kümmert sich Reinhard Gorfer selbst, um bestmögliche Qualität zu bewahren. Die **Streuobstwiesen** rund ums Haus werden gehegt und gepflegt, die Äpfel kommen entweder in die Mostpresse oder werden zu Destillaten gebrannt – alles in **ausgezeichneter Bioqualität**.

Hohes Qualitätsbewusstsein vermitteln außerdem die Klassiker auf der Speisekarte wie **Gulasch, Beuschl, Schmorfleisch oder Schweinsbraten** mit Stöcklkraut und Serviettenknödel. Unbedingt zugreifen sollte man, wenn **Rindsbackerl** mit geschmolzenem Sellerie zu haben sind. Genauso köstlich wie kreativ gebaren sich Frühlingsrollen, die mit Blutwurst gefüllt werden, oder die Bärlauchrouladen aus Palatschinkenteig. Fische wie **Regenbogenforellen** kommen aus der Nachbarschaft. Reinhard Gorfer pochiert sie und serviert sie mit Kräuterschaum.

Wunderbar auch die Nachspeisen wie **Rahmschmarren mit Himbeeren**, **Uhudlereis** oder Palatschinken-Topfen-Rharbarber-Strudel.

Gaspoltshofen **OBERÖSTERREICH**

GASTHOF KLINGER

Jeding 1, 4673 Gaspoltshofen, Tel.: +43/7735/69 13
www.gasthof-klinger.at
Öffnungszeiten: warme Küche Mittwoch bis Samstag 11.30-13.30 Uhr
und 17.30-21.30 Uhr, Sonn- und Feiertag 11.30-13.30 Uhr
Ruhetage: Montag, Dienstag
Kreditkarten: Diners Club, Mastercard, Visa; Bankomat
Gastgarten, Zimmer ab € 45

Beim Klinger hat man sich der **österreichischen Familienküche** verschrieben. **Firlefanz gibt es keinen**, und über allem schwebt die gute Seele des Hauses: Hedi Klinger, die heuer ihren 85. Geburtstag feierte. Das Restaurant wurde schon 2009 an Sohn Wolfgang übergeben. In der Küche werkt seit 2003 Eva Sterrer, deren Gerichte man durchaus als **Beitrag zur kulinarischen Kultur Oberösterreichs** sehen kann.

Bereits der Schriftsteller Thomas Bernhard lobte die Küche, vor allem die wunderbare **Frittatensuppe**. Man kann die Suppe aber auch mit anderen Einlagen wählen wie etwa **Milzschnitten oder Grießnockerln**. Für Begeisterung sorgen der zarte Lammschinken mit Bio-Ziegenkäse sowie das hausgemachte, fein marinierte **Schweinesülzchen** mit Erdäpfel-Vogerlsalat.

Empfehlenswerte Klassiker der Innereienküche sind Kalbsbeuscherl, **gebackenes Kalbsbries** oder sautierte Milchkalbsleber. **Schnitzel aus der Pfanne** wird ebenso angeboten wie fangfrische Forellen aus umliegenden Gewässern.

Unter den Nachspeisen sollte man unbedingt die **Original Klinger Torte** (aus Schokolade, Eiern, Walnüssen, Rum, Espresso, Obers und Vanillezucker) oder die herrlichen **Erdäpfelsteckerl** probieren. Dafür wird Erdäpfelteig zu zwei Zentimeter dicken Nudeln gewuzelt, in ein Reindl geschlichtet und mit einem Gemisch aus Schlagobers und Milch übergossen.

Das Ganze wird begleitet von einer tollen **Weinauswahl**, die Elisabeth Huber, erste Diplomsommelière Österreichs, dem Gast näherbringt.

OBERÖSTERREICH Geinberg

JENICHL MOST & MEHR
JAUSENSTATION

Winten 20, 4943 Geinberg, Tel.: +43/7723/212 19
www.jenichl-most-mehr.at
Öffnungszeiten: Freitag, Samstag, Sonntag 15–23 Uhr
Ruhetage: Montag bis Donnerstag
Kreditkarten: keine
Gastgarten

Die gemütliche Mostschenke präsentiert sich als moderner Holzbau mitten in der ländlichen Einschicht. Drinnen fühlt man sich an die **Speisesäle der früheren Innviertler Gasthäuser** erinnert.

Mit der Verarbeitung des Mostobstes in der hofeigenen Schenke gewinnen die alten **Streuobstwiesen** ihre Bedeutung zurück. Auch **Fleisch und Wurst** für die Jause, die den Most begleitet, werden am Hof erzeugt.

Darunter zahlreiche **Innviertler Spezialitäten** wie Surspeck, **Eadobfikaas** (Kartoffelaufstrich), **Surbraten**, Bratlfettbrot. Und unter den traditionellen schmalzgebackenen Mehlspeisen **Kiachl**, die Affen oder **Polsterzipfe** und für hinterher den sensationellen **Nussgeist**.

Gmunden **OBERÖSTERREICH**

LANDHOTEL GRÜNBERG

Traunsteinstraße 109, 4810 Gmunden, Tel.: +43/7612/777 00
www.gruenberg.at
Öffnungszeiten: täglich 11–23 Uhr, warme Küche bis 22 Uhr
Kreditkarten: Mastercard, Visa; Bankomat
Gastgarten, Gästezimmer ab € 53

Wer sich in die **oberösterreichische Kulinarik** vertiefen möchte, tut gut daran, eines der zahlreichen mehrfach ausgezeichneten Kochbücher von Ingrid Pernkopf zu studieren. Leider ist die herzliche Wirtin im Sommer 2016 plötzlich verstorben. Ihr Ehemann Franz und ihr Sohn Michael Pernkopf führen den Betrieb in der gewohnten **Professionalität und Gastfreundlichkeit** weiter. Auch die beliebten Kochkurse werden nach wie vor angeboten. Das Haus ist wunderbar gelegen mit herrlichem **Blick auf den Traunsee**.

Zu Beginn wählt man aus diversen Bouillons mit Leberknödeln, Palatschinkenröllchen, **Grießnockerln oder Fleischstrudel** als Einlage.

Frische **Reinanke aus Wildfang** mit Erdäpfeln und Salat, **Eierschwammerl in Rahmsauce** mit Serviettenknödel oder geröstete Junglammleber mit Rotweinapfelsauce und Speck sind allesamt tadellos zubereitete Hauptspeisen. Knödel gibt es auch: herzhaft als gebackene **Räucherfischknödel** mit Krensauerrahm oder als Spinatknödel mit Schinken und Käse überbacken.

Danach kann man zum Beispiel zwischen selbst gemachten Eismarillenknödeln mit Krokant oder **Topfenknödeln mit Zwetschkenröster** wählen.

OBERÖSTERREICH Gramastetten

KÖGLERHOF

Am Großamberg 7, 4040 Gramastetten, Tel.: +43/7239/52 56
www.koeglerhof.at
Öffnungszeiten: Donnerstag, Freitag 17-22 Uhr, Samstag 14-22 Uhr
Ruhetage: Sonntag bis Mittwoch
Kreditkarten: keine
Gastgarten

Der beliebte Köglerhof der Familie Bauernfeind liegt auf 590 Meter Seehöhe mit **grandiosem Ausblick auf Donautal und Alpenvorland**. Eine zentrale Rolle spielen der Most von den umliegenden Streuobstwiesen sowie die Produkte aus der eigenen Bio-Landwirtschaft, darunter Schweine in Freilandhaltung, Fleckvieh- und Limousin-Rinder, Brillenschafe, Masthühner und Weidegänse.

Die Jausenauswahl reicht von typischen Speisen wie **Topfen- und Bratlfettbrot** bis zum **Schafkäsgupferl** mit Bündnerfleisch.

Unter den warmen Gerichten finden sich **Schweinsbraten** mit Knödeln, Erdäpfeln und Kraut; **gebackene Speckknödel** mit warmem Krautsalat oder Spinatknödel mit Gorgonzolasauce. Zu Martini gibt's dann die sehr begehrten hauseigenen **Weidegänse**.

Unter den Mehlspeisen wählt man beispielsweise zwischen flaumigen **Buchteln mit Powidl** oder warmem Schokokuchen.

Als Getränke empfehlen sich naturgemäß die verschiedenen exzellenten Moste, der **Apfel- oder Birnencider**, aber auch die hofeigenen Säfte wie **Apfel-Holler** oder Apfel-Johannisbeere. Fassbier kommt von der Brauerei Hofstetten oder, wie das Bio-Zwickl, aus Freistadt. Zudem gibt es **Weine aus biologischem Anbau** und zum Abschluss die **Destillate** der Brennerei Dambachler.

Der hofeigene **Bioladen** ist Freitag von 14 bis 18 Uhr geöffnet.

Gutau **OBERÖSTERREICH**

GASTHAUS ZUM EDI

St. Oswalderstraße 3, 4293 Gutau, Tel.: +43/7946/63 02
www.zum-edi.eu
Öffnungszeiten: Mittwoch bis Samstag 10–24 Uhr, Sonn- und Feiertag 10–20 Uhr
warme Küche 11.30–14 Uhr und 17.30–21.30 Uhr, Sonn- und Feiertag 11–19 Uhr
Ruhetage: Montag, Dienstag
Kreditkarten: keine
Gastgarten

Das Landgasthaus Zum Edi wurde erfolgreich umgebaut, das Ambiente ist **elegant, gemütlich und bodenständig** zugleich. Besonders erwähnenswert ist, dass man den hier dem lokaltypischen Färbeverfahren des Blaudrucks eine Bühne bietet. Zum Edi ist ein **typischer Familienbetrieb**, in dem der Wirt Eduard Priemetshofer für die Küche verantwortlich zeichnet.

Die Saison schreibt die Speisekarte: Nach der **Ganslzeit** folgen die traditionellen **Wildwochen**; Klassiker wie Schnitzel, **gegrillte Lachsforellen** oder selbst gemachten Nudeln stehen ganzjährig auf der Karte.

Ansonsten gibt es hausgebeizten Saibling mit Birne, **Kalbshaxn-Tascherl** mit Erbsencreme, aromatische Kürbissuppe oder **Kürbisgnocchi** mit Wirsing und roten Schmorzwiebeln.

Die Nachspeisenkarte bietet neben Klassikern auch delikate Überraschungen wie zum Beispiel **Schokoladenei**, Erdbeer-Basilikum-Sorbet oder eine **Himmlische Torte**.

OBERÖSTERREICH Kirchham

GASTHAUS TAVERNE PÖLL

Kirchham 33, 4656 Kirchham, Tel.: +43/7619/20 06
www.gasthauspoell.at
Öffnungszeiten: Freitag bis Dienstag ab 9 Uhr, Donnerstag ab 18 Uhr,
Sonntagabend geschlossen
Ruhetag: Mittwoch
Kreditkarten: Mastercard, Visa; Bankomat
Gastgarter

Das Gasthaus der Familie Pöll ist ein **ganz besonderer Ort** der Kulinarik in der Gemeinde Kirchham. Hausherrin Traudi steht in der Küche, ihr Sohn Thomas schupft den Service.

Zahlreiche Zutaten wie Fleisch von Lamm und Schwein, aber auch Gemüse und Obst stammen aus der **eigenen Landwirtschaft.** Neben dem Gasthaus befindet sich die Fleischhauerei Medl, wo die Tiere zerlegt und auch zu köstlichen **Würsten (Blutwurst!)** verarbeitet werden. **Dinkelbrot** bäckt die Köchin selbst, Schnaps wird im Haus erzeugt, Apfelsaft genauso, Fisch liefert der Traunseefischer Mayr oder der Forellenzüchter Ecklbauer.

Standardmäßig erfreuen Rindsuppen mit Fleischstrudel, Leberknödeln oder **Milzschnitten** als Einlage.

Die Blunze mit Erdäpfelschmarren und Sauerkraut ist herausragend, ebenso **Zweierlei Lammbraten** mit Persilerdäpfln, **Zwiebelrostbraten** mit Butternockerln, Röstzwiebeln und Salat oder Haschee- und **Grammelknödel**. Lammbeuschel oder **Kalbsleber** sind hervorragende Innereiengerichte.

Ofenbunkl nennt sich ein süßer Klassiker, der immer frisch gebacken wird, alternativ gibt's eine Vielzahl an köstlichen Mehlspeisen wie **Kardinalschnitten**, Palatschinken oder Marillenknödel.

Kronstorf **OBERÖSTERREICH**

GASTHOF RAHOFER

Hauptstraße 59, 4484 Kronstorf, Tel.: +43/7225/83 03
www.rahofer.at
Öffnungszeiten: Mittwoch bis Samstag 11.30–14 Uhr, 18–22 Uhr,
Sonntag 11.30–16 Uhr, Salonfrühstück ab 8 Uhr
Ruhetage: Montag, Dienstag
Kreditkarten: Mastercard, Visa; Bankomatkarte
Gastgarten, Gästezimmer ab € 55

Seit 1888 ist dieses Gasthaus in Besitz der Familie Rahofer. Man sitzt in **holzgetäfelten Stuben**, zwischen Einheimischen am Stammtisch in der Wirtsstube oder im Sommer im **prachtvollen Garten** unter Feigenbäumen und blühenden Oleandern.

Wir starteten sommerlich mit Gurkenkaltschale, mit Schafkäse gefüllten Ochsenherztomaten mit Basilikum sowie **Steinpilz-Stangenbohnen-Salat**.

Als Hauptgericht folgten eine saftige, auf den Punkt gegarte Beiried mit Süßkartoffelpüree und Feige sowie ein **Rindernusseintopf** mit Piment, Teiglinsen und Sommergemüse. Wunderbar auch das Filet vom **Grundelseesaibling** mit Gelbwurzsauce auf Fenchelgemüse von der Hofgärtnerei Kronstorf. Fleischlose Angebote sind gerührte **Polenta mit Kräutern** vom eigenen Garten, Trüffel-Teigtascherl und **gebackener Feta in Strudelteigblatt** mit Sesam und Rucola-Salat.

Ein wunderbar flaumiger **Topfenknödel** auf Hollerröster, eine warme Feige aus dem eigenen Garten mit Vanilleeis und die unverschämt gute **Schokoladentarte** mit weichem Kern sind verführerische Desserts. Exzellent auch der abschließende Espresso von der kleinen Rösterei Afro Coffee.

OBERÖSTERREICH Lembach

GASTHAUS HADERER

Marktplatz 12, 4132 Lembach, Tel.: +43/7286/82 37
Öffnungszeiten: Donnerstag bis Montag 8–24 Uhr
Ruhetage: Dienstag, Mittwoch
Kreditkarten: keine
Gastgarten

Inmitten des kleinen Ortes Lembach liegt ein **barockes Schmuckstück** in Altrosa mit schmiedeeisernen Fensterläden. Dahinter verbirgt sich ein besonderes Dorfgasthaus, das bereits **seit 2011 biozertifiziert** ist. Erdäpfel kommen vom Betrieb Phüringer, das Mehl von der Striezelmühle, Wild bringt die lokale Jägerschaft, und Kräuter werden wildgesammelt.

Bio Mühlviertel pur nennt sich eine Vorspeise, bestehend aus Käse, Speck, Salami und Mühlviertler Oliven, die sich als **eingelegte Kornelkirschen** entpuppen. Dazu gibt's hausgemachtes Jourgebäck.

Die **Wildkräuterknödel** mit Giersch und Spitzwegerich begleiten frische Blattsalate, ebenso die Schupfnudeln mit Bauernspeck oder den **Sommerrehbock** mit Wildkräuterpesto. Auch vegane Gerichte werden angeboten, zum Beispiel Schlägler Bio-Roggennudeln oder **Erdäpfeltascherl** mit Ackergemüse gefüllt.

Der Käse für die **Kaspressknödel in kräftiger Rindsuppe** kommt von der nahegelegenen Käserei Rein. Der **gebratene Saibling** mit vielerlei Kräutern wird mit Erdäpfelstampf und Leinöl serviert.

Für den süßen Abschluss sorgen der Schokokuchen mit Erdbeeren sowie hausgemachtes **Walnusseis mit Marille**.

Einige **Weine**, auch aus biologischem Anbau, runden das Angebot ab.

Lichtenberg **OBERÖSTERREICH**

LANDGASTHAUS HOLZPOLDL

Am Holzpoldlgut 2, 4040 Lichtenberg, Tel.: +43/7239/62 25
www.holzpoldl.at
Öffnungszeiten: Donnerstag bis Sonntag 11.30–15 Uhr, 18–23 Uhr
Mittwoch 18–23 Uhr
Ruhetage: Montag, Dienstag
Kreditkarten: Mastercard, Visa; Bankomat
Gastgarten

Manuel Grabner war schon gefeierter Gourmetkoch am Arlberg, inzwischen aber zieht er die **bodenständigen Gefilde** der feinen Küche vor. Und auf die konzentriert er sich am Holzpodlgut bei Linz, einem **behäbigen Landgasthaus** mit langer Tradition in seiner oberösterreichischen Heimat.

Manchmal geht der Gourmetkoch noch mit Grabner durch, etwa beim gegrillten St. Petersfisch in Spitzpaprikasud mit Melanzani, Lardo und geröstetem Erdäpfelbrot – wer solche Kreationen schätzt, wird im ebenfalls angebotenen „Genussmenü" mit allerhand Luxuszutaten fündig.

Bei den anderen Speisen wie der **glasierten Rehleber** mit Topinambur und Portwein aber findet Grabner zum Glück wieder auf den festen Boden der Region zurück. **Das pochierte Ei mit Nussbutter und Steinpilzen** ist längst ein Klassiker, ebenso die Gnocchi mit Parasolragout und Belper Knolle in der Schwammerlsaison oder das **geschmorte Schweinsbackerl** mit Rahmriebel und Zitronenjus.

Die wirklich bodenständigen Köstlichkeiten aber finden sich nur auf der Mittagskarte: wunderbares **Kalbsgulasch** mit Rahmnocken etwa, **gebackenes Wallerfilet** mit sündhaft gutem Erdäpfel-Mayonnaise-Salat und Kapern oder ein herrlich **karamellisierter Grießschmarren** mit Heidelbeeren und Sauerrahmeis.

OBERÖSTERREICH Linz

DIE DONAUWIRTINNEN

Webergasse 2, 4040 Linz, Tel.: +43/732/73 77 06
www.diedonauwirtinnen.at
Öffnungszeiten: Mittwoch bis Samstag 11.30–23 Uhr, warme Küche bis 21 Uhr
Sonntag 11.30–17 Uhr (bei Schönwetter bis 22 Uhr)
Ruhetage: Montag, Dienstag, Feiertag
Kreditkarten: keine
Gastgarten

Das Gasthaus im charmanten Alturfahr galt schon lange als sichere Bank für regionale, saisonale und **handwerklich gute Küche**. Vergangenen Sommer übernahmen Philipp Zauner, Fabian Mayr, Dominik Schütz und Lukas Zauner den Betrieb und erhalten somit ein Wirtshaus am Leben, in dem man gut isst und in dem Menschen zusammenkommen. Seit der Übernahme setzt man zudem verstärkt auf **Selbstgemachtes**.

Zwei zusammengerollte Forellenstücke werden als **Rollmops** interpretiert und auf ein Beet von Fenchel und Roten Rüben gesetzt.

Kohlroulade füllt man mit Topinambur, Bohnen und Wintergemüse. **Karpfen** in Demeter-Qualität panieren die Wirte mit Kürbiskernen und servieren ihn mit Erdäpfelsalat und Sauce tartare.

Für Fleischliebhaber gibt es eine saftige **Beiried** mit **selbst gemachten Nudeln** oder ein Filet mit Grünkernrisotto. Beibehalten wurden die **Flammkuchen**, die man in vier verschiedenen Variationen aus dem ehemaligen Pizzaofen holt.

Zum süßen Abschluss freut man sich über selbst gemachte Kuchen und Torten. Beliebt sind auch **Kürbis-Crème-Brûlée** oder der Sauerrahmschmarren.

Linz OBERÖSTERREICH

RAUNER

Kraußstraße 16, 4020 Linz, Tel.: +43/732/91 84 84
www.rauner.restaurant
Öffnungszeiten: Montag bis Freitag 11–24 Uhr
Ruhetage: Samstag, Sonntag, Feiertag
Kreditkarten: keine
moderner Gastgarten

Im Oktober 2016 eröffneten die beiden Mühlviertler Sigrid und Philipp Stummer im Linzer Bulgariviertel ihr eigenes Restaurant namens Rauner. Spezialisiert ist man auf die **Rote Rübe**, die im **Volksmund Rauner** genannt wird.

So gibt es etwa einen erfrischenden **Rote-Rüben-Eistee**, ein eigenes Rote-Rüben-Ketchup, köstliche **Raunerknödel** sowie das mittlerweile nicht mehr wegzudenkende **Rote-Rüben-Cordon-Bleu** mit Käsefüllung.

Mittags werden gerne klassische Wirtshausgerichte sowie vegetarische Speisen angeboten. Darunter etwa Surschnitzel, **Blunzengröstl**, **Kalbsbutterschnitzel** oder Knödelvarianten.

Abends kommen noch weitere saisonale Speisen hinzu, wie etwa frische Pasta, **Gusentaler Lachsforelle** und herrliche **Palatschinken**, pikant oder süß gefüllt.

Diplom-Sommelière Sigrid hat immer den richtigen Getränketipp parat. Eine große **Auswahl an Weinen** – die auch **glasweise** bestellt werden können –, verschiedene Biersorten sowie **hausgemachte Säfte**, Eistees und Sirupe runden das Angebot ab. Und einen **Rauner-Edelbrand** gibt es natürlich auch.

OBERÖSTERREICH Neufelden

FERNRUF 7

Unternberg 7, 4120 Neufelden, Tel.: +43/660/650 15 19
www.fernruf.at
Öffnungszeiten: Freitag bis Sonntag 12–19 Uhr
Ruhetage: Montag bis Donnerstag
Kreditkarten: keine
Gastgarten, Zimmer ab € 80

Der Mühltalhof ist endgültig in die hohen Sphären des guten Essens entschwebt. Die Gäste kommen von sehr weit her, um die **entspannte Ruhe** zu genießen, die dieses Haus und Familie Rachinger als Gastgeber verströmen. Und um die Küche von Philip Rachinger, des **Wunderknabens der heimischen Küche**, zu kosten.

Die längste Zeit stand Philip mit seinem **Vater und Mentor** Helmut gemeinsam am Herd, jetzt bündeln sie ihre Kräfte auf neue Art. Philip hat das Restaurant alleine über, während Helmut das Haus um eine neue Facette bereichert: In einem uralten Nebengebäude hat er ein **Winz-Wirtshaus mit Holzbackofen** und offener Küche eingerichtet.

Einfachheit ist hier ein Thema. Die Atmosphäre ist so einzigartig wie Helmut Rachinger selbst, die Musikauswahl hochgradig inspirierend, das **Essen wohltuend** – und oft schockierend gut.

Ab dem **Nachmittag** gibt es Jausenbrettln, großzügig, aber von japonistischer Präzison und streng lokaler Provenienz der Grundprodukte: selbst gemachte **Hirschsalami**, **Lammwurst** von hauseigenen Tieren, **fermentiertes Gemüse**, Aufstriche.

Später darf man sich auf die beste **Fischsuppe** von überhaupt freuen, auf **ofengeschmorte Rindsrippen** mit Rhabarber und Süßlupinen-Shoyu, auf **in Heu gebackene Milchkalbschulter** und andere Herrlichkeiten, die Helmut an den Tisch bringt, als ob es „eh normal" wäre – an die man aber Tage später noch tief beglückt zurückdenkt.

Oberafiesl **OBERÖSTERREICH**

CULINARIAT IM BERGERGUT

4170 Oberafiesl 7, Tel.: +43/7216/44 51
www.romantik.at
Öffnungszeiten: Donnerstag bis Dienstag 18–21.30 Uhr,
Sonntag auch 11.30–14 Uhr
Ruhetag: Mittwoch
Kreditkarten: Mastercard, Visa; Bankomat
Gastgarten, Zimmer € 110

Vor **zwei Jahren übersiedelten** Thomas Hofer und Eva-Maria Pürmayer mit ihrem Culinariat aus Hellmonsödt in das Romantikhotel Bergergut in Afiesl.

Als Gedeck werden verschiedene Aufstriche und ein einzigartiges Blunzenbrot serviert, dazu ein paar **gekochte Mühlviertler Erdäpfel**, die **mit Sauerrahm und Salz** köstliche Kindheitserinnerungen wecken.

Sehr fein auch die **Festtagssuppe** mit Milzschnitte, Grammelstangerl, Leberknödel und Grießnockerl.

Innereien finden sich regelmäßig auf der Karte, wie etwa **gebackenes Kalbshirn** mit lauwarmem Erdäpfelsalat oder Rahmbeuschl vom Mühlviertler Kalb. Sehr gut auch das **Beef tatare** mit pochiertem Ei und der **gebeizte Rehrücken** mit Kürbis und Chicorée.

Alternativ zu Fleischgerichten werden beispielsweise **pochierte Eier** mit Bergkäse, Sellerie und Spinat angeboten sowie ein famoser **Wildfang-Hecht** mit Eierschwammerln und Salatherzen.

Wunderbar auch die Nachspeisen wie ein flaumiger **Rahmschmarren**, eine geflämmte Zitronentarte oder Dreierlei Sorbet-Variationen.

OBERÖSTERREICH Pierbach

GASTHOF POPULORUM

Dorfstraße 5, 4282 Pierbach, Tel.: +43/7267/82 13
www.populorum.at
Öffnungszeiten: ganztägig ab 8.30 Uhr
Ruhetage: Mittwoch (Mai bis Oktober)
Mittwoch und Donnerstag (November bis April)
Kreditkarten: Mastercard, Visa; Bankomat
überdachter Gastgarten, Gästezimmer ab € 50

Der seit 1927 bestehende **Familienbetrieb** Populorum liegt in Pierbach auf der schönen **Mühlviertler Alm** im Bezirk Freistadt. Neben der kleinen, vom Holzkachelofen gewärmten Gaststube gibt es auch einen **großzügigen Speisesaal**. Küchenchef ist Juniorwirt Albin Schartlmüller, der seine internationale Erfahrung einfließen lässt.

Zum Beispiel bei selbst gemachten Kartoffelgnocchi mit Tomaten-Zucchini-Ragout und Ziegenkäse oder dem **Zweierlei vom St. Thominger Wels** mit Apfel-Kohlrabi-Ragout und Tortelloni.

Sehr gut auch die **Beiried vom Mühlviertler Jungstier** mit Erdäpfelgratin und Röstgemüse und die lokalen Klassiker wie **Blunzen-, Grammel- oder Fleischknödel** mit warmem Krautsalat, **Schweinsbratl aus dem Kachelofen**, Rindsbeuscherl mit Serviettenknödel. Im Sommer werden Steaks vom Grill auf Vorbestellung zubereitet.

Besonders empfehlenswert sind die hausgemachten Nachspeisen: **Besoffener Kapuziner**, geeiste Malakoff im Glas, **Scheiterhaufen** mit Früchteragout und diverse Torten, auch glutenfreie.

Neben **selbst gemachten Säften** (Minze, Holler, Schafgarbe) und Sirupen gibt es Freistädter **Bier, Most** und einige ausgewählte **Weine**.

Roßleithen **OBERÖSTERREICH**

GASTHAUS SEEBAUER

Gleinkersee 2, 4575 Roßleithen, Tel.: +43/7562/75 03
www.gleinkersee.at
Öffnungszeiten: Mai, Juni September 9–10 Uhr,
Juli, August 9–18.30 Uhr,
Oktober nur bei Schönwetter 11–16.30 Uhr
Ruhetage: Schlechtwetter-Montage im Mai, Juni, September, Oktober
Kreditkarten: Bankomat
Gastgarten,

Dass direkt **am pittoresken Gleinkersee** ein Gasthaus liegt, dessen Angebot weit über jenes eines normalen Badebetrieb-Buffets hinausgeht, hat sich längst herumgesprochen. Dementsprechend groß ist der Andrang bei Schönwetter.

Zwischen Tretbootverleih, Hochseilgarten, Liegewiese und Campingplatz weiden **Galloway-Rinder, Pustertaler Sprinzen sowie Turopolje- und Schwäbisch-Hällische Schweine**. Verarbeitet wird das Fleisch der „See-Tiere" im eigenen Schlachtraum und in der Küche zu hausgemachter Essigwurst, **Sulz von der Seekuh** sowie Haustoast mit **hausgemachtem Leberkäse** und pikant scharfem Krautsalat. Der **gebratene Saibling** wurde in der Rosenauerquelle großgezogen.

Zudem gibt es Rindsuppe mit Seekuhmilzschnitten, **Seebauer Nockerl** mit Seeschweinspeck, **Seeschweinsbratl** mit warmem Krautsalat, flaumigem Knödel und herrlichem Natursaftl.

Als Nachspeise oder zur Kaffee-Jause werden **Riesenbuchteln** sowie Linzertorte, Topfen-Himbeer-, Nuss- und **Mohntorte** angeboten.

Erfreulicherweise kommt der **Kaffee** inzwischen von der feinen kleinen Kaffeerösterei Suchan in Freistadt.

OBERÖSTERREICH Scharnstein

TAVERNE SILMBROTH

Viechtwang 23, 4644 Scharnstein, Tel.: +43/7615/22 54
www.silmbroth.at
Öffnungszeiten: warme Küche 11–14 Uhr, Sonntag bis 12.30 Uhr,
Donnerstag, Freitag auch 18–20 Uhr
Ruhetag: Mittwoch
Kreditkarten: Bankomat, Mastercard, Visa
Gastgarten

Seit Generationen wird die Taverne **im Almtal** von der Familie Silmbroth geführt. Von **Bauern und Jägern** aus dem schönen Tal beziehen die Silmbroths das Fleisch, das in der Fleischhauerei und in der Taverne verarbeitet wird. Die **Veredelung erfolgt traditionell**, also ohne Rötungsmittel.

Donnerstagvormittag gibt es **kesselheiße Würste** wie Frankfurter, Krainer, Braunschweiger, die dann frisch gebrüht aus dem Kessel gefischt werden und mit einem Glas Eggenberger Bier am besten schmecken.

Von Juni bis September ist an **Donnerstagen Grillabend**. Dann genießt man Steaks, Koteletts und Würste vom Rost.

Ganzjährig gibt es Fleischstrudelsuppe, **gekochtes Krenfleisch**, gebackene Kalbsleber, **Blunzengröstl**, wunderbar gebackenes und **souffliertes Schnitzel**.

Besondere Erwähnung verdienen die **gerösteten Nierndln**, ein inzwischen seltener Klassiker der österreichischen Küche, der hier perfekt zubereitet wird.

Schildorn **OBERÖSTERREICH**

GASTHAUS ZUM FELX'N

St. Kollmann 8, 4920 Schildorn Tel.: +43/7754/860 47
www.felxn.net
Öffnungszeiten: Donnerstag bis Samstag ab 16 Uhr
Sonntag und Feiertag ab 14Uhr
Ruhetage: Montag, Dienstag, Mittwoch
Kreditkarten: keine
Gastgarten

Schon seit jeher ist der 300 Jahre alten Bauernhof am Nordrand des Kobernaußerwaldes als Felx'n bekannt, was sich offenbar von „Felix" ableitet. Geführt wird der Gasthof von Doris und Gerhard Kirchsteiger, die nebenbei noch einen Biobauernhof mit **Hochlandrindern** und **alten Schweinerassen** wie Duroc und Schwäbisch-Hällisch betreiben. Man sitzt in gemütlichen Stuben oder im lauschigen Gastgarten. Aufgetischt wird ausschließlich, was **gerade frisch geerntet** wird beziehungsweise aus eigener Erzeugung zur Verfügung steht.

Auf einer Kreidetafel stehen die aktuellen warmen Speisen: hausgemachte **Innviertler Brat-, Speck- und Grammelknödel** mit Sauerkraut, **Beuschl vom Bio-Schwein** mit Semmelknödel oder hauseigene **Schweinsbratwürstel** mit Röstkartoffeln. Und fleischlos: **Käse-Spinat-Nocken** mit Tomatenbutter, Parmesan und frischem Salat.

Auf der Jausenkarte finden sich Innviertler Spezialitäten wie Geselchtes, Surbratl, Würste, **Kübelspeck**, Sulz, **Erdäpfelkas** und vieles mehr. Unbedingt probieren sollte man den monatelang gereiften **rohen Rindersaftschinken** vom Hochlandrind. Auf Vorbestellung werden Bratl, Ente und Gansl zubereitet.

Als Nachspeise wählt man den frischen **gezogenen Apfelstrudel**, köstliche Mehlspeisen oder **Palatschinken**.

Dazu passen **selbst gemachte Säfte**, regionaler Most oder ein gepflegtes **Bier**. Vieles kann auch im Direktverkauf erworben werden.

OBERÖSTERREICH Steyr

KNAPP AM ECK

Wehrgrabengasse 15, 4400 Steyr, Tel.: +43/7252/762 69
www.knappameck.at
Öffnungszeiten: Dienstag bis Samstag 11–14 Uhr und 18–23 Uhr,
Feiertag 11–14 Uhr, warme Küche 11–13.30 Uhr und 18–21 Uhr
Ruhetage: Sonntag und Montag
Kreditkarten: keine
Gastgarten

Einheimische nennen das Gasthaus lieber **Otto, nach dem Vornamen des Seniorchefs**, der mittlerweile seinem Sohn Jürgen und dessen Frau Andrea Platz gemacht hat, aber immer noch gerne **am Stammtisch** tarockiert und die Gäste unterhält. Am Speiseangebot hat sich seit der Übergabe an die Juniors zum Glück wenig geändert.

Nach wie vor gibt es Klassiker wie Spinatnockerl, Wiener Schnitzerl, **Backhenderl**, Blunzn oder das **Beuscherl** vom Kremstaler Milchlamm, **Grammelknödel** und das **Gulasch vom Almoxn**. Fleischloses wird neuerdings auch geboten, etwa in Form von **Paprika mit Rollgerstlfülle, Wirtshausnudeln** mit Bio-Pilzen aus Neuzeug oder **Kürbistarte** auf wunderbarem Spinatgemüse.

Herrlich auch die Nachspeisen, wie die geheim gehaltene **„siaße Schleckerei"** oder die **Grießknedel**, die von Hollerröster umrundet und von Rumtopfeis gekühlt werden.

Die **Weinkarte** kann sich sehen lassen, obwohl auch die Bierkultur beim Otto großgeschrieben wird, wie etwa in der passenden Jahreszeit mit dem **naturtrüben Johannesbier**.

St. Johann am Wimberg **OBERÖSTERREICH**

LANDHOTEL KEPLINGERWIRT

4172 St. Johann am Wimberg 14, Tel.: +43/7217/71 05
www.keplingerwirt.at
Öffnungszeiten: Dienstag bis Samstag 11.30–14 Uhr und 18–21 Uhr
Sonn- und Feiertag 11.30–14.30 Uhr
Ruhetag: Montag
Kreditkarten: Mastercard, Visa; Bankomatkarte
Gastgarten, Gästezimmer ab € 49

Juniorchef Heinz Keplinger ist sowohl Restaurantleiter als auch **Musikliebhaber**. In dieser Doppelfunktion sorgt er für Speis und Trank bei Konzerten von Parov Stelar, Österreichs prominentem Pop-Export, der selbst gerne beim Keplingerwirt einkehrt.

Auf der Speisekarte des Familienbetriebs steht eine **Suppe von der Petersilwurzel** mit Grießnockerln und Wurzelgemüse, frische Bachforelle, in Butter gebraten oder gebeizt, sämiges **Kalbsrahmgulasch** mit geschabten Nockerln, **Filetsteak vom Mühlviertler Rind** mit Schmorgemüse, Teigtascherl, bestreut mit Hartkäse und gefüllt mit Spinat, **Zweierlei vom Milchkalb**, frische Eierschwammerl aus dem Böhmerwald oder ein **geschmorter Rostbraten vom Bio-Ochsen** mit Eierschwammerln, Kräuternockerln und Gurkensalat.

Heinz Keplingers Schwester Andrea kümmert sich um die herrlichen Nachspeisen wie **Marille-Vanille-Minz-Schnitte**, **Topfenknödel** mit Marillenröster, **Variation von der Böhmerwald-Heidelbeere** mit hausgemachtem Sauerrahmeis.

Ebenfalls ausgezeichnet die **gute Weinauswahl**, die neuen Zimmer und die **idyllische Umgebung**, in der sich so gut wandern und golfen lässt.

OBERÖSTERREICH St. Thomas am Blasenstein

GASTHOF AHORNER

Markt 9, 4364 St. Thomas am Blasenstein, Tel.: +43/7265/54 74
Öffnungszeiten: warme Küche 11.30–14 Uhr
Ruhetag: Dienstag
Kreditkarten: keine
Gastgarten

St. Thomas am Blasenstein hat einige kuriose Sehenswürdigkeiten und an schönen Tagen einen **fulminanten Ausblick** zu bieten. Und zudem noch diesen beliebten und gutbesuchten Gasthof, den die Familie Ahorner mit viel Liebe betreibt.

Kalbsbeuscherl, kräftige Rindsuppe mit klassischen Einlagen stehen ebenso zur Wahl wie das obligatorische **Blasensteiner Pfandl** – gefüllt mit Schweinsfiletspitzen und mit Gemüsen der Saison. Wunderbar auch der auf den Punkt **gebratene Saibling** mit Jungzwiebeltascherl und Gemüse-Curry-Sauce und der fleischlose **Polentastrudel** auf Blattsalat sowie das **Kalbsschnitzel mit Bauernspeck**, Salbei und Natursaftl.

Hinterher locken hausgemachte Mehlspeisen wie **Donauwellen**, Topfen-Erdbeer-Schnitte, **Kardinalschnitte** oder Schokolade-Nuss-Kuchen.

Das Ganze wird begleitet von einer Vielzahl an **hausgemachten Säften** wie Rosmarin-Orange oder Salbei-Honig. Apfel- und Birnensaft sowie der **Most** kommen vom Obsthof Schober aus Naarn, **Bier** aus einer kleinen Brauerei in Schwertberg.

St. Veit im Innkreis **OBERÖSTERREICH**

ZUM HAIDERWIRT

St. Veit 13, 5273 St. Veit im Innkreis, Tel.: +43/7723/6112
www.haiderwirt.at
Öffnungszeiten: Mittwoch, Freitag ab 15 Uhr,
Sonntag 9–12 Uhr und ab 15 Uhr
Ruhetage: Montag, Dienstag, Donnerstag, Samstag
Kreditkarten: keine
Gastgarten

Um den Haiderwirt zu erreichen, muss man die Hauptstraßen hinter sich lassen. Vorbei geht's an der Kirche von St. Veit, Bauernhöfen und dem St. Veiter Bach, an dem eine **große Mutterkuhherde** grast. Die Herde gehört Stephanie und Herbert Burgstaller.

Der Haiderwirt ist Landwirtschaft und Gasthaus in einem. Rind findet sich daher in verschiedenen Variationen auf der Speisekarte. Köchin Stephanie liebt es, sich in **alte Rezepte der Region** zu vertiefen.

Wunderbar ihre Rindfleischgerichte vom eigenen Hof wie etwa **Roastbeef-Röllchen vom Beiried** mit Kernöltopfen gefüllt auf frischem Blattsalat, genau wie die **Rindersulz**, der **Ochsenmaulsalat** und der Hof-Burger in Bio-Semmel.

Aber auch die Zutaten von den Nachbarbetrieben können sich sehen lassen, darunter die Blunzen fürs **Blutwurstgröstl** oder der Käse für die **Ziegenfrischkäse-Taler gegrillt** im Speckmantel.

Als krönender Abschluss werden frisch gebackene **Pofesen** oder **Apfelringe** mit Zimt-Zucker, Vanilleeis und Schlag serviert.

OBERÖSTERREICH Taiskirchen im Innkreis

WIRT AM MARKT

Hofmark 33, 4753 Taiskirchen im Innkreis, Tel.: +43/7764/84 02
gasthaus-ziegler.at
Öffnungszeiten: Mittwoch bis Sonntag
Ruhetage: Montag, Dienstag
Kreditkarten: keine
Gastgarten

Im knapp **500 Jahre alten Wirtshaus** von Rudi Ziegler kehrt man in erster Linie wegen der Gerichte von **Wild und Fisch** ein. In der eigenen Wildkammer hängen Rehe, Hasen und Fasane, die aus der eigenen Jagd oder Zucht stammen.

Regelmäßig angeboten werden Hirsch-Carpaccio, **Wildcremesuppe**, **Rehrückenmedaillons** mit Zweigeltsafterl und Bandnudeln oder **Hirschrückensteak** mit Pfeffersauce, Blaukrautlasagne und Speckfisolen.

Das Backhendl ist ausgezeichnet und beliebt, gibt es aber nur selten. Dann nämlich, wenn Bäuerin Sandra Hühner liefert, denn Rudi Ziegler kauft keine Hendln im Supermarkt. Wunderbar auch der **Bachsaibling natur gebraten** mit gedünstetem Wurzelgemüse oder der **Karpfen gebacken** mit Erdäpfelsalat. Für Innereienliebhaber empfiehlt sich die **Kalbsleber** mit Erdäpfelstampf.

Als Nachspeise steht eine **gebackene Topfentorte** auf der Karte. Der Wirt ist obendrein Diplomsommelier und hat in seinem Keller stets **feine Tropfen** parat.

Tragwein OBERÖSTERREICH

GRÜNHILDE

Lärchenweg 28, 4284 Tragwein, Tel.: +43/7263/862 41
gruenhilde.at

Öffnungszeiten: Mittwoch ab 18 Uhr, Donnerstag, Freitag ab 8 Uhr und abends, Samstag 8–14 Uhr, Sonntag 9–20 Uhr
Laden: Donnerstag, Freitag 8–18 Uhr, Samstag 8–12 Uhr
Ruhetage: Montag, Dienstag
Kreditkarten: Mastercard, Visa; Bankomat
Terrasse

Mit der Ambition, ausschließlich Lebensmittel aus einem **Umkreis von dreißig Kilometern** im Laden zu verkaufen oder im Lokal zu verarbeiten, eröffnete vor etwas mehr als einem Jahr das Grünhilde im Mühlviertler Ort Tragwein.

Seitdem können in den hellen und modern gestalteten Räumlichkeiten **Brot nach alter Bauerntradition**, Frischkäse, Butter, **geselchter Speck,** das regionale **Leinöl** sowie regionaltypische Getränke wie Most, Bier, **Speckbirnenfrizzante** und Fruchtsäfte und vieles mehr erstanden werden.

Mittags gibt's ein wechselndes Angebot an vegetarischen Speisen und Fleischgerichten, wie beispielsweise **Karfiolauflauf** oder **gebratene Ripperln** mit Erdäpfeln.

Für den **Mühlviertler Feuerfleck** wird abends das Feuer angezündet, da die knusprig dünn gebackenen Fladen eine ordentliche Hitze benötigen.

Zur Jause bestellt man Mühlviertler Tapas oder einen **gemischten Käseteller** mit Käsen von Kuh, Schaf und Ziege aus der Region.

OBERÖSTERREICH Traunkirchen

POSTSTUBE 1327

Ortsplatz 5, 4801 Traunkirchen, Tel.: +43/7617/23 07
www.hotel-post-traunkirchen.at
Öffnungszeiten: täglich warme Küche 12–21.30 Uhr
Kreditkarten: Mastercard; Bankomat
Gastgarten, Zimmer ab € 65

In Traunkirchen, am idyllischen Traunsee und umgeben von einer eindrucksvollen Bergkulisse liegt das altehrwürdige Hotel Post mit seiner Poststube. Seit 1950 ist das **jahrhundertealte Gasthaus** im Besitz von Familie Gröller. Am Herd steht der erfahrene Koch Lukas Lepsic.

Von ausnehmender Qualität sind Vorspeisen wie Wurzelspeck, frischer **Bio-Salzkohlrabi** oder **Sauerteigbrot mit Bratlfett** und Bauernbutter.

Besonders empfehlenswert sind die frischen Fischgerichte: ob **knusprige Ährenfische** mit Aioli, die leicht pikante **Traunsee-Bouillabaisse** mit Safran, Fenchel und Krebserln oder der Tagesfang aus dem Traunsee wie **Reinanke oder Seesaibling**.

Auch Bodenständiges wird geboten, darunter **Traunkirchner Ripperl** mit Topinambur-Pommes und Gewürzketchup, **Leberschädel** mit Erdäpfelpüree, Apfelkren und Grammelknusper, rosa **Zwiebelrostbraten** mit Speckfisolen, gebackenes Schnitzel vom Jungschwein oder Weidekalb, **Kutschergulasch vom Almochsenwadl** mit Sauerrahmnocken, **faschierte Gams-Butterschnitzerl** mit Eierschwammerln und Kalinka-Zwetschken oder das klassische **Kalbsrahmbeuscherl** mit Semmelknödel.

Zum krönenden Abschluss gibt es flaumigen **Kaisern**, köstliche Marillenknödel oder die unübertreffliche **Traunkirchner Torte**.

Das Getränkeangebot an **erlesenen Weinen,** verschiedenen **Biersorten** vom Fass, **regionalen Mosten** sowie Säften und Limonaden ist ansprechend und liebevoll ausgewählt.

Vorchdorf **OBERÖSTERREICH**

GASTHAUS SCHLOSS HOCHHAUS

Schlossplatz 1, 4655 Vorchdorf, Tel.: +43/7614/211 10
www.schloss-hochhaus.at
Öffnungszeiten: Dienstag bis Samstag 10–24 Uhr, Sonntag ab 9 Uhr
Ruhetag: Montag
Kreditkarten: Bankomat
Gastgarten

Seit vermutlich **hundert Jahren** besteht dieses Gasthaus, das vor einigen Jahren von Erich Spitzbart gefühlvoll revitalisiert wurde. Dabei wurde sehr behutsam mit der **Renaissancesubstanz** umgegangen, um stimmungsvolle Gasträume zu schaffen.

Wochentags werden gleichsam einfache wie verlockende **Mittagsmenüs** angeboten. Wie etwa **Rindsuppe mit Topfennockerln**, **Rindsroulade** mit Püree oder ein Gemüsestrudel.

Etwas ambitionierter lesen sich die À-la-Carte-Gerichte, darunter der **gebeizte Kalbstafelspitz** mit geschmorten Früchten und gebackenem Bries oder der **gebackene Ochsenschlepp** mit Erdäpfelsalat. Das **Schnitzel vom Strohschwein** wird in Butterschmalz gebacken, herrlich aber auch das in Buttermilch marinierte und **gebackene Hendl**, das mit ausgezeichnetem Erdäpfel-Wildkräuter-Salat gereicht wird. Oder der **Tafelspitz vom Almochsen**, zu dem es Erdäpfelschmarren und Eierschwammerlrahm gibt. Auch trendige Gerichte wie Burger oder die **offene Lasagne mit Saibling** sind tadellos zubereitetet.

Viel Freude bereiten der **Milchrahmstrudel** oder die **Palatschinken**, wahlweise mit Marillen- oder Preiselbeermarmelade, Vanilleeis und Schokosauce.

Eine feine **Auswahl an offenen Weinen** oder das **Bier** aus der nahegelegenen Brauerei Eggenburg runden das Angebot ab.

OBERÖSTERREICH Vorchdorf

🐌 🚜 SCHAUFLINGER'S GASTHAUS

Theuerwang 13, 4655 Vorchdorf, Tel.: +43/7614/63 10
www.theuerwang.at
Öffnungszeiten: Donnerstag ab 17 Uhr, Freitag ab 15 Uhr, Sonntag ab 11.30 Uhr
Ruhetage: Montag, Dienstag, Mittwoch, Samstag
Kreditkarten: keine
Gastgarten

Die wunderschönen Stuben dieses **seit 1640 bestehenden Gasthofs** sind mit prächtigen Kachelöfen, behäbigen Doppelbänken und massiven Tischen ausgestattet. Am Besten aber sitzt man auf alten Gartenstühlen im Schatten von Kastanien **direkt auf der Wiese**, die man sich mit dem einen oder anderen Huhn teilt.

Der Vierkanter ist ein Bauernhof mit fünfzig Rindern, etlichen Traktoren und einem dampfenden Misthaufen samt aufgeblasenem Gockelhahn darauf. Seit 1902 führt Familie Schauflinger den Hof. Und seit 33 Jahren steht Christine Schauflinger am **holzbefeuerten Herd** und kocht **makellose österreichische Küche**.

Die Rindsuppe, wahlweise mit cremigen **Hirnschöberln** oder ideal wolkigen **Grießnockerln**, ist dicht, aber nicht zu sehr und von satter Ausgewogenheit. **Geröstete Kalbsleber** gerät milchig zart, mit süßen Zwiebeln, Butterreis und frisch angemachtem Salat. Oder **Surbraten** mit rescher Kruste, Natursaftl und einer Trilogie aus Petersilerdapfel, Semmel- und Mehlknödel – alles makellos bis hin zum eindeutig frisch gekochten Erdapfel und dem köstlichen Krautsalat. **Gekochtes Rindfleisch** strotzt vor Kraft, dazu kümmelige, schmalzgebratene Gröste, warme Schnittlauchsauce und Apfelkren.

Hinterher sind **Powidltascherl**, Indianer (frisches Biskuit, Obers, warme Schokoglasur) und **Topfenknödel** mit Rhabarber unumgänglich. Wichtig: **rechtzeitig reservieren**.

Zell am Moos OBERÖSTERREICH

LANGWALLNER
GASTHAUS UND FLEISCHEREI

Kirchenplatz 2, 4893 Zell am Moos, Tel.: +43/6234/82 07
www.gasthof-langwallner.at
Öffnungszeiten: Dienstag und Donnerstag bis Sonntag 11.30–14 Uhr,
Montag 17.30–21 Uhr
Ruhetag: Mittwoch
Kreditkarten: Bankomat
Gastgarten

Seit 1616 besteht dieses Gasthaus am Dorfplatz von Zell am Moos am beschaulichen Irrsee, das auch **Wirt z'Zell** genannt wird. Die Stuben des Lokals sind heimelig, und die Terrasse vorm Haus ist ein beliebter **Treffpunkt der Einheimischen**.

Wie so oft lässt die Kombination aus Gasthaus und Fleischerei auf Klassiker hoffen, die ansonsten eher selten erhältlich sind. Derlei Erwartungen erfüllen Innereiengerichte wie die **Milzschnittensuppe, geröstete Leber, gebackener Kalbskopf** oder auch **gebackenes Bries**. Äußerst beliebt ist das **Kalbs- oder Schweinsstelzenessen**. Eine Sensation: der **hausgemachte Leberkäse** und an manchen Tagen die **kesselheißen Würste**.

Unter den Süßspeisen dominieren Klassiker wie **Salzburger Nockerl**, Kaiserschmarren und diverse **Strudel**.

EINKAUFSTIPPS

CAFE MEIER
Schonende Röstung – bis zu einer halben Stunde – ist für Bernd Himmetsberger Grundvoraussetzung, um guten Kaffee zu erhalten. Der Unternehmer baut zudem auf dem Linzer Pöstlingberg Wein an und züchtet Rinder.
Pfarrplatz 7, 4020 Linz, Tel.: +43/7327/787 88
www.cafe-meier.at
Öffnungszeiten: Montag bis Samstag 8–24 Uhr, Sonn- und Feiertag 9–24 Uhr

MOSTERIA
Mosttrinker sind Naturschützer; ausgezeichnete Moste erfreuen den Genießer und den Naturfreund. Zudem sind in der Mosteria am Südbahnhofmarkt zahlreiche Säfte, ausgezeichnet Essige und Senf aus Eigenproduktion erhältlich.
Südbahnhofmarkt, Marktplatz 19, 4020 Linz
www.mosteria.at

MARKTBRAUEREI
Sandra Buchrucker und David Schobesberger betreiben seit einem Jahr die Linzer Biermanufaktur und brauen ausgezeichnetes Bier. Wer tiefer gehen will, bucht ein ganztägiges Brauseminar.
Südbahnhofmarkt, Marktplatz 4b, 4020 Linz
www.marktbrauerei.at

GÄRTNEREI LEISENHOF
Der Leisenhof in Urfahr ist Gärtnereibetrieb, Bauernladen, Lernort, ein Garten mit Kultur- und Bildungsveranstaltungen und bietet köstliche Gemüseraritäten in Demeterqualität.
Petrinumstraße 12, 4040 Linz
Öffnungszeiten Bauernladen: Dienstag und Freitag 8–13 Uhr

LINZER BIENE UND HONIG DACHMARKE
Städtischer Bienenhonig in höchster Qualität. Die Stöcke befinden sich beim Rathaus, am Froschberg, im Hafengarten, am Auberg oder auf den Kultureinrichtungen der Stadt Linz (Musiktheater, ARS Electronica und Brucknerhaus).
www.linzerbiene.at, www.dachmarke.com

BRANDL

Die Handsemmeln vo Bäckermeister haben Kultstatus. Ebenso die Briocheknöpfe, die aus hochwertigen Zutaten wie Milch und Butter aus der Region gefertigt werden.

Bismarckstraße 6, 4020 Linz, Tel.: +43/7327/73 63 52
www.baeckerei-brandl.at
Öffnungszeiten: Montag bis Freitag 5.30–18 Uhr, Samstag 5.30–12 Uhr
Filiale Landstraße: Landstraße 48, 4020 Linz, Tel.: +43/7327/73 63 55
Öffnungszeiten: Montag bis Freitag 7–18 Uhr, Samstag 7–16 Uhr

---

CAFÉ FRIEDLIEB UND TÖCHTER

Selbst gemachte Mehlspeisen und Kaffeespezialitäten, zubereitet von den Baristas Elke Schmedler und Kristina Blei.

Altstadt 5, 4020 Linz
Öffnungszeiten: Dienstag bis Freitag 10–19 Uhr, Samstag 10–18 Uhr

---

BROTSÜCHTIG

Kein Weizenmehl, keine Aromen, dafür Mohnflesserl, Keimlingsbrote und Salzstangerl aus Dinkel- und Roggenmehl in Bio-Qualität.

Herrenstraße 8 und Hauptstraße 38, 4020 Linz
www.brotsuechtig.at
Öffnungszeiten: Montag bis Freitag 7–18 Uhr, Samstag 7.30–12.30 Uhr

---

REISETBAUER

Edeldestillateur Hans Reisetbauer belegt mit seinen exzellenten Obstbränden regelmäßig Spitzenplätze bei Verkostungen. Ausgezeichnet auch sein Sloeberry Gin.

Zum Kirchdorfergut 1, 4062 Axberg, Tel.: 43/7221/636 90
www.reisetbauer.at
Verkostung nach telefonischer Vereinbarung

OBERÖSTERREICH Einkaufstipps Mühlviertel & Innviertel

GEMÜSEHOF WILD-OBERMAYR

Vor sechs Jahre wurde der Hof auf Bio umgestellt, unverändert ist die Vielfalt an Produkten geblieben. Darunter Braunschweiger Spitzkraut, violetter Karfiol, Kohlsprossen, Artischocken und verschiedenste Erdäpfelsorten. Die Familie Wild-Obermayr bietet auch Kurse über Raritätengemüse an.

Ipftal 29
4491 Niederneukirchen
www.gemüsehof.at
Öffnungszeiten: Dienstag, Freitag 8–18 Uhr, Samstag 8–12 Uhr

HOF MALENINSKY

Familie Maleninsky ist das Aushängeschild der *città slow Enns* und erzeugt Most sowie köstliche Schnäpse, Liköre und Säfte. Darüber hinaus kümmern sie sich auch um die Erhaltung von alter Bausubstanz und Grünflächen.

Maria Anger 20
4470 Enns
Tel.: +43/650/677 69 19
maleninsky@aon.at
Ab-Hof-Verkauf: Mittwoch 17–19 Uhr und nach telefonischer Vereinbarung

---

HOFSTETTNER BRAUEREI

In der vermutlich ältesten Brauerei Österreichs kann man sich durch eine erquickliche Anzahl an Spezialbieren kosten. Braugerste wird vor der eigenen Haustüre angebaut, Hopfen kommt aus der Nachbarschaft.

Adsdorf 5, 4113 St. Martin/Mühlkreis
www.hofstetten.at
Rampenverkauf: Montag bis Freitag 7–12 Uhr, 13–18 Uhr, Samstag 8–12 Uhr

---

ÖLMÜHLE HASLACH

In der Ölmühle in Haslach wird das einst für die Gegend typische Leinöl erzeugt. Zusätzlich ergänzen Distelöl, Mohnöl, Kürbiskernöl oder Sonnenblumenöl das Sortiment.

Stahlmühle 1–2, 4170 Haslach an der Mühl, Tel.: +43/7289/712 16
www.oelmuehle-haslach.at

SUCHAN KAFFEERÖSTEREI

Peter Affenzeller bietet individuelle Röstmischungen für die Gastronomie und verwöhnt mit einer gepflegten Auswahl an Kaffeespezialitäten.

Suchan Café & Bar: Pfarrplatz 3, 4240 Freistadt
www.suchankaffee.at
Öffnungszeiten: Mittwoch bis Donnerstag 8–15 Uhr,
Freitag und Samstag 8–22 Uhr, Sonntag 9–12 Uhr
Suchan Kaffeerösterei: Werndlstraße 2/1, 4220 Freistadt
Öffnungszeiten: Dienstag 9–13 Uhr und 14–16 Uhr

PANKRAZHOFER

Most erzielte dank dem Ehepaar Eder eine neue Qualitätsstufe. Im Betrieb gibt es an ausgewählten Tagen auch Bio-Beef, Säfte und Essige zu kaufen.

Lugendorf 7, 4284 Tragwein, Tel.: +43/7263/882 95
www.pankrazhofer.at

BIOOBSTBAU PETERSEIL

Familie Peterseil produziert Äpfel, Erdbeeren, Pfirsiche, Marillen oder Trauben, auch veredelt zu Mosten oder Spezial-Essigen.

Statzingerstraße 10, 4225 Luftenberg, Tel.: +43/676/821 25 20 51
www.bioapfel.com

GRÜNDLING

Sabine und Franz Gründling verkaufen selbst gemachte Spezialitäten wie Moste und Weine und bieten zudem Kochkurse an.

Baderberg 1, 4320 Katsdorf, Tel.: +43/650/396 98 12
www.gruendling.at
Öffnungszeiten: Donnerstag bis Samstag 15–22 Uhr

BRENNEREI DAMBACHLER

Bereits mit 14 Jahren hat Florian Prückl aus Gutau mit dem Brennen von Schnaps begonnen. Als er 17 war, wurde die erste große Brennerei gekauft, heute reiht sich der Edeldestillateur in die Riege der großen Brenner ein. Florian Prückl produziert nicht nur herkömmliche Brände, sondern beweist auch in der Whisky- und Ginproduktion eine gute Nase. Und weil Destillate reife Früchte benötigen, hat Prückl auch 300 Zwetschken- und 600 Quittenbäume gepflanzt.

Neustadt 4, 4293 Gutau, Tel.: +43/664/254 66 54
www.dambachler.at

SIMANDL

Der Hof von Elfriede Sonnleitner und Siegfried Rathner ist ein malerisches Fleckchen im Innviertel. Mangalitza-Schweine leben im Freien und suhlen sich im Glück. Zu kaufen gibt es veredelte Produkte wie Schinken, Speck, Grammeln oder „Innviertler Reife", alles in Bio-Qualität.

Schiefeck 5, 5273 Roßbach, Tel.: +43/664/73 22 24 32
www.simandl.at

KLARLBAUER

In der Vielfaltsgärtnerei gedeihen 200 verschiedene Paradeiser-, Paprika- und Chilisorten. Zusätzlich verarbeitet die Familie Stockenhuber alte Getreidesorten wie Waldstaudenkorn (Arche des Geschmacks), Einkorn, Nacktgerste oder Nackthafer zu Nudeln, Grieß, Getreidereis oder Mehl.

Stiftstraße 7, 4090 Engelhartszell an der Donau, Tel.: +43/676/844 78 12 00
www.klarlbau.at
Öffnungszeiten: täglich 9–17 Uhr

STIFT ENGELSZELL

Das Trappistenkloster Engelszell in Oberösterreich braut mithilfe der Brauerei Hofstetten drei vollmundige Spezialbiere. So wie man es von Trappistenklöstern in Belgien, den Niederlanden und Frankreich kennt.

Stiftstraße 6, 4090 Engelhartszell an der Donau, Tel.: +43/7717/80 10
www.stift-engelszell.at

Einkaufstipps Hausruckviertel OBERÖSTERREICH

FISCH TRAWÖGER
Monika Trawöger zählt zu den letzten Berufsfischern am Traunsee und verkauft neben frischen Saiblingen, Forellen und Reinanken auch geräucherte Fische oder Fischinnereien in einer kleinen Holzhütte direkt neben der Hauptstraße in Altmünster.
Fischer in der Wies, Fischerweg 20, 4813 Altmünster, Tel.: +43/7612/899 21

POIGNER SEPP
Sepp Poigner setzt sich vehement für heimische Fischarten ein, besonders auch für den Riedling. Den gibt es nur im Traunsee, wo man ihn am liebsten über Holzkohle grillt und mit grobem Salz bestreut.
Fischerweg 3, 4813 Altmünster

VIELFALTSGARTEN FAIRLEBEN
Margit Mayr-Lamm und ihr Mann Josef bauen Paradeiser und andere zumeist seltene Gemüsesorten an, wie etwa fünffärbigen Mangold, Erdmandeln, Knollenziest oder rote Gartenmelde. Und eine Buschenschank gibt's obendrein.
Lindach 1, 4511 Allhaming, Tel.: +43/7227/71 50
www.fairleben.at
Öffnungszeiten: Juli bis Ende August Freitag 15–20 Uhr

WENSCHITZ
Helmut Wenschitz erzeugt edle Pralinen, Schokolade und Trüffel aus den besten Rohstoffen und ohne Konservierungsmittel.
4511 Allhaming 47, Tel.: +43/7227/71 15
www.wenschitz.at
Öffnungszeiten: Montag, Dienstag, Donnerstag, Freitag 7–18 Uhr, Mittwoch 7–12 Uhr

OBERÖSTERREICH Einkaufstipps Traunviertel/Salzkammergut

BIOHOF PEVNY

Auf dem idyllisch gelegenen Biohof werden Spezialitäten wie das vorweihnachtliche Störibrot gebacken. Interessierte können Backworkshops belegen. Eine wahre Köstlichkeit ist der selbst gemachte Eierlikör.

Ruprechtshofen 46, 4491 Niederneukirchen, Tel.: +43/7224/71 25
www.bio-pevny.at
Öffnungszeiten: Donnerstag 16–20 Uhr, Freitag 7.30–20 Uhr, Samstag 7.30–20 Uhr

---

ANGELTEICH SALMOS – GROSSALM

Gastrosoph Markus Moser ist unter die Buchautoren gegangen und hat ein Fischbuch geschrieben. Grundlage dafür ist seine Biofischzucht, die mit bestem Wasser von der Aurach versorgt wird und viel Platz für Saiblinge oder Forellen bietet. Selbst angeln ist auch möglich.

Fischzucht Salmos, In der Großalm 49, 4814 Neukirchen bei Altmünster
Tel.: +43/650/831 53 23, www.salmos.at
Öffnungszeiten: Freitag 10–18 Uhr, Samstag, Sonn- und Feiertag 9–18 Uhr, Dienstag 8–12 Uhr Rathausplatz Gmunden
Freitag 8–12 Uhr Südbahnhofmarkt Linz

BÄCKEREI MAISLINGER

Besonders empfehlenswert sind Mohnflesserl, Salzstangerl, Käsestangerl und Nussweckerl, die in mehreren Filialen erhältlich sind.

Auböckplatz 11, 4820 Bad Ischl, Tel.: +43/6132/237 28
www.baeckerei-maislinger.at
Filiale mit Tagescafé: Grazer Straße 50, 4820 Bad Ischl, Tel.: +43/6132/277 15
Öffnungszeiten: Montag bis Freitag 6–12.30 Uhr und 14–18 Uhr, Samstag 6–12 Uhr
Filiale mit Bauernladen „Mamvi": Brennerstraße 5, 4820 Bad Ischl
Tel.: +43/6132/219 73
Öffnungszeiten: Montag bis Freitag 6–12.30 Uhr, Samstag 6–12 Uhr

---

BIO-GRABNERHOF

Barbara Strasser hält das Wissen um traditionelles Kochhandwerk hoch und gilt als ambitionierte Seminarbäuerin auf der Landwirtschaftskammer. Auf dem Hof baut die Familie Bio-Getreide an und veredelt es zu köstlichen Broten, Teigwaren oder Knabbergebäck.

Steggraben 6, 4491 Niederneukirchen, Tel.: +43/7224/86 91
www.naturkosthaus.com

Einkaufstipps Hausruckviertel OBERÖSTERREICH

HROVAT'S RÖSTET

Barbara und Georg Hrovat beziehen ihre Bohnen aus fairem Handel und von einigen der besten Kaffeebauern der Welt. Darunter von Ulrich Salamun vom Kabarett-Trio Maschek, der in Nicaragua die Firma „biosfair" gegründet hat und Kaffee-Kleinbauern im Land unterstützt. Geröstet wird über Holzfeuer.

Kreuzplatz 19, 4820 Bad Ischl
www.hrovatsroestet.at
Öffnungszeiten: Montag bis Freitag 9–18 Uhr, Samstag 9–17 Uhr

---

GUT KRONEGG

Der Familienbetrieb Jaksch lässt die Schweinerassen Duroc und Mangalitza ganzjährig im Freien wühlen und veredelt sie zu geräuchertem Bauernspeck und diversen Würsten (Bratwürstl, Knacker, Käsekrainer, Hartwurstbunkerl im Leinensackerl und Salamibunkerl).

Lindbichlstraße 34, 4643 Pettenbach
almtaler-weideschweine.at

STRASSER

Robert Strasser ist ein leidenschaftlicher Befürworter von Rohmilch und produziert daraus einzigartige Butter, Bergkäse oder Rotschmierkäse. Mit dem traditionellen „Abgereiften" oder „Abgefaulten", einem Graukäse aus gereiftem Sauermilch-Topfen, ist er in der „Arche des Geschmacks" von Slow Food vertreten.

Egg 3, 4871 Frankenburg, Tel.: +43/7683/86 23
www.naturbauernhof.at

DAS IST
KÄRNTEN

Der Gurktaler Speck, ein traditionell luftgetrockneter Schinken

Kasnudeln mit Topfen und Kräutern oder süße Kletzennudeln, gefüllt mit Dörrbirnen (Kletzen)

Die Fische aus den Kärntner Seen

Aufgenommen in die
SLOW FOOD ARCHE DES GESCHMACKS

Der Talggen, ein Brei aus diversen mit Butter vermischten Getreiden

---

FOTO: MARCO ROSSI

Das kristallklare Wasser des Weißensees wird seit dem Mittelalter für seine Seeforellen gerühmt. Daran hat sich zum Glück nichts geändert.

WIRTSHÄUSER IN KÄRNTEN

1. **Restaurant Bachler**
2. **Alte Point**

DELLACH

3. **Einkehrgasthof Grünwald**
4. **Zollnerseehütte**

5. **Gastwirtschaft Der Tschebull**
6. **Restaurant Alte Burg Gmünd**
7. **Seebacher**

GRAFENSTEIN

8. **Der Hambrusch**
9. **Restaurant Moritz**

10. **Döllacher Dorfwirt**

HERMAGOR

11. **Bärenwirt**
12. **Schloss Lerchenhof**
13. **Gasthof Waldemar**

KLAGENFURT

14. **Gasthof Wispelhof**
15. **Die Kochwerkstatt**

16. **Gasthof zum Dorfschmied**

- 10 Großkirchheim
- 19 Mallnitz
- 6 Gmünd
- 21 Radenthein
- 20 Millstatt am See
- Spittal an der Drau 30 31
- Arriach
- Dellach 3 4
- Hermagor 11 12 13
- Villach

LIEBENFELS
- **17** Gasthaus „Zum Simale"
- **18** Wirtshaus Kunsthandwerk

- **19** Gasthof Alpenrose
- **20** Alexanderhütte & Sennerei
- **21** Metzgerwirt
- **22** Gasthof Liegl
- **23** Brunnwirt Kassl

ST. PAUL IM LAVANTTAL
- **24** Johannesmesner
- **25** Gasthaus Poppmeier

ST. VEIT AN DER GLAN
- **26** Buschenschenke Brunnerhof
- **27** Wirtshaus Gelter

- **28** Huaba Hittn
- **29** Hiasl Zirbenhütte

SPITTAL AN DER DRAU
- **30** Kleinsasserhof
- **31** Weisses Rössl

- **32** Wirtshaus Umadum
- **33** Schlossstern Velden
- **34** Gasthof Gasser

---

29 Sirnitz-Hochrindl
1 Althofen
23 Guttaring
7 Gnesau
St. Veit an der Glan
22 St. Georgen am Längsee
16 Klein St. Paul
28 Sauerwald
Liebenfels
17 18
26 27
33 **Klagenfurt**
Velden
14 15
Grafenstein
8 9
St. Paul im Lavanttal
24 25
5 Drobollach am Faaker See
32 Unteraichwald bei Latschach

KÄRNTEN Althofen

RESTAURANT BACHLER

Silberegger Straßer 1, 9330 Althofen, Tel.: +43/4262/38 35
www.bachler.co.at
Öffnungszeiten: Dienstag bis Samstag 10–14.30 Uhr und 17–24 Uhr,
Sonntag 10–16 Uhr
Ruhetag: Montag
Kreditkarten: Mastercard, Visa; Bankomat
Gastgarten

Bereits seit dreißig Jahren sind Ingrid und Gottfried Bachler Mitglieder der sogenannten **Aufkocher**, einer Vereinigung von Kärntner Wirten, die sich lokalen Lebensmitteln verschrieben haben.

Die Wirtin sorgt für besten Service und die richtige Weinbegleitung inklusive beachtlichem Angebot aus der **kleinen Kärntner Weinregion**. Gottfried steht in der Küche und pflegt die beachtliche Käseauswahl, in der auch **lokale Rohmilchkäse** nicht fehlen dürfen. Das Gemüse wird im eigenen Garten geerntet.

Wir starteten mit **geräucherter Lachsforelle** mit Schafmilchjoghurt und eingelegtem Rhabarber. Es folgte ein großartiges **Lammbeuschel** mit Knödel sowie ein mürber **Tafelspitz** mit gerösteten Erdäpfeln und Semmelkren.

Einen würdigen Abschluss bildeten der **Kaiserschmarren** mit dem Dinkelmehl vom Thausing, die **Kletzennudeln** mit haselnussbrauner Butter sowie die Variation von **Eissorten aus Biomilch** von Kühen, Schafen und Ziegen der Krappfelder Bäuerin.

Arriach **KÄRNTEN**

ALTE POINT

Am Dorfplatz 4, 9543 Arriach, Tel.: +43/4247/852 35
www.altepoint.at
Öffnungszeiten: 10–24 Uhr, durchgehend warme Küche
Ruhetage: Montag, Donnerstag
Kreditkarten: Mastercard, Visa; Bankomat
Gastgarten, Gästezimmer ab € 40

Empfangen wird man von der äußerst sympathischen und immer freundlichen Chefin Claudia Trügler, die gemeinsam mit ihren kompetenten Mitarbeitern für eine rundum **entspannte Atmosphäre** sorgt. In der Küche steht ihr Mann Bernhard.

Wir starteten mit einer sehr geschmackvollen **Bärlauchsuppe** serviert in der Espressotasse als Gruß aus der Küche, weiter ging es mit **karamellisiertem Ziegenfrischkäse** mit grünem Spargel.

Der **Saibling im Ganzen gebraten** vom Zuchtbetrieb Payr in Natmessnig mit Mandelbutter und Braterdäpfeln war wunderbar frisch. Als Tagesmenü gab es Cremesuppe vom Spargel, **Gulasch vom Kalb** mit Sauerrahm und Butterspätzle. Sehr gut auch die **Kärntner Fleischnudel** mit Speckgrammerln und Sauerkraut sowie die Kärntner Käsnudel mit Butterschmalz, Schnittlauch und Salat. Und für hinterher die **hausgemachte Haselnuss-Vanille-Schnitte.**

Die **Weinkarte mit Schwerpunkt Österreich** spielt alle Stückeln.

KÄRNTEN Dellach

EINKEHRGASTHOF GRÜNWALD

St. Daniel 17, 9635 Dellach, Tel.: +43/4718/677
www.gruenwald.dellach.at
Öffnungszeiten: Mittwoch bis Montag 11.30-21 Uhr, durchgehend warme Küche
Ruhetag: Dienstag, November geschlossen
Kreditkarten: Mastercard, Visa; Bankomat
Gastgarten

In St. Daniel im Gailtal gibt es gleich mehrere Slow Food Betriebe: das Biohotel Daberer, den Bio-Bergkäseproduzent und Slow Food Travel Genusshandwerker Zankl und mitten drinnen **neben der Kirche** den Gasthof Grünwald, geführt von Ingeborg und Gudrun Daberer.

Die beiden Schwester gelten als die **Kärntner-Nudel-Königinnen**, gleich zwanzig verschiedene Sorten Kärntner Nudeln werden das ganze Jahr mit unterschiedlichen saisonalen Produkten gefüllt – **gekrendelt** wird hier also fleißig und unaufhörlich.

Nicht nur Nudeln zeichnen die Küche der Schwestern aus. Schweinefleisch, Rindfleisch, Kalbfleisch, Speck, Erdäpfel, Milch und Brot kommen zu einem großen Teil aus der **eigenen Bio-Landwirtschaft**, um die sich Ingeborgs Ehemann Gerald sowie Sohn Valentin kümmern. Fisch liefert der Nachbar, das Gemüse kommt von **lokalen Bauern**.

Bier stammt aus der Loncium Brauerei in Mauthen, der Kaffee von der Kaffeerösterei Sangiusto in Kötschach. Die Weinauswahl ist gepflegt, immer wieder finden sich auch **Kärntner Winzer** auf der Karte.

Dellach KÄRNTEN

ZOLLNERSEEHÜTTE

Zollner 14 / Karnischer Höhenweg, 9635 Dellach, Tel.: +43/676/960 22 09
zollnerseehuette.oeav-obergailtal.at
Öffnungszeiten: Anfang Juni bis Anfang Oktober täglich 6–18 Uhr
Kreditkarten: keine
Gastgarten, Gästezimmer ab € 35

Maria und Toni Taurer bewirtschaften die Zollnerseehütte am Karnischen Höhenweg, der sich von Vierschach in Südtirol bis Thörl-Maglern zieht. Wer bei Familie Taurer einkehrt, kann Produkte genießen, die von den **Bauern und Genusshandwerkern** von den umliegenden Almen und aus dem Tal stammen.

Der Salat wird frisch geerntet auf der Gemüsefarm Kollmitzer, das **Natursauerteig-Brot** kommt vom Bäcker Thomas Matitz, das Fleisch vom örtlichen Fleischer, **Speck und Wurstwaren** indessen sind **hausgemacht**. Gailtaler Almkäse und der **einzigartige Almschotten** kommen von den angrenzenden Almsennereien.

Die **Kärntner Nudeln** werden von Ingeborg und Gudrun Daberer vom dafür bekannten Gasthof Grünwald bezogen. Auch der seltene **weiße Gailtaler Landmais** von Sepp Brandstätter findet seinen Platz in der Küche, wie zum Beispiel in der Zubereitung für die **Frittaten in der Rindsuppe**.

Den wunderbaren **Reindling** bäckt die Wirtin selbst. Ein echtes **Kärnter Frigga**, eine Art Käse-Omelette mit Speck, sowie **Kaiserschmarren, Gulasch und Jause** gibt's immer. Nur **manchmal** kommt auch ein frischer **Braten** aus dem Backrohr.

Auf industrielle Limonaden wird verzichtet, dafür gibt es **Holundersaft** und verschiedene **Kräutersäfte** aus hauseigener Erzeugung. Wer hier übernachtet, bekommt ein viergängiges Abendessen serviert sowie ein **wunderbares Frühstück**, für das alleine es sich auszahlen würde zu bleiben.

KÄRNTEN Drobollach am Faaker See

GASTWIRTSCHAFT DER TSCHEBULL

**Egger Seeuferstraße 26, 9580 Drobollach am Faaker See,
Tel.: +43/4254/219 10
www.tschebull.cc
Öffnungszeiten:** Montag bis Sonntag 12–21.30 Uhr
Kreditkarten: Mastercard, Visa; Bankomat
Gastgarten

Der Tschebull gilt als eines der **ältesten Gasthäuser Kärntens** und der Wirt Hannes Tschemernjak als regelrechte Referenz in Sachen **altösterreichische und Kärntner Küchentradition**. Dementsprechend hochgehalten werden hier regionale und saisonale Spezialitäten: Spargel aus dem Lavanttal im Frühjahr, Fisch aus Kärntner Seen im Sommer, lokale Kürbisse, Äpfel und Birnen im Herbst, Kärntner Karpfen und Gansln im Winter. Und übers ganze Jahr die **knusprig gebratene Ente** sowie das **in Butterschmalz gebackene Huhn**.

Man startet mit Kräuter-Honig-Leberstreich, **Entenleber-Parfait** oder klarer **Tafelspitzsuppe** mit Kräuterfrittaten aus sechs Eidottern oder deftigen **Kaspressknödeln** als Einlage.

Weiter geht's mit Gerichten, die sowohl der Donaumonarchie wie dem Kulturraum zwischen Adria und Alpen Tribut zollen. Wie etwa **Topfenhaluschka** aus Bauerntopfen mit Grammeln; friulanische **Zwölf-Dotter-Tagliatelle** mit Paradeisern, Wurzelspeck und Mangold oder urkärntnerischen und selbstverständlich **handgekrendelten Kasnudeln**.

Gleichfalls urkärntnerisch ist der **hausgemachte Reindling**, der als einer der besten überhaupt gilt.

Dazu **exzellente Weinauswahl** aus Österreich und dem Friaul.

Gmünd **KÄRNTEN**

RESTAURANT ALTE BURG GMÜND

Burgwiese 1, 9853 Gmünd, Tel.: +43/4732/36 39
www.alteburg.at
Öffnungszeiten: Mai und Juni warme Küche Mittwoch bis Samstag 11–20 Uhr,
Sonntag 11–19 Uhr;
Juli und August täglich 11–21 Uhr
Ruhetage: Montag, Dienstag in Mai und Juni
Kreditkarten: Mastercard, Visa; Bankomat
Gastgarten

Der Maltataler Luk Straßer und seine Gattin Ula haben es sich zur Lebensaufgabe gemacht, die Alte Burg Gmünd **kulinarisch zu beleben** und zur „**Spätzleburg**" umzuwidmen. Was insofern stimmig ist, als die Hausherrin aus dem Schwabenland stammt und vergangenen Sommer ihr Spätzlekochbuch präsentierte.

So wird diese schwäbische Spezialität in vielfachen Variationen angeboten. Wie zum Beispiel in Form von **Ziegenkässpätzle** mit Käse vom Bio-Ziegenhof Sima aus dem Maltatal. Die Eier für die Spätzle legen die Hühner von Bauer Truskaller in Malta, von wo auch der Kärntner **Laxn, eine lokale Seeforelle**, stammt.

In der Saison dominieren **Schwammerlgerichte** die Karte. Zusätzlich gibt es deftiges **Blunzen-Gröstl** oder **hausgemachte Sulz** mit Bratkartoffeln vom Erdäpfelbauern Feistritzer im Maltatal.

Die Alte Burg verfügt über einen **eigenen Weingarten**, serviert werden zudem hausgemachte Säfte wie **Traubensaft, Zirbensaft und Holundersaft**. Die Weinkarte legt den Schwerpunkt auf österreichische Weine mit einigen internationalen Positionen.

Häufig werden auf der **kinderfreundlichen Burg** auch Vernissagen, Konzerte und Theatervorführungen veranstaltet.

KÄRNTEN Gnesau

SEEBACHER

Gurk 23, 9563 Gnesau, Tel.: +43/4278/257
www.seebacher.at
Öffnungszeiten: Montag bis Samstag 12-22 Uhr, Sonntag 12-19 Uhr
Ruhetag: Mittwoch
Kreditkarten: Mastercard, Visa; Bankomat
Gastgarten

In ruhiger Lage mitten in den Nockbergen liegt dieses beschauliche Landgasthaus mit seinen **urgemütlichen Stuben,** der intimen **Rauchkuchl** und der **Kegelbahn** zum ausgelassenen Feiern. Fisch, Geflügel und Fleisch stammen aus nächster Umgebung.

Herrliche Suppen wie **Gurktaler Speckknödelsuppe** oder hausgemachte **Knoblauchsuppe** sind Standard, genau wie die hausgemachten **Kasnudeln** und die **gebratene Forelle** von der Fischzucht Andreas Hofer mit Knoblauch- oder Mandelbutter.

Ab September gibt es **Wild** aus den umliegenden Wäldern, im November **Gansln** vom Biohof Hafner und zur Weihnachtszeit den **Gurktaler Karpfen** mit Wurzelgemüse und Kren oder gebacken mit Erdäpfelsalat.

Grafenstein **KÄRNTEN**

DER HAMBRUSCH

Klopeinerstraße 1, 9131 Grafenstein, Tel.: +43/4225/245 00
www.derhambrusch.at
Öffnungszeiten: Mittwoch bis Samstag 8–24 Uhr,
Sonn- und Feiertag 9–22 Uhr
Ruhetage: Montag, Dienstag
Kreditkarten: Mastercard, Visa; Bankomat
Gastgarten

In ihrem Hambrusch in Grafenstein schöpft die Gastronomie-Jungfamilie Waltraud und Martin Hudelist aus dem Vollen, sind doch rund um die Ortschaft **ausgezeichnete Erzeuger** beheimatet, die das Gasthaus mit höchster Qualität beliefern.

Wildfleisch, Bentheimer Schwein und Eier liefert Egon Flora, die Kartoffeln kommen von Johann Illaunig, der Honig von Valentin Michor und das **Kürbiskernöl** nicht aus der Steiermark, sondern von Markus Tschischey **aus Kärnten**. Salate liefert der Biohof Komar vom Klopeinersee, das Gemüse die Familie Robitsch.

Schweinsbauch vom Grill mit Püree und Letscho, **Pferdegulasch** mit Gebäck oder **Fischspieß** mit Polenta und Fenchel stehen auf der Speisekarte.

Selbst gemachte Säfte, Bier aus der Region und Wein ausschließlich aus Österreich werden empfohlen.

KÄRNTEN Grafenstein

RESTAURANT MORITZ

Oberwuchel 5, 9131 Grafenstein, Tel.: +43/664/424 03 16
www.restaurantmoritz.at
Öffnungszeiten: warme Küche Dienstag bis Samstag 17–21 Uhr
Ruhetage: Sonntag, Montag
Kreditkarten: Mastercard, Visa; Bankomat
Gastgarten

Anja-Margaretha Moritz und Roman Pichler betreiben dieses im satten Grün der **saftigen Wiesen und Felder** Unterkärntens eingebettete Gasthaus. In Romans Küche dominieren Gemüseraritäten aus dem **Hausgarten** sowie seltene Blüten und Kräuter aus Wald und Wiese.

Als Vorspeise gibt es **Schaumsuppe von der jungen Erbse** mit Bauernschinken und Lavendelbrioche. Es folgt eine **Quellwasserforelle** von Albin Offner aus Krejanzach **auf Müllerin-Art** mit Mandeln, Knoblauch und Bio-Petersilkartoffeln von Familie Viertmayr, dazu gemischte Blattsalate aus dem Hausgarten. Und zum Abschluss ein **Sorbet aus grünem Apfel**, Basilikum und Himbeere.

Die **Weinkarte** lässt keine Wünsche offen und zählt zu den spannendsten des Landes. **Holundersaft und Minze-Melissen-Saft** sind selbst gemacht.

Großkirchheim KÄRNTEN

DÖLLACHER DORFWIRT

Döllach 79, 9843 Großkirchheim, Tel.: +43/4825/210
www.hotelchen.at
Öffnungszeiten: Mitte Dezember bis Ostern und 1. Mai bis Mitte Oktober,
Mittwoch bis Montag 11.30–20.30 Uhr
Ruhetag: Dienstag
Kreditkarten: Mastercard, Visa; Bankomat
Gastgarten, Zimmer ab € 55

Der prachtvolle **500 Jahre alte Familienbetrieb** wurde 2001 umgebaut und gefühlvoll renoviert. Die Wirtsleute Katja und Hubert Ziervogel sind äußerst bedacht, was **Umweltschutz** betrifft. Die Baustoffe kommen aus der Region, beheizt wird das gesamte Haus mit **Holz aus der Gegend**.

Wunderbar als Vorspeise das **Carpaccio vom gebeizten Hirschrücken** aus eigener Jagd mit Rotkrautsalat, Maronen, Backpflaumen und Preiselbeeren und Heublumenkäse von der Kaslabn aus Radenthein. Auch eine **Suppe aus handgemähtem Astner Almheu** mit Speckwürfeln und ein **Lammcurry vom Glocknerlamm** mit Couscous-Kroketten und grünen Bohnen schmecken ausgezeichnet. Dazu gibt es **Kaspressknödel** und **Schlipfkrapfen** sowie **Blut- und Leberwurstgröstl**.

Zum Abschluss sollte man unbedingt die **Nockerln vom weißen Gailtaler Landmais** mit saisonalen Früchten probieren.

Angeboten wird **Wein aus Österreich**, das Bier kommt von der Biermanufaktur Loncium, das **Mineralwasser aus dem Defereggental**, der Apfelsaft vom Obsthof Kunz aus Dölsach.

KÄRNTEN Guttaring

BRUNNWIRT KASSL

Unterer Markt 22, 9334 Guttaring, Tel.: +43/4262/8125
www.kassl-brunnwirt.at
Öffnungszeiten: Donnerstag bis Dienstag 11–23 Uhr,
warme Küche 11–14 Uhr und 17.30–21 Uhr
Ruhetage: Mittwoch, Jänner bis April auch Donnerstag
Kreditkarten: keine
Gastgarten

Der Kassl Brunnwirt ist ein Restaurant mit angeschlossenem Hotel und eigener Fleischerei. Im Sommer sitzt man im toskanisch anmutenden Gastgarten und lauscht dem **Brunnengeplätscher**, ansonsten im **eleganten Gastraum**.

Das Mahl eröffnete ein Aufstrich vom **Bauerntopfen mit heimischen Flusskrebsen** und dazu frisches Bauernbrot sowie ein **Erdäpfelsupperl** mit Eierschwammerln.

Es folgten knackige **Steinpilze** zart in Butter angebraten auf gerührter Polenta und eine **gefüllte Kalbsbrust** mit Safterl, die einen an die Küche der eigenen Großmutter erinnert. **Kärntner Kasnudeln** sind selbstverständlich hausgemacht und werden mit Butterbröseln serviert.

Als Nachspeise empfehlen sich die **Walderdbeeren an Vanilleeis**.

Äußerst gediegen auch die Weinauswahl.

Hermagor **KÄRNTEN**

BÄRENWIRT

Hauptstraße 17, 9620 Hermagor, Tel.: +43/4282/20 52
www.manuelressi.com
Öffnungszeiten: warme Küche Mittwoch bis Sonntag 12–14 Uhr,
Dienstag bis Samstag 17–21 Uhr
Ruhetag: Montag
Kreditkarten: Mastercard, Visa; Bankomat
Gastgarten, Gästezimmer ab € 60

Claudia und Manuel Ressi waren viele Jahre in Wien in der Gourmetwelt zu Hause, bevor sie beschlossen **zurück in ihre Heimat**, nach Hermagor im Gailtal, zu gehen. Hier führen sie den Bärenwirt, ihre Kinder wachsen in einem wunderschönen Tal auf, und trotzdem können die beiden ihre **Ideen umsetzen**.

Dem **Hauptplatz von Hermagor** haben die beiden mit dem Bärenwirt wieder eine Seele gegeben. Von weit her reisen inzwischen die Gäste an, um in den **Genuss der Küche** des Bärenwirts zu kommen.

Manuel Ressis **Bio-Hendl mit fermentiertem Spargel** ist in der Saison eine Bank, sein legendäres **Kalbsbeuschel** mit Senfsalat, Gurkerl und Serviettenknödel ebenso. Die **Gailtaler Ripperl** werden mit dem „Schwarze Gams"-Bier der nahen Brauerei Loncium und Maiwipferl mariniert und **gegrillt**, dann mit Spitzkraut serviert – handfeste regionale Spitzenküche.

Hinterher locken Stachelbeeren mit Akazienblüten, Schafstopfen, Muscovadozucker und **Pfirsichsorbet** oder grandioser **Kaiserschmarren** mit Zwetschkenröster, Vanilleeis und Eberraute.

Selbst **eingemachtes Gemüse** gibt es im „Kleinen Bären" gegenüber des Bärenwirt zu kaufen. Hier, im **alten Nachtwächter-Haus**, haben die Ressis auch drei entzückende Schlafzimmer eingerichtet.

KÄRNTEN Hermagor

SCHLOSS LERCHENHOF

Untermöschach 8, 9620 Hermagor, Tel.: +43/4282/21 00
www.lerchenhof.at
Öffnungszeiten: Dienstag bis Sonntag 11.30–14 Uhr und 17.30–21 Uhr
Ruhetag: Montag
Kreditkarten: Diners, Mastercard, Visa; Bankomat
Gastgarten, Gästezimmer, ab € 49

Auf einer Kuppe über Hermagor liegt der einladende Betrieb der Familie Steinwender. Die von **uralten Bäumen** begrenzte Einfahrt öffnet sich und gibt den Blick frei auf ein **stattliches Herrenhaus** im Stil des **Biedermeier**, umgeben von einem gepflegten Garten. In den stimmig eingerichteten Gaststuben findet man auf der Speisekarte die Schätze der Umgebung und des Hauses.

Neben den Klassikern wie **Innereien**, dem **Schnitzel vom Hausschwein** oder **gebratenem Kalb** kann man auch Kleinigkeiten wählen. Dabei sollte man sich unbedingt etwas von den hausgemachten Raritäten vom Speck gönnen, darunter der klassische **Gailtaler Speck**, der **Castello Vino** – ein Speck, der in Kärntner Wein eingelegt wurde –, der **Wiesenkräuterspeck** oder der geniale **Bratspeck**.

Dazu gibt es **Biere** aus der Brauerei Loncium und eine gepflegte Auswahl an **Weinen**.

Hermagor **KÄRNTEN**

GASTHOF WALDEMAR

Kreuth 2, 9620 Hermagor, Tel.: +43/4282/22 66
www.waldemar.at
Öffnungszeiten: Freitag bis Dienstag 12–14 und 17.30–21 Uhr
Juli, August täglich 17.30–21 Uhr
Ruhetage: Mittwoch, Donnerstag
Kreditkarten: Mastercard, Visa; Bankomat
Gastgarten

In Kreuth, hoch über Hermagor betreibt Wolfgang Winkler mit seiner Familie den Gasthof Waldemar. Gelernt hat Wolfgang sein Handwerk bei Köchin Sissy Sonnleitner in Kötschach-Mauthen und bei Hannes Müller am Weißensee. Danach kehrte zurück ins Gailtal, um den **elterlichen Betrieb** zu übernehmen.

In der **eigenen Landwirtschaft** werden Milch, Butter, Eier, Fleisch, Fisch, Gemüse und Obst erzeugt. Hinterm Hausen weiden **Hochlandrinder**, dort liegt auch ein **Forellenteich**.

Wir bestellten **gebackenen Kalbskopf** auf Kürbiscreme mit Sellerie, **Blutwurst** auf Sauerkraut und Bratkartoffeln, **Kalbsbeuschel** mit Knödeln sowie Braten vom Hochlandrind mit selbst gemachten Spätzle und Eierschwammerln. Alles wunderbar erdig und stimmig.

Für Kinder ist dieser Gasthof mit angeschlossener Landwirtschaft **ein wahres Erlebnis**.

KÄRNTEN Klagenfurt

GASTHOF WISPELHOF

Feldkirchner Straße 29, 9020 Klagenfurt, Tel.: +43/463/553 98
www.wispelhof.at
Öffnungszeiten: Montag bis Samstag 11–23 Uhr,
warme Küche 11.30–14 Uhr und 17.30–21 Uhr
Ruhetag: Sonntag
Kreditkarten: Mastercard, Visa; Bankomat
Gastgarten

Thomas Kropfitsch ist Koch und Wirt mit Leidenschaft. Im Jahr 2014 erwarb er den **1784 gegründeten** Wispelhof, eine Klagenfurter Institution, und baute ihn **vom Kellergewölbe bis zum Gastgarten** aufwendig und geschmackvoll um. Der Wirt steht höchstpersönlich in der Küche und widmet sich einer **bodenständigen und lokalen Küche**.

Wie zum Beispiel im Fall der herrlichen, von Hand gekrendelten **Kärntner Kasnudeln**. Sehr gelungen auch das zarte **Schweinsbratl mit Krusterl**, der **rosa Rücken vom Tauernlamm** oder das klassische **Wiener Schnitzel**, das er in Butterschmalz herausbäckt.

Sehr gut auch das **Brennnesselsupperl** mit Wachtelei als Vor- und die gebackene **Holunderstrauben** als Nachspeise.

Klagenfurt **KÄRNTEN**

DIE KOCHWERKSTATT

Benediktinerplatz 15–16, Markthalle, 9020 Klagenfurt, Tel.: +43/664/217 88 77
www.facebook.com/kochwerkstatt-am-markt.at
Öffnungszeiten: Dienstag bis Samstag 9–18 Uhr, warme Küche ab 11 Uhr
Ruhetage: Sonntag, Montag
Kreditkarten: keine
Gastgarten

Nach langer Zeit im Ausland kehrte Christian Cabalier im Jahr 2015 in seine Heimatstadt zurück, um am stimmungsvollen **Klagenfurter Benediktinermarkt** diesen Stand zu betreiben.

Die Küche ist **kärntnerisch-mediterran** ausgerichtet, die **Weinauswahl geradezu gewaltig**, sie beinhaltet auch Etiketten aus dem nahen Ausland wie etwa aus Slowenien oder Italien.

Die kleine Speisekarte listet **acht Gerichte**, die wöchentlich wechseln. Wir freuen uns über **Ziegenkäse aus Kärnten** auf Tomaten-Couscous-Basilikum zur Vorspeise, gefolgt von einem geradezu wundervollen und gut gewürzten **Beef Tatar** mit marinierten Eierschwammerln und zum Abschluss **Vanille-Tonkabohnen-Creme-Brûlée** mit Weichselröster.

Reservierung dringend empfohlen, besonders zur Mittagszeit.

KÄRNTEN Klein St. Paul

GASTHOF ZUM DORFSCHMIED

Marktstraße 16, 9373 Klein St. Paul, Tel.: +43/4264/22 80
www.zumdorfschmied.at
Öffnungszeiten: warme Küche Mittwoch bis Samstag 12–13.30 Uhr
und 18–20.30 Uhr, Sonn- und Feiertag 12–14 Uhr,
Juli und August nur Buschenschankbetrieb
Ruhetage: Montag, Dienstag
Kreditkarten: Mastercard, Visa; Bankomat
Gastgarten, Gästezimmer ab € 50

Der Dorfschmied ist ein Familienbetrieb wie aus dem Bilderbuch. Alle im **Buschenschank** verabreichten Speisen wie Speck, Lardo, getrockneter Rinderschinken stammen aus der **eigenen Landwirtschaft**, das Wildfleisch von der **lokalen Jägerschaft**. **Selbst gebackenes Brot**, die speziellen **grünen Nüsse**, eigener **Apfelsaft und Most** und nicht zu vergessen der hervorragende **Birnenschaumwein** begeistern die Gäste.

Ab September beginnt der **Restaurantbetrieb**, für den man gleichfalls auf hauseigene Lebensmittel setzt. Die **Schlickkrapferlsuppe**, der **Zwiebelrostbraten** vom eigenen Rind, die **gefüllten Zucchini** und der legendäre **Eisreindling** sind allesamt perfekt zubereitet.

Im November gibt es vier Tage lang den sogenannten **Schlachtschmaus**. Dann gibt's **Selchwürste**, Bratwürste, **gebackene Leberknödel** und Blutwurstvariationen wie Blutwurst-Nudeltascherl, **Blutwurststrudel**, Miniblutwürste, Erdäpfelknöderl mit Blutwurst gefüllt.

Am besten bucht man gleich ein Zimmer dazu, denn es wäre ewig schade, auf die Verkostung der exzellenten **hausgebrannten Fruchtbrände** verzichten zu müssen.

Liebenfels **KÄRNTEN**

GASTHAUS „ZUM SIMALE"

Kreuth 12, 9556 Liebenfels, Tel.: +43/664/430 10 60
www.aufderwegscheide.at
Öffnungszeiten: warme Küche Mittwoch bis Sonntag ab 11 Uhr
Ruhetage: Montag, Dienstag
Kreditkarten: keine
Gastgarten

Auf 1.134 Meter Seehöhe liegt das Gasthaus Zum Simale, wo die Wirtin Andrea Kogler noch **am holzbefeuerten Herd** kocht, und zwar nach **alten Rezepten** und mit viel wildwachsenden Kräutern.

Geschriebene Speisekarte gibt es keine, mündlich angeboten werden köstliche **Krensuppe**, herrliche **Schlickkrapferln** sowie ein sensationelles **Bratl mit frischen Kräutern** und Wimitzbier (ein lokales Bier), das langsam im Holzofen geschmort hat.

Andreas Leidenschaft gilt der Jagd. Wunderbar der Wildburger, die diversen **Wildbraten** sowie die **faschierten Laberln vom Wild**. Fisch, Kalb, Rind und Geflügel liefern Kärntner Bauern.

Fleischloses gibt es auch, wie etwa die **Dinkel-Schafskäse-Nudel**, den Gemüsestrudel, die **Nudel mit Wildkräuter-Pesto** (Löwenzahn-Pesto, Giersch-Rotklee-Pesto) sowie die Linsen- oder Vollmilch-Topfenlaberl.

Zum Nachtisch gibt es einen der besten **Apfelstrudel** weit und breit. Großartig aber auch die **Hadntorte im Glas**.

Säfte von Maiwipferln, Zitronenmelisse, Lavendel, Holler und **Löwenzahn** sind hausgemacht.

KÄRNTEN Liebenfels

WIRTSHAUS KUNSTHANDWERK

Forsthaus Radelsdorf 1, 9556 Liebenfels, Tel.: 0664/357 46 12
www.wirtshaus-kunsthandwerk.at
Öffnungszeiten: nur mit Reservierung
Dienstag bis Samstag 17–21 Uhr, Sonntag 12–15 Uhr
Ruhetag: Montag
Juli bis September auch Sonntag
Kreditkarten: Visa; Bankomat
Gastgarten

Hannes Magnet steht in der Küche, unterstützt von Sohn Sammy, während Wirtin Angelika sich um den Service kümmert. Hauptdarsteller in dem Gasthaus sind jedoch die **lokalen Bauern und Bioproduzenten**. Die Gerichte sind frisch zubereitet und genauso einfach wie überzeugend.

Darunter etwa der **Rapunzelsalat** mit gebratenem Speck und Erdäpfeln, die **gebeizte Seeforelle** mit Wildkräutern und sautierten Eierschwammerln sowie die Nudelvariationen: **Biokäsenudeln** und Schafkäsenudeln aus Demeter-Dinkelmehl, **Spinatnudeln** mit Parmesan, Schnittlauch, Salbei und Rosmarinbutter. Oder das **rosa gebratene Lamm-Nüsschen** mit Gemüse und gerührter Demeter-Polenta.

GASTHOF ALPENROSE
SEEHÄUSL

Stappitz 12, 9822 Mallnitz, Tel.: +43/4784/389
alpenrose.peak.at
Öffnungszeiten: täglich von 20. Mai bis 5. Oktober
und 20. Dezember bis Ostern
Kreditkarten: keine
Gastgarten, Zimmer ab € 53

Der Gasthof Alpenrose befindet sich im Nationalpark Hohe Tauern, dem größten Naturschutzgebiet im gesamten Alpenraum. **In der Küche steht die Wirtin** Christine Fercher, genannt Seehäusl-Christl, ihr Mann Alois kümmert sich um die **Landwirtschaft**. Aus der stammen zum Beispiel die Frischmilch, die Butter, der Käse, das Fleisch und der Speck.

Wunderbar das **Ziegenkäseomelette** mit Basilikum und Tomatensalat, die **Linsensuppe mit Speck** und die **Mölltaler Graukäsesuppe**, aber auch das herrliche **Ritschert**, die frische **Gebirgsforelle** mit Petersilkartoffeln und das **Lammragout** mit Reis.

Brot wird selbst gebacken, ein Traum sind die **hausgemachten Mehlspeisen** wie die legendäre Linzertorte, dazu wird Zotter **Bio-Trinkschokolade** angeboten. Die **Weinkarte** bietet auch einige Kärntner Etiketten.

KÄRNTEN Millstatt am See

🚜 ALEXANDERHÜTTE & SENNEREI

Öttern 2, 9872 Millstatt am See, Tel.: +43/4766/26 23
www.alexanderhuette.at
Öffnungszeiten: täglich von Anfang Mai bis Anfang Oktober,
bei Schönwetter auch an Novemberwochenenden
Kreditkarten: Bankomat
Gastgarten, Gästezimmer ab € 35

Auf 1.780 Meter Seehöhe thront die Alexanderhütte über dem Millstätter See mit **grenzenlosem Ausblick** auf den See, die Julischen Alpen und bis nach Italien.

In ihrer **Bio-Sennerei** verarbeiten Uschi und Franz Glabischnig die Milch ihrer 17 Kühe der Rasse Pinzgauer und Tiroler Grauvieh zu **Harber Kas** aus Magermilch, **Schüsselkas** und **Glundner, Schnittfrischkäse** mit Walnüssen, Knoblauch und Thymian, **Alm-Mozzarella** und **Alm-Topfen**. Und natürlich zu herausragender Butter.

Salami und Bergwurst liefern die Bio-Almschweine, das Roggenvollkornbrot wird aus Sauerteig gebacken. Salate, Kraut, Kräuter, **Jungrind und Kalbfleisch** kommen vom Biohof Portisch, frischer Fisch wie etwa **Reinanken** aus dem Millstätter See. Gekocht wird am Holzherd. Einen wundervollen Abschluss bildet Uschis luftiger **Kaiserschmarren**.

Montags und mittwochs werden um 15 Uhr kostenlose Sennerei-Führungen angeboten.

Radenthein **KÄRNTEN**

METZGERWIRT

Hauptstraße 22, 9545 Radenthein, Tel.: +43/4246/20 52
www.metzgerwirt.co.at
Öffnungszeiten: Dienstag bis Donnerstag 11–23 Uhr,
warme Küche 11.30–14 Uhr und 17.30–21 Uhr
Ruhetag: Mittwoch
Kreditkarten: Diners, Mastercard, Visa; Bankomat
Gastgarten

Eingebettet **zwischen Bergen und Seen** liegt der Metzgerwirt in der Stadt Radenthein, die wegen der hohen Granat-Vorkommen auch Granatstadt genannt wird. Das Ehepaar Stadler bewirtschaftet das Haus **in vierter Generation**, seit 1909.

Spezialitäten des Metzgerwirts sind die hausgemachten Schinken, der **luftgetrocknete Granatschinke**n und der leicht geräucherte Nock-Schinken. Auf der Zunge zergeht das wunderbare **Carpaccio vom Nockbeef**.

Exzellent auch die Innereien wie **Bries, Beuscherl, Kutteln, Niere**, die immer wieder auf der Karte stehen. Trotz seines Namens ist der Metzgerwirt aber auch auf **frische Fische** aus dem nahen und klaren Millstättersee spezialisiert, darunter Saiblinge, Hechte, Reinanken oder Barsche, die Emanuel Stadler je nach Fang anbietet und auf den Punkt gart.

Unter den Nachspeisen überzeugen die **hausgemachten Torten** sowie die schokoladenen Granatpralinen.

KÄRNTEN St. Georgen am Längsee

GASTHOF LIEGL

St. Peter bei Taggenbrunn 2, 9313 St. Georgen am Längsee
Tel.: +43/4213/21 24
www.gasthof-liegl.at

Öffnungszeiten: 11–23 Uhr, warme Küche 11.30–14 Uhr und 17.30–21 Uhr
Ruhetage: Dienstag, September bis Ende April auch Mittwoch
Kreditkarten: American Express, Diners, JCB, Mastercard, Visa; Bankomat

Gastgarten

Unweit der **Burg Taggenbrunn** und nur wenige Minuten vom Längsee entfernt liegt dieses Gasthaus, das in dritter Generation von Familie Warmuth-Liegl betrieben wird.

Man betritt das Haus durch einen **hübschen Garten**, in dem die Kräuter für die Küche gezogen werden. Das Augenmerk liegt ganz deutlich auf besten regionalen Produkten aus **biologischer und bäuerlicher Erzeugung**. Die frischen Fische kommen aus der Gurk, die Flusskrebse aus der Drau.

Wunderbar das **Carpaccio vom Kärntner Saibling** mit Orangen-Basilikum-Schaum. Ein Hochgenuss auch die zarte **Beiried vom Almochsen** mit Kräutern überbacken. **Schweinefleisch** stammt vom eigenen Hof, **Speck und Würste** sind hausgemacht und können im Hofladen erstanden werden. Bilderbuchhaft geraten die **Kärntner Kasnudeln**, die von Hand gekrendelt sind und unverfälscht nach Topfen, Erdäpfeln und Nudelminze schmecken.

Ein wahrer Genuss sind auch Desserts wie Kärntner Kletzennudeln mit Honigbutter und Zimt, die **Nussknödel** mit Schokoladenkern, Vanillesoße und weißem Schokoladeneis sowie die hausgemachten **Sorbets und Eiscremen**.

Die **Weinauswahl** ist gepflegt und umfasst auch Kärntner Etiketten.

St. Paul im Lavanttal **KÄRNTEN**

JOHANNESMESNER

Johannesberg 2, 9470 St. Paul, Tel.: +43/4357/23 00
www.johannesmesner.at
Öffnungszeiten: Mittwoch bis Montag 10–20 Uhr
Ruhetag: Dienstag
Kreditkarten: keine
Gastgarten, Zimmer ab € 30

„Lavanttal – das Paradies Kärntens" lautete einst ein Slogan, um das fruchtbare Kärntner Tal zu bewerben. Eine Familie, die es versteht, mit der Natur achtsam umzugehen und diese behutsam zu nutzen, um **dieses Paradies zu bewahren**, ist die Familie Thonhauser.

Der **300 Jahre alte** Gasthof Johannesmesner, gelegen auf 600 Meter Seehöhe, ist umgeben von Wald und Wiesen und ganzjährig geöffnet. **Ganzjährig** ist auch das Bemühen der Betreiber, ihren Gästen eine besondere Herberge mitten in der Natur über St. Paul zu bieten.

Säfte, Edelbrände, Liköre und Apfelweine erzeugt man selbst, die hauseigenen Schweine werden **am Hof geschlachtet** und zu wunderbaren Jausenspezialitäten verarbeitet. Das **Brot wird selbst gebacken** und die **Mehlspeisen** kommen frisch aus dem Ofen.

Wunderbar die Brote wie **Speckbrot,** Glundner(käse)brot, Schweinsbratenbrot, Bratlfettbrot und **Saures-Käse-Brot**, aber auch die herrlichen **Kärntner Nudeln**. Allesamt köstliche Begleiter zu **Apfelsaft, Apfelmost und Apfelwein**. Und zum Abschluss ein Stück **Reindling** oder die Topfentorte.

KÄRNTEN St. Paul im Lavanttal

GASTHAUS POPPMEIER

Hauptstraße 4, 9470 St. Paul im Lavanttal, Tel.: +43/4357/20 87
www.poppmeier.co.at
Öffnungszeiten: Dienstag bis Samstag 8–24 Uhr, Sonntag 8–14 Uhr
Ruhetag: Montag
Kreditkarten: Mastercard. Visa; Bankomat
Gastgarten

Drei Generationen der Familie Poppmeier arbeiten in diesem freundlichen Gasthaus mit seinen **gemütlichen Stuben**. Gisela Poppmeier ist für den Service verantwortlich, in der Küche steht ihr Mann Richard.

Der Seniorchef ist Fleischhauermeister und sorgt bis heute für Begeisterung mit seinem **Leberkäse** und der **Braunschweiger**, die er **immer dienstags** erzeugt. Die Seniorchefin und die Zwillinge Lisa und Lena helfen im Betrieb mit. Den lokalen Erzeugern wird auf der Speisekarte gehuldigt.

So startet man etwa mit **Schafskäse von Nuart** und **Räucherfischen von Marzi** auf knackigen Salaten von Errath. Oder einfach mit **saurer Haussulz** mit Kernöl oder einer **Fleischstrudelsuppe**.

Es folgen **gebratenes Saiblingsfilet** von Marzi mit Knoblauch von Holzer beziehungsweise die **Sankt Pauler Nudel-Variation** (Topfen, Gemüse, Kräuter, Fisch, Spinat) mit brauner Butter und Salat oder die genauso einfachen wie wunderbaren Kärntner **Käsnudeln** gleichfalls mit brauner Butter und Salat.

Zum Abschluss werden **Topfenreinkalan** mit Honigbutter oder Kuchen aus der Vitrine angeboten.

St. Veit an der Glan **KÄRNTEN**

BUSCHENSCHENKE BRUNNERHOF

Pirkfeld 1, 9300 St. Veit an der Glan, Tel.: +43/664/430 05 56
www.brunnerhof.cc
Öffnungszeiten: von Muttertag bis Weihnachten
Mittwoch bis Sonntag 12–20 Uhr
Ruhetage: Montag, Dienstag
Kreditkarten: keine
Gastgarten

Der Brunnerhof liegt in Sichtweite der **Burg Hochosterwitz** und besticht mit angenehmem Ambiente und großartigem Gastgarten. Die gewinnende Art der Wirtin sorgt für **Wohlbefinden**.

Rund ums Haus laufen **Perlhühner**, suhlen sich **Schweine** und grasen **Galloway-Rinder**. Die hauseigenen **Bio-Weidegänse** kommen zu Martini in den Ofen.

Wunderbar die **Jause** mit Schinken, Salami und Glundner Käse. Hausgemachte **Säfte und Most** runden das Angebot ab.

KÄRNTEN St. Veit an der Glan

WIRTSHAUS GELTER

Goggerwenig 8, 9300 St. Veit an der Glan, Tel.: +43/4212/368 78
www.wirtshaus-gelter.at
Öffnungszeiten: Donnerstag bis Montag 11–22 Uhr
Ruhetage: Dienstag, Mittwoch
Kreditkarten: Bankomat
Gastgarten

Der liebevoll gestaltete Gasthof verfügt über eine **angeschlossene Brauerei**. Auf der in Kärntner Mundart geschriebenen Speisekarte findet sich eine kräftige, bestens gewürzte Rindsuppe mit **Frittaten oder Leberknödel** sowie wunderbar gegartes **Wangerl vom Kärntner Blondvieh** mit Bertram-(Estragon-)Spätzle.

Die Fische kommen aus der Engen Gurk, und die **Laxn** gibt es mit Mandelbutter.

Kalte Gerichte sind die **klassische Jause** und diverse belegte Brote. Regionales Gespür, saisonale Schwerpunkte und ein geschmackvolles Tagesgericht erfreuen den Gast.

Der Service ist unaufgeregt, **freundlich und aufmerksam**. Das Bier aus der Hausbrauerei ist bekömmlich, es wird von Christian Gelter mit Leidenschaft gebraut und am Tisch zelebriert.

Eine bestens ausgesuchte Auswahl an **heimischen Weinen** rundet ein gut durchdachtes Angebot ab.

Sauerwald **KÄRNTEN**

HUABA HITTN

9543 Sauerwald 47, Tel.: +43/664/440 58 53
Öffnungszeiten: in der Wintersaison täglich 9.30–17 Uhr
Kreditkarten: keine
Gastgarten

Um die **elterliche Landwirtschaft** zu bewahren und aufzuwerten, hat Familie Pilgram im Jahr 1997 diesen Gastbetrieb aufgenommen.

Die Kühe verbringen den Sommer auf der Alm, **geschlachtet wird auf dem Hof**. Das Fleisch der Tiere wird zu **Schinken, Speck, Würsten, Braten** und weiteren Köstlichkeiten verarbeitet. Auch das **Brot**, die **Bauernbutter** und der **Glundner Kas** sind hausgemacht.

Köstlich auch die **Hadnnudelsuppe** aus Jauntaler Hadn, der **Schweinsbraten** mit Natursaft, Knödel und Sauerkraut, die gekrendelten **Fleischnudeln** mit Sauerkraut und Speckgrammeln. Letztgenannte gibt es auch als kleine Portion, damit man noch den wunderbaren **Kaiserschmarren** mit Preiselbeeren, Apfelmus oder Zwetschkenröster genießen kann.

KÄRNTEN Sirnitz-Hochrindl

HIASL ZIRBENHÜTTE
ALMGASTHAUS

Zirbenweg 10, 9571 Sirnitz-Hochrindl, Tel.: +43/664/403 25 56
www.biohiasl.at
Öffnungszeiten: täglich durchgehend warme Küche 8–19 Uhr
Kreditkarten: Bankomat
Gastgarten, Gästezimmer ab € 36

Mitten in den Nockbergen und auf 1.500 bis 1.700 Meter liegt die Hiaslalm mit dem Almgasthaus Hiasl Zirbenhütte und seinem **atemberaubenden Ausblick**. Seniorchef Helmut Leitgeb war schon immer ein Vordenker und Mitbegründer vom *Slow Food Convivium Carinthia*.

Im Tal führt Sohn Matthias mit Familie den **Biohof Hiasl** und versorgt das Gasthaus mit **Rind- und Schweinefleisch, Äpfeln, Apfelsaft und Apfelmost**. Mutter Lotte Leitgeb ist für die fachgerechte Verarbeitung des Bio-Fleisches zuständig und bäckt zudem wunderbares Brot und herrlichen Kärntner Reindling.

Wundervoll ist auch die **Zirbenjausn mit Speck- und Käsesorten**, Hauswurst, Bauernbrot und Butter, aber auch die Tagesgerichte wie **Schweinsbraten**, Wiener Schnitzel, **Selchwürste** und Bratwürste sowie die Mehlspeisen wie besagter **Reindling, Topfen- oder Apfelstrudel**. Und **Wein aus Kärnten** gibt es auch.

Spittal an der Drau **KÄRNTEN**

KLEINSASSERHOF

Kleinsaß 3, 9800 Spittal, Tel.: +43/4762/22 92
www.kleinsasserhof.at
Öffnungszeiten: Dienstag bis Samstag 17.30–21.30 Uhr,
Sonn- und Feiertage 12–14 Uhr und 17.30–21 Uhr
Ruhetag: Montag
Kreditkarten: Mastercard, Visa; Bankomat
Gastgarten, Gästezimmer ab € 70

Der Kleinsasserhof ist mit Sicherheit einer der schrägsten und **urigsten Gasthöfe** in ganz Kärnten. Angeschlossen ist auch eine **eigene Landwirtschaft**, von der man das Meiste bezieht, was in der Küche verarbeitet wird. Den Rest liefern benachbarte Betriebe. Vor Kurzem hat Ludwig Gasser, Sohn des Hauses, den Hof übernommen und **behutsam renoviert**.

Die Speisenauswahl bietet für jeden etwas. Wunderbar das getrocknete und **marinierte Rindfleisch** mit Rucola und Bergkäse oder das **geschmortes Bauernhendl** mit Rosmarinsaftl, Gemüse und Jasminreis. Aber auch Fleischloses wie **Polenta-Auflauf** mit Gemüse, Tomatenragout und Mozzarella und sogar Veganes wie **Buchweizengrieß mit Gemüse** und Rucola.

Auch die Dessertauswahl lässt kaum Wünsche offen, darunter etwa die **gebackene Topfentorte** oder die Joghurtnockerl mit Beerenragout.

Abschließen sollte man an der Bar unter dem Elchkopf mit einem **seltenen Schnaps** aus der Region.

KÄRNTEN Spittal an der Drau

WEISSES RÖSSL

Hauptplatz 23, 9800 Spittal, Tel.: +43/4762/365 49
roessl-spittal.at
Öffnungszeiten: Montag bis Samstag 9–23 Uhr,
warme Küche 11–14 Uhr und 17–21 Uhr
Ruhetag: Sonntag
Kreditkarten: Mastercard, Visa; Bankomat
Gastgarten

Gleich gegenüber von Schloss Porcia betreiben Christopher Scheiber und seine Lebensgefährtin Walli Mellitzer dieses **einhundertjährige Gasthaus**, das Einheimische auch als **Blacher Gaul** kennen. Die Küche ist gutbürgerlich, gekocht wird mit lokalen und frischen Zutaten.

So beginnt man etwa mit klassischer Rindsuppe mit **Speck- oder Leberknödel**. Und fährt fort etwa mit einem **Herren-Gulasch**, Beuschel mit Knödel, **Wiener Schnitzel** aus der Pfanne und in Butterschmalz, einem **Zwiebelrostbraten Alt Wien** oder einer klassischen **Rindsroulade** mit Erdäpfelpüree. Zum Abschluss werden herrlich flaumige **Marillenknödel** angeboten.

Die Weinauswahl kann sich sehen lassen.

Unteraichwald bei Latschach `KÄRNTEN`

WIRTSHAUS UMADUM

Aichwaldseestraße 26, 9582 Unteraichwald bei Latschach
Tel.: +43/4254/257 27
www.wirtshaus-umadum.at
Öffnungszeiten: Montag bis Samstag ab 16 Uhr, Sonntag ab 11 Uhr
Ruhetag: Dienstag
Kreditkarten: Mastercard, Visa; Bankomat
Gastgarten

Das Gasthaus befindet sich in ruhiger Lage und mit **bester Aussicht** auf den Aichwaldsee. Nach einigen Jahren außerhalb Kärntens ist Markus Eisner zurückgekehrt in die Heimat und steht nun selbst in der Küche.

Der Wirt ist auch **begeisterter Jäger** und sorgt persönlich für die Versorgung mit Wildfleisch. Auch das Sammeln von **Wildkräutern und Pilzen** zählt zu seinen Hobbys, einen Teil des Gemüses baut er selbst an.

Die Speisekarte wechselt täglich, und so kann man sich beispielsweise über **Erdäpfelrahmsuppe** mit Finkensteiner Eierschwammerln freuen, über **geschmorte Schweinsbackerl** mit Eierschwammerln, Püree und Sommertrüffel und ein **Rehragout** mit Knödel, Preiselbeeren, schwarzer Nuss und Pilzen. Außerdem gibt **Frischkäse-Tascherln** mit brauner Butter und Parmesan, aber auch **roh marinierten Huchen** mit Kräutersalat, Kaviar und Zitrone.

Zum Dessert werden **Marillenknödel**, Topfenmousse mit Beeren und **hausgemachtes Eis** oder gerührtes Sorbet angeboten.

Tipp: Am **Sonntag ist Bratentag**.

KÄRNTEN Velden am Wörthersee

SCHLOSSSTERN VELDEN

Schlosspark 1, 9220 Velden am Wörthersee, Tel.: +43/4274/520 00
www.falkensteiner.com/de/hotel/schloss-hotel-velden
Öffnungszeiten: Mai bis September 18.30–22 Uhr
Mitte September bis Mai 12–14 Uhr und 18.30–22 Uhr
Sonntag, Montag kleine Karte
Kreditkarten: Mastercard, Visa; Bankomat
Gastgarten, Zimmer ab € 249

Obwohl der Schlossstern auf den ersten Blick eher einem Genusstempel ähnelt, kann man hier durchaus preisgünstig essen – vorzüglich sowieso. Küchenchef Thomas Gruber serviert **regionale Kost auf hohem Niveau**.

Serviert wird zum Beispiel ein **Saibling** frisch aus dem Schlossteich mit Kaviar aus Tainach oder ein **Ochsenmarkbrot aus Natursauerteig** mit Senf, Petersilie und Kapern, aber auch eine kräftige klare Rindsuppe mit **Kräuterfrittaten oder Grießnockerl**.

Die allseits bekannten **Kärntner Nudeln** werden hier in Form von Štrukli, einer slowenischen Spezialität, aus Hadn (Buchweizen) gefertigt. Wunderbar auch die **Wörthersee-Fischsuppe** mit Salzzitrone, Gerstenporridge und Paprika-Rouille.

Und für hinterher sollte man noch für den **Kärntner-Reindling-Becher** oder den klassische **Apfelstrudel** Platz lassen.

Villach `KÄRNTEN`

GASTHOF GASSER

Vassacher Straße 63, 9500 Villach, Tel.: +43/4242/245 09
Öffnungszeiten: Mittwoch bis Montag 11–20.45 Uhr
Ruhetage: Dienstag
Kreditkarten: American Express, Diners, Mastercard; Bankomat
Gastgarten

Bereits in dritter Generation führt Familie Aichner diesen Gasthof am Stadtrand von Villach mit seinen **holzgetäfelten Räumen** und dem schattigen **Kastaniengarten**.

Die Kräuter wie die Nudelminze für die Kasnudeln kommen aus dem eigenen Garten, der frische Topfen dazu direkt vom Bauern. Bei der Fleischqualität wird auf österreichisches Rind, Schwein und Wild Wert gelegt. Vieles wird in und auf dem **Holzherd** zubereitet.

Köstlich ist die **Paprikasuppe** mit gartenfrischem Paprika oder das gekochte **steirische Wurzelfleisch** mit Wurzelgemüse, reichlich frisch geriebenem Kren und Petersilkartoffeln. Wunderbar gerät aber auch Fleischloses wie die hausgemachten Käsespätzle, die **Schafskäse-Erdäpfellaibchen** oder das cremige **Eierschwammerlrisotto**.

Keinesfalls verzichten sollte man auf die stimmigen Desserts wie die **Stanitzel mit Grantnschleck** oder die hausgemachten Krapfen zur Faschingszeit.

Den ausgezeichneten **Kaffee** liefert der Villacher Kaffeeröster La Mattina.

EINKAUFSTIPPS

ST. DANIELER G'SCHÄFT
Hier liefern zwölf Produzenten ihre hervorragenden Produkte.
Eine großartige Initiative, die bereits seit 25 Jahren besteht.
St. Daniel 53, 9635 Dellach im Gailtal
Tel.: +43/4718/88 57
Öffnungszeiten: Montag bis Freitag 7.30–12 Uhr und 15.30–18 Uhr,
Samstag 7.30–12 Uhr

GOTTFRIED HUDL
Bio-Öle, Leinöl und vieles mehr.
Gablern 18, 9141 Eberndorf
Tel.: +43/4236/27 60

DER ZITRUSGARTEN
Erstaunliche Vielfalt an Zitronen und Zitrusfrüchten
in Bio-Qualität.
Blumenweg 3, 9583 Faak am See
Tel.: +43/664 /540 33 21
www.zitrusgarten.com

KÄRNTEN FISCH
Vorbildliche Fischzucht mit Ab-Hof-Verkauf.
Millstätter Straße 87, 9544 Feld am See
Tel.: +43/4246/23 45
www.kaerntenfisch.at

FINKENSTEINER TEIGWAREN
Traditionsreiche Pasta-Erzeugung aus lokalen Grundstoffen
mit hohem Qualitätsanspruch.
Warmbader Straße 34, 9585 Finkenstein am Faaker See
Tel.: +43/4257/20 09
www.finkensteiner.at

Slow Food Kärnten –
Dem achtsamen Genuss auf der Spur

Was vor drei Jahren mit der weltweit 1. Slow Food Travel Destination begann, breitet seine Flügel langsam auf das ganze Land aus. Mit der Initiative Slow Food Kärnten beschreitet Österreichs Süden einen neuen Weg der Nachhaltigkeit und des wertvollen Genusses.

www.genusslust.info

SCHOKOLADENMANUFAKTUR CRAIGHER
Exzellente Schokoladenmanufaktur mit angeschlossenem Kaffeehaus und Konditorei.
Hauptplatz 3, 9360 Friesach, Tel.: +43/4268/22 95
www.craigher.at

KRÄUTERHAUS IRSCHEN
Führungen, Seminare und Vorträge zur Verwendung und Verarbeitung von Kräutern und Heilpflanzen.
9773 Irschen 18, Tel.: +43/4710/237 72
www.kraeuterdorf.at

BENEDIKTINERMARKT
Der Bauch von Klagenfurt, am Donnerstag und Samstag mit Beteiligung von Bauern und Händlern aus der gesamten Alpen-Adria-Region.
Benediktinerplatz, 9020 Klagenfurt

DELIKATESSEN JÄGER
Ausgewählte Spezialitäten von einigen der besten Erzeuger des Landes.
Radetzkystraße 38-40, 9020 Klagenfurt
Tel.: +43/463/573 54
www.delijaeger.com

WAKONIG'S HOFGREISSLEREI
Regionale Delikatessen.
Schumystraße 52, 9020 Klagenfurt, Tel.: +43/463/442 67
www.wakonigs-hofgreisslerei.at

SONNENALM-MILCHHOF
Molkerei mit Schaubetrieb und Ab-Hof-Verkauf von Kuh- und Ziegenmilchprodukten.
Milchstraße 1, 9373 Klein St. Paul, Tel.: +43/4264 /27 16 13
www.milcherlebniswelt.at

Einkaufstipps KÄRNTEN

EDELGREISSLER HERWIG ERTL
Eine ganz besondere Genussadresse: Herwig Ertl bietet im neu adaptierten Geschäft am Hauptplatz von Kötschach eine riesige Auswahl an Genüssen aus Kärnten und dem Alpen-Adria-Raum. Ein Feinkostsortiment, für das man sich Zeit nehmen sollte – der beredte Herwig Ertl lädt auch gerne zu Verkostungen.
Hauptplatz 19, 9640 Kötschach-Mauthen, Tel.: +43/4715/246
www.herwig-ertl.at

DER GAILTALER GEMÜSEBAUER STEFAN BACHMANN
Stefan und Susanne Bachmann betreiben am Hof Kunz auf 1.000 Meter Seehöhe in Kreuth im Gailtal/Jenig einen Gemüseanbau und begeistern mit Gemüseraritäten nicht nur die Top-Gastronomie, sondern beliefern auch die Kunden im Tal mit Gemüsekistln.
Kreuth 3, 9631 Rattendorf ob Jenig
Tel.: +43/650/693 45 03
www.mei-marktl.at/gemuese-vom-hof-kunz

HOFLADEN FAMILIE KRÖPFL
Selchwaren, Frischfleisch, süß-sauer Eingelegtes, feinste Öle wie Dotteröl oder Sonnenblumenöl.
Neuhaus 88, 9587 Riegersdorf
Tel.: +43/4257/26 66
www.hofladen-kroepfl.at

DER GAMS
Bei Hans und Brigitta Mikl findet man feine Öle, Schnäpse, Liköre und Säfte.
Ločilo 4, 9587 Hart
Tel.: +43/676/83 55 57 97
www.dergams.at

BIOBAUERNMARKT VILLACH
Gut sortierter Bio-Markt mit Obst, Gemüse, Wurstwaren, Fleisch, Fisch, Eiern, Brot, Teigwaren, Getreide, Schaf- und Ziegenmilchprodukten u. v. m.
Hans-Gasser-Platz, 9500 Villach
www.biovillach.at

KÄRNTEN Einkaufstipps

KLOSTERLADEN DES KLOSTERS WERNBERG
Hochwertige Lebensmittel aus der klostereigenen Landwirtschaft, von bäuerlichen Betrieben der Region sowie fair gehandelte Produkte aus Missionsgebieten und von europäischen Klöstern.
Klosterweg 2, 9241 Wernberg
Tel.: +43/4252/221 61 40
www.klosterwernberg.at/klosterladen

HATZHOF
Erlebniseinkauf am Hatzhof der Familie Re ter mit persönlicher Beratung und Kostproben. Offenes Feuer, regionale Produkte wie Glundner Kas, Salami, Hauswürstel, Speck, Kärntner Reindling uvm.
Lainach 17, 9833 Rangersdorf
Tel.: +43/4822/372
www.hatzhof.com

EBNERS GREISSLEREI
Täglich frisches Bauernbrot sowie Mehl, Honig, Speck, Eier, Milchprodukte von Ziege und Schaf, Wildspezialitäten, hausgemachte Nudeln, Kärntner Wein und Öle aus der Region
9811 Lendorf 56,
Tel.: +43/4769/203 51
www.ebners-greisslerei.at

BAUERNLADEN WALTER
frisch gebackenes Brot, Säfte und Most, Salami, Rohwürste, Hauswürstel, Wildspezialitäten, Mölltaler Speck, Bauernschinken, Aufstriche, Sulze
Räuflach 6, 9821 Obervellach
Tel.: +43/4782/20 28
www.bauernladen-walter.at

KASLAB'N NOCKBERGE
In der Kaslab'n werden Ziegen- und Kuhmilch zu großartigen Bio-Käsespezialitäten verarbeitet.
Mirnockstraße 19, 9545 Radenthein
Tel.: +43/4246/375 00
www.kaslabn.at

Einkaufstipps KÄRNTEN

BIOBAUERNHOF MALLHOF
Milch, Butter, Topfen, Joghurt, Käse, Haussalami, Bio-Speck und -Würste, Kärntner Kasnudeln, Leberknödel und Kaspressknödel, Bio-Essige und -Öle, Fruchtsäfte und Sirupe.
Dorfstraße 29, 9546 Bad Kleinkirchheim
Tel.: +43/4240/83 32
www.mallhof.at

FISCHEREIBETRIEB PAYR
Heimischer Fisch aus frischem Quellwasser.
Neualbeck 10, 9571 Sirnitz
Tel.: +43/0664/793 54 52
www.fischspezialität.at

BERGWILD
Frisches und veredeltes Wildfleisch aus der Region
Paulitschgasse 11 EG, 9020 Klagenfurt
Tel.: +43/664/354 71 23
www.bergwild.at

HOFLADEN STIFT ST. GEORGEN AM LÄNGSEE
Tee aus dem Stiftsgarten, Essige, Kärntner Weine, Kernöl aus Kärnten, Gebäck aus der eigene Stiftsbäckerei.
Schlossallee 6, 9313 St. Georgen am Längsee
Tel.: +43/4213/20 46
www.stift-stgeorgen.at

HOFLADEN ADAMHOF
Fleisch in Premiumqualität vom Strohschwein aus eigener Aufzucht und Hofschlachtung; Sauerteigbrot und Eier, Käsnudeln und Suppeneinlagen, Topfen- und Fruchtaufstriche, Apfelsaft und Most, Tee und Kräuterprodukte sowie biologische Milch- und Getreideprodukte (von Korn bis Mehl).
Arndorf 8, 9063 Maria Saal
Tel.: +43/650/523 49 78
www.hofladenadamhof.at

BIOHOF TOMIC

Großes Angebot an Getreide, Müsli, Sojaöl, Brot und Mehlen, Kleingebäck.

Buchbrunn 12, 9141 Eberndorf
Tel.: +43/664/349 21 01
biohof-tomic.at

WURZERHOF

Im Hofladen des Demeter-Betriebes gibt es Milchprodukte, Frischfleisch, Wurstwaren, Gemüse und Brot.

Scheifling 7, 9300 St. Veit,
Tel: +43/664/410 17 16

Öffnungszeiten: Freitag und Samstag 8 bis 18 Uhr oder online bestellen.

www.wurzerhof.com

HAUS DER REGION WOLFSBERG

Säfte, Edelbrände und Liköre, Fleisch- und Fischprodukte, Süßes und Pikantes, Teig- und Backwaren aus dem Lavanttal.

Getreidemarkt 3, 9400 Wolfsberg
Tel.: +43/4352/351 55
www.hausderregion.at

ZOGGLHOF ST. PAUL

Obstbaumuseum und Galerie der Mostbarkeiten. Zum Kauf werden Most, Essige, Säfte und vieles mehr angeboten.

Hundsdorf 2, 9470 St. Paul im Lavanttal
Tel.: +43/664/520 26 17
www.mostbarkeiten.at

FISCHZUCHT MARZI

Frische Fische wie Kaiserforelle, Lachsforelle, Regenbogenforelle, Saibling oder Seeforelle und Produkte daraus.

Völking 4, 9431 St. Marein
Tel.: +43/4352/811 65
marzi-forellen.at

Einkaufstipps **KÄRNTEN**

FISCHEREIBETRIEB PAYR

Kärntner Laxn, Seesaibling, Bachforelle, Regenbogenforelle, Lachsforelle, Huchen, Karpfen aus nachhaltiger Zucht. Die Bio-Karpfen werden im Oktober abgefischt, ausgewassert und ab November verkauft.

Neualbeck 10, 9571 Sirnitz, Tel.: +43/664/793 54 52
www.fischspezialist.at

GARTENHOF WAIERN

Im Gartenhof Waiern der in Feldkirchen wird Biogemüse
für die eigene Großküche angebaut und im Hofladen zum Kauf angeboten.
Zudem Nudelvariationen, Joghurt, Käse, Butter, Topfen und vieles mehr von
Biobauern aus der Nachbarschaft.

Kneippweg 11, 9560 Feldkirchen
Tel.: +43/4276/220 12 17

DAS IST DIE
STEIERMARK

Gerichte und Spezialitäten vom Kürbis wie das schwarzgrüne Kürbiskernöl

Die Käferbohne, die häufig mit Zwiebel und Kürbiskernöl zubereitet wird

Das Sulmtaler Huhn, eine großwüchsige altsteirische Hühnerrasse mit ausgezeichneter Fleischqualität

Aufgenommen in die
SLOW FOOD ARCHE DES GESCHMACKS

Das Krainer Steinschaf, eine der ältesten österreichischen Schafrassen, geschätzt für sein hochwertiges feinfaseriges und fettarmes Fleisch

Blick von der Loserhütte hinunter auf Altaussee: Auch im Spätherbst ist das steirische Salzkammergut eine Pracht.

WIRTSHÄUSER IN DER STEIERMARK

1. Seewiese Altaussee
2. Forellengasthaus zur Raabklamm
3. Genuss am See
4. Wirtshaus Friedrich
5. Gasthof Kollar-Göbl
6. Die Weinbank
7. Landhotel Hubinger

GRAZ

8. Restaurant Florian
9. Gasthaus Stainzerbauer
10. Landhauskeller
11. Gerüchteküche
12. Der Steirer
13. Greißlerei De Merin
14. Aiola im Schloss

- 1 Altaussee
- 3 Bad Aussee
- 41 Trautenfels
- 21 Landl
- 33 Sölk
- 26 Oppenberg
- 46 Zeltweg
- 20 Krakauebene
- 19 Krakau

15. Gasthaus zum Fallenstein
16. Malerwinkl
17. Jagawirt Unterberger
18. Gasthaus Haberl
19. Hotel Stigenwirth
20. Schallerwirt
21. Restaurant Hoamat
22. Hotel-Restaurant Krainer
23. Rauch-Hof
24. Gasthof Lang zur Festenburg
25. Gasthof Holzer
26. Alpengasthof Grobbauer
27. Wirtshaus Meißl
28. Hotel-Restaurant Retter

29 Gasthaus Pauritsch
30 Restaurant Hofkuchl
SOBOTH
31 Gasthaus Strutz
32 Gasthaus Lindner

33 Gasthof Sölkstub'n
34 Oliver kocht

35 Landgasthof Riegerbauer
36 Der Wilde Eder
37 Gasthof Eberhard
38 Wir:zhaus
39 Wirtshaus Jagawirt
40 Gasthaus-Restaurant Thaller
41 Gasthaus Krenn
42 Steira Wirt
43 Restaurant Kupferdachl
44 Wirtshaus Gallbrunner
45 Genusstreffpunkt Höfer
46 Schlosstaverne Farrach

15 Gußwerk
25 Neuberg an der Mürz
22 Langenwang
7 Etmißl
44 Waisenegg
17 Heilbrunn
24 Mönichwald
37 St. Michael
36 St. Kathrein am Offenegg
30 Semriach
2 Arzberg
38 St. Radegund
28 Pöllauberg
27 Puch bei Weiz
4 Buch-St. Magdalena
45 Weinitzen
35 St. Johann bei Herberstein
14 Graz-St. Veit
13 Graz-Andritz
Graz
43 Unterpremstätten
18 Ilz
8 9 10
11 12
23 39
Marhof bei Stainz
St. Stefan ob Stainz
16 Hatzendorf
42
5 Deutschlandsberg
29 Schwanberg
40 St. Veit am Vogau
6 Ehrenhausen
34 Spielfeld
Trautmannsdorf

Soboth
31 32

STEIERMARK Altaussee

SEEWIESE ALTAUSSEE

Fischerndorf 77, 8992 Altaussee, Tel.: +43/3622/712 05
www.seewiesealtaussee.at
Öffnungszeiten: Donnerstag bis Sonntag 10–18 Uhr
… ändern sich saisonal, Website beachten!
Ruhetage: Montag, Dienstag, Mittwoch
Kreditkarten: Mastercard, Visa; Bankomat
Gastgarten

Die **uralte Jausenstation** am Ostufer des Altausseer Sees wurde in akribischer Handwerksarbeit vom Grundstein weg neu aufgebaut, womit sie heute **schöner als je zuvor** dasteht. Straße führt keine hin – entweder man kommt zu Fuß (dauert eine halbe Stunde ab Kirche Altaussee), per Fahrrad über den Forstweg (15 Minuten) oder direkt über den See, mithilfe der betriebseigenen Altausseer Schifffahrt.

Im Haus warten ein prachtvoller alter Kachelofen, behäbige Vollholztische und eine Terrasse, deren Ausblick schon **altösterreichischen Dichtern** von Hofmannsthal bis Torberg als **alpine Inspirationsquelle** diente.

Die Küche ist deutlich gepflegter als zuvor: Es gibt eine famose **Fischsuppe aus den Fängen der Region** sowie eine **Semmelkrensuppe mit gekochtem Rindfleisch**, eine originelle Kreation, die das habsburgische Erbe des Salzkammerguts in Doppeladler-Manier (Kaisersemmel, Tafelspitz) zitiert.

In Roggen panierter Karpfen wird mit Wirsing und Bergkäse gefüllt. Das Wagnis geht auf: Der Friedfisch kann dem Vergleich mit dem edlen Ausseer Seesaibling aus eigener Zucht durchaus standhalten. **Klassisches Krenfleisch** gibt es auch, und für fixe Wanderer werden allerhand aufmerksam belegte **Jausenbrote mit Steirerkas oder Speck** serviert. Der ganz wunderbaren **sauren Wurst mit Kernöl** sollte man darob aber nicht entsagen!

Arzberg **STEIERMARK**

FORELLENGASTHAUS
ZUR RAABKLAMM

Arzberg 26, 8162 Arzberg/Passail, Tel.: +43/3179/233 10
www.gasthaus-zur-raabklamm.at
Öffnungszeiten: warme Küche Freitag bis Dienstag 11–18 Uhr,
abends nur nach Reservierung
Ruhetage: Mittwoch, Donnerstag (ausgenommen Feiertage)
Kreditkarten: keine
Gastgarten

Während wir uns noch über die Speisenfolge unterhielten, erschien Frau Karin mit einem Korb voll frisch geernteter Feldsalate, Garten-, Wildkräuter und Blüten. Sie bot uns **vorweg einen Wildkräutersalat** an, den sie uns erstklassig marinierte und mit **selbst gebackenem Brot** kredenzte. Den Durst löschten wir mit einem **Wiesendudler**, einen selbst gemachten, aufgespritzten, schmackhaften Wildkräutersirup, den die Wirtin liebevoll mit frischen Kräutern dekorierte.

Die samtige **Spargelcremesuppe** könnte nicht besser schmecken. Die **gebratenen Forellen** mit frisch geröstetem Knoblauch, appetitlich mit Wildkräuterbukett und Blüten arrangiert, sind knusprig und butterzart zugleich. Die Fische wachsen in fünf **hauseigenen Teichen in reinstem Quellwasser** langsam heran und werden täglich frisch gefangen.

Gemüse-Kartoffellaibchen verpasst die Raabklammwirtin mit feinwürzigem Arzberger Stollenkäse den letzten Schliff, dieser reift circa zehn Gehminuten entfernt in einem ehemaligen Silberstollen. Außerdem bereitet die leidenschaftliche Köchin schmackhafte **Wildgerichte** aus ihrer Eigenjagd zu.

Unvergesslich: die traumhafte **Mohntorte** und der fruchtige **Topfen-Schwarzbeerstrudel** zum Ausklang.

Wildkräuterseminare ab sechs Personen nach Vereinbarung.

STEIERMARK Bad Aussee

GENUSS AM SEE

Ödenseestraße 1, 8990 Bad Aussee, Tel.: +43/3624/213
www.genussamsee.com
Öffnungszeiten: warme Küche täglich 11–20 Uhr
Kreditkarten: Mastercard, Visa; Bankomat
Gastgarten

Am Weg vom Parkplatz zur **Kohlröserlhütte** blühten am Waldrand Schneerosen. Es war ein sonniger Frühlingstag, wir nahmen im Gastgarten mit **Blick auf den Ödensee** Platz. Was wir plötzlich zu hören bekamen, war keine kitschige Inszenierung des Tourismusverbandes, ein Mitglied der örtlichen Musikkapelle probte am Ufer mit seiner Trompete die Melodie des Erzherzog-Johann-Jodlers.

In ihrer Kohlröserlhütte verstehen es Christina und Manfred Mayer mit **gehobener Regionalkost** und Herzlichkeit Freude zu bereiten.

Wir wählten einmal **Beef Tatar mit Ochsenschleppstangerl** und Chilimayonnaise sowie ein **Carpaccio vom Seesaibling** mit Honigsenf, Saiblingskaviar, Sauerrahm und Schnittlauch und waren vollends begeistert.

Wunderbar auch die **Spinatknödel** mit Bergkäse und brauner Salbeibutter sowie das knusprig gebratene **Forellenfilet mit Kürbisrisotto** und Traubenchutney. Meiner Begleiterin mundete dazu der **Gemischte Satz** vom Weingut Neumeister, mir als Autofahrer schmeckte das hausgemachte **Hollerwasser**.

Auf das Dessert, eine bestens gelungene **Apfeltorte mit Apfel-Zimteis**, wollten wir nicht verzichten, also bestellten wir eine Portion und zweimal Besteck. Manfred Mayers Sortiment feiner Pestos kann vor Ort mit Bauernbrot verkostet und gleich gekauft werden.

Buch-St. Magdalena **STEIERMARK**

WIRTSHAUS FRIEDRICH

Geiseldorf 22, 8274 Buch-St. Magdalena, Tel.: +43/3333/22 10
www.wirtshaus-friedrich.at
Öffnungszeiten: warme Küche 11.30–14 Uhr und 17.30–21 Uhr,
Sonntag bis 19.30 Uhr, an Feiertagen bis 16 Uhr geöffnet
Ruhetage: Montag, Dienstag
Kreditkarten: Mastercard, Visa; Bankomat
Gastgarten, Zimmer € 45

Dem oststeirischen **Traditionswirtshaus** sind ein **Weingarten und eine Landwirtschaft** angeschlossen. Auf Äckern und Feldern gedeihen nicht nur Kürbisse, Kraut, Rüben, Paradeiser, alte Erdäpfelsorten, Käferbohnen, Zwiebel, Knoblauch, Blattsalat und eine Vielzahl an Küchenkräutern, sondern auch die alte, von *Slow Food Styria* gerettete **Maissorte Roter Hauswoaz**.

Damit bereitet Helga Friedrich schmackhafte Sterzgerichte zu, von der **legierten Maisgrießsuppe** über **Türkensterz mit Grammeln** bis zum **Maisgrieß-Maschansker-Strudel**. Sterz dieser alten Maissorte eignet sich auch bestens als Beilage zu Schwammerl- und Pilzsuppen oder zu Maisschnitten mit Speck verarbeitet als delikate Begleitung zu diversen Braten.

Erika Pluhar liebt das hiesige **Knödlgröstl**, und die Jazz Gitti vergisst hier jede Diät. Kein Wunder, die **heißen Grammeln mit Knoblauch** auf Blattsalaten sind wie die **Kernöleierspeis**, **Erdäpfelschmarren** und Co wahre Gaumenschnalzer. Wegen der knusprigen Panier und der guten Qualität des Hendls nimmt so mancher Gast eine weitere Anreise in Kauf.

Im Sommer wird abends **in der Tenne gegrillt**, im Frühling und Herbst kommentiert Diplom-Käsesommelier Andreas Friedrich **Wein-Käse-Verkostungen**. Die Termine werden auf der Website angeführt.

STEIERMARK Deutschlandsberg

GASTHOF KOLLAR-GÖBL

Hauptplatz 10, 8530 Deutschlandsberg, Tel.: +43/3462/264 20
www.kollar-goebl.at
Öffnungszeiten: Montag bis Samstag 7–23 Uhr, warme Küche 11–22 Uhr
Ruhetag: Sonntag
Kreditkarten: Mastercard, Visa; Bankomat
Gastgarten, Zimmer ab € 51

Marianne und Hias Kollar und ihre Söhne Franz Josef, Georg und Johann führen den Deutschlandsberger **Familienbetrieb** bereits in der **zehnten Generation**.

Aus der Symbiose **Gasthof mit angeschlossener Fleischhauerei** resultieren Schmankerl wie anno dazumal: Blut-, Breinwurst, Fleck-, Klachlsuppe, Beuschel, **geröstete Leber und Nierndln, gespicktes Kalbsherz** oder **Schwartlsulz**. Letztere wird in der Fleischmanufaktur mit Fleischstücken vom Sauschädl und von Schweinshaxln sowie Schwartln hergestellt. Würfelig geschnitten, mit Zwiebel, Käferbohnen, Essig und Kürbiskernöl verfeinert, schmeckt dazu ein **Natursauerteig-Bauernbrot**.

Für jene, die gerne an Knochen zuzeln, werden in der **klassischen Klachlsuppe** die Schweinshaxln samt Knochen angerichtet, dazu Heidensterz und warme, knusprige Grammeln.

Von Montag bis Freitag stehen **zwei Mittagsmenüs**, eines für **Fleischliebhaber** und eines für **Vegetarier**, auf der Wochenkarte. Im Ofen brutzeln abwechselnd knusprige **Stelzen, Kalbs-, Rinds-, Lamm-, Reh- oder Gänsebraten. Forellen** bereitet Georg Kollar gerne im Sterzmantel zu, sie schmecken mit Knoblauchbutter und Petersilienerdäpfel.

Genussvoll auch die Süßspeisen, wie etwa das Dessert-Trio bestehend aus **Schokolade- und Topfenmousse mit Himbeerparfait**.

Ehrenhausen **STEIERMARK**

DIE WEINBANK

Hauptstraße 44, 8461 Ehrenhausen, Tel.: +43/3453/222 91
www.dieweinbank.at
Öffnungszeiten: warme Küche Mittwoch bis Sonntag im Wirtshaus 11–21 Uhr,
Restaurant nur nach Reservierung
Ruhetage: Montag, Dienstag
Mai, September, Oktober auch Montag geöffnet
Kreditkarten: Mastercard, Visa; Bankomat
Terrasse

Die Weinbank ist sowohl eine **Top-Vinothek**, ein gemütliches **Wirtshaus** und ein exquisites **Restaurant**.

Die Wirtshauskarte wechselt Gerhard Fuchs täglich, darauf fanden sich bei unserem letzten Besuch Gerichte wie **Kapauneinmachsuppe** mit Erbsen und Morcheln, gebackene **Mangalitza-Grammelknödel**, **Bratl vom Freilandschwein** mit Kraut und Knödel, gebratene, **hausgemachte Blunzn** mit Sauerrahmsterz, Bratapfel und Pilzen sowie **Schneenockerl** mit Preiselbeeren und Vanillesauce.

Das **Filet vom Amur** mit Kräuter-Rollgerstlrisotto und Weißweinsauce kann man als Zwischengericht oder Hauptspeise ordern. Wunderbar auch das **Beuscherl vom Weidelamm** mit Serviettenknödel und das **Schweinsbackerlgulasch** mit Nockerln, das **Bratl vom Bio-Weidelamm** und die ersten **gerösteten Steinpilze** der Saison.

Als Vorspeise herausragend: **Spargel mit weißem Speck vom Mangalitza-Schwein** und pochiertem Freilandei, dazu ofenwarmes, **selbst gebackenes Nussbrot**. Die **Ofenleber vom Bio-Weidelamm** von der Remschniggalm mit Bärlauchnockerln und abgeschmalzenen Petersilienwurzeln ist schlicht zum Niederknien.

Ein flaumiger **Zwetschkenknödel** mit Butterbröseln und Vanilleschaum bildete das süße Finale. Zu jedem Gang hat Sommelier Christian Zach die passende Weinempfehlung parat.

STEIERMARK Etmißl

LANDHOTEL HUBINGER

Etmißl 25, 8622 Etmißl, Tel.: +43/3861/8114
www.hubinger.com
Öffnungszeiten: warme Küche Mittwoch bis Samstag 11.30–14 Uhr
und 17.30–21 Uhr, Sonntag 11.30–16 Uhr
Ruhetage: Montag, Dienstag, ausgenommen an Feiertagen
Kreditkarten: American Express, Mastercard, Visa; Bankomat
Gastgarten, Zimmer ab € 48,50

Hans Wöls' **Vital-Menü** kann mit **Ziegenkäse** auf knackigen Salaten, **selbst gebackenem Sauerteigbrot** und Feingebäck aus dem Holzofen, gefolgt von einer frühlingshaften **Bärlauchschaumsuppe** eröffnet werden. Danach können mit Frischkäse und Artischocken gefüllte Teigtaschen, ein **Rollgerstel-Kürbisrisotto** oder eine **Eierschwammerlsauce** mit Serviettenknödel als Hauptspeise folgen, zum Dessert **Schwarzbeernocken** mit Pfirsichröster.

Vegetarier haben die Möglichkeit, sämtliche Tagesbeilagen auch als Hauptspeise zu ordern: etwa das **Kohlrabigemüse mit Erdäpfelschupfnudeln** oder Rahmbohnschoten mit gratinierter Polenta.

Die Hubinger-Küche spricht aber keineswegs nur Pflanzenesser an. Wie wäre es mit einem **Dreierlei von der Forelle** (geräuchert, gebeizt, Tatar) mit Radieschenmousse, einer **marinierten Hühnerbrust** mit Kirschen-Chutney oder einem rosa **gebratenen Rehnüsschen** mit Rahmkohlrabi, Erdäpfelnudeln und Waldbeerenmousse?

In den Sommermonaten wird **Freitagabend gegrillt**: T-Bone- und Filetsteaks, **glacierte Schweinsripperl,** Rehspießchen, **Lammkarrees** und Forellen. Dazu genießt man saisonales Gemüse vom Grill, Ofenkartoffeln, Polenta, Kräuterfladenbrot und eine beachtliche Auswahl an saisonalen Salaten vom Buffet.

Graz **STEIERMARK**

RESTAURANT FLORIAN

Leonhardstraße 8, 8010 Graz, Tel.: +43/316/363 00
www.romantik-parkhotel.at
Öffnungszeiten: täglich warme Küche 12–14 Uhr und 18–22 Uhr
Kreditkarten: American Express, Diners, Mastercard, Visa; Bankomat
Gastgarten, Zimmer ab € 92

Das traditionsreiche Parkhotel mit dem Restaurant Florian und einem idyllischen **Rosen-Gastgarten** liegt unweit des Stadtparks, am Anfang der Leonhardstraße.

Mittags werden **dreigängige Menüs** angeboten, man kann natürlich auch aus dem **saisonalen À-la-carte-Angebot** wählen. Auch für individuelle Menüvorschläge hat man stets ein offenes Ohr.

Uns überzeugte man mit einer sämigen **Hühnereinmachsuppe**, danach mit einer feinen **glacierten Schweinsschulter** in einer aromatischen Erdäpfel-Kräuterkruste. Traumhaft auch das Dessert, ein **Topfen-Mohnschmarren** mit hausgemachtem Beerenragout.

Das **Kalbswienerschnitzel** wird selbstverständlich in der Pfanne gebacken, es wird in knuspriger, goldbrauner Panier mit Preiselbeeren aufgetischt, dazu schmeckt knackiger **Grazer Krauthäuptelsalat** mit Kürbiskernöl. Ein weiterer begehrter Klassiker des Hauses: der **gekochte Tafelspitz** mit Spinat, Semmelkren und gerösteten Erdäpfeln.

Im Frühling überraschte uns der Küchenchef mit einem viergängigen Menü für 44 Euro. Einfach köstlich: Mousse und **konfiertes Filet vom steirischen Saibling**, Brennnesselschaumsuppe, **Brüstel und Filet vom Schwein** mit Bärlauch-Erdäpfelknödel und Schilcherkraut, **Erdbeer-Mokkatörtchen** mit Vanilleschaum.

STEIERMARK Graz

GASTHAUS STAINZERBAUER

Bürgergasse 4, 8010 Graz, Tel.: +43/316/82 11 06
www.stainzerbauer.at
Öffnungszeiten: täglich 11.30–23 Uhr
Kreditkarten: Mastercard, Visa; Bankomat
Gastgarten

Das Ambiente strahlt Gemütlichkeit aus, das Servicepersonal ist freundlich und kompetent, die Küche **bodenständig auf hohem Niveau**.

Mittags stehen **zwei Menüs** zu Auswahl, etwa eine **Rindsuppe mit Fleischstrudel** oder eine **Polentacremesuppe** mit Speckwürfeln. Das Hauptgericht kann ein **gebratenes Kalbsschulterscherzel** mit Lauch-Erdäpfelpüree und Gemüse oder Schupfnudeln mit Räucherforellensauce und Salat sein. Vegetarier wählen den **Lauch-Käferbohnenstrudel** mit Kernöl-Sojacreme als Vorspeise und danach das **Bärlauchrisotto** mit marktfrischem Salat.

Feinschmecker besuchen die kulinarische Institution wegen der **täglich wechselnden Klassiker**. Montags steht die **gekochte Fledermaus** mit Wurzelgemüse, Spinat und Rösterdäpfel auf der Karte, dienstags **Berglammbeuscherl** mit Semmelknödel, mittwochs **Kalbsbackerl** in Rotweinsauce mit Erdäpfelpüree, donnerstags **Blutwurstgröstl** mit Grammel-Sauerkraut, freitags eine im Ganzen **gebratene Forelle** mit Petersilienerdäpfel und am Samstag das legendäre **Kalbsrahmgulasch** mit Nudeln.

Wenn noch Platz vorhanden ist, darf es noch ein **Erdbeer-Rhabarber-Tiramisu** mit **Topfen-Grießserviettenknödel** sein.

Hunderte im untersten Geschoß lagernde Weine, darunter etliche Raritäten, machen die **Weinkarte zur größten von Graz**.

Graz **STEIERMARK**

LANDHAUSKELLER

Schmiedgasse 9, 8010 Graz, Tel.: +43/316/830 27 60
www.landhaus-keller.at
Öffnungszeiten: Montag bis Mittwoch 12–1 Uhr
Donnerstag bis Samstag 12–2 Uhr
Ruhetag: Sonntag
Kreditkarten: Mastercard, Visa; Bankomat
Gastgarten

Mit **viel Gespür** verpassten Judith und Gerald Schwarz dem Landhauskeller eine neue, **ansprechende Optik**.

Mittags hat man die Wahl zwischen **zwei moderat kalkulierten Tagesgerichten**, eines davon ist immer vegetarisch. Mit Paprika-Safran-Mayonnaise, eingelegten roten Zwiebelscheiben und marinierten Frühlingskräutern präsentiert sich das handgehackte, perfekt gewürzte **Weiderind-Beef-Tatar** appetitlich am Teller. Die Tafelspitzsuppe mundet mit einem butterzarten **Kalbsleberknödel**. Stimmig für den Frühling: sowohl die aromatische **Lauchcremesuppe** als auch die mit Bärlauch **gefüllten Teigtaschen** mit Pesto und Wildkräutern.

Der wunderbare **Tafelspitz** wird mit Rösterdäpfeln, Schnittlauchsauce und Apfelkren angerichtet, die saftigen **Rindsrouladen** mit Speckbohnen, Erdäpfelpüree und Röstzwiebeln. Das Kalbswienerschnitzel brutzelt so lange in Butterschmalz, bis es goldgelb und knusprig gebacken ist. Dazu schmecken Erbsenreis und Vogerl-Löwenzahn-Erdäpfelsalat.

In Kombination mit **Sauerrahmeis** und einem Minzblättchen erweisen sich **gebackene Apfelradl** als reizvolles Dessert. Der klassische **Apfelstrudel** schmeckt mit Zimtschlag. Käseliebhaber schließen den Magen mit einer bis zur Blüte gereiften und von der „Fromagerie zu Riegersburg" veredelten **Rohmilchkäse-Variation**.

STEIERMARK Graz

GERÜCHTEKÜCHE

Gartengasse 28, 8010 Graz, Tel.: +43/664/88 31 84 44
www.geruechtekueche.org
Öffnungszeiten: warme Küche Montag bis Freitag 11.30–14.30 Uhr
und 18–21.30 Uhr
Ruhetage: Samstag, Sonn- und Feiertag
Kreditkarten: keine
Gastgarten

Bei Michael Wankerl kommt nur in den Kochtopf, was die **Natur gerade zu bieten** hat und was so nahe wie möglich angebaut und gezüchtet wird.

Ab 11.30 Uhr richtet er seine „Tagesgerüchte" an. Etwa eine **Spargelcremesuppe** mit Kräuteröl zum Beispiel, danach eine **gebratene Leber** vom Murbodner Rind mit Erdäpfelpüree und knusprigem Zwiebel oder ein **Erdäpfelgulasch** und ein **Holler-Topfenkoch** als Dessert.

Ab 18 Uhr werden ausschließlich **drei- bis fünfgängige Überraschungsmenüs** aufgetischt. Je nach Jahreszeit etwa **fermentierte violette Karotten mit knusprigem Weizen**, geflämmtem Speck und Karottengrünpesto oder ein **62-Grad-Bio-Ei** (1 Stunde bei 62 Grad im Wasserbad gegart) mit Blattspinat, Quittenhollandaise und gehobeltem Lammschinken.

Der Hauptgang kann ein **geschmortes Schulterscherzl** mit Dunkelbiersauce, Semmelknödel und Vanillekarotten oder ein **gebratener Zander** mit Rollgerstlrisotto, wildem Brokkoli und Sanddornsauce sein, die süße Überraschung ein **Topfenknödel mit Zwetsckenröster** oder Schokokuchen mit Joghurteis und schwarzem Holler.

Softdrinks wie Fanta oder Cola gibt es bei Michael Wankerl keine, zu den Speisen harmonieren **naturreine Fruchtsäfte** von steirischen Obstbauern, Bier von einer **oststeirischen Kleinbrauerei** sowie **Naturweine**, die auch glasweise ausgeschenkt werden.

Graz **STEIERMARK**

DER STEIRER

Belgiergasse 1, 8020 Graz, Tel.: +43/316/70 36 54
www.der-steirer.at
Öffnungszeiten: täglich 11–24 Uhr
Kreditkarten: American Express, Diners, Mastercard, Visa; Bankomat

Zum Einstieg wählten wir steirische Tapas, schmackhafte **Schmankerl in Gabelbissengröße** für je drei Euro: **Butterbrot mit Radieschen, Hühnerleberterrine** mit Sauce Cumberland, eine klassische **Schinkenrolle, Bärlauchnudeln** mit Flusskrebs-Schwanzerl, **Entenbrust** mit Rhabarber und Grießknöderl auf Erdbeer-Rhabarberragout.

Zum **Mittagstisch** gibt es eine klare **Rindsuppe mit Schöberl,** wer die köstliche **Klostersuppe der Elisabethinen** löffelt, spendet einen Euro an das Vinzi-Dorf-Hospiz.

Der **Schweinsrücken** in feinwürziger Käsekruste mit Natursaft ist saftig, dazu schmeckt Gemüsereis. Auch die vegetarische Variante des Tages, eine **gebratene Sterzschnitte** mit Grillgemüse und saisonalen Salaten hat geschmackliches Potenzial, ebenso der Nachtisch, ein **Rhabarberstrudel** mit Joghurteis.

Schmankerl wie **faschierte Laibchen, Rindsgulasch, Schweinsbraten** und **Zwiebelrostbraten** findet man auf der Speisekarte unter „steirische Klassiker", das **Kalbswienerschnitzel** und der **Tafelspitz** werden vom Kaiser empfohlen. An manchen Sonntagen brutzelt ein **Ochsenrücken** im Backrohr, serviert wird der köstliche Braten mit Madagaskar-Pfeffersauce und Gemüsenudeln.

Zu den Speisen wählt man aus zwölf **glasweise** angebotenen **steirischen Qualitätsweinen.**

STEIERMARK Graz-Andritz

GREISSLEREI DE MERIN

Andritzer Reichsstraße 37, 8045 Graz-Andritz, Tel.: +43/316/69 27 67
www.demerin-graz.at
Öffnungszeiten: Montag bis Freitag 9–19.30 Uhr, Samstag 9–12.30 Uhr
Ruhetag: Sonntag
Kreditkarten: American Express, Mastercard, Visa; Bankomat
Gastgarten

Uta Zlöbl-Kanhäuser und ihr Team bieten in ihrer Greißlerei nicht nur beste **Delikatessen von oststeirischen Manufakturen**. Feinschmecker genießen hier ihr Frühstück, das täglich wechselnde Mittagsmenü und dann und wann freitagabends ein Degustationsmenü.

Die „**Wollschweinerei" zum Frühstück** ist delikat. Appetitlich angerichtet am Teller, alles **vom Mangalitza-Schwein**: Salami, Rohschinken, Bauchspeck und der „Neusetzer", ein neun Monate in Basaltgestein gereifter Speck. Dazu ein **pochiertes Ei** mit Schnittlauchöl, **Leberaufstrich, Grammelschmalz,** Butter, Marmelade, ein **frisch gebackener Kuchen, Sauerteigbrot** oder Weckerl.

Zu Mittag hat man die Wahl zwischen kleinen und normalen Portionen. Man startet je nach Jahreszeit mit einer Sellerie-, Bärlauch- Spargel-, Zucchini-, **Paradeiser- oder Kürbiscremesuppe**. Als Hauptgang können ein Gemüseragout mit Semmelknödel, **Paprikahendl** mit Nockerln, **faschierte Laibchen** auf Pastinakenpüree, **geröstete Kaspressknödel** auf buntem Salatteller oder ein **Saiblingsfilet im Sesammantel** locken. Dazu gibt es stets fein marinierte, marktfrische Salate vom Andritzer Bauernmarkt.

Fünfgängige Degustationsmenüs bereitet die Gastgeberin nach Vorschlägen von Küchenchef Erich Pucher (Lambrechterhof) zu. Wann und was, das wird auf der Homepage angekündigt.

AIOLA IM SCHLOSS

Andritzer Reichsstraße 144, 8046 Graz-St. Veit, Tel.: +43/316/89 03 35
schloss.aiola.at
Öffnungszeiten: Mittwoch, Donnerstag 17–1 Uhr,
Freitag, Samstag 12–2 Uhr, Sonntag 12–22 Uhr
Ruhetage: Montag, Dienstag
Kreditkarten: Mastercard, Visa; Bankomat
Gastgarten

Vom Zentrum der Landeshauptstadt erreicht man das **idyllische St. Veit** je nach Verkehrslage in etwa einer Viertelstunde. Hier genießt man in ansprechendem, **modernem Ambiente**, das Servicepersonal ist kompetent und motiviert.

Sowohl das **Spanferkelsülzchen** mit eingelegten Zwiebeln als auch der **in Vulcanoschinken gebratene Ziegenfrischkäse** machen uns den Mund wässrig. Dennoch lassen wir diesmal die Vorspeise aus, schließlich wollen wir auch aus der süßen Ecke naschen.

Perfekt die Tafelspitzsuppe mit dreierlei Einlagen – **Grießnockerl** (mit Kern, wie es sich gehört), tadellosen **Frittaten** und einem ausgezeichneten **Fleischstrudel**. Fein die **Maronicremesuppe** mit Schinkenspeckstücken und Schwarzbrotcroutons.

Saftig, von guter Konsistenz und bestem Geschmack das **gesottene Rindfleisch** (Schulterscherzel) mit knusprig gerösteten Erdäpfeln, Apfelkren und Eicreme. Zart und gekonnt gewürzt das **Kalbsbutterschnitzel** mit Kohl (ein Extralob für die Gemüsezubereitung), Erdäpfelpüree und Röstzwiebeln.

Aus der Rubrik „Zum Abschluss" wählten wir „Schloss Sankt Veit", einen **lauwarmen Schokokuchen** mit Feigen, weißem Schokomus und marinierten Beeren sowie einen gelungenen **Birnenscheiterhaufen** mit feiner Traminerweincreme.

STEIERMARK Gußwerk

GASTHAUS ZUM FALLENSTEIN

Fallenstein 5, 8632 Gußwerk, Tel.: +43/3882/26 61
www.stromminger.at
Öffnungszeiten: warme Küche Freitag bis Dienstag 11–14 Uhr und 18–19.30 Uhr
Ruhetage: Mittwoch, Donnerstag
Kreditkarten: keine
Gastgarten, Zimmer ab € 42

Seit 1881 ist Familie Stromminger unter dem Fallenstein samt Burgruine als Wirtsleute tätig. Der Gasthof ist ein Ort der **Wildgerichte**, was der Jagdleidenschaft der Familie geschuldet ist. Dazu gibt es weitläufige Gatter mit Dam- und Davidshirschen, sodass Wildbret hier ausschließlich **aus eigener Jagd oder Aufzucht** verkocht werden kann.

Die **Keulen** werden klassisch in Wurzelrahm geschmort und mit Semmelknödel serviert, **Naturschnitzel vom Damhirsch** kommt in Burgundersauce, das **Rückensteak** mit Erdäpfelstrudel und feinem Gemüse.

Besondere Leckerbissen, nach denen Liebhaber stets fragen, sind die **geröstete Rehleber**, der **Rehleberknödel** für die Suppe oder das in Kürbiskernpanade nach steirischer Art knusprig herausgebackene **Hirschschnitzel** mit obligater Preiselbeer-Garnitur.

Wer dem zarten Genuss des wilden Fleisches nicht so zugeneigt ist, darf sich auf **knusprigen Schweinsbraten** mit Semmelknödel freuen, auf **Gulasch vom Almochsen** ebenfalls mit Semmelknödel oder auf das, was die lokalen Gäste hier am liebsten bestellen: **Cevapcici** mit Pommes und Zwiebelsenf.

Die **Weinkarte ist schmal**, bei den Weißweinen auf fruchtige Exponate der **Südsteiermark** und bei den Roten auf gehaltvolle Kreszenzen des **Burgenlandes** fokussiert: ein bisserl altmodisch, aber so mögen es die Gäste hier!

Hatzendorf **STEIERMARK**

MALERWINKL

Hatzendorf 152, 8361 Hatzendorf, Tel.: +43/3155/22 53
www.malerwinkl.com
Öffnungszeiten: warme Küche Mittwoch bis Freitag 14–22 Uhr
Samstag, Sonn- und Feiertag ganztägig
Ruhetage: Montag, Dienstag
Kreditkarten: Mastercard, Visa; Bankomat
Gastgarten, Zimmer ab € 59

Von den Wänden des Kunsthotels und Restaurants Malerwinkl schauen den Besuchern fünfzig der besten Köche der Welt in die Augen. Neben Peter Troißingers **Malereien** bewundern Kunstfreunde im Gastgarten **einzigartige Skulpturen**.

Vom **Sommermenü** können alle Gerichte auch einzeln bestellt werden, sagt die charmante Anna. Zu Beginn wählt man entweder die **saure Zunge** mit Gurken, Fenchel, erfrischendem Schildampfer (aus dem eigenen Garten) und Maiwipferl oder **Grünspargel**, geschmacklich perfekt vereint mit **Vanille-Süßlupinen-Butter** und Bergamotte-Topfen.

Vom Hatzendorfer **Lamm** bereiten Peter junior und Peter senior kunst- und liebevoll eine zart **geröstete Leber** zu – sie schmeckt vorzüglich mit eingelegten Kirschen und Erdäpfelpüree mit Röstzwiebeln – außerdem ein **Beuschel** mit Semmelknödel und einen **Lammbraten**, der in seinem eigenen Schmorsaft mit Käsenockerln serviert wird. Wer Gusto auf Fisch hat, genießt einen **gebratenen Bio-Saibling** von „Michis frische Fische" mit Kräuter-Risotto und Safransauce.

Danach schmeichelt eine **Zotter-Schokoladen-Tarte** mit Rhabarber- und Erdbeersorbet den Gaumen. Wer ein Gesamtkunstwerk bevorzugt, ordert die **Malerwinkl-Dessertvariation**.

STEIERMARK Heilbrunn

JAGAWIRT UNTERBERGER

Brandlucken 53, 8172 Heilbrunn, Tel.: +43/3179/82 50
www.gasthof-unterberger.at
Öffnungszeiten: warme Küche 11.30–20 Uhr
Ruhetag: Mittwoch (von November bis Ende April, außer in den Ferienwochen)
Kreditkarten: Mastercard, Visa; Bankomat
Gastgarten, Zimmer ab € 43

Nach Um- und Zubauten duftet es beim Jagawirt nach Fichtenholz. Der Wintergarten rundet die **gastfreundliche Atmosphäre** ab. Wir lassen uns in der „Almstubn" nieder, die zum gemütlichen Zusammensitzen einlädt.

Nach dem „Almenland Krafthäferl", eine ehrliche **Rindsuppe mit hausgemachten Nudeln, gekochtem Rindfleisch** und Wurzelgemüsestreifen, haben wir uns schon lange gesehnt. Den **gebackenen Schafkäse** mit knusprigen Speckstückchen hat Anneliese Unterberger mit knackigen, bestens marinierten Blattsalaten appetitlich am Teller platziert.

Auf einer Schiefertafel im Eingangsbereich wird ein Gericht empfohlen, das nicht auf der Speisekarte steht: **ofenfrischer Schweinsbraten** mit Knödel. Saftiger Schopfbraten und Brüstel mit rescher Kruste wurden mit einem flaumigen Semmelknödel und traumhaftem Sauerkraut aufgetischt. Wem nach leichter Kost ist, der wählt das **gebratene Forellenfilet** mit Knoblauchbutter und Petersilienkartoffeln.

Stimmig die **Weinempfehlung** vom Hausherrn Hansi. Nach **Spagatkrapfen** und **Stanitzel mit Schlag** zum Nachtisch empfiehlt sich ein **Stamperl Enzian** oder das legendäre **Lärcherl**.

GASTHAUS HABERL

Walkersdorf 23, 8262 Ilz, Tel.: +43/3385/260
www.finks-haberl.at
Öffnungszeiten: warme Küche Dienstag 18–21 Uhr,
Mittwoch bis Samstag 11.30–14.30 Uhr und 18 bis 21 Uhr,
Sonn- und Feiertag 11.30–18.30 Uhr
Ruhetag: Montag
Kreditkarten: Mastercard, Visa; Bankomat
Gastgarten

Mit Recht führten uns Hans Peter und Bettina Fink-Haberl bei unserem letzten Besuch stolz durch ihre **neu adaptierten Räumlichkeiten**, die mit viel Holz, erdigen Farbtönen und selbst kreierten Fink's-Gläser-Lustern bestechen. Neben vier neuen Galerien wurde der Eingangsbereich um einen **begehbaren Weinschrank** erweitert.

Vorab servierte uns Mario Haberl **Vulcano-Schinken**, feinste Salami, **Hausgeselchtes** und **Mangalitza-Speck** mit Fink's Essigfrüchten und Kren sowie **hausgemachtes Roggenbrot** mit Walnüssen.

Danach trafen wir die beste Wahl: **Frühlingskräuter-Schaumsuppe** mit Fink's Kürbispesto-Zupfbrot und ein **knusprig gebackenes Bio-Bauernei** mit Blumauer **Solospargel**, Erbsenschote und Erdäpfelstroh. Eine wahre Gaumenfreude auch die Nachspeise: gebackene **Holunderblütenkrapfen** mit Erdbeeren und Vanilleeis.

Nach wie vor bei Gästen von nah und fern beliebt: die typischen Klassiker wie **Kalbsbeuschel** und **Eierschwammerlgulasch** mit gebratenem Serviettenknödel, **faschierte Laibchen** mit Erdäpfelpüree oder das **Paprikahendl** mit Rahmnudeln.

Abends bereitet Hans Peter Fink zusätzlich zum À-la-carte-Angebot **mehrgängige Gourmetmenüs** zu. Verlassen Sie sich auf Diplom-Sommelier Mario Haberl – er weiß, welche Kreszenzen die einzelnen Gänge harmonisch begleiten!

STEIERMARK Krakau

HOTEL STIGENWIRTH

Krakauebene 33, 8854 Krakau, Tel.: +43/3535/82 70
www.stigenwirth.at
Öffnungszeiten: warme Küche täglich 12–14 Uhr und 18–21 Uhr,
nachmittags kleine Karte
Kreditkarten: Mastercard, Visa; Bankomat
Gastgarten, Zimmer ab € 36

Die Zutaten für den Stigenwirth-Vorspeisenteller stammen **vom höchstgelegenen Bauernhof der Steiermark**, wo sich Schweine, Rinder, Schafe, Hühner, Puten und Gänse an einem artgerechten Leben erfreuen. Am **Bergerhof** wird selbst geschlachtet und zusatzstofffrei weiterverarbeitet. So landen **Mangalitza-Speck** und **geräucherter Hirschschinken** quasi von der Alm am Teller.

Auch die **Rindsuppe** wird hier aus bestem Rindfleisch und Knochen vom Höfl-Bauer aus der Krakau zubereitet. Unsere Lieblingseinlage: hausgemachte würzige **Kaspressknödel**.

Der Gast hat die Möglichkeit, für sein in der Pfanne gebackenes **Schnitzel** unter Fleisch **vom Haus- oder Mangalitza-Schwein** zu wählen. Das **Ofenbratl** schmeckt mit eigenem Bratensaft, Semmelknödel und Sauerkraut.

Vegetarier kommen hier aber auch nicht zu kurz, für sie werden saisonale, cremige Suppen gekocht, würzige **Kasnocken** mit Röstzwiebeln, **Spinat-Käse-Knödel** in brauner Butter sowie hausgemachte Nudeln mit Kürbiskern-Pesto oder **Schwammerlsauce**.

Uns machte man mit einem **Hirschspieß** glücklich, der auf Wacholder-Rahmsauce mit Kürbiskern-Schupfnudeln und gedünsteten Apfelscheiben angerichtet war.

Danach schmeckten noch süße **Apfelknödel** in fruchtiger Mostsauce und **Dinkel-Spagatkrapfen** mit Schlagobers und Preiselbeeren.

Krakauebene **STEIERMARK**

SCHALLERWIRT

Krakauebene 55, 8854 Krakauebene, Tel.: +43/3535/83 34
www.schallerwirt.at
Öffnungszeiten: 17–20 Uhr nach Vereinbarung
Ruhetag: saisonabhängig (siehe Website)
Kreditkarten: keine
Gastgarten, Zimmer ab € 50

Regionalität und wann was hier und in der Umgebung reift, bestimmt das Speisenangebot beim Schallerwirt. Mit Leidenschaft und ohne künstliches Zeug bereitet er **Regionalkulinarik vom Feinsten**. Bodenständigkeit erkennt der Gaumen, wenn Joseph Schnedlitz ein Rantentaler **Lammbratl** mit mitgebratenen **Eachtling**, einer alten, schmackhaften Lungauer Erdäpfelsorte, auftischt.

Heuer begann die Schwammerlsaison relativ früh, da konnte man sich schon im Juni an köstlichen Pilzgerichten erfreuen: **Schwammerlrahmsuppe** mit Grammelknödel, **gebackene Herrenpilze**, **Eierschwammerlreis** mit gekonnt marinierten Kräutern von Almwiesen und Blattgrün aus dem eigenen Garten. Zur zart **gebratenen Lammleber** schmeckten geröstete Steinpilze und Erdäpfelstampf.

In der Saison zwischen Winter und Frühjahr erfreute uns Joseph mit einer **Krenrahmsuppe** und knusprigen Apfelstreifen, die **mit Blutwurst gefüllten Buchteln** kombinierte er mit Sauerkraut und Wildschweingrammeln, die **faschierten Hirsch-Laibchen** mit Maissterz und Apfelrotkraut. Vom legendären **Schwarzbeerschmarren** schafften wir zu zweit nur noch eine Portion!

Die **Zimmer und Ferienwohnungen** beim Schallerwirt sind bestens ausgestattet und auch **für Allergiker geeignet**: Lärchenholz, Lehmputz, unbehandelte Holzböden.

STEIERMARK Landl

RESTAURANT HOAMAT

Großreifling 41, 8931 Landl, Tel.: +43/664/441 72 87
www.facebook.com/HoamatGesaeuse
Öffnungszeiten: Freitag bis Dienstag 10–21 Uhr
Ruhetage: Mittwoch, Donnerstag
Kreditkarten: Mastercard, Visa; Bankomat
Gastgarten

Vor zwei Jahren sind Bianca Rohrer und Ulrich Matlschweiger von der Leitner Almstub'n hierher übersiedelt. Wie es schon der Name verrät, werden keine internationalen Gerichte imitiert, Bianca und Ulrich schwören auf **typische Regionalkost**.

An einem sonnigen Tag konnten wir hier bei angenehmen Temperaturen unter blauem Himmel genießen. Die Einheimischen erfreuten sich an **Backhendl** & Co. Wir starten mit einem **marinierten Ziegenkäse** von der Bio-Hofkäserei Milwisch in Mooslandl mit frisch gepflückten **Wildkräutern**. Damit harmonierte ein **Apfel-Johannisbeersaft** von der Mostkellerei Veitlbauer. Den würzigen Käse für cremige **Ennstaler Steirerkassuppe** beziehen die beiden vom Schermerhof, einem Biobauernhof in Hall bei Admont. Diese einmalige Suppe mit knusprig gerösteten Schwarzbrotwürferln empfand der Gaumen wie immer als kulinarische Himmelfahrt. Als perfekter Begleiter dazu erwies sich der Veitlbauer-**Streuobstwiesenmost** „Brünnerling".

Fantastisch der gebratene Buchauer **Bachsaibling mit Waldstaudenrisotto**, Blattspinat, Pinienkernen und eingelegtem Paprika, dazu war der sortenreine **Topaz-Most** beste Wahl.

Gut, dass wir auf den **handgezogenen Topfenstrudel** mit Ziegenmilch-Vanilleeis nicht verzichtet haben – und auch nicht auf den **Apfel-Schampus** vom Mostgut Veitlbauer.

HOTEL-RESTAURANT KRAINER

Grazer Straße 12, 8665 Langenwang, Tel.: +43/3854/20 22
www.hotel-krainer.com
Öffnungszeiten: warme Küche Dienstag bis Samstag 11.30–13.30 Uhr
und 18.30–20.30 Uhr
Ruhetage: Sonntag, Montag
Kreditkarten: American Express, Diners, Mastercard, Visa; Bankomat
Gastgarten, Zimmer ab € 66

Unsere Teller sind **eine Bühne für die bäuerliche Landwirtschaft**", sagen Astrid und Andreas Krainer. Der Frischkäse vom Pichlbauer aus Hönigsberg harmoniert mit Paprikamarinade und Paradeispaprika vom Kubart aus Mitterdorf. Die **hausgebeizte Lachsforelle** vom Stuhleck mundet mit Apfelkren und Rettich. Der Stanzer **Hirschtafelspitz** ist dezent geräuchert und erfreut mit Maiwipferl-Mayonnaise und kalt gerührten Preiselbeeren den Gaumen.

Der nächste Gang: **Steirische Fischstäbchen**. Keine Angst, sie stammen nicht von einem Tiefkühl-Konzern, sie werden vom Küchenchef selbst **aus Forellen und Saiblingen** aus Steinhaus am Semmering gebastelt und in einer **Kürbiskernpanier** serviert, dazu Erdäpfelsalat und Kernöl-Mayonnaise. Wunderbar!

Zum **hausgemachten Rehleberkäse** mit Zwiebelsenf und Vogelbeeren schmeckt Astrids Sauerteig-Baguette. Sinnenfreude kommt auch beim **Beuschel** vom Schwöbinger Milchkalb mit zartem Grießknödel auf. Süß ausklingen lassen wir unser Geschmackserlebnis mit **Wildzwetschkenknöderl** und **hausgemachtem Haselnusseis**.

Den Schlüssel zum **Weinkeller** hat nach wie vor der Seniorchef in der Hand. **Fruchtsäfte** werden selbst hergestellt, ergänzt wird das alkoholfreie Getränkeangebot vom Streuobsthof Weissenbacher aus Allerheiligen, der auch **Most** und **Bohnapfelschaumwein** liefert.

STEIERMARK Marhof bei Stainz

RAUCH-HOF

Wald-Süd 21, 8510 Marhof bei Stainz, Tel.: +43/3463/28 82
www.rauch-hof.at
Öffnungszeiten: warme Küche Mittwoch 18-21.30 Uhr,
Donnerstag bis Sonntag 12-14.30 Uhr und 18-21.30 Uhr
Ruhetage: Montag, Dienstag
Kreditkarten: Mastercard, Visa; Bankomat
Gastgarten, Zimmer ab € 43

Der Rauch-Hof ist ein Refugium für Genussmenschen. Außen romantisch, innen **heimelig und stilvoll**, auch das alte Bauernhaus, um dessen Winzerzimmer ein regelrechtes Griss herrscht. Dahinter und daneben **Gemüsebeete, Spargelfelder, Erdäpfel-, Kürbisäcker und Forellenteiche**, wo Karin Rauchs Küchenzutaten gedeihen und heranwachsen.

Diesmal schafften wir es während der Spargelsaison zu Familie Rauch. Zu Beginn wurde uns ein köstlicher **Spargel-Flan mit Roastbeefscheiben** und Wildkräutern kredenzt. Perfekt dazu Willi Rauchs **Weinempfehlung**: ein Grauburgunder „Eckberg" 2016 vom Weingut Elsnegg (Gamlitz).

Zum **gebratenen Forellenfilet** mit gebratenen und gebackenen Spargelstangen, Basilikumsauce und Petersilienerdäpfel schmeckte der Sauvignon Blanc Klassik 2017 vom Weingut Langmann vulgo Lex (Langegg bei Greisdorf). Glücklich waren wir auch nach dem Genuss **hausgemachter Nudeln mit gebratenem Spargel** und einer sehr fein abgeschmeckten **Morchelrahmsauce**. Dazu mundete der Chardonnay 2015 vom Weingut Riegelnegg-Olwitschhof (Gamlitz).

Auch das herrliche Dessert wurde vom Königsgemüse dominiert: **Spargel-Crème brûlée**, dazu ein erfrischendes Spargelsorbet und marinierte Erdbeeren. Schlussendlich ließen wir uns vom Hausherrn noch zu einem **Stamperl Spargelgeist** verführen.

Mönichwald **STEIERMARK**

GASTHOF LANG ZUR FESTENBURG

Karnerviertel 75, 8251 Mönichwald, Tel.: +43/3331/25 55
www.hausfestenburg.at
Öffnungszeiten: Donnerstag bis Sonntag ab 11.30 Uhr
Ruhetage: Montag, Dienstag, Mittwoch
Kreditkarten: Barzahlung
Gastgarten, Zimmer ab € 55

Das Speisenangebot bei Franz Lang und Erna Kratzer ist betont saisonal. Die beiden bevorzugen Küchenzutaten **von kleinstrukturierten bäuerlichen Betrieben und Manufakturen**, die sie persönlich kennen.

Die Vorspeise aus der Frühlingsküche, eine **Ziegenfrischkäse-Terrine**, kombiniert der Küchenchef mit Karotten und Rauke sowie mildem, weißem Balsamessig und kaltgepresstem Walnussöl von der Ölmühle Fandler.

Aus sonnengereiftem Gemüse, etwa Kohlrabi, Karfiol, Zucchini oder Paradeisern, bereitet er schmackhafte cremige Suppen. Zur **Rindsuppe** gibt es abwechselnd **Milzschnitten, Schöberl, Nockerl, Knödel oder Frittaten** als Einlage.

Die im Ofen **gebratene Entenbrust** wird von einem flaumigen Semmelauflauf und flambierten Sauerkirschen harmonisch begleitet. Zum **Rumpsteak vom Almochsen** munden gefüllte Ofenparadeiser und in Butter geschwenkte Erdäpfel. Die **Hühnerbrust** wird vor dem Braten mit Rosmarin, Salbei, Thymian, Orangen- und Zitronensaft gewürzt und mit Wollschweinspeck umhüllt, dazu schmecken saisonale Blattsalate, mariniert mit kaltgepresstem Distelöl und weißem Balsamessig.

Den **Haselnusskuchen** hat Franz Lang in einer Kokotte gebacken, den saftigen Kuchen serviert Frau Erna mit einem exzellenten Eierlikör und Schlagobers.

STEIERMARK Neuberg an der Mürz

GASTHOF HOLZER

Hauptstraße 9, 8692 Neuberg an der Mürz, Tel.: +43/3857/83 32
www.gasthofholzer.at
Öffnungszeiten: warme Küche Donnerstag bis Montag 11–21 Uhr
Ruhetage: Dienstag, Mittwoch
Kreditkarten: Mastercard, Visa; Bankomat
Gastgarten, Zimmer ab € 52

Neben Kultur vom Feinsten wartet die Region am Oberlauf der Mürz auch mit **regionaler Spitzenkulinarik** auf. Bei unserem letzten Besuch hatten sich die Blätter schon verfärbt. Thomas Schäffer und Karolin Hanslick tischten bereits **Wildspezialitäten** auf.

Köstlich, cremig und sehr fein ist die **Wildsuppe** gelungen. Zum **kurz gebratenen Rehcarpaccio**, das auf einem Allerlei vom Kürbis angerichtet war, schmeckten Zupfsalate und Kürbisravioli. Gut gewürzt und gschmackig, das **Ragout vom Hirschkalb** mit Sauerrahmcreme, Rotkraut und Nussnockerln. Zum Niederknien: sowohl der **Rahmpudding mit Schwarzbeerröster** und hausgemachtem Vanilleeis als auch der **Kastanienreis auf Rumobersnockerl** und Quittenragout. Auch Klassiker wie das **Rindsgulasch** munden hier so wie man sie sich erwartet – das Fleisch zart, der Saft sämig und geschmackvoll.

Oppenberg **STEIERMARK**

ALPENGASTHOF GROBBAUER

Oppenberg 229, 8786 Oppenberg, Tel.: +43/3619/213
www.alpengasthof-grobbauer.at
Öffnungszeiten: täglich 8–22 Uhr
Kreditkarten: Mastercard, Visa; Bankomat
Gastgarten, Zimmer ab € 40

Bei Familie Grobbauer wird mit besten regionalen Zutaten aufgekocht. Es gibt **traditionelle Almkost** wie **saure Rahmsuppe** mit Brennsterz, Rindsuppe mit **Kaspressknödel**, Frittaten oder Fleischstrudel, **Ennstaler Steierkasnocken**, Beuschel, **Gulasch vom Oppenberger Wild**, Mostbraten mit Knödel, **steirisches Wurzelfleisch, gebratene Bachforellen**, gebackene Schnitzel mit Speck und Ennstaler Steirakas gefüllt, knusprige **Backhendl**, Kaiserschmarren mit Kompott, gebackene Apfelradl, **Roseggerschöberl** mit Apfelmus, **gebackene Mäuse**, Spagat- und **Bauernkrapfen**.

Wenn Familie Grobbauer im Mai zu **Schmankerltagen** lädt, dreht sich alles um frische Wiesenkräuter. Da werden Feinschmecker mit **Wiesenkräutersuppe**, Brennnesselstrudel, **Kräuterteigtascherln**, Forellen gefüllt mit Wiesenkräutern, **Kräuter-Cordon-bleu, Kräutereisknödeln** und mehr kräuterwürzigen Schmankerln gelabt.

Die legendären **Knödelwochen** in Oppenberg finden im Oktober 2019 bereits zum 36. Mal statt. Da herrscht jedes Jahr ein regelrechtes Griss um jeden Sitzplatz. Wer in den Genuss von **Selchfleisch-, Speck-, überbackenen Fleisch-, Blunzn-, Grammel-, Gemüse-, Käse-, Lamm-, Schaf-, Erdäpfelknödeln** & Co sowie süßen Knödelvariationen kommen will, sollte rechtzeitig reservieren.

STEIERMARK Puch bei Weiz

WIRTSHAUS MEISSL

Puch 21, 8182 Puch bei Weiz, Tel.: +43/3177/22 05
www.wirtmeissl.at
Öffnungszeiten: Dienstag 11–14 Uhr,
Donnerstag, Freitag 11–14 Uhr und 17.30–20 Uhr,
Samstag, Sonntag 11–20 Uhr
Ruhetag: Mittwoch
Kreditkarten: Mastercard, Visa; Bankomat
Gastgarten

Petra Meißl empfing uns herzlich, ihr Vorschlag, mit der **Schafkäseterrine** zu beginnen, war ein Volltreffer. Der mild-würzige Frischkäse war mit Bärlauchpesto, marinierten Erdbeeren, Spargel und essbaren Blüten liebevoll angerichtet, ein Hochgenuss auch für das Auge. Zum Nachwürzen stellte sie uns eine Dose **Steirererdn** auf den Tisch, eine **Gewürzmischung aus Altausseer Bergkernsalz, gerösteten Kürbiskernen, Pfefferkraut, wildem Thymian und Majoran**, kreiert von ihrem Bruder Franz Meißl. Von ihm stammt auch der „Franzi", ein **zitronig-würziger Apfelsaft**, der die Vorspeise harmonisch begleitete.

Mit Begeisterung gehen der Seniorchef und seine Tochter Petra in die Pucher Wälder auf die Jagd. „Nur das beste **Wildfleisch aus Eigenjagd** landet bei uns in Pfannen und im Ofen", sagt die Gastgeberin, was wir Bissen für Bissen beim Genuss des in Kürbiskernpanade, knusprig gebackenen, zarten **Maibockschnitzels** bestätigt bekamen. Die Beilagen zu dieser Köstlichkeit: Buttererdäpfel und Preiselbeeren. Das **Zweierlei vom Maibock** – rosa gebraten und sanft geschmort – wird mit Sellerie-Erdäpfelpüree und Pfefferkirschen aufgetischt.

Zu guter Letzt ließen wir uns noch zu einem hausgemachten **Apfeleis auf Apfelragout** mit einer warmen Vanillewaffel verführen.

Pöllauberg **STEIERMARK**

HOTEL-RESTAURANT RETTER

Pöllauberg 88, 8225 Pöllauberg, Tel.: +43/3335/26 90
www.retter.at
Öffnungszeiten: warme Küche täglich 11–21 Uhr
Kreditkarten: Mastercard, Visa; Bankomat
Gastgarten, Zimmer ab € 109

Slow Food in Reinkultur wird beim Retter nicht nur beim jährlich stattfindenden *Slow Food Styria-Bio-Fest* zelebriert. Bei unserem letzten Besuch führte uns Ulrike Retter durch das **ehemalige Obsthofgebäude** neben dem Hotel, das zum **klimaautarken Biogut** Retter umgestaltet wurde.

Darin befinden sich eine **Brotbackstube, Kräutertrocknungsanlage, Marmeladesiederei und Schnapsbrennerei**. An ganzheitlicher Lebensweise interessierte Menschen finden hier die Möglichkeit, an Brotbackkursen, Kräuter- und anderen Workshops teilzunehmen.

„Fleisch ist für uns etwas ganz Besonderes", sagt die Chefin, daher werden hier nur im **Freiland gehaltene Tiere** von Biobauern von der Nase bis zur Schwanzspitze verarbeitet.

Zusätzlich zum aktuellen Speisenangebot werden an gewissen Tagen **gesottenes Murbodner-Rind** (Biohof Willingshofer) mit Rösterdäpfeln und Apfelkren, ein **Freilandschweinsbraten** (Labonca Biohof) und Köstlichkeiten vom **Bio-Weidelamm** (Fam. Schieder) kredenzt.

Vorweg schmeckte uns ein **gebackenes Freilandei** mit marinierten Steinpilzen und Kräutersalat, dann die sämige **Erdäpfel-Schwammerlsuppe**, geröstete Pilze mit Petersilienerdäpfel und **Rahmschwammerln** mit Knödel. Nach Genuss des **Nougat-Thymianmuses** auf Erdbeer-Ragout begaben wir uns auf eine Wanderung über den Streuobstweg, der rund um das Hotel führt.

9. Slow Food Styria-Bio-Fest: 30. April 2019.

STEIERMARK Schwanberg

GASTHAUS PAURITSCH

Garanas 10, 8541 Schwanberg, Tel.: +43/3467/84 07
Öffnungszeiten: warme Küche Mittwoch bis Montag 11–20 Uhr
Ruhetage: Dienstag, November bis Februar auch Mittwoch
Kreditkarten: keine
Gastgarten

Herr Michelitsch führt uns zu einem Tisch mit **herrlichem Panoramablick**. Da die Küchenzutaten vorwiegend aus **eigenen Forellenteichen**, der **Damwildzucht** sowie aus dem **Obst- und Gemüsegarten** stammen, ist das Speiseangebot recht klein.

Die Natur bescherte uns gerade Brunnenkresse. Eine gut abgeschmeckte, feinwürzige **Brunnenkresseschaumsuppe** mit hausgemachtem Blätterteigstangerl ist das erfreuliche Resultat. **Forellen** werden **im Ganzen** natur oder im Maisgrießmantel gebraten sowie klassisch paniert und gebacken offeriert. Wohlschmeckend, knusprig, von genau der richtigen Konsistenz wird der Fisch mit Butter-Petersilienerdäpfel aufgetischt.

Zum würzigen **Wildgulasch** schmeckt ein Semmelknödel, den sämigen Saft tunkt man mit **selbst gebackenem Bauernbrot** auf. Der **Damwildbraten** wird mit Apfel-Rotkraut, Knödel und einer in Rotwein geschmorten Birne und Ebereschenmarmelade kredenzt. Die **geröstete Wildleber** (nicht immer verfügbar) ist zart, der Saft schmeckt angenehm zwiebelig.

Für Vegetarier gibt es **Schwammerlsauce** mit Knödel oder **überbackene Käsenockerln** mit Röstzwiebeln und Salat. Bestens gelungen ist die cremige **Schokolade-Erdbeer-Roulade**.

Das **Weinangebot** ist klein, aber fein, die Region steht im Rampenlicht. Außerdem gibt es sehr gute **hausgemachte Obstsäfte**.

Semriach **STEIERMARK**

RESTAURANT HOFKUCHL

Am Wiesengrund 1, 8102 Semriach, Tel.: +43/3127/83 41
www.semriacherhof.at
Öffnungszeiten: täglich 12–20 Uhr
Kreditkarten: Mastercard, Visa; Bankomat
Gastgarten, Zimmer ab € 38

Über Andritz und Weinitzen erreicht man den Semriacherhof von Graz aus in einer guten halben Stunde. Hier bereichern **saisonale Schmankerl** das Speiseangebot feiner **Ganzjahresklassiker**. Auf Wunsch und nach Möglichkeit bereitet Stefan Loidolt auch Gerichte zu, die nicht auf der Karte stehen.

Wir beginnen mit einem hausgemachten **Barrique-Schinken und Käsepralinen** vom Biohof Fuchs. Seinen besonderen Geschmack erhält dieser Rohschinken durch eine mehr als einjährige Reifung in Eichenfässern aus dem französischen Allier.

Bestens gelungen ist das **Schweinsfilet im Speckmantel** mit bissfestem, saisonalem Gemüse und selbst gemachten Kartoffelkroketten. Ebenso das **Spargel-Erdäpfelgröstl** mit Zwiebeln und Flusskrebsen. Ein süßer Traum, die frisch herausgebackenen **Palatschinken** mit Marillenmarmelade.

Apropos Palatschinken: Seit einigen Jahren lädt man im Frühling im Semriacherhof zu **Palatschinkentagen** ein. Der junge Küchenchef bäckt die Palatschinken in Schweineschmalz heraus, das hat er **von seiner Oma** so gelernt. Die Zutaten müssen aus der Region stammen, wie beispielsweise die Eier von Familie Zisser. **Zehn pikante** und **zehn süße Variationen** stehen während der Palatschinkentage auf dem Speisezettel, von klassisch gefüllt bis hin zu Hirschfleisch- und Lebkuchenfülle.

STEIERMARK Soboth

GASTHAUS STRUTZ

Laaken 21, 8554 Soboth, Tel.: +43/3460/248
www.roschitzhof.at/texte/gasthaus-strutz.html
Öffnungszeiten: nach Vereinbarung
Ruhetag: Dienstag
Kreditkarten: keine
Gastgarten, Zimmer ab € 32

Das Gasthaus liegt an einer **idyllischen Waldlichtung**, etwa zehn Kilometer von der Bundesstraße 69 entfernt. Da sie mit sogenannter Laufkundschaft nicht rechnen kann, hat Maria Strutz ihren Betrieb auf **Reservierung und Vorabbesprechung der Speisenfolge** ausgerichtet.

Wir haben Gusto auf **Rindsrouladen** mit Erdäpfelschupfnudeln telefonisch angekündigt. Da wir etwas zu früh ankamen, platzierte uns Frau Strutz Liegestühle im Schatten eines **großen Apfelbaumes** und kredenzte uns gleich einen **Krug voll Saft** aus dessen geschmackvollen Früchten.

Bald war unser Tisch gedeckt und die **Rindsuppe** mit einem üppigen **Grammelstrudel** kredenzt. Während wir genussvoll löffelten, erntete Frau Strutz einen Krauthäuptel in ihrem Bauerngarten. Die frischen, knackigen Salatblätter marinierte sie mit Mostessig und Kürbiskernöl, auch die auf den Punkt **gekochten Käferbohnen** mit Zwiebeln.

Ein Geschmackserlebnis, die mit gestiftelten Karotten, dünn geschnittenen Zwiebeln, Essiggurkerlscheiben und Speckstreifen gefüllten, bestens gewürzten, gerollten Rindsschnitzel in **aromatischem Schmorsaft** mit Erdäpfelnudeln.

Da am Waldrand gerade die Holunderbüsche blühten, gab es **gebackene Hollerstrauben** als Nachspeise. Der Umweg hierher lohnt sich jederzeit.

Soboth **STEIERMARK**

GASTHAUS LINDNER

Soboth 23, 8554 Soboth, Tel.: +43/3460/205
Öffnungszeiten: nach Voranmeldung
Kreditkarten: keine
Gastgarten, Zimmer ab € 33

Auf unsere Frage nach der Speisekarte teilte uns Herr Weißensteiner mit, dass die **Speisekarte hier lebendig** sei. Bald erschien die Küchenchefin, die uns wie anno dazumal, mit einer weißen Kleiderschürze bekleidet, herzlich begrüßte.

Eine Rindsuppe mit **Leberknödel oder Frittaten** und eine **Eierschwammerl-Erdäpfelsuppe** hat sie uns fürs Erste angeboten. Ich entschied mich für Letztere mit einem flaumigen Semmelknödel. Da die famose Suppe in der Größe einer Hauptspeise aufgetischt wurde, waren wir froh, den Hauptgang noch auf eine Portion reduzieren zu können.

Der Duft des vorzüglichen **Schweinsschopfbratens** strömte bis in den Gastgarten, dazu gab es in Schmalz geröstete Erdäpfel und einen mit Kürbiskernöl marinierten gemischten Salat (Kraut, Käferbohnen, Erdäpfel und knackiges Grünzeug). Dazu schmeckten ein Glas klassischer **Schilcher** vom Weingut Jauk in Pölfing Brunn sowie ein aufgespritzter **Schilchertraubensaft**. Der **Schwarzbeer-Streuselkuchen** schmeckte wie seinerzeit bei Oma.

Frau Weißensteiners Küche ist fritteusen- und mikrowellenfrei, das Fleisch stammt von Tieren vom **eigenen Bauernhof**. Wer ein Menü vorweg vereinbart, hat die Möglichkeit, **weststeirische Bauernkost von A bis Z** zu genießen.

STEIERMARK Sölk

GASTHOF SÖLKSTUB'N

Mössna 194, 8961 Sölk, Tel.: +43/3689/281
www.soelkstubn.at
Öffnungszeiten: warme Küche 17.30–20.30 Uhr,
ab sechs Personen auch nach Vereinbarung
Ruhetag: Donnerstag (Oktober bis Juni)
Kreditkarten: Mastercard, Visa; Bankomat
Gastgarten, Zimmer ab € 38

Spontan entschlossen wir uns, Agnes Lemmerer zu besuchen. Maria, die rechte Hand der Wirtin, empfing uns fröhlich und sagte: „Agnes wird bald zurück sein, sie **pflückt gerade Wildkräuter** am Ufer des Knallbachs."

Ein angenehmer Geruch drang aus der Küche in die Stube. Dort garten gerade ein **Wildeintopf und Semmelködel in Kochkisten**. Mit zwei Körben voll duftender Kräuter kam Agnes heim, sie bereitete sich gerade auf ein neues Seminar vor, bei dem es darum geht, eine Verbindung zwischen Mensch und der Natur zu schaffen und zu demonstrieren, dass man **Essen direkt in der Natur ernten** und damit auch **Wintervorräte** herstellen kann.

Agnes erfreute uns mit selbst gemachtem **Frischkäse aus Kuhrohmilch** mit frischen Kräutern und Blüten, mariniert mit Sauerrahm. Bald war auch schon der Wildeintopf fertiggegart, zusammen mit den flaumigen Semmelknödeln ein Geschmackserlebnis par excellence. Danach mundeten **Spagatkrapfen mit Schwarzbeertopfen**, Preiselbeeren und Schlagobers.

Agnes Lemmerer ist die einzige Wirtin in der Region, die sämtliche Slow Food-Kriterien ganz und gar erfüllt. Auf ihrer Internetseite informiert sie laufend über Kochkistenseminare mit Themen wie **Wildkräuter, Getreide- und Gemüseküche**.

Spielfeld **STEIERMARK**

OLIVER KOCHT

Unterschwarza 1, 8471 Spielfeld, Tel.: +43/664/416 09 93
www.oliver-kocht.at
Öffnungszeiten: Mittwoch bis Samstag 11.30–20 Uhr,
Sonntag 11.30–17 Uhr, Mai bis September bis 20 Uhr
Ruhetage: Montag, Dienstag
Kreditkarten: Mastercard, Visa; Bankomat
Gastgarten

Ausgesprochen herzlich wird man in Familie Kerngasts Restaurant zwischen Straß in der Steiermark und Murfeld empfangen. Das Ambiente ist modern, **einfach zum Wohlfühlen**, das Servicepersonal freundlich, kompetent und unaufdringlich.

Egal ob Kürbis, Kren, Bärlauch oder Spargel, Oliver Kerngasts cremige und schaumige **Suppen mit Frischkäsebällchen** muss man sich am Gaumen zergehen lassen. Die **kurz gebratene Hühnerleber** in geschmacklich bestens abgestimmter Begleitung von Süßkartoffelcreme, knackigen Speckstreifen und Morcheln (als Vor- und Hauptspeise erhältlich) ist anmutig am Teller arrangiert und schmeckt fantastisch.

Als „Ein Tag am Land" werden schmackhafte **geschmorte Schweinswangerl** und **Schweinsfilet** auf der Karte angepriesen. Das Fleisch mit feinem Bratensaft harmoniert mit Kräuterseitlingen und delikatem Erdäpfelgratin. Der butterweiche **Zwiebelrostbraten** wird mit sämiger Sauce, zwei stattlichen Serviettenknödelscheiben und knusprigem Zwiebel aufgetischt. Die Tischnachbarn schwärmen vom **Backhendl**, das hier in Schweineschmalz gebacken wird

Zum süßen Ausklang gibt es feine **Topfen-Grießknödel** mit Cappuccino-Parfait und eingelegten Kirschen.

STEIERMARK St. Johann bei Herberstein

LANDGASTHOF RIEGERBAUER

8222 St. Johann bei Herberstein 12, Tel.: +43/3113/23 01
www.riegerbauer.at
Öffnungszeiten: Donnerstag, Freitag 11.30–14 Uhr und 18–22 Uhr,
Samstag 11.30–21 Uhr, Sonntag 11.30–18 Uhr
Ruhetage: Montag, Dienstag, Mittwoch
Kreditkarten: Mastercard, Visa; Bankomat
Gastgarten

Dieser Landgasthof blickt auf eine **lange kulinarische Tradition** zurück. Von 1652 bis 1963 wurde hier für die Herrschaft von Schloss Herberstein Brot gebacken. Dass hier seit 1706 bewirtet wird, davon zeugt eine Inschrift am Holztram in der **gemütlichen Gaststube**.

Seit 1981 kredenzt hier Familie Allmer regionale Schmankerl. Auch Felix Allmer jun., der den Betrieb im Jahr 2000 übernommen hat, kocht **wie zu Omas Zeiten**, ihren Rezepten fügt er jedoch **einen Schuss Kreativität** hinzu.

Das schmeckt man schon bei der köstlichen Vorspeisenvariation, bestehend aus **Beef Tatar** mit einer stimmigen Emulsion aus Senf und Zitrone, Saiblingskaviar sowie **weißem Spargel** mit Kren-Espuma, einer ausgezeichneten Wildkräutervinaigrette und knusprig gebratenen Speckwürfelchen.

Die sämige **oststeirische Mostsuppe** mit püriertem Wurzelgemüse wird mit einer Kernölspur, Kürbiskernen und einer Schaumhaube verfeinert. Bei der Zubereitung des **Apfellandschnitzels** – eine geschützte Eigenkreation des Chefs – wird ein kurz angebratener Schweinerücken mit Bauchspeck, in Streifen geschnittenen Zwiebeln, Apfel- und Bergkäsescheiben belegt und im Rohr überbacken. Dazu schmecken Braterdäpfel und ein bestens marinierter Salat.

Ein herrliches **Holunderparfait** zum Abschluss setzt den Gaumenfreuden die Krone auf.

St. Kathrein am Offenegg **STEIERMARK**

DER WILDE EDER

Dorf 3, 8171 St. Kathrein am Offenegg, Tel.: +43/3179/823 50
www.der-wilde-eder.at
Öffnungszeiten: Mittwoch bis Samstag 11.30–14 Uhr und 18–20 Uhr,
Sonntag 11.30–16 Uhr (Reservierung erforderlich)
Ruhetage: Montag, Dienstag
Kreditkarten: Mastercard, Visa; Bankomat
Gastgarten, Zimmer ab € 116 (Vollpension)

Während der letzten Wintersperre wurde hier wieder umgebaut und erneuert. Da tauschte Stefan Eder seinen Kochlöffel gegen einen Vorschlaghammer und legte Hand an. Jetzt bietet er wieder **Genuss auf höchstem Niveau** an. Die Tische sind stilvoll gedeckt, es wird hausgemachtes Sauerteigbrot mit Aufstrichen, Speck und Grander-Wasser vom Brunnen eingestellt.

Zur Vorspeise wählten wir ein **Carpaccio vom Almochsen** mit Kernölmayonnaise, Arzberger Stollenkäse und Grünzeug sowie eine **geräucherte Forelle** mit fruchtig-würzigem Couscous, eingelegtem Rhabarber und frischer Kresse. Im Frühling darf man sich die schaumige **Sauerampfersuppe** nicht entgehen lassen.

Auch die Hauptspeisen überzeugten: ein **Brathühnchen** mit Knoblauch-Risotto, sautiertem Babyspinat und fermentierter Zitrone und die zart **rosa gebratene Kalbsleber** mit Balsamico-Kirschen und Erdäpfelpüree. Wer es deftiger mag, wählt das **knusprige Schweinsbrüstl** mit Erdäpfelknödel und Sauerkraut.

Ohne Süßes von Eveline Wild genascht zu haben, sollte man St. Kathrein nicht verlassen. Diesmal gab es eine Mangoschnitte mit Schokoladencreme und Tonkabohne und ein **gebackenes Vanilleparfait** mit Rumzwetschken.

Für Gruppen bietet sich die **urige Sterzhütte** für ein genussvolles Beisammensein an. Hier kocht Stefan Eder **regionale Schmankerl** auf.

STEIERMARK St. Michael

GASTHOF EBERHARD

Raiffeisenstraße 24, 8770 St. Michael, Tel.: +43/3843/22 22
www.gasthof-eberhard.at
Öffnungszeiten: Dienstag bis Freitag ab 17 Uhr, Samstag und Sonntag ab 11 Uhr
Ruhetag: Montag
Kreditkarten: American Express, Mastercard, Visa; Bankomat
Gastgarten

Ilse Blachfellner-Mohri teilt ihren Gästen am liebsten selbst mit, was es gibt: Alles frisch gekocht mit Zutaten von Produzenten **aus ihrem Umkreis** (Genussreich rund um Reiting und Eisenstraße). Eine Qualitätsansicht, die Helga Schenkermaier-Leis – Köchin im Erzbergbräu – voll und ganz teilt, darum stehen die **beiden Damen gerne gemeinsam in der Küche**. Da werden **spezielle Menüs** kreiert, die Biersommelier Reini Schenkermaier mit einer **kommentierten Bierbegleitung** ergänzt. Buchbar für 30 Euro pro Person.

Die Vorspeise, ein köstliches Genussreich-Dreierlei: **Steirer-Crostini** (gebähtes Biertreber-Brot) mit Käferbohnencreme und Steinrisser Speck, **Ilses Geflügelleber-Pastete** mit Kornelkirsch-Apfel-Gelee sowie **karamellisierter Ziegenkäse** vom Milwisch mit marinierten Kräutern. Die süffige Bierbegleitung: „Grubenhund"-Kellerbier.

Außergewöhnlich gut, die **Unkrautsuppe** mit Igler's Räucherfisch. Dazu kredenzt der Bierbrauer sein „DreiHops RostrAle". Zum Hauptgericht, einem schmackhaften, geschmorten, zarten **Lammrücken** mit traumhaftem Safterl, Schalotten, Radieschen, Kräutern, Brennnessel-Flan und lila Erdäpfelauflauf, schmeckte das „DreiHops | ai | pi: | äi |", ein nach Indian Pale Ale-Art in Eisenerz gebrautes obergäriges Bier.

Ein Höhepunkt auch der süße Ausklang, **Crème Caramel** Unlimited Belgisch Steil, harmonisch begleitet vom selben Bier!

St. Radegund STEIERMARK

WIR:ZHAUS

Willersdorferstraße 7, 8061 St. Radegund, Tel.: +43/3132/404 44 40
wirzhaus.at
Öffnungszeiten: Donnerstag und Sonntag 11–21 Uhr,
Freitag und Samstag 11–22 Uhr
Ruhetage: Montag, Dienstag, Mittwoch
Kreditkarten: Mastercard, Visa; Bankomat
Gastgarten

Den **Luftkurort** Sankt Radegund erreicht man von Graz in etwa 40 Minuten. Der Name „Wir:zhaus" gibt darüber Aufschluss, dass man sich als Gast hier **wie zuhause fühlt** – und das stimmt auch so. Als Untertitel wählten die Gastgeber **Anstalt für Genuss und Völlerei**. Dass hier Genießer auf ihre Kosten kommen, können wir nur bestätigen.

Einfach köstlich die **Spargelcremesuppe** mit einem aromatischen Speck-Zwiebel-Kuchen und die **Topinamburcremesuppe** mit würzig gebeizten, gebratenen Hühnerbruststücken.

Perfekt rosa gebraten, die saftige **Beiriedschnitte** mit schmackhaftem Zwiebel-Jus und knusprigen Braterdäpfeln. Ausgezeichnet, der **gebackene Karpfen** mit fein mariniertem Erdäpfelsalat und reizvoller Apfelmayonnaise. Der Abschied wurde uns mit einem erfrischenden **Marillensorbet** mit eingelegten Waldfrüchten versüßt.

Die Rindsuppe wird wahlweise mit **Frittaten, gebackenem Leberknödel** oder **Grießnockerl** aufgetischt, das **Kalbsbeuschel** mit einem flaumigen Serviettenknödel, das **Kalbswienerschnitzel** mit Erbsenreis oder Petersilienerdäpfeln, das **Filetsteak** mit Polenta und hausgemachtem Paprika-Ketchup.

Zum Nachtisch werden diverse Tageskuchen, Sorbet-Variationen oder ein gemischter Teller vom **Arzberger Stollenkäse** geboten.

STEIERMARK St. Stefan ob Stainz

WIRTSHAUS JAGAWIRT

Sommereben 2, 8511 St. Stefan ob Stainz, Tel.: +43/3143/81 05
www.jagawirt.at
Öffnungszeiten: 11–21 Uhr
Ruhetage: September und Oktober Mittwoch,
von April bis September auch Donnerstag
Kreditkarten: Bankomat
Gastgarten, Zimmer ab € 62

Wenn sich der Winter verabschiedet, werden beim Jagawirt wieder die Türen geöffnet. Die neue Saison beginnt mit der Fleischweihe, einem Osterfeuer und einer **zünftigen Osterjause**. Dass das Fleisch für das **Geselchte** und die **Osterkrainer** aus der **eigenen Freilandschweinezucht** stammt, muss gar nicht erwähnt werden. Dass der Hausherr das **Fleischerhandwerk beherrscht**, auch nicht. Und dass Werner Goach zum Veredeln keine Zusatzstoffe verwendet, schmeckt man Bissen für Bissen.

Danach folgen einige Wochen, wo sich in der Jagawirt-Küche fast alles um Schmankerl rund ums **Lamm**, den **Bärlauch** und **Spargel** dreht.

Wenn Mitte Juli zum „Wurstkuchlfest" geladen wird, erinnert sich mancher Gast an den wahren Geschmack von **Braunschweiger** und **Erdäpfelgulasch**.

Bevor im November **Gänse** den Ton angeben, ist beim Jagawirt **Kastanien- und Sturmzeit** angesagt, da kann man sich an Köstlichkeiten wie einer Kastaniencremesuppe und **gefüllten Blutwursttascherln** auf Kastanienpolenta erfreuen. Dazu schmeckt **hausgemachtes Kastanienbrot**, danach **Kastanien-Panna-Cotta** mit Isabellatraubenragout.

Beliebte Klassiker wie das mit Mangalitza-Schinken und Käse gefüllte, in Kürbiskernpanier resch herausgebackene **Haus-Schnitzel** oder knusprige **Spanferkelstelzen** werden auf der Sommereben ganzjährig aufgetischt.

St. Veit am Vogau **STEIERMARK**

GASTHAUS-RESTAURANT THALLER

Am Kirchplatz 4, 8423 St. Veit am Vogau, Tel.: +43/3453/25 08
www.gasthaus-thaller.at
Öffnungszeiten: Gasthaus: Montag, Donnerstag, Freitag, Samstag 12–14 Uhr,
Sonn- und Feiertag 12–17 Uhr
Restaurant: Montag, Donnerstag, Freitag, Samstag 18.30–21 Uhr
Ruhetage: Dienstag, Mittwoch
Kreditkarten: Bankomat
Gastgarten

Hausherr und Küchenchef Norbert Thaller liegen seine Küchenzutaten besonders am Herzen. Er will wissen, wo und wie alles wächst und gedeiht, beziehungsweise wie die Tiere leben und gefüttert werden, bevor er sie am Herd veredelt. Vieles stammt aus dem **Hausgarten**, der Karpfen, den er in der Pfanne goldbraun bäckt, ist im **eigenen Fischteich** groß geworden und hat kurz zuvor noch im Kescher gezappelt. Die **selbst gemachte Blutwurst und Sulz** bereitet der begeisterte Koch mit Zutaten vom Sonnenschwein (Labonca-Hof, Burgau) zu, Letzteres richtet er mit **Wiesenkräutern** und Radieschen an, mariniert wird natürlich mit **Kürbiskernöl**.

Ganslgerichte bereitet Norbert Thaller ausschließlich mit Weidegänsen vom Lipphansl-Hof oder Biohof Krainer in Riegersburg zu. Ein Genuss für alle Sinne: die **Gänseleber-Creme** mit Feige, Kastanien, Herbstkräutern und Nuss-Brioche. Einfach traumhaft die **Gansl-Einmachsuppe** mit Bröselknödeln und die **mit Gänseklein gefüllten Teigtascherln** auf Rahmrüben.

Perfekt geschmort und gebraten, das **Zweierlei von der Weidegans** mit Hollerkraut, Bratapfel und Germknödel.

Auch das Dessert, mit Erdbeeren und Rhabarber **gefüllte Topfenknödel**, schmeichelt den Gaumen.

Erwähnenswert: das **Weinangebot** und die große Auswahl an heimischen orangen Weinen (Weißwein, der wie Rotwein hergestellt wird).

STEIERMARK Trautenfels

GASTHAUS KRENN

Pürgg 11, 8951 Trautenfels, Tel.: +43/3682/222 74
www.gasthauskrenn-puergg.at
Öffnungszeiten: warme Küche Donnerstag bis Samstag 11.30–21 Uhr,
Sonntag 11.30–20 Uhr, Mittwoch 16–22 Uhr
Ruhetage: Montag, Dienstag
Kreditkarten: Mastercard, Visa; Bankomat
Gastgarten

Seit 1510 ist der Krenn urkundlich belegt, damals noch unter dem Vulgonamen Brunnschuster, als hier noch Stiefel geflickt wurden. **Bodenständig** geht es bis heute zu, mit Frühschoppen und Musikantenstammtisch. Seit Barbara Krenn die Wirtschaft an Theresia Graf und ihre Schwester Valerie übergeben hat, ist alles ein klein wenig feiner geworden: **handgeschriebene Karten, schöne Keramik, Leinen-Tischdecken**.

Die **kleine Karte** wechselt alle vier Wochen, Valerie hat in der Küche stets ein Auge auf das, was die Region gerade hergibt. Dazu bringen Einheimische **Beeren, Kräuter und Schwammerl** vorbei.

Manches steht immer auf der Karte, weil die Stammgäste sonst einen Aufstand machen würden: knuspriges **Blunzengröstl** mit Sauerkraut etwa, klassisch **steirisches Backhendl** mit Erbsenreis und Preiselbeeren, aber auch **saure Rahmsuppe mit Erdäpfelsterz**, wie sie der große Wohltäter der Steiermark, Erzherzog Johann, schon liebte.

Anderes wagt sich in noblere Gefilde vor: **Geschmorte Kalbsvögerl** bekommen getrüffeltes Püree zur Seite, die **rosa gebratene Lammkrone** wird mit Artischocken, Melanzani und Eierschwammerl aufgetragen, und das **Sauerrahmsoufflé mit Beerenröster** und Rahmeis steht zwar „für zwei" auf der Karte – in Wahrheit aber reicht es nach all diesen Herrlichkeiten locker für vier.

Trautmannsdorf STEIERMARK

STEIRA WIRT

Trautmannsdorf 6, 8343 Trautmannsdorf, Tel.: +43/3159/41 06
www.steirawirt.at
Öffnungszeiten: Donnerstag bis Montag 12–14 Uhr und 18–21 Uhr
Ruhetage: Dienstag, Mittwoch
Kreditkarten: Mastercard, Visa; Bankomat
Gastgarten, Zimmer ab € 105

Das Geschwisterpaar Sonja und Richard Rauch ist ein besonders gut eingespieltes Team. Sonja ist die perfekte Gastgeberin, Richard versteht es, in seiner Küche **Tradition und Moderne** mit Leidenschaft zu vereinen.

Beim Schmökern der Speisenkarte widmen wir uns den Klassikern, das macht Gusto auf Schmankerl wie eine **Klachlsuppe** mit Heidensterz und Grammeln sowie Spezialitäten vom Milchkalb: Der **lauwarme Kalbskopf** wird mit eingelegtem Kürbis, Goji-Beeren und Kren serviert, das **Kalbsrahmbeuschel** mit Topfen-Serviettenknödel, die **Kalbskutteln** mit Erdäpfelteigtascherln, gefüllt mit Steinpilzen, das **gebackene Bries** mit Petersilienerdäpfeln und Preiselbeeren, die **geröstete Freilandschweinsleber** vom Milchkalb mit Erdäpfelpüree.

Der raffiniert marinierte **Frühlingssalat** besteht aus Blattsalaten, frischen Kräutern, Erbsen, Schaffrischkäse und einem pochierten Wachtelei. Beim Genuss des **Schnitzels vom Freilandschwein**, gebacken in Schweineschmalz, kann man sofort erkennen, dass Schnitzel nicht gleich Schnitzel ist – dazu munden Rahmgurkensalat und Erbsenreis.

Herrlich die **Vanille-Brandteigkrapferl**, erfrischend die auf einem Eisblock servierten Sorbets.

Seit August 2018 bietet der Steira Wirt auch acht Doppelzimmer.

STEIERMARK Unterpremstätten

RESTAURANT KUPFERDACHL

Hauptstraße 15, 8141 Unterpremstätten, Tel.: +43/3136/52 36 70
www.kupferdachl.at
Öffnungszeiten: warme Küche Mittwoch bis Samstag 11.30–14 Uhr
und 17.30–21.30 Uhr, Sonn- und Feiertag 11.30–15.30 Uhr
Ruhetage: Montag, Dienstag
Kreditkarten: Mastercard, Visa; Bankomat
Gastgarten

Je nach Verkehrslage erreicht man die fabelhafte Gaststätte in 20 bis 30 Minuten von der Grazer Innenstadt.

Zusätzlich zu Klassikern wie die Rindsuppe mit drei Einlagen – **Fleischstrudel, Frittaten und Grießnockerl** –, dem **gekochten Tafelspitz** und gedünsteten **Zwiebelrostbraten**, **Apfelstrudel** und **Kaiserschmarren**, begeistert Daniel Edelsbrunner bewusste Genießer seit Mitte 2017 mit **täglich wechselnden „Ursprungsmenüs"**. So ein Menü gibt es ab drei Gängen um 29 Euro, für jeden weiteren Gang werden 9 Euro verrechnet.

Je nach Jahreszeit stehen da etwa eine **saure Suppe mit Sterz** und Grammeln, eine **„Aufg'setzte Henn"** (gefülltes Brathuhn auf einem Erdäpfelbett), **Forelle Müllerin** und als Dessert **Buchteln frisch aus dem Reindl** auf der Schiefertafel.

Im Frühling werden etwa ein **Spargelsalat** mit pochiertem Ei und Wildkräutern, ein **gefüllter Paprika** mit Paradeisersauce und Salzerdäpfeln und als Dessert **Marillenpalatschinken** angeboten. Oder ein **gebratenes Wallerfilet** auf Krautsalat mit Grammeln, eine **Spargelsuppe** mit Liebstöckl-Grießknödel, ein **Stefaniebraten** mit Erdäpfelpüree und Röstzwiebeln und zum Abschluss **Marillen-Topfenknödel** mit Zimtbrösel und Topfeneis.

Immer wieder bereichern auch Spezialitäten wie **Blutwurst, Kalbsbries** und **Beuschel** das kulinarische Angebot.

Waisenegg **STEIERMARK**

WIRTSHAUS GALLBRUNNER

Waisenegg 78, 8190 Waisenegg, Tel.: +43/3174/44 10
www.gallbrunner.at
Öffnungszeiten: Mittwoch bis Sonntag 9–23 Uhr
Ruhetage: Montag, Dienstag
Kreditkarten: keine
Gastgarten, Zimmer ab € 50

Nach einer lauschigen **Nacht im Troatkasten** beginnt der neue Tag mit einem **traumhaften Frühstück**. Alles was zum Häferlkaffee aufgetischt wird, stammt von daheim und von Nachbarn: das **selbst gebackene Roggenbrot**, die **Bergbauernbutter**, die **Topfenaufstriche**, der Hamburgerspeck und **Hausrohschinken**, die Marmeladen, das **Joghurt**, die **frischen Früchte** und die **Haferflocken** vom Biohof Geiregger.

Karl Rennhofer offeriert uns auch eine **Kernöleierspeis**, die wir aber ablehnen. Schließlich wollen wir vor der Abreise nicht auf das **legendäre Ofenbratl** verzichten.

Also auf zu einem Waldspaziergang. Unterwegs finden wir die ersten Steinpilze der Saison, auch einige Eierschwammerln, genug für ein **Schwammerlgulasch** für zwei landen im Weidenkorb.

Währenddessen formen Lisbeth und ihre Tochter Corinna **Zammg'legte Knödel**, die wir als Beilage zu **Schweinsbrüstel und Schopfbraten** im eigenen Saft kredenzt bekommen. Nach dem opulenten Frühstück entscheiden wir gemeinsam, eine Portion mit **Grubenkraut** zu genießen. Dazu schmeckt das süffige **Hoamatbräu,** meisterhaft gebraut von Schwiegersohn Robert.

Eine „Steirische Roas", so heißt die **Variation süßer Verführungen**, nehmen wir dann mit nach Hause.

STEIERMARK Weinitzen

GENUSSTREFFPUNKT HÖFER

Höhenweg 22, 8044 Weinitzen, Tel.: +43/3132/26 29
www.genusstreffpunkt.at
Öffnungszeiten: warme Küche Mittwoch bis Samstag 11.30–21 Uhr
Sonntag 11–18 Uhr
Ruhetage: Montag, Dienstag
Kreditkarten: Mastercard, Visa; Bankomat
Gastgarten, Zimmer ab € 40

Das Landhaus der Familie Höfer **mit angeschlossener Vinothek** erreicht man vom Zentrum der Landeshauptstadt über Graz-Mariatrost in Richtung Weiz fahrend in rund 20 Minuten. Von der Terrasse bietet sich ein **wundervoller Blick** ins Grüne, in **Weingärten**, wo Welschriesling, Chardonnay und Schilcher gedeihen, und auf eine **Streuobstwiese**, auf der das Obst für die **hauseigenen Fruchtsäfte** heranwächst.

Ausgezeichnet, die Rindsuppe mit schmackhaften **Frittaten** oder einem **Fleischstrudel** als Einlage. Bevor der Hauptgang serviert wurde, brachte uns Barbara Höfer einen **Salatteller** mit Krauthäuptel, Rucola und getrockneten Kirschtomaten, abgemacht mit einem milden Apfelessig und hauseigenem Kürbiskernöl.

Der knusprig **gebratene Spanferkelbauch** mit delikat marinierten Schalotten, Röstzwiebeln und Braterdäpfeln schmeckt vortrefflich. Die saftig **geschmorten Kalbsbeinscheiben** mit einer Art Ratatouille und cremiger Polenta zergehen auf der Zunge. Die **Kaspressknödel** werden mit würzigem Käse aus dem Arzberger Käsestollen zubereitet. Erfrischend, das **Sauerampfersorbet** mit Himbeeren und Schokokuchenstücken zum Nachtisch.

Mittwoch bis Samstag ab 17 Uhr werden drei- bis viergängige **saisonale Abendmenüs** angeboten, aus deren Speisenfolge man auch einzelne Gänge auswählen kann.

Zeltweg **STEIERMARK**

SCHLOSSTAVERNE FARRACH

Schlossweg 13, 8740 Zeltweg, Tel.: +43/3577/252 57
www.schlossfarrach.at
Öffnungszeiten: warme Küche Mittwoch bis Samstag 12-13.30 und 18-21 Uhr,
Sonn- und Feiertag 12-15 Uhr, Dienstag 18-21 Uhr
Ruhetag: Montag
Kreditkarten: Mastercard, Visa; Bankomat
Gastgarten

Alexander Stöhr steht nunmehr seit über 20 Jahren mit Liebe am Herd, was man in **stimmungsvoller Atmosphäre** Bissen für Bissen wahrnehmen kann. Auf **eigenen Feldern** und im **Gewächshaus** erntet der Schlossherr frisches Gemüse und Kräuter. Fleisch, Fisch und Milchprodukte bezieht Familie Stöhr von **persönlich bekannten Bauern der Region**.

Die **Hokkaido-Kürbiscremesuppe** verfeinert der Küchenchef mit einem Schuss Kürbiskernöl, die klare Rindsuppe schmeckt mit einem **Lungenstrudel**.

Zur Variation von **heimischen Flussfischen** wird saisonales Gemüse oder Risotto als Beilage offeriert, zum **Zweierlei vom Saualm-Lamm** Ratatouille und eine knusprig gebratene Polentaschnitte. Und zum Nachtisch sollte man nicht auf die legendären **Farracher Schlossnockerln** mit marinierten Beeren verzichten.

Zu gewissen Anlässen lädt Familie Stöhr zu **drei- bis viergängigen Menüs**: Nach einem Gruß aus der Schlossküche kann man zwischen einem **Carpaccio von der Roten Rübe** und einem Bio-Jungrind mit hausgemachten Gemüsepickles wählen, danach zwischen einer **rosa gebratenen Entenbrust** mit Kraut und Polenta und einem **gebratenen Saiblingsfilet** mit grünem Spargel und Gemüse-Couscous. Zum Ausklang erfreut ein frisch gerührtes **Zitronensorbet** mit hausgemachtem **Zitronenlikör**.

BUSCHENSCHANKTIPPS STEIERMARK

Bitte bedenken Sie, dass Buschenschänken ihren Betrieb während der Weinlese und Wintermonate einschränken. Informieren Sie sich daher vor einem geplanten Besuch telefonisch oder auf der jeweiligen Internetseite.

GRAZ-UMGEBUNG

BUSCHENSCHANK DORNER

Ausgezeichnete **Eigenbauweine** und **naturbelassene Fruchtsäfte**, Maschanzker-Most und Edelbrände. Auch Obst, Gemüse und das Fleisch der Mangalitza-Schweine stammen aus Familie Hergans Landwirtschaft.
Man genießt hier Geselchtes, **Rohschinken und Salami**, diverse **Rohmilchkäse** aus der Region, **Geräuchertes vom Lamm und von der Forelle**, Wollschwein- und **Lammschmankerl vom Grill**, Salatvariationen sowie hausgemachte Mehlspeisen.
Reiteregg 44, 8151 St. Bartholomä, Tel.: +43/3123/22 88
www.dornerwein.at
Ruhetage: Montag, Dienstag, Mittwoch

BUSCHENSCHANK PONIGL-STERN

Zu bestem Wein, Most und Fruchtsäften werden Spezialitäten aus der eigenen Landwirtschaft gereicht. Schinken, Selchwürstel und Speck sowie **Leberstreichwurst, Grammelschmalz und Verhackert**.
Der Schweinsbraten und das **knusprige Brüstl** schmecken mit Bratlfett und **selbst gebackenem Holzofenbrot**. Herrlich auch „Saures", wie eine Schüssel mit Presswurst, Rindfleisch und Käferbohnen mit Mostessig und Kürbiskernöl.
Wer leichtere Buschenschankkost vorzieht, ordert **hausgemachten Liptauer** oder **Kürbiskerntopfen**. Diverse Rohmilchkäse stammen von der Hofkäserei Aichstern, die herrlichen Mehlspeisen werden von Oma Stern gebacken.
Rohrbach 51, 8151 Hitzendorf, Tel.: +43/3123/22 78
www.buschenschank-ponigl.at
Ruhetage: Montag, Dienstag, Mittwoch

WASSILY KANDINSKY | WEISSES OVAL

MEISTERWERKE IN ÖL

Zur gleichen Zeit, als Wassily Kandinsky am Bauhaus in Weimar über „Punkt und Linie zu Fläche" philosophierte, begannen wir in Pöllau mit Entschiedenheit und Sorgfalt feinste Öle zu pressen.

Heute hängen Kandinskys Meisterwerke in den bedeutendsten Sammlungen der Welt, während unsere Öle an den besten Adressen köstliche kulinarische Verbindungen eingehen. Sammeln lassen sich unsere mehr als 40 herausragend guten Ölsorten natürlich auch.

ÖLMÜHLE FANDLER | PÖLLAU | WWW.FANDLER.AT

WESTSTEIERMARK

BUSCHENSCHANK LANGMANN VULGO LEX
Schilcher Klassik sowie hochprämierte **Schilcher-Lagenweine** mit ausdrucksstarkem Sortencharakter, Schilcher-, Muskateller-, Burgunder- und **Sauvignon-Blanc-Sekt** sowie ausgezeichnete Weiß- und Rotweine.
Dazu genießt man kulinarische Klassiker wie Brettljause, **Kübelfleisch**, belegte Brote oder Kreativeres wie **Forellenfiletmousse**, Bio-Käsespezialitäten von der Käserei Deutschmann, **Strauben, Buchteln** oder den **selbst kreierten Schilcherkuchen**.
Langegg 23, 8511 St. Stefan/Stainz, Tel.: +43/3463/61 00
www.l-l.at
Ruhetage: Montag, Dienstag, Mittwoch

BUSCHENSCHANK GARBER
Hier bietet sich ein herrlicher Panoramablick von der Soboth über den Radlpass und die Remschniggalm bis hinunter zum Demmerkogel und Kitzeck. Man wählt zwischen **reschem, klassischem, lieblichem und perlendem Schilcher**. Dazu genießt man Geselchtes, Speck, **Hauswürstel** und diverse **Aufstriche aus der eigenen Landwirtschaft** und hausgemachtes Bauernbrot.
Wer sich mit der Hauptsorte Blauer Wildbacher nicht anfreunden kann, wählt **Weißburgunder, Muskateller oder Sauvignon Blanc**.
Bei Umbauarbeiten wurde auf die Barrierefreiheit der Gasträume und Sanitäranlagen geachtet.
Aichberg 36, 8552 Eibiswald, Tel.: +43/3466/427 36
www.buschenschank-garber.com
Ruhetage: Montag, Dienstag

BUSCHENSCHANK FUCHSENHOF
Freundliche Gastgeber, selbst gebackenes Bauernbrot, hausgemachte Butter, Schinken, Lendbratl, Speck, Brüstl, Sulz, Grammelschmalz und Verhackert von eigenen Freilandschweinen, Buchteln, Strudeln und andere gute Mehlspeisen.
Gasselberg 56, 8564 Krottendorf-Gaisfeld, Tel.: +43/664/924 24 87
Öffnungszeiten: Freitag ab 16 und Samstag ab 14 Uhr

SÜDSTEIERMARK

BUSCHENSCHANK SCHNEEBERGER
Zu ausgezeichneten **Eigenbauweinen** schmeckt außer der **klassischen Brettljause** auch Saisonales von Fisch, Lamm, Geflügel und Wild, Käse von steirischen Hofkäsereien sowie **Spezialitäten vom selbst gezüchteten Wollschwein**. Traditionell gebeizt und geselcht, reift Letzteres etwa zu bestem Wacholderrohschinken oder Pfefferkarree.
Saure Klassiker wie köstlich **mariniertes Rindfleisch, Sulz und Käferbohnensalat** mit Rettich haben hier immer Saison, Paradeiser findet man dann im Salat, wenn sie in der Steiermark wachsen.
Pernitsch 19, 8451 Heimschuh, Tel.: +43/3452/839 34
www.weingut-schneeberger.at

WEINGUT SCHAUER
Zu ausgezeichneten Weinen von **Sausaler Rebhängen** und selbst gebackenem Brot schmecken eine typische Brettljause, **geselchte Ripperl**, das knusprig gebratene Schweinsbrüstl, geselchte und **luftgetrocknete Fleischspezialitäten**, ein Streuselkuchen und **Omas Spagatkrapfen**.
Greith 21, 8442 Kitzeck, Tel.: +43/3456/35 21
www.weingut-schauer.at
Ruhetag: Donnerstag

BUSCHENSCHANK MALLI
Zu Top-Kreszenzen aus dem **steilsten Weingarten der Steiermark** schmecken hausgemachte Klassiker ebenso wie raffinierte Monats-Spezialitäten: **Schwammerlvariation mit Lendbratl**, Hendlroulade mit Hühnerleberpralinen und Chilitopfenaufstrich oder **marinierte Schweinsbackerl** auf Käferbohnencreme und Thymiansterz sowie Mehlspeisen und das nach **altem Hausrezept gebackene Bauernbrot**.
Einöd 38, 8442 Kitzeck, Tel.: +43/3456/31 59
www.weingut-malli.at
Öffnungszeiten: ganzjährig ab 12 Uhr
Ruhetage: Montag, Dienstag

STEIERMARK Buschenschanktipps

WEINGUT ALBERT

Zu charaktervollen Weinen schmeckt Delikates aus Christian Cramers Küche. Der *Terra Madre Tag* stand im Zeichen beinahe vergessener heimischer Apfelsorten. An diesem Tag erfreute der Hausherr seine Gäste mit köstlichen Blunzenpralinen auf Jonathan-Sauerkrautsalat, **mit Entenleber und Lederapfelstückchen gefüllten Teigtascherln**, einer **Kronprinz-Rudolf-Apfelkürbissuppe**, gedämpftem Karpfen auf Maschanzker-Chutney, einem rosa gebratenen **Schulterscherzel** mit Wurzelgemüse und Ilzer Rosenapfelkren sowie einem **Apfelstrudel** mit Ananasrenette-Bratapfelsorbet.
Gauitsch 19, 8442 Kitzeck, Tel.+ 43/3456/22 39
www.weingut-albert.at
Ruhetage: Dienstag, Mittwoch

BUSCHENSCHANK SCHMÖLZER

Großzügig und lichtdurchflutet ist der Gastraum der Buschenschank, der Ausblick durch die große Glaswand und von der Terrasse ist grandios. Im Glas typisch **Sausaler Weinstil**, am Brettl **Geselchtes**, Speck, **Brüstl, Presswurst, Leberwurst**, Verhackert, Gurkerl, Ei und Kren, am Teller Presswurst, Käferbohnen, hart gekochtes Ei und Zwiebel, mariniert mit Kürbiskernöl. Alles hausgemacht, auch die **vortrefflichen Mehlspeisen**.
Sausal 72, 8444 Sausal, Tel.: +43/3185/82 47
www.weingut-schmoelzer.at
Öffnungszeiten: siehe Internetseite
Ruhetag: Donnerstag

BUSCHENSCHANK SCHILCHER VLG. WÖLFL

Eine der letzten Buschenschänken, wo die **Urtümlichkeit** geblieben ist: Am gemauerten Küchenherd siedet das **Selchfleisch**. Nach Vorbestellung werden **Forellen aus dem eigenen Fischteich** in Schmalz knusprig gebraten, dazu muss es eine Schüssel Salat mit Mostessig und Kürbiskernöl sein. Auch das **Hausbrot** und die **Buchteln** gelingen dank der traditionellen Holzfeuerung stets vortrefflich.
Oberfahrenbach 49, 8452 Großklein, Tel.: +43/3456/26 29
www.schilcher-woelfl.at
Ruhetag: Mittwoch

Buschenschanktipps STEIERMARK

MOSTSCHENKE SERSCHENHOF

Neben Rinder- und Schweinezucht beschäftigt man sich am rund sechs Kilometer oberhalb von Leutschach gelegenen Bauernhof mit der Herstellung von **Most und Säften** aus Früchten von alten **Bäumen auf den Streuobstwiesen**. Das Fleisch der artgerecht gehaltenen Tiere wird zu traditionellen **Schinken- und Wurstspezialitäten**, die Milch der Kühe zu **Frischkäse** verarbeitet. Aufgetischt bekommt man die Delikatessen mit **Holzofenbrot**. Danach schmecken Marmorkuchen, Gugelhupf, **gebackene Mäuse** oder Potitzen.
Außerdem veranstaltet Familie Tertinjek **Kräuterworkshops und Backkurse**. Bei Letzteren werden die Herstellung von Natursauerteig, das Backen von Roggenmischbrot ohne Hefe, Bauern-, Vollkorn- und Weißbrot, Kleingebäck, Osterpinzen, Buchteln, Allerheiligenstriezel und Weihnachtskeksen vermittelt. Die Termine werden auf der Internetseite angekündigt.
Remschnigg 57, 8463 Leutschach, Tel.: +43/3455/64 61
www.tertinjek.at
Öffnungszeiten: ab 13 Uhr
Ruhetage: Montag, Dienstag

BUSCHENSCHANK KOLLERHOF-LIELEG

Welschriesling, Muskateller, Sämling 88, Sauvignon Blanc, Blauer Wildbacher und Zweigelt. Dazu ein knusprig gebratenes **Bauchfleisch** oder **Geselchtes** (aufgeschnitten oder im Ganzen), garniert mit Gemüse, Aufstrichen und Kren. Das Bauernbrot mit **dünn geschnittenem Lendbratl** (geräuchertes Schweinskarree) schmeckt mit Butter, Kren und eingemachten Preiselbeeren. Außerdem: **Brote mit Verhackert, Leberwurst, Kürbiskerntopfen und Liptauer** sowie Blattsalate mit Apfelspalten und **Schafkäse** von der Hofkäserei Tax. Fragen Sie nach der **hausgemachten Mehlspeise** des Tages.
Eichberg-Trautenburg 39, 8463 Leutschach, Tel.: +43/3454/439
www.kollerhof.com
Ruhetag: Mittwoch

BIOBUSCHENSCHANK KNAUS

Alles **biozertifiziert**: feine Weine, unbehandelte reinsortige **Trauben- und Obstsäfte, Edelbrände**, im Holzofen gebackenes **Roggen-, Weizen- und Dinkel-Brot**, Schinken, **Speck und Rohwürste vom Hochlandrind und Wollschwein**, Grammelschmalz, Verhackert, Leberwurst sowie **vegetarische und vegane Brettljausen**.
8461 Sulztal 8, Tel.: +43/3453/48 72
www.biowein-knaus.at
Öffnungszeiten: Samstag, Sonn- und Feiertag sowie nach Vereinbarung, in den Wintermonaten bis Ostern nur Sonntag geöffnet

---

BUSCHENSCHANK DREISIEBNER STAMMHAUS

Hochprämierte Weine (Classic sowie von den Lagen Hochsulz und Zoppelberg) und feine steirische Kulinarik. **Drei- bis siebengängige Schmankerljausen** mit Variationen von **luftgetrockneten und gekochten Spezialitäten** von Schwein und Wild, heimischem Fisch, Gemüse nach Saison, **Handwerkskäse und süßen Überraschungen**.
8461 Sulztal 35, Tel.: +43/3453/25 90
www.dreisiebner.com
Ruhetag: Mittwoch

BUSCHENSCHANK SKOFF

Zu ausgezeichneten Weinen kredenzt Familie Skoff **traditionelle Buschenschankjausen**. Vegetarisch sind Anna Skoffs bunte **Gemüse- und Salatvariationen** aus dem eigenen Garten. Dazu selbst gebackenes Brot und danach **hausgemachte Mehlspeisen**.
Kranachberg 50, 8462 Gamlitz, Tel.: +43/3454/61 04
www.peter-skoff.at
Ruhetage: Dienstag, Mittwoch

Buschenschanktipps STEIERMARK

POLZ BUSCHENSCHANK

Zu Weinen von Erich und Walter Polz schmecken Johanna Kohlenbergers Brettljausen, Sulzvariationen, **geräuchertes Roastbeef**, **Räucherforellencreme** mit Apfelkren, **Ziegenkäse im Speckmantel** und die **legendären Buchteln**. Fleischlose Alternative sind die **Käferbohnenlaibchen** mit Krensauerrahm oder Bärlauchpesto. Hausgemachte Delikatessen wie **Leberpastete vom Schwein, Rind, Huhn, Wild und von der Ente**, Kürbiskern-, Basilikum-, Bärlauch- und Kräuterpesto, diverse Weingelees, Marmeladen und Senfsorten, Weine, Säfte, Sirupe, Öle, Knabbergebäck und den einzigartigen **Kürbiscreme-Likör** kann man nicht nur vor Ort genießen, sondern auch unter www.kolinarik.com bestellen.

Graßnitzberg 54, 8471 Spielfeld, Tel.: +43/3453/27 30
www.polz-buschenschank.at
Ruhetage: Sonntag, Montag

WEINGUT MÖRTH-POMMER

Wer abseits des Weinstraßenrummels **guten Wein** und eine **klassische Jause** (Zutaten ausschließlich **von Bauern aus der Nachbarschaft**) genießen will, ist bei Andreas Mörth und seiner Mutter Aurelia an der richtigen Adresse.

Oberfahrenbach 60, 8452 Großklein, Tel.: +43/3456/22 60
moerth-pommer.at
Ruhetage: Montag, Dienstag

WEINGUT ADAM-SCHERERKOGL

Zu ausgezeichneten Weinen schmecken hier steirische Buschenschank-Klassiker von der **typischen Brettljause** bis zu hausgemachten **süßen Verführungen**. Gratis dazu der außergewöhnliche **Panoramablick**.

Steinbach 53, 8462 Gamlitz, Tel.: +43/3453/38 30
www.adam-schererkogl.at
Ruhetage: Montag, Dienstag

BUSCHENSCHANK SCHNEIDERANNERL

Sämtliche Fleischspezialitäten stammen aus **hauseigener Schlachtung**: Geselchtes, Selchspeck, **Stelzen, Ripperl, gebratenes Schweinsbrüstl**, Kübelfleisch und Würstel. Hausgemacht auch Aufstriche wie Liptauer, **Kürbiskernaufstrich**, Grammelaufstrich, **Bratlfett**, Leberaufstrich, Verhackert sowie Kuchen, **Weinstrauben** & Co.
Sausal 27, 8443 Pistdorf/Gleinstätten, Tel.: +43/3457/25 81
www.schneiderannerl.at
Ruhetag: Montag

GERMUTH STAMMHAUS

Im Glas **ausgezeichneter Wein**, im Körberl traditionelles Bauernbrot, am Brettl herzhaftes Geselchtes, knuspriges Brüstl, **knackige Würstel**, würzige **Aufstriche** und scharfer Kren, am Teller **saure Spezialtäten** und Süßes aus der Mehlspeisküche.
Glanzer Kellerstraße 24, 8463 Leutschach, Tel.: +43/3454/383
www.germuth.com
Ruhetage: Montag, Dienstag, Donnerstag

OSTSTEIERMARK

DER MOSTHEURIGE

Alles, was ins Glas, auf den Teller und auf das Jausenbrett kommt, stammt **vom eigenen Bauernhof**: die sortenreinen **Apfelmoste von Maschansker, Kronprinz Rudolf und Rubinette**, die Säfte und Sirupe, das **Geselchte**, der Speck, die Selchwürstel und das **Mulbratl** (3 Wochen traditionell gebeiztes und über Buchenholz kalt geräuchertes Schweinskarree), der Schweinsbraten, die Ripperln, **Erdäpfelwurst**, das Verhackert, **Schmalz und Bratlfett**.
Der Käse stammt aus dem Arzberger Käsestollen, das Bauernbrot von Familie Vorraber aus unmittelbarer Nachbarschaft. **Most- und Spagatkrapfen**, Buchteln und diverse Strudel sind hausgemacht.
Jeden ersten Sonntag im Monat ab 12 Uhr lädt Familie Gangl zu Hausmannskost bei zünftiger Musik.
Krammersdorf 101, 8162 Passail, Tel.: +43/3179/231 58
www.mostheuriger-gangl.at
Öffnungszeiten: Freitag, Samstag ab 15 Uhr, Sonn- und Feiertag ab 14 Uhr und nach Vereinbarung

MOSTGUT KUCHLBAUER

Ansehnliches **Apfelmostsortiment** von trocken über halbtrocken bis süß: Maschanzker, Rubinette, Ilzer Rosenapfel, Bohnapfel, Kronprinz Rudolf, Eisapfel etc., außerdem **Hirschbirnenmost**, diverse Cuvees und **Apfelschaumwein**. Reiner Apfelsaft, Apfelsaft mit Himbeer-, Aronia-, Holunder- und Isabellatraubensaft. Dazu werden regionaltypische **Spezialitäten von Schwein, Rind und Forelle** sowie Salate, selbst gebackenes Holzofenbrot und **hausgemachte Mehlspeisen** kredenzt.
Riegersbach 33, 8250 Vorau, Tel.: +43/3337/27 92
www.kuchlbauer.at
Ruhetage: Montag, Dienstag

BUSCHENSCHANK RETTER-KNEISSL

Das klimaneutrale Weingut produziert **Welschriesling, Weiß-, Grauburgunder, Morillon, Muskateller, Sauvignon Blanc, Schilcher und die Rotweinsorte Blauer Zweigelt**. Immer wenn „die Wollsau rockt", genießt man zu den Weinen Rohschinken und Speckvariationen von **hauseigenen Wollschweinen**, das Sulzerl wird mit selbst gebrautem Essig und bestem Kürbiskernöl mariniert, die Wachteleier dazu sind aus eigener Haltung. Fragen Sie nach **Mutters Weinguglhupf**.
Löffelbach 7, 8230 Hartberg, Tel.: +43/3332/631 86
www.retter-kneissl.at

BUSCHENSCHANK SCHMALLEGGER

Guter **Wein aus biologischem Anbau** sowie ein verlockendes Jausenangebot: die saure Schüssel mit saisonalem Gemüse, Käferbohnen, Sulz, Wurst, Käse und Ei, **Hausbrot mit Grünkernaufstrich, Kümmelbraten** und süße Verführungen.
Ring 154, 8230 Hartberg, Tel.: +43/3332/618 56
www.weinbau-schmallegger.at

BUSCHENSCHANK K. & E. BREITENBERGER

Die Weißweinsorten Welschriesling, Muskateller, Weißburgunder, Sämling, **Ruländer** (Grauburgunder), Riesling, Sauvignon Blanc und einen **gemischten Satz** baut Karl Breitenberger trocken aus, **Gewürztraminer** halbtrocken, die Rotweinsorte **Blauer Zweigelt** lässt er auch **im Barriquefass** reifen. Verhackert, **Grammelschmalz**, Bratlfett, Leberwurst, **Kräuter-, Kürbiskerntopfen** und Liptauer finden sich am Aufstrichteller, dazu wird selbst gebackenes **Vollkornbrot** gereicht. Das Hausbrot wird je nach Wunsch mit Geselchtem, gebratenem Schopf, **Karree oder Kümmelbraten** belegt und fein garniert. Wer von überall ein bisschen naschen will, ordert eine Brettljause oder die gemischte Platte. **Presswurst**, gekochtes Rindfleisch und Käferbohnen mit Zwiebeln werden mit Essig und Kürbiskernöl mariniert, Schafkäse auf Blattsalat oder Paradeisern serviert. Danach darf es noch eine Straube, **Nusskrone** oder Topfengolatsche sein.

8221 Kaibing 71, Tel.: +43/3113/87 71
www.breitenbergerwein.at
Ruhetage: Montag, Dienstag

BUSCHENSCHANK DUNKL

Freundliche Gastgeber und absolutes Wohlfühlambiente im Innenbereich und unter freiem Himmel. Zu ausgezeichneten **Weinen und Säften** schmecken Klassiker wie belegte Brote, die **reichhaltige Brettljause**, sauer Abgemachtes wie die **Sulz mit Käferbohnen und Zwiebeln** oder der **Rettichsalat mit Schafkäse**. Außerdem delikate Kombinationen mit Spezialitäten namhafter steirischer Manufakturen wie zum Beispiel von Vulcano-Schinken und der Hofkäserei Deutschmann. Danach gibt es herrliche hausgemachte Mehlspeisen wie etwa einen fruchtigen **Erdbeer-Rhabarber-Kuchen** am Beginn der Saison.

Nägelsdorf 24, 8345 Straden,
Tel.: +43/664/528 09 59 oder +43/699/18 10 75 63
www.dunkl-weine.com
Ruhetage: Mittwoch, Donnerstag

WEINGUT KRISPEL

In der Buschenschank „Iss und Trink GUT" lässt man sich zu Klassikweinen, tiefgründigen **Lagen- und Basaltweinen** traditionelle Brettljausen und Aufschnittplatten mit Schinken, **Brüstl, Kübelfleisch, Selchwürstl**, Presswurst, Aufstrichen mit Kren und Gemüse der Saison schmecken.
Außerdem affinierte **Kuh-, Schaf-, Ziegenkäsespezialitäten** und delikate „Schweinereien" aus der **eigenen Wollschwein-Freilandzucht**: Beinschinken, „Neusetzer" (der steirische Bruder des Lardo), Tatar, gebeizter Wollschwein-

rücken (Carpaccio), Hauswürstel und Salami. Dazu stets frisches Bauernbrot und danach **hausgemachte Kuchen** oder Süßes zum Löffeln.
Im Feinkostladen „kostBar" werden **Spezialitäten von rund 60 Manufakturen** aus der Region angeboten.
Neusetz 29, 8345 Straden, Tel.: +43/3473/78 62
www.krispel.at
Ruhetag: Montag

WINZEREI AM STARZENBERG

Ausgezeichnete Weine aus dem eigenen Weingut in Hatzendorf, **regionale Kulinarik** und ein traumhafter Blick auf die Riegersburg.
8333 Altenmarkt bei Riegersburg 136, Tel.: +43/664/176 38 44
www.eibel.at

MOSTSCHENKE BRUNNER

Hervorragende sortenreine **Moste und Obstsäfte aus alten aromatischen Sorten**, Nektare, beste regionaltypische Jausen und Saisonales wie Spargel auf Blattsalat mit knusprigem Speck, mariniert mit hausgemachter Kräutervinaigrette, **gefüllte Schinkenrolle**, geräuchertes Forellenfilet mit getoastetem Weißbrot und Vogerlsalat oder **gekochtes Rindfleisch mit Kernöl** und Apfelessig.
Ständig wechselndes Dessertangebot von Germstrauben, **Nusskipferl**, Fruchtschnitten und Rouladen bis zur **Kardinalschnitte**.
Nach vorheriger Absprache auch warme Speisen!
Kommentierte Verkostungen für Gruppen ab 15 Personen nach Voranmeldung.
Dambach 13, 8262 Ilz, Tel.: +43/3385/586
www.mostschenke.com

BUSCHENSCHANK URBI

Neben **ausgezeichneten Weinen und hausgemachten Säften** kredenzt Manfred Niederl in seiner Buschenschank deftige **oststeirische Jausen** und Salatvariationen, selbst gebackenes Brot und Mehlspeisen.
Hausspezialitäten wie **Selchkarree**, Roh- und Kochschinken, Schweinsbraten, Würste und Aufstriche aus Eigenproduktion sind im Hofladen erhältlich.
Breitenbuch 55, 8082 Kirchbach, Tel.: +43/3116/23 40
www.urbi.at

OBERSTEIERMARK

MOSTSTUB'N & MOSTOTHEK

Alles in Bio-Qualität: **sortenreine Moste und Säfte** von alten Streuobstwiesenäpfeln und -birnen, Bohnapfelsekt, Essigspezialitäten, **edle Destillate und Liköre**. Zum Jausnen **hausgemachte Würste**, Salami, Speck und Schinken sowie **Rohmilchkäse** von Partnerbetrieben.
In der Mosteria trifft Traditionelles auf Neues. Hier genießt man neben Delikatessen vom eigenen Hof und von Partnern hausgerösteten Kaffee, Mehlspeisen und besondere Getränkevariationen.
Wieden 2, 8643 Allerheiligen im Mürztal, Tel.: +43/664/469 11 11
www.streuobsthof.at
Verkauf ab Hof: Freitag 9–17 Uhr (ausgenommen Feiertag)
Öffnungszeiten Moststub'n- und Mosteria: siehe Internetseite

BIOHOF & MOSTSCHANK WÖLFL VULGO ZEISCHGL

Murtaler Steirerkäs, Zeischgltaler (eine Art Camembert), Frischkäse aus Kuhmilch, **Wurst- und Selchwaren**, hausgemachtes Brot und Mehlspeisen, Most, Säfte und Schnäpse.
Mitterberg 68, 8820 Neumarkt, Tel.: +43/3584/25 04
Öffnungszeiten Mostschank: 21. Juni bis 26. Oktober
Freitag und Samstag ab 14 Uhr
Verkauf von hofeigenen Bio-Lebensmitteln: ab Hof nach Vereinbarung, Neumarkter Bio-Bauernmarkt: Samstag 9–12 Uhr

MOSTSCHANK MOORSTÜBERL

Gehört zum Bauernhof Thanner
Zu Most, Apfelsaft und **Buttermilch** schmecken Brettljausen, **Brote mit hausgemachten Aufstrichen** oder Bauernbutterbrot mit Schnittlauch.
Zum Apfel-, Topfenstrudel oder **Rahmkoch** kann es auch ein Almkaffee sein, danach ein **Zirben- oder Lärchenschnaps**.
Oberdorf 57, 8812 Mariahof, Tel.: +43/3584/38 62
Öffnungszeiten: Mai bis Ende Oktober ab 12 Uhr sowie nach Vereinbarung
Ruhetage: Dienstag, Mittwoch,
Juli und August nur Dienstag

STEINWENDER-HÜTTE

In ihrer **idyllischen Almhütte** verköstigt Familie Mühlthaler Wanderer und Genießer mit Produkten vom eigenen Hof. Das Angebot reicht vom **einfachen Butterbrot** mit oder ohne Murtaler Steirerkäs oder **Bröselkäs** bis zu Selchwürstel, Speck und **Geselchtem**.
Fleischiges gibt es jedoch nur, solange der Vorrat reicht, denn zugekauft wird prinzipiell nichts. Dazu schmecken **Most und Apfelsaft**.
Gaalgraben 23, 8731 Gaal, Tel.: +43/664/369 08 24
Öffnungszeiten: 1. Juli bis 26. Oktober 10–20 Uhr

LAHN-ALM

Am Brettl und auf dem Teller: Selch- und Hauswürste, **Speck, Grammelschmalz**, Bio-Bauernbutter, **Ennstaler Steirerkas**, Frischkäse, Topfenaufstriche, **süße Bauernkrapfen** und weitere hofeigene Delikatessen, dazu traditionelles Sauerteigbrot, Most und Schnaps.
Auf der Buchau, 8913 Weng im Gesäuse, Tel.: +43/664/382 52 54
www.lahn-alm.at
Öffnungszeiten: Pfingsten bis Ende September
Donnerstag bis Sonntag 9–19 Uhr

DAS IST DAS BURGENLAND

Die Gänse – gebraten, gefüllt oder als Suppe mit Bröselknödeln

Bäuerliche Gerichte wie Bohnenstrudel, Heidensterz oder Hoanzl-Salat

Die Nachspeisen der Dorf- und Hochzeitsbäckerinnen

Sanft schwingen sich die Hänge bei Oggau hinab zum Neusiedler See. Hier wächst seit Urzeiten herausragender Wein.

Aufgenommen in die
SLOW FOOD ARCHE DES GESCHMACKS

---

*Der Wein von einigen der
besten Lagen Mitteleuropas –
und der Uhudler mit seinem narrischen
Walderdbeerenduft*

WIRTSHÄUSER IM BURGENLAND

1. Zum fröhlichen Arbeiter
2. Wachter-Wiesler
3. Gasthof Walits-Guttmann
4. Uhudlerei Mirth
5. Altes Brauhaus
6. Restaurant Varga
7. Gasthaus Csencsits
8. Beim Krutzler
9. Gasthaus Gibiser

ILLMITZ

10. Gowerl-Haus
11. Illmitzer

12. Gasthof Gregorits
13. Gasthaus zum Türkenwirt
14. Zur Traube

OGGAU AM NEUSIEDLER SEE

15. Zum Herztröpferl Gutsgasthaus
16. Heuriger am Gut Oggau

17. Zur Dankbarkeit
18. Gut Purbach
19. Gasthof Familie Hutter
20. Zum alten Weinstock
21. Wohlrabs Schenkhaus

- (18) Purbach
- (6) Gols
- Oggau am Neusiedler See
- (17) Podersdorf am See
- (5) Frauenkirchen
- (21)
- (12)
- (16) (15)
- Wulkaprodersdorf
- Klingenbach
- (1) Illmitz
- Apetlon
- (11) (10)
- (14) Neckenmarkt
- Rattersdorf
- (19)
- Harmisch (7) (2)
- (3)
- Rudersdorf
- Deutsch Schützen
- (20)
- Deutsch Tschantschendorf (8)
- (4) (9)
- Eltendorf
- Heiligenbrunn
- (13) Heiligenkreuz im Lafnitztal
- Mogersdorf

BURGENLAND Apetlon

🐌 ZUM FRÖHLICHEN ARBEITER

Quergasse 98, 7143 Apetlon, Tel.: +43/2175/2218
www.froehlicherarbeiter.at
Öffnungszeiten: Freitag bis Dienstag 11.30–14.30 Uhr und 17.30–21 Uhr,
Sonn- und Feiertage durchgehend warme Küche
Ruhetage: Mittwoch, Donnerstag
Kreditkarten: Mastercard, Visa; Bankomat
Gastgarten

Im Wettbewerb um den **schönsten Namen** für ein Wirtshaus dürfte jenes von Familie Tschida in Apetlon die Nase weit vorne haben. Der fröhliche Arbeiter bekam seinen, weil er **1924 außerhalb des Ortskerns** eröffnet wurde. Das war den hier ansässigen Kleinhäuslern recht, den Knechten der alles beherrschenden Fürstenfamilie Esterházy im Meierhof ebenso: Hier konnte man sein Bier trinken, ohne belästigt zu werden.

Das ist lange vorbei, seit Jahren ist das Wirtshaus für die Qualität seiner Weinkarte mit vielen lokalen, aber auch internationalen Gewächsen berühmt. Auch das Essen ist alles andere als ärmlich. So sitzt man im **von Arkaden umgebenen Gastgarten** oder in der (etwas gar grell ausgeleuchteten) **Schankstube** und erfreut sich an mächtiger **Krautsuppe mit Hauswürstl** oder fein paprizierter **Fischsuppe**, an klassisch **gebackenem Kalbsbries** mit Gurkenrahmsalat und Salzzitrone oder, am Neusiedler See immer gut, an **Räucheraal** mit Krenmousse, Roten Rüben und Brunnenkresse.

Danach locken ein saftiges **Szegediner Krautfleisch vom Wildschwein** mit Grammelknödel, **Cordon bleu** mit Bergkäse und Rohschinken (oder, nach Art des ansässigen Winzers Heinz Velich, mit zusätzlich eingebackenem Pfefferoni!) oder **Entenbrust** samt Entenklein auf Selleriecreme und Champignons.

Zur Nachspeise gelten **Mohnknödel** mit Apfelkompott oder eine klassisch pannonische Gemeinheit namens **Somlauer Nockerl** aus lockerem Biskuit mit Vanillecreme, Schokoladensauce, Rumrosinen und Schlagobers als Pflicht.

Deutsch Schützen `BURGENLAND`

WACHTER-WIESLER

Am Ratschen 5, 7474 Deutsch Schützen, Tel.: +43/664/418 07 05
www.wachter-wiesler.at
Öffnungszeiten: zumeist Donnerstag bis Sonntag ab 14 Uhr, siehe Homepage
Ruhetage: Montag bis Mittwoch
Kreditkarten: Mastercard, Visa; Bankomat
Gastgarten

Nur einen kleinen Spaziergang durch den Weinberg entfernt vom Restaurant „Ratschen" befinden sich die Kellerei und die **Buschenschank** der Familie Wachter-Wiesler. Man sitzt in der gemütlichen Stube, unter den für das Südburgenland typischen **Arkaden oder auf der Wiese**, die den Übergang zum Weingarten bildet.

Zu essen gibt's die klassischen **hausgemachten Heurigengerichte** wie Surbraten, Kümmelbraten, Blunzn, Presswurst, gekochten oder luftgetrockneten Schinken sowie diverse Würste, Aufstriche und Pasteten in herausragender Qualität.

Und dazu **eingelegtes Gemüse** aus dem eigenen Garten. Das alles begleitet von den **hervorragenden Weinen** des Winzers Christoph Wachter, allen voran der charakterstarke Blaufränkische.

BURGENLAND Deutsch Tschantschendorf

GASTHOF WALITS-GUTTMANN

7544 Deutsch Tschantschendorf 27, Tel.: +43/3327/22 85
www.walits-guttmann.at
Öffnungszeiten: warme Küche Montag, Mittwoch bis Samstag 11–14 Uhr und 17–20 Uhr, Sonn- und Feiertag 11–15 Uhr
Ruhetag: Dienstag
Kreditkarten: Mastercard, Visa; Bankomat
Gastgarten, Zimmer ab € 34

Seit 1904 führt die Familie Walits-Guttmann ihr Gasthaus im Ortszentrum. Im Laufe der Jahre wurde das Haus angepasst und stellt sich heute als moderner Betrieb dar, ohne seinen **dörflichen Charme** zu verleugnen. Die Küche ist **traditionsbewusst** und die Zutaten stammen von **regionalen Herstellern**, mit denen eine langjährige Partnerschaft gepflegt wird.

Aus der Küche kommen typisch **südburgenländische Gerichte**. An bestimmten Wochenenden steht „Kochen der Generationen" auf dem Menüplan. Dann gibt es von der Oma beispielsweise **Bauhnlsuppe** (Bohnensuppe), Bauhnlsterz und **Ripperl mit Paradeiskraut**, von deren Tochter und Wirtin Herta die mit Kräutertopfen **gefüllten Brandteigkrapferln** und den klassischen **Wildschweinbraten**. Und von der Tochter des Hauses die Kräuter-Frischkäse-Pops, die **Quinoa-Bällchen in Paprikasauce** und Brownies mit Chia-Pudding.

In der **hauseigenen Vinothek** dominieren Weine aus dem Südburgenland, zu denen die legendären Grammelpogatscherln am allerbesten passen.

Eltendorf **BURGENLAND**

UHUDLEREI MIRTH

Kirchenstraße 7, 7562 Eltendorf, Tel.: +43/3325/22 16
www.uhudlerei-mirth.at
Öffnungszeiten: warme Küche Mittwoch, Freitag und Samstag 11–14 Uhr und 17–20 Uhr, Sonn- und Feiertag 11–15 Uhr
Ruhetage: Montag, Dienstag, Donnerstag
Kreditkarten: Mastercard, Visa; Bankomat
Gastgarten, Zimmer ab € 73

Der Name ist zugleich Programm. Das Herz der Familie Mirth gehört dem Uhudler, den man seinen Gästen durch **Verkostungen**, in Kombination mit einer **herzhaften Jause** sowie durch **Weinbergwanderungen** nahebringen möchte.

Hier begegnet man dem Direktträgerwein allerorts – in der **hauseigenen Vinothek**, als Zutat in den Speisen, in Form von frischen Trauben oder auf Weinstöcken, die die **romantische Schenke** in der Kellergasse umranken. Ja selbst in der sogenannten Wilderei, in der Wildschweine und demnächst auch Damwild mit Uhudler-Trestern gefüttert werden.

Nach einem Glas Uhudler-Frizzante empfiehlt sich eine **Uhudlerschaumsuppe**, danach ein **Schweinsfilet** mit Uhudlersafterl, Gemüse und Rosmarinkartoffeln oder ein **Uhudlerrostbraten** mit hausgemachten Kürbiskernnudeln. Und zum süßen Abschluss das **Uhudlerparfait** mit Kürbiskrokant.

Die Speisekarte **wechselt saisonal**, was man nicht selbst erzeugt, kommt von Bauern und Züchtern aus der Umgebung. Eine wunderbare **Wildschweinpastete im Glas** und andere selbst gemachte Spezialitäten vom Wild gibt es auch zum Mitnehmen.

BURGENLAND Frauenkirchen

ALTES BRAUHAUS

Kirchenplatz 27, 7132 Frauenkirchen, Tel.: +43/2172/22 17
www.altesbrauhaus.at
Öffnungszeiten: Mittwoch bis Sonntag 9–23 Uhr,
Mitte Juli bis Mitte September täglich
Ruhetage: Mitte September bis Mitte Juli Montag, Dienstag
Kreditkarten: Mastercard, Visa; Bankomat
Gastgarten

Ursprünglich wurde in dem 1671 erstmals erwähnten Haus der Hofwein der Fürstenfamilie Esterházy ausgeschenkt, die einige Jahre später ein **„Virts- und Brayhaus"** darin errichtete. Baulich passte man das Wirtshaus an die imposante Basilika an, und **Pilger und Wallfahrer** kehren hier seit jeher ein, um sich nach beschwerlichem Fußweg zu stärken.

Heute betreuen Katarina und Daniel Hickel im **wunderschönen Ambiente** der Stüberln und des Arkadenhofes ihre Gäste und zeigen, was man aus **regionalen Produkten** alles machen kann. Mit einer **Burgenländischen Krautsuppe** oder einer **Halászlé** – einer Pannonischen Fischsuppe – sind die Kraftreserven schnell wieder aufgefüllt.

Für den kleinen Hunger zwischendurch empfehlen sich die **gebackenen Blunzentascherl** auf Welschrieslingkraut mit Krensauce gleichermaßen wie der Brauhaus **Leberkäs** mit Röstzwiebeln und grünem Pfeffer. Das **Ungarische Saftgulyás** und die **Hortobágyer Palatschinken** mit Fleischfülle und Sauerrahm zählen zu den Spezialitäten des Hauses.

Zum Abschluss lohnt sich noch ein Blick auf die Dessertkarte, denn den **karamellisierten Grießschmarren** oder die hausgemachten **Powidltascherl** sollte man sich nicht entgehen lassen.

RESTAURANT VARGA

Untere Hauptstraße 123, 7122 Gols, Tel.: +43/2173/22 31
www.varga.co.at
Öffnungszeiten: warme Küche Mittwoch bis Sonntag 11–14.30 Uhr und 17–21 Uhr
Ruhetage: Montag, Dienstag
Kreditkarten: Mastercard, Visa; Bankomat
Gastgarten

Begonnen hat alles mit dem Großvater und dem Fischfang auf dem Neusiedler See. Damals galt Fisch noch als Armeleuteessen und wurde immer **sofort frisch gefangen verkauft**. Heute wird der Fischfang bereits in vierter Generation ausgeübt, und Vater und Sohn holen je nach täglichem Fang **Zander, Karpfen und Aal**, aber auch **Wels, Wildkarpfen und Hecht** aus den Netzen und Reusen im See.

Seit 1972 gibt es zudem auch die **Fischerstube**: Aus dem frischen Tagesfang bereiten die Damen des Hauses wahre Delikatessen wie **Räucheraalfilet**, **gebackenen Karpfenmilchner** und **geröstete Fischleber**.

Zu den Spezialitäten des Hauses zählen außerdem das **Fischpaprikasch** und der Zander im Ganzen. Wer sich nicht für eine Fischart entscheiden will, kann das **Dreierlei Gebackene** von Zander, Karpfen und Wels oder die **Fischerplatte** probieren, da wird die Vielfalt des Wildfangs auf einem Teller serviert. Dazu gereicht werden unter anderem Salate und **Seewinkler Gemüse** von ebenso frischer Qualität.

BURGENLAND Harmisch

GASTHAUS CSENCSITS

7512 Harmisch 13, Tel.: +43/3366/772 20
www.csencsits.at
Öffnungszeiten: warme Küche Donnerstag bis Samstag
11.30–13.30 Uhr und 18–20.30 Uhr,
Sonn- und Feiertag 11.30–14 Uhr
Ruhetage: Montag, Dienstag und Mittwoch
Kreditkarten: Mastercard, Visa; Bankomat
Gastgarten

Es ist schon erstaunlich, was es bewirken kann, wenn ein engagierter, kreativer Küchenchef wie Jürgen Csencsits ein immer schon **gutes Dorfwirtshaus** innerhalb kürzester Zeit in einen **Gourmettempel** verwandelt.

Die Produzenten in der Umgebung wurden animiert, sich auf ihre **regionalen Spezialitäten** zu besinnen und diese in bester Qualität zur Verfügung zu stellen. Selbst **private Gartenbesitzer** entwickeln den Ehrgeiz, wieder **alte Gemüsesorten** anzubauen und dem kochenden Nachbarn zu liefern.

Daraus entsteht dann ein Gericht wie **Jungerbsen mit Zander** – vom Fischer in Oggau – Fenchel und Gurke. In Zukunft wird Jürgen Csencsits noch mehr auf Regionales setzen: etwa **Lammragout** vom Bildeiner Steinschaf mit Brennnesselspinat und Frischkäse oder **selbst gebackene Brotspezialitäten** aus Mehlen des Litzelsdorfer Müllers.

Aus dem **alten Holzofen** kommen die diversen Braten und das legendäre ausgelöste und fein gefüllte, **knusprige Stubenküken**. Für Freunde edler Tropfen ist der **Weinkeller gut gefüllt**, der neben internationalen Kostbarkeiten vor allem österreichische und burgenländische Etiketten anbietet.

Heiligenbrunn **BURGENLAND**

BEIM KRUTZLER

7522 Heiligenbrunn 16, Tel.: +43/3324/72 40
www.hotel-krutzler.at
Öffnungszeiten: warme Küche Montag bis Samstag 11.30–14 Uhr und 18–21 Uhr,
Sonn- und Feiertag 11–15 Uhr und 18–21 Uhr
Kreditkarten: Mastercard, Visa; Bankomat
Gastgarten, Zimmer ab € 78

Begonnen hat alles mit einem **Gemischtwarenladen im Kellerviertel** von Heiligenbrunn. Da scheint es nur naheliegend, dass aus dem Kommunikationszentrum des Dorfes ein Gasthaus wurde.

Heute präsentiert sich der Familienbetrieb als **gemütlicher Genussgasthof** mit Hotel im typisch südburgenländischen Stil und mit Arkadengängen. Gekocht wird **regional burgenländisch** unter Verwendung von lokalen, saisonalen Produkten.

Jedes Monat wird die Grundspeisekarte mit **kulinarischen Thementagen** erweitert. **Lamm und Spargel** im Frühjahr, **Sterz- und Strudeltage** in der Fastenzeit, **Heanztage**, an denen zum Beispiel **Beuschl oder Wamperl** auf der Karte stehen, **Wildspezialitäten**, natürlich die **Ganslwochen** im November, und im Advent gibt es Weihnachtliches, vor allem Süßes in den beiden strohgedeckten Kellern aus dem Jahr 1782.

Das **Blunzengröstl** und der **Bohnensterz** sind ausgezeichnet, genau wie die **gebackenen Karpfenstreifen** und die **Bröselnudeln** mit Apfelkompott zum Dessert. Auf der Weinkarte finden sich Uhudler aus eigenem Anbau und eine repräsentative Auswahl an **burgenländischen Weinen**. Und das Kaufhaus gibt es auch noch immer.

BURGENLAND Heiligenkreuz im Lafnitztal

GASTHAUS GIBISER

Obere Hauptstraße 10, 7561 Heiligenkreuz im Lafnitztal, Tel.: +43/3325/42 16
www.g-gibiser.at
Öffnungszeiten: warme Küche Dienstag, Mittwoch, Freitag, Samstag
11.30–14.30 Uhr und 17.30–21.30 Uhr
Sonn- und Feiertag 11.30–17 Uhr
Ruhetage: Montag, Donnerstag
Kreditkarten: Mastercard, Visa; Bankomat
Gastgarten, Zimmer ab € 57

Seit Jahrzehnten zählt das Haus Gibiser zu den kulinarischen Spitzenadressen des Südburgenlandes. Man genießt im großzügigen und **typisch südburgenländischen Gasthof**, in einem der drei **strohgedeckten Kellerstöckeln** oder im Gastgarten, wo bei einem Spaziergang durch den wuchernden, betörend duftenden **Kräutergarten** die Vorfreude aufs Essen steigt.

Je nach Jahreszeit bietet die Karte **regionale Schwerpunkte** an, wobei regional hier immer auch ein bisschen ungarisch ist. Eine besondere Kompetenz hat sich der Gasthof Gibiser in Sachen **Wildküche** erarbeitet. Jagdgesellschaften aus nah und fern kehren gerne zum „Schüsseltrieb" ein. Wildbret geschmort, gedünstet oder gebraten gibt es nahezu das ganze Jahr kombiniert mit frischen Zutaten aus dem eigenen Garten oder den Wäldern ringsum.

Im Oktober und November werden **Gänse** mit den klassischen Beilagen serviert. Legendär ist die gefühlvoll im eigenen Fett **gebratene Gänseleber**, dazu vielleicht ein Glas Beerenauslese vom Neusiedler See. Ansonsten listet die Weinkarte vorwiegend **burgenländische Weine**, prominent vertreten sind die mittelburgenländischen und die Eisenberger Roten. Unter den Weißweinen findet sich auch einiges aus der Steiermark.

Illmitz BURGENLAND

GOWERL-HAUS

Apetlonerstraße 17, 7142 Illmitz, Tel.: +43/664/650 75 76
www.gowerlhaus.at
Öffnungszeiten: Freitag bis Sonntag 17–22 Uhr
Ruhetage: Montag bis Donnerstag,
im März, April, Oktober, November Dienstag bis Donnerstag
Kreditkarten: keine
Gastgarten

Seit 2001 betreibt Familie Kroiss ihre Buschenschank in einem typisch **burgenländischen Streckhof** im Seewinkel und verwöhnt die Gäste mit Spezialitäten vom **Mangalitzaschwein** aus eigener Zucht.

Ob **Blunzen, Presswurst oder Hauswürste**, hier wird alles selbst gemacht. Frisches Brot wird mit Schmalz und **Grammelschmalz** bestrichen sowie mit Salami und **Illmitzer Leberkäse** belegt. Aber nicht nur Delikatessen vom Mangalitzaschwein stehen hier auf dem Programm, sondern auch **Rinderschinken** und Wasserbüffelwurst. Bei all den Leckerbissen fällt die Wahl nicht leicht, deshalb bestellt man am einfachsten die Gowerl-Haus-Platte, da ist nämlich von allem was drauf.

Käseliebhabern sei das Duo von **Schaf- und Ziegenkäse** empfohlen, und wer erfahren möchte, wie die hausgemachten Marmeladen schmecken, der ist mit dem **Lequabrot** bestens beraten. Zu trinken gibt es **hauseigene Weine**, und damit der Besuch im Gowerl-Haus kein einmaliger Genuss bleibt, kann man den Großteil der Köstlichkeiten auch mit nach Hause nehmen.

BURGENLAND Illmitz

ILLMITZER

Sandgasse 16, 7142 Illmitz, Tel.: +43/2175/21 47
www.illmitzer.com
Öffnungszeiten: Mittwoch bis Sonntag 11–21 Uhr
Ruhetage: Montag, Dienstag
Kreditkarten: keine
Gastgarten

Gemüse, Schafkäse, Geflügel, Lamm- und Schweinefleisch lassen Christa und Pauli Haider von den **Bauern aus unmittelbarer Nachbarschaft** liefern, das Wild von den ortsansässigen Jägern und das Rind stammt aus dem Nationalpark Neusiedler See-Seewinkel.

All das wird zu schmackhaften, saisonal abgestimmten Gerichten verarbeitet, wie etwa zur **Weinschaumsuppe** mit Seewinkler Traubenkernöl oder zu einer **glacierten Hühnerleber** mit Apfel, Zwiebel und Polentaschnitte.

Schon beim Duft des **Kräuter-Knoblauch-Schnitzerls** vom Schweinskarree läuft einem das Wasser im Mund zusammen, der in Rotwein gedünstete **Saftbraten vom Bio-Steppenrind** mit Zwiebel, Weintrauben und gebratenen Serviettenknödeln zergeht regelrecht auf der Zunge.

Auch die vegetarische Küche zeigt sich mit dem **Topfen-Grieß-Strudel** auf Bohnen-Ragout, Paradeiser und Paprika sowie dem **gebratenen Bio-Schafkäse** mit Gemüse-Rahm-Nudeln von ihrer besten Seite. Bei den Nachspeisen überzeugen die **Cremeschnitte** und die **Mohn-Topfen-Torte**.

Klingenbach **BURGENLAND**

GASTHOF GREGORITS

Ödenburger Straße 8, 7013 Klingenbach, Tel.: +43/2687/481 38
www.gasthof-gregorits.at
Öffnungszeiten: warme Küche Mittwoch bis Sonntag 11–14 Uhr und 18–20.30 Uhr
Ruhetage: Montag, Dienstag
Kreditkarten: keine
Gastgarten

Als Paul I. das Wirtshaus im Jahr 1924 an der „neuen" Grenze als **Einkehrgasthof** mit angeschlossener Fleischhauerei und Viehhandel eröffnete, war der Ort Klingenbach sowie das gesamte Burgenland erst seit drei Jahren bei Österreich. Unter Paul II. entwickelte sich die **Küche zum Aushängeschild** des Hauses. Seit 1995 ist es Paul III., der die Marke Gregorits weiter ausbaut.

Der Rolle eines Dorfwirtshauses entsprechend bietet die Küche vorwiegend **Bodenständiges**. Als Mittagsmenü gibt es neben einem fleischlosen Gericht auch einen Klassiker zur Auswahl, wie zum Beispiel **Krenfleisch, Krautfleisch, geröstete Leber oder Beuschel**.

Auf der Speisekarte findet sich Traditionelles wie ein gedünsteter **Zwiebelrostbraten** mit Rosmarinerdäpfeln oder eine **Beiriedschnitte** mit Paradeiskraut. Man findet darauf aber auch Ambitionierteres wie **Eierschwammerlsulz**, Lasagne vom Saibling mit Paprikacreme und **gebratene Lammnüsschen** mit Ratatouille und Polentaschnitte. Weithin bekannt ist der Gregorits für seine **Wildspezialitäten**.

Auf der Weinkarte finden sich **Weine aus allen Weinbauregionen** Österreichs in kleiner Anzahl, aber in feiner Auswahl. Der Hauswein kommt vom Weingut Remushof des Schwagers aus Oslip.

BURGENLAND Mogersdorf

GASTHAUS ZUM TÜRKENWIRT

8382 Mogersdorf 23, Tel.: +43/3325/82 45
www.tuerkenwirt.com
Öffnungszeiten: warme Küche Dienstag bis Sonntag 11–21 Uhr
Ruhetag: Montag
Kreditkarten: Mastercard, Visa; Bankomat
Gastgarten

Die Ortschaft Mogersdorf liegt im Dreiländereck. Dementsprechend regional, also **burgenländisch mit ungarischem und slowenischem Einschlag**, wird beim Türkenwirt gekocht.

Die Familie Fasching bietet eine saisonal abgestimmte Speisekarte vom **Spargelfrühling** bis hin zum **Martinigansl** und **Wildspezialitäten**. Im Spätsommer und Herbst spielen Pilze, die die Mogersdorfer in den nahen Wäldern und in der Au der Raab finden, eine prominente Rolle.

Vorweg ein Uhudler-Frizzante aus eigener Erzeugung, danach eine wunderbar cremige **Rahmsuppe** gefolgt von **gebackenen Steinpilzen**, die es für Puristen auch nur sautiert gibt. Oder ein zartes **Schweinsfilet mit Eierschwammerln**, die natürlich auch klassisch „à la creme" angeboten werden.

Zum Nachtisch ist die **Türkenpalatschinke** zu empfehlen oder die wunderbar **süße Köprülü**, eine Palatschinke mit flambierten Früchten, Nüssen und Lindenblütenhonig aus eigener Erzeugung. Diese dürfte auch der Großwesir gegessen haben – so wie er zufrieden vom Wandgemälde in der Gaststube schaut, offensichtlich noch nicht ahnend, dass er die Schlacht 1684 verlieren wird.

In der **gut sortierten Vinothek** findet sich der passende Speisenbegleiter. Auf alle Fälle verkosten sollte man den hauseigenen Uhudler, vergoren oder als Traubensaft.

Neckenmarkt **BURGENLAND**

ZUR TRAUBE

Herrengasse 42, 7311 Neckenmarkt, Tel.: +43/2611/22 24
www.zurtraube.at
Öffnungszeiten: warme Küche Montag 11–15 Uhr (abends auf Anfrage),
Dienstag bis Samstag 11–21 Uhr, Sonn- und Feiertag 11–16 Uhr
Kreditkarten: Mastercard, Visa; Bankomat
Gastgarten, Zimmer ab € 48

„Tradition und neue Gastlichkeit" lautet das Motto des modern und geschmackvoll gestalteten Gasthauses im Blaufränkischland. Seit Generationen steht das Haus für gepflegte Gastfreundschaft, **kulinarische Köstlichkeiten** und hohe Weinkultur.

Die Lage im Schnittpunkt dreier Genussregionen spiegelt sich in der Küchenlinie wider. Gekocht wird, was **saisonal und regional** zur Verfügung steht. Nach einer paprizierten **Fischsuppe** aus Siglesser Edelfischen zum Beispiel **Zweierlei vom Krumbacher Lamm** oder das **Wildschwein** von der Neckenmarkter Jagdgenossenschaft mit Eierschwammerl-Marillenragout und gebratener Polenta.

Wer es lieber fleischlos mag, wählt die selbst gemachten **Lockenhauser Dinkelspaghetti**. Zum Nachtisch empfiehlt sich **Grießkoch** in Nusspanier. Als Begleitung zu den Speisen finden sich in der **hauseigenen Vinothek** vorwiegend die Weine der renommierten burgenländischen Winzer mit besonderem Fokus auf die Rotweine des Mittelburgenlandes. Weiters wird eine Reihe von ausgezeichneten **Winzersekten** angeboten. Neben drei **gezapften Bieren** findet sich eine beachtliche Kollektion von Craft-Bieren auf der Karte.

BURGENLAND Oggau am Neusiedler See

ZUM HERZTRÖPFERL
GUTSGASTHAUS

Triftgasse 1, 7063 Oggau am Neusiedler See, Tel.: +43/2685/72 58
www.herztroepferl.at
Öffnungszeiten: Donnerstag und Sonntag 11–15 Uhr,
Freitag und Samstag 11–23 Uhr (Küche bis 20 Uhr)
Ruhetage: Montag bis Mittwoch
Kreditkarten: Mastercard, Visa; Bankomat
Gastgarten

Seit 1786 ist Familie Mad in Oggau ansässig und betreibt erfolgreich Weinbau. Für den Gastronomiebetrieb hat man sich erst **im Jahr 1979** entschieden – aber besser spät als nie. Was Chefin Maria Siess auftischt, lässt **das Herz höherschlagen**.

Schon zum Aperitif werden kleine **Happen mit Hühnerleberpastete** gereicht. Weiter geht es mit **geräuchertem Aal** aus dem Neusiedler See und einer Hendl-Einmachsuppe. Der **gebackene Wildkarpfen** mit hausgemachtem Erdäpfel-Mayonnaisesalat ist allemal eine Sünde wert und das **Backhenderl** mit seiner goldbraunen, knusprigen Panier einfach unschlagbar.

Mindestens genauso wohlschmeckend sind das **Rückensteak vom Jungschwein** und das **gekochte Schulterscherzel** mit Cremespinat, Rösterdäpfel und Apfelkren. Das Fleisch von Schweinen und Gänsen stammt übrigens aus hauseigener Haltung. Wer die vegetarische Variante bevorzugt, sollte unbedingt den **Bohnenstrudel** mit Rahm probieren. Aber nicht nur pikant, sondern auch süß, nämlich mit Äpfeln und Topfen werden die Strudel im Herztröpferl gefüllt.

Oggau am Neusiedler See BURGENLAND

HEURIGER AM GUT OGGAU

Hauptstraße 31, 7063 Oggau am Neusiedler See, Tel.: +43/664/206 92 98
www.gutoggau.com
Öffnungszeiten: Ende April bis Ende September an den Wochenenden
12–22 Uhr, nähere Infos auf der Homepage
Ruhetage: siehe oben
Kreditkarten: keine
Gastgarten

Die Geschichte des traditionsreichen und **typisch burgenländischen** Guts Oggau reicht bis ins **18. Jahrhundert** zurück. Von dieser Geschichte hat sich das Winzerpaar Stephanie und Eduard Tscheppe-Eselböck inspirieren lassen und jedem einzelnen ihrer **biodynamisch erzeugten Weine** einen althergebrachten Namen und somit eine Persönlichkeit verpasst.

Auch das Gutsessen lässt keine Wünsche offen. **Knofelgrammeln, Kellermandl** (Hartwürste) mit Senf und Kren, **Oggauer Feuerfleck** mit Käse, Speck und Zwiebel sowie **Omas Saures**, pikant eingelegtes Gemüse im Glas, sind hier die Klassiker. Dazu wird ein Laib knuspriges Brot gereicht. Für Innereien-Liebhaber gibt es auch noch **Blunzenparfait** und **Schweinskopf** im Glas.

Die Nachspeisen werden in burgenländischer Manier täglich frisch zubereitet. Trotz der **wunderbaren Bewirtung** sollte man aber auch ein klein wenig seiner Aufmerksamkeit dem Gut selbst widmen. Eine wahre Oase der Ruhe, in der die Hühner gackern und die Tauben gurren.

BURGENLAND Podersdorf am See

ZUR DANKBARKEIT

Hauptstraße 39, 7141 Podersdorf am See, Tel.: +43/2177/22 23
www.dankbarkeit.at
Öffnungszeiten: Donnerstag, Freitag 11.30–14 Uhr und 18–21 Uhr,
Samstag, Sonn- und Feiertag 11.30–21 Uhr
Ruhetage: Montag, Dienstag, Mittwoch
Kreditkarten: Bankomat
Gastgarten

Das prachtvolle Gasthaus an einer Kurve der Dorfstraße betritt man über ein paar Stufen und durch eine schmale Tür und steht in Folge in einem **alten Schankraum** mit knarrenden Holzboden und stets voll besetzten Tischen. Weiter hinten sind die ebenso **geschichtsträchtigen Galeries Gasträume**, im Sommer sitzt man im Gastgarten unter Bäumen.

Josef und Markus Lentsch sind Winzer und Wirten, sie pflegen die **pannonische Küche** schon seit Jahrzehnten auf vorbildliche Weise. Als Gruß aus der Küche kommt also gleich einmal **Paprikawurst**. Die meisten Zutaten stammen aus dem **sonnengetränkten Seewinkel**: Gemüse natürlich, Paprika und Paradeiser in großer Vielfalt, die in vielen Gerichten zum Einsatz kommen, etwa bei **Blunzenradln** mit Paradeiskraut und frisch gerissenem Kren.

Aber auch **Fleisch von grauen Steppenrindern**, von **Weidegänsen** und **Mangalitzaschweinen** ist streng lokaler Herkunft, etwa für die herrliche Bratwurst vom Mangalitza. In der **Fischsuppe** mit Paprika, einem der Klassiker des Hauses, schwimmen Zander oder Wels aus dem nahen Neusiedler See.

Ein anderer Klassiker ist die **Jiddische Hühnerleber** im Glas mit Brioche. Dazu passt einer der **rund 50 Süßweine** aus der Umgebung, die neben hervorragenden hauseigenen Weinen und einer mächtigen Auswahl anderer **lokaler Winzer** im Keller liegen.

Purbach **BURGENLAND**

GUT PURBACH

Hauptgasse 64, 7083 Purbach, Tel.: +43/2683/560 86
www.gutpurbach.at
Öffnungszeiten: Montag 18–21 Uhr, Donnerstag bis Samstag 12–14 und 18–21 Uhr, Sonntag 12–18 Uhr
Ruhetage: Dienstag, Mittwoch
Kreditkarten: Mastercard, Visa; Bankomat
Gastgarten, Zimmer ab € 70

Der prachtvoll renovierte Lesehof diente einst als Gemeindegasthaus. Unter Max Stiegl wurde es zum **Paradebetrieb der pannonischen Spitzengastronomie**. Max Stiegl bestellt einen riesigen **Gemüsegarten**, er kümmert sich liebevoll um seine **Schafherde**, am ersten Wochenende im Dezember bittet er zum **traditionellen Sautanz**, wo ein ganzes Freilandschwein nach alter Tradition von Kopf bis Fuß verarbeitet wird.

In der Fastenzeit beinhaltet die Karte **klassische Fastenspeisen**, die heute fast schon vergessen sind. Da gehören mit Buchweizen **gefüllte Krautrouladen** ebenso dazu wie **Oafisch**, pochierte Eier mit Selleriepüree und geschmolzenem Käse, aber auch **Schnecken** und sogar Froschschenkel.

Dass Stiegl sich den lange vernachlässigten Teilen der Tiere widmet, ob **Kuheuter, Welsleber oder Schweinsohren**, hat ihm einen Ruf als verwegener Innereienkoch eingebracht. Dabei lässt sich auf Gut Purbach auch ganz klassisch gut essen, eine duftige **Halászlé-Fischsuppe** etwa, die Max Stiegl immer wieder variiert, ein glasig knusprig **gebratener Wels** vom Fischer aus Rust mit Fisolen aus dem Garten und gestampften Erdäpfeln oder eine **im Ganzen gebratene Lammstelze** mit Erdäpfelgratin und Wurzelgemüse.

Das **angeschlossene Weingut** wird von Thomas Schwarz (Kloster am Spitz) vinologisch betreut und bringt eine Reihe herausragender Leithaberg-Weine hervor. Hinweis: Die Preise haben in den letzten Jahren etwas angezogen, das **klassische Sonntag-Mittagessen** geht sich dreigängig aber nach wie vor um 35 Euro aus.

BURGENLAND Rattersdorf

GASTHOF FAMILIE HUTTER

Hauptstraße 20, 7443 Rattersdorf, Tel.: +43/2611/22 24
www.gasthof-hutter.at
Öffnungszeiten: warme Küche Mittwoch bis Sonntag 11–14 Uhr und 18–21.30 Uhr
Ruhetage: Montag, Dienstag
Kreditkarten: Mastercard, Visa; Bankomat
Gastgarten, Zimmer ab € 28

Kurz bevor man am Ortsrand von Rattersdorf die Grenze zu Ungarn überquert, biegt man rechts ab, um zum kleinen, aber **feinen Gasthof** Hutter zu gelangen. Alois Hutter führt den Familienbetrieb in **dritter Generation** und versteht sich auf **burgenländische Spezialitäten**, die aus regionalen Produkten frisch zubereitet werden.

Die saisonale Verfügbarkeit der Grundzutaten bestimmt die Speisekarte. Das kulinarische Jahr endet auch hier mit der im Burgenland nicht wegzudenkenden **Martinigans**, knusprig gebraten mit den klassischen Beilagen Rotkraut und Knödel.

Ansonsten ist die Burgenländische **Krautsuppe** zu empfehlen, gefolgt von einem **gekochten Tafelspitz** mit Semmelkren und Suppengemüse oder einem Teller mit gegrilltem Gemüse und **Käse aus Hochstraß**. Zu **gegrillten Schweinskoteletts** wird ein köstlicher, selbst gemachter Krautstrudel serviert.

Die mit diversen hausgemachten Marmeladen gefüllten **Palatschinken** sind legendär. Genau wie Burgis flaumiger **Walnussauflauf** mit Schokosauce. Dazu gibt es eine feine Auswahl an **Weinen**, vorwiegend die exzellenten Roten des Blaufränkischlandes sowie **Säfte** aus Früchten des Mittelburgenlandes.

Rudersdorf **BURGENLAND**

ZUM ALTEN WEINSTOCK

Hauptstraße 13, 7571 Rudersdorf, Tel.: +43/3382/716 21
www.zumaltenweinstock.at
Öffnungszeiten: warme Küche Montag, Mittwoch, Donnerstag, Freitag und Samstag 11–14 Uhr und 18–21 Uhr,
Sonn- und Feiertag 11–14.30 Uhr
Ruhetag: Dienstag
Kreditkarten: Mastercard, Visa; Bankomat
Gastgarten, Zimmer ab € 65

Namensgeber ist ein **130 Jahre alter Weinstock**, der den schönen Gastgarten des Gasthofes im Ortszentrum von Rudersdorf beschattet. Im Jahr 2018 wurde es von Manuel Schmid übernommen, dem es gelang, das bereits bis dahin hohe Niveau des Hauses zu halten.

Es gibt eine alle drei Wochen wechselnde Speisekarte, wobei es durchaus tagesaktuelle, angebotsabhängige Erweiterungen geben kann. Als Vorspeise lohnt es sich, die südburgenländischen **Schnecken oder Flusskrebse** zu probieren, oder aber ein **helles Tomatenmousse** mit **gekochter Zunge vom Dahomey-Rind** mit Berglinsensalat.

Zum Hauptgang empfehlen sich eine **Lachsforelle** mit Bohnen, Speck und Pfirsich oder eine Mattingtaler **Lammstelze** mit selbst gemachtem Rosmarinbrot. Als veganes Gericht gab es bei unserem Besuch ein **Kürbisragout** mit Spinatzigarre und Dille. Und zum Dessert **gebackene Apfelknödel** mit Vanillecreme und Zimt.

Als Speisenbegleiter wird eine schöne Auswahl an **Craft-Bieren** angeboten. Die Weinkarte ist noch im Aufbau, die Weine vieler **burgenländischer Paradewinzer** sind aber schon jetzt zu haben.

BURGENLAND Wulkaprodersdorf

WOHLRABS SCHENKHAUS

Untere Hauptstraße 84, 7041 Wulkaprodersdorf, Tel.: +43/664/217 20 28
www.wohlrab.at

Öffnungszeiten: sechsmal im Jahr ist für zwei Wochen ausg'steckt, von Freitag bis Freitag ab 16 Uhr, Termine siehe Homepage
Geschlossene Gesellschaften auch auf Anfrage
Kreditkarten: keine
Gastgarten

Die Räumlichkeiten dieser **gemütlichen Buschenschank** wurden ursprünglich als Stallungen und danach als Weinverkostungsraum genutzt. Bis das Hochwasser alles zerstörte. Dann war es so weit: Die Familie verwirklichte sich den jahrelang gehegten Wunsch eines eigenen Lokals.

Willi und Jakob Wohlrab erzeugen wunderbaren Wein aus **biologischem Weinbau**, während ihre Ehefrauen mit ihrem kleinen, aber feinen Speisenangebot dafür sorgen, dass jeder Besuch zu einer Wohltat wird. Der **Rindfleischsalat** wird mit Käferbohnen, Kernöl und einer Wein-Oberskrenmarinade serviert. Die **Presswurst** gibt es „klassisch" oder für die Experimentierfreudigen „gewagt" in Merlot-Marinade und Frühlingszwiebeln.

Wer Gusto auf Fisch hat, wird mit **geräuchertem Wels auf Bio-Ziegen-Labneh** mit Apfelstiften und Zwiebelringen verwöhnt. Besonders schmackhaft ist auch der mit würzigem Hühnerfleisch, Ei, Zwiebel und Paradeiser gestopfte **Hofsandwich**.

Wer danach noch Lust auf Süßes verspürt, kann sich an einer hausgemachten **Pavlova** erfreuen. Konkurrenzlos auch die Verbundenheit mit der Region, denn so gut wie alle Zutaten stammen von **Betrieben aus der näheren Umgebung**. Im Sommer gibt es auch Livemusik.

EINKAUFSTIPPS
NORDBURGENLAND

STEKOVICS

Mehr als 3.000 Paradeisersorten, annähernd so viele Chili- und Paprikavarianten sowie zahlreiche andere Obst- und Gemüseraritäten bietet der „Kaiser der Paradeiser". Frisch, aber auch in Form von Marmeladen und in edlen Essigen und Ölen eingelegten Köstlichkeiten. Gegen Voranmeldung werden auch äußerst informative und ganz besonders unterhaltsame Führungen angeboten.

Schäferhof 13, 7132 Frauenkirchen, Tel.: +43/676/966 07 05
www.stekovics.at
Öffnungszeiten: Ab-Hof-Verkauf vom 1. Juni bis Ende Oktober täglich außer Sonn- und Feiertage 10–17 Uhr; 27. Oktober bis 23. Dezember sowie Ende März bis Ende April Mittwoch und Freitag 13–17 Uhr, Samstag 10–17 Uhr; im Mai täglich, auch sonn- und feiertags 10–17 Uhr
Ruhetage: 24. Dezember bis 31. März

WALDHERR – DER VOLLKORN-BIOBÄCKER

Bereits 1994 stellte Bäckermeister Clemens Waldherr den elterlichen Betrieb auf eine Vollkorn-Biobäckerei um, spezialisiert auf Sauerteigbrot, unter anderem aus raren Getreidesorten wie Dinkel, Noah's Korn oder Amarant. Das Mehl wird täglich frisch in der hauseigenen Mühle vermahlen. Der Waldherr-Wecken – echtes Sauerteigbrot, das noch so richtig nach Brot schmeckt – und die köstlichen Grammelpogatscherln und Salzstangerln sind wahre Klassiker aus dem Burgenland.

Kleinhöfleiner Hauptstraße 39, 7000 Kleinhöflein/Eisenstadt,
Tel.: +43/2682/610 08, www.vollkornbaeckerei-waldherr.at
Öffnungszeiten: Montag bis Freitag 6–12 Uhr und 15–18 Uhr, Samstag 6–12 Uhr

FLEISCHEREI KARLO

Fleischermeister Martin Karlo hat sich auf besondere Fleisch- und Wurstwaren vom Neusiedler-See-Graurind, Wasserbüffel und Mangalitzaschwein spezialisiert: Nach alten regionalen Rezepturen werden luftgetrocknete Schinken vom Steppenrind, die unvergleichlichen Nationalparkwürstel (sollten bei keiner Jause fehlen), Speckspezialitäten und vieles mehr erzeugt.

Rosengasse 1, 7152 Pamhagen, Tel.: +43/2174/21 26
www.fleischerei-karlo.at
Öffnungszeiten: Montag bis Freitag 6.30–12 Uhr, Montag, Dienstag, Donnerstag und Freitag 15–18 Uhr, Samstag 6.30–12 Uhr

---

MARKT DER ERDE – SLOW FOOD EARTH MARKET

Der Markt der Erde in Parndorf ist der erste Slow Food Earth Market in Österreich: Bio-Brot, Rohmilchkäse von Ziege und Schaf, Frischfleisch und Wurstwaren vom Neusiedler-See-Steppenrind und vom Mangalitzaschwein, frische Eier, Obst- und Gemüseraritäten, Marmeladen, Öle, Wildspezialitäten, alles handwerklich und nach traditionellen Methoden hergestellt, von hoher qualitativer und geschmacklicher Güte, ökologisch verträglich und zu fairen Preisen. Der Marktplatz ist ein typisch burgenländischer Stadel mit besonderer Atmosphäre. Außerdem gibt es Weinverkostung und Schaukochen mit frischen Zutaten vom Markt.

Schulgasse 1, 7111 Parndorf, Tel.: +43/699/18 98 00 10
www.marktdererde.at
Öffnungszeiten: ganzjährig jeden 1. Samstag im Monat 9–14 Uhr sowie April bis August auch jeden 3. Samstag im Monat

---

DER TSCHÜRTZ

Der Tschürtz in Loipersbach (15 Min. von Mattersburg entfernt) verfeinert und interpretiert internationale Delikatessen neu, z. B. mit seinem Hammerfleisch und Rohschinken, und zollt seinem Erbe stets den gebührenden Respekt – beispielsweise mit der traditionellen Loipersbacher Schubwurst, die es in dieser Form sonst nirgends mehr gibt, feinen Paprika-Speckwürsten oder Blunzen. Eher ungewöhnliche, aber nicht weniger köstliche Kreationen findet man hier in Form von Mangalitza- und Kastanienschinken oder Safranwürsteln. Das Fleisch dafür stammt von Tieren aus der Region.

Herrengasse 27, 7022 Loipersbach, Tel.: +43/2686/72 35
www.der-tschuertz.com
Öffnungszeiten: Dienstag bis Samstag 7–12.30 Uhr, Freitag auch 15–18 Uhr

Einkaufstipps **BURGENLAND**

WEIN & REGIONALES RICHARD TRIEBAUMER

Richard und Beate Triebaumer bieten in ihrem Laden im Herzen von Rust außergewöhnliche Schmalzkreationen, unter anderem mit Kürbis, Walnuss, Paprikalimetten, Zwiebeln oder Dörrzwetschken. Darüber hinaus findet man hier besondere Wurstwaren von Hirsch und Wildschwein oder auch Mangalitza-Ziegenkitz-Wurst; dazu selbst gemachte Marmeladen und Kompotte aus alten Obstsorten (Ur-Zwetschke oder Weingartenpfirsich), Säfte und erlesene Brände.

Rathausplatz 4, 7071 Rust, Tel.: +43/2685/204 38
www.triebaumerrichard.at
Öffnungszeiten: variabel

ALLES APFEL (OBSTBAU FAMILIE LEEB)

Verschiedene Apfelsorten und veredelte Spezialitäten wie Apfelessig naturtrüb und in verschiedenen Variationen (z. B. mit Holunder), sortenreine Säfte, Cidre, Apfelchips, Apfelbrand, Likör. Tipp: Apfel-Geschenksets!

Wiener Straße 40, 7161 St. Andrä am Zicksee, Tel.: +43/680/216 43 04
www.allesapfel.at
Öffnungszeiten: ganzjährig Freitag und Samstag 10–18 Uhr,
August bis Dezember auch Sonntag 10–18 Uhr

BIOSCHAFZUCHT HAUTZINGER

Große Vielfalt an Bio-Rohmilchkäse vom Schaf, unter anderem eingelegt in Bio-Olivenöl, Frischkäse mit Kräutern, Basilikum oder getrockneten Paradeisern, geräuchert oder einfach pur. Empfehlenswert auch frischer Topfen und feine Aufstriche sowie Wurst und Lammfleisch. Tipp: handgearbeitete Decken, Hausschuhe und Socken aus reiner Schafschurwolle!

Jägerweg 15, 7162 Tadten, Tel.: +43/2176/26 93
www.schafzucht-hautzinger.at
Öffnungszeiten: Montag bis Donnerstag und Samstag 8–13 Uhr, Freitag 8–18 Uhr

BIOHOF PREISEGGER

Alte Obst- und Gemüsesorten sowie Getreide in Bio-Qualität aus eigenem Anbau, hausgemachtes Natursauerteigbrot und Backwaren, Fleisch- und Wurstwaren, Marmeladen und Eingelegtes. Neben verschiedenen Sorten Bio-Erdbeeren werden auch saisonale Koch- und Backkurse angeboten. Nächtigungsmöglichkeit in gemütlichen Themengästezimmern.

Hauptstraße 21a, 7203 Wiesen, Tel.: +43/2626/816 15
www.biopreisegger.at
Öffnungszeiten: Donnerstag 14–18 Uhr, Samstag 10–17 Uhr

GENUSS BURGENLAND – REICH AN GESCHMACK

Das Martinsschlössl in Donnerskirchen ist das Kompetenzzentrum für Lebensmittel aus dem Burgenland. Auf diversen Märkten und Veranstaltungen kann man regionale Spezialitäten verkosten und deren ProduzentInnen persönlich kennenlernen. Bei den unterschiedlichen Workshops erfährt man hilfreiche Tipps und Tricks über die Verarbeitung und Veredelung der Produkte.

Martinsschlössl – Kompetenzzentrum
Burgenländisches Genuss- und Agrarmarketing
Hauptstraße 57, 7082 Donnerskirchen, Tel.: +43/2683/301 97 19
www.genussburgenland.at
Öffnungszeiten: Montag bis Donnerstag 8–12 und 13–16 Uhr, Freitag 8–12 Uhr

MITTELBURGENLAND

KOBERSDORFER SCHLOSSBRÄU

Seit 2009 braut der erfahrene Braumeister Peter Döllinger in seiner kleinen Bio-Mikrobrauerei hervorragende Bio-Biere wie Märzen, Pils, Dinkel-, Honig- oder das Trappistenbier Fior Kurnin, das aus vier Getreidesorten (Dinkel, Gerste, Weizen und Roggen) hergestellt wird. Die Braugerste stammt von Bio-Bauern aus dem Bezirk Oberpullendorf, der Bio-Hopfen aus dem Mühlviertel.

Hauptstraße 43, 7332 Kobersdorf, Tel.: +43/664/356 46 00
www.kobersdorfer.at
Öffnungszeiten: Ab-Hof-Verkauf Freitag 14–18 Uhr, Samstag 10–13 Uhr; Verkauf aller Biere zum Ab-Hof/Brauerei-Preis bei Handarbeiten Bauer, 7332 Kobersdorf, Am Spitz, Mittwoch bis Freitag 8–17 Uhr

Einkaufstipps BURGENLAND

KIRSCHEN GENUSSQUELLE

An den Hängen des Leithagebirges werden zwischen Jois und Donnerskirchen seit dem 18. Jahrhundert Kirschen kultiviert. Andrea & Rosi von der Kirschen-Genussquelle Strohmayer und eine Handvoll ProduzentInnen am Leithaberg haben sich zum Verein „Leithaberger Edelkirsche" zusammengetan. In sorgsamer Handarbeit ernten und veredeln sie diese edlen Kirschsorten zu Kirschdirektsaft, Kirschfrizzante, -likör, -brand, -schokolade, und -senf. Ein einzigartiges Geschmackserlebnis sind die sortenreinen Kirsch-Fruchtaufstriche aus uralten, teils vom Verschwinden bedrohten Kirschsorten vom Leithaberg wie Joiser Einsiedekirsche, Joiser Schachl, Donnerskircher Blaukirsche, Windener Schwarze, Breitenbrunner Bolaga, Purbacher Spätbraune, Purbacher Frühbraune oder Purbacher Hängerte – zur Bewahrung und Förderung dieser Sortenraritäten wurde 2016 das Slow Food Presidio Leithaberger Edelkirschen gegründet. Die besonderen Kirschprodukte von Familie Strohmayer und anderen Produzent(inn)en sind ganzjährig im Hofladen der Kirschen Genussquelle erhältlich. Ein kurzer Anruf vor dem Besuch wird empfohlen!

Andrea & Rosi Strohmayer, Prangerstraße 49, 7091 Breitenbrunn
Tel.: +43/664/506 14 59, www.genussquelle.at
Öffnungszeiten: telefonisch zu erfragen

ANDREAROSA'S S'GSUNDE ECK

Seit dem Frühjahr 2017 betreibt AndreaRosa Rittnauer-Soder ihren kleinen, aber feinen Genussladen im Zentrum von Mattersburg. Neben einer großen Auswahl an frischen, getrockneten oder als Gewürzmischungen veredelten (Wild-)Kräutern aus eigener Kräuterlandwirtschaft (nach biologischen Richtlinien) bietet die zertifizierte Kräuterpädagogin auch selbst gebackenes, mehrfach ausgezeichnetes Brot und Gebäck sowie eine große Vielfalt an biologischen und regionaltypischen Lebensmitteln wie frisches Obst und Gemüse, frische Kuh- und Ziegenmilch, Topfen, Käse, Fisch (frisch oder geräuchert), Honig und vieles mehr von befreundeten regionalen ProduzentInnen an. Mehrmals pro Jahr haben Interessierte im Rahmen von Kursen Gelegenheit, „Brotbacken wie früher" zu erlernen.

Hauptstraße 8, 7210 Mattersburg, Tel.: +43/664/241 10 75
www.sgsundeeck.at
Öffnungszeiten: Mittwoch 14–18 Uhr, Donnerstag 15–20 Uhr, Freitag 15–19 Uhr

LISZT – WEINGUT.HEURIGEN.MANUFAKTUR

Die Spezialitäten vom „Pfefferbüchsel-Schwein" (Schmalzaufstriche, Würste, Speck vom Mangalitza-Schwein im Glas) sind auch außerhalb der Heurigen-Öffnungszeiten ab Hof erhältlich!

Hauptstraße 10, 2443 Leithaprodersdorf, Tel.: +43/2255/62 27
www.lisztwein.at
Öffnungszeiten: nach telefonischer Voranmeldung

MARKT DER ERDE LUTZMANNSBURG

Der Markt wurde im Frühjahr 2018 eröffnet und ist der dritte Vielfaltsmarkt in Österreich nach dem Vorbild der Slow Food Earth Markets. Hier sind nur Kleinbauern vertreten, die in einem Umkreis von höchstens 40 Kilometern zu Hause sind und ihre feinen Lebensmittel anbieten: von Bio-Apfelsaft über Bio-Vollkorn-Brot und Gebäck, Kuh- und Ziegenkäsespezialitäten (frisch und gereift), Fleisch-, Wurst- und Speck-Spezialitäten vom Mangalitza- und Turopolje-Schwein oder vom Strauß über feinste Bio-Öle und -Saaten, frisches Bio-Gemüse und Kräuter der Saison, „verboten gute" Mehlspeisen, Liköre, Fruchtaufstriche, Chutneys, Pestos oder Senf bis zu Bio-Bier, Edelbränden, lokalen Weinen und Fairtrade-Kaffee. Aufgrund des besonderen Ambientes im Pfarrstadel sowie der saisonalen Marktküche erfreut sich der Markt der Erde bereits jetzt großer Beliebtheit.

Hofstatt 1, 7361 Lutzmannsburg, www.slowfoodburgenland.at
Öffnungszeiten: immer am 2. Samstag im Monat 9–14 Uhr

ALTES ZOLLHAUS

Seit über 15 Jahren betreiben Karin und Ivan Krizmanich eine Bio-Landwirtschaft im Mittelburgenland: Auf das Schwein gekommen sind sie im Jahr 2000 und holten das Turopolje-Schwein als alte, kroatisch-stämmige Freilandschweinerasse in die Region. Ein weiterer Schwerpunkt ist die Kultivierung alter Getreidesorten wie Emmer und Einkorn. Ab Hof können verschiedene Speck- und Schinkenspezialitäten unterschiedlicher Würzung und Reifezeit erworben werden sowie Turopolje-Schmalzspezialitäten (z. B. verfeinert mit Zwetschken oder Kürbiskernen), aber auch Wildschwein- und Rehschinken. Tipp: Lardo vom Turopolje-Schwein! Nächtigungsmöglichkeit (Urlaub auf dem Bauernhof).

Hauptstraße 91, 7302 Kroatisch Minihof, Tel.: +43/2614/86 16
www.altes-zollhaus-krizmanich.at
Öffnungszeiten: nach telefonischer Voranmeldung

Einkaufstipps BURGENLAND

BIOHOF ROHRAUER

„100 % Burgenland – 100 % Handarbeit" ist das Motto der Bio-Imkerei Rohrauer. Angeboten werden Bio-Honigspezialitäten vom Frühlingsblütenhonig bis zum herbstlich-intensiven Waldblütenhonig oder Honig mit Walnüssen, Fenchel, echter Vanille sowie verschiedene Cremehonigsorten, etwa mit Zimt oder Erdbeere. Darüber hinaus gibt es Obst aus dem eigenen Garten oder von Streuobstwiesen, frisch oder zu Kompott oder Marmeladen veredelt, sowie die herrlichen Chilisaucen und Senfkreationen zum Essen „dazu" – so heißt eine eigene Bio-Produktlinie von Georg Rohrauer (www.dazu.at).

Rosengasse 15, 7321 Lackendorf, Tel.: +43/676/964 42 93
www.bio-rohrauer.at
Öffnungszeiten: Ab-Hof-Verkauf gegen Voranmeldung Samstag 9–13 Uhr

---

SCHEDL-MÜHLE

Julius Schedl bietet Einblicke in traditionelle und moderne Methoden zur Verarbeitung von Getreide zu Mehl. Im Zentrum stehen Bio-Mehlsorten wie Vollkorn- oder Auszugsmehl aus Dinkel, Roggen oder Weizen. Diese sind auch im Mühlenladen erhältlich, außerdem Kamut- und Einkornmehl, Bio-Dinkelteigwaren, Müslimischungen und andere Genussprodukte aus der Region. Mühlenführungen finden nach Vereinbarung statt.

Hauptstraße 6, 7442 Lockenhaus, Tel.: +43/2616/23 11
schedl-muehle@utanet.at
Öffnungszeiten: Montag bis Freitag 8–17 Uhr, Samstag 9–12 Uhr

---

HOFLADEN MAGEDLER

In ihrem Hofladen in der Rotwein- und Thermengemeinde Lutzmannsburg bietet Christine Magedler ein breites Spektrum kulinarischer Köstlichkeiten an. Das Angebot umfasst selbst gemachte Marmeladen, verschiedene Brotaufstriche (z. B. Kürbiskernaufstrich vom eigenen Kürbiskernöl), Honige, eingelegtes Gemüse, aber auch verschiedene Kartoffel- und Kürbissorten aus eigenem Anbau. Erwähnenswert sind die herausragenden Öle wie Walnuss-, Raps- oder Sonnenblumenöl. Naschkatzen werden von den knusprigen Nussbiskuits, Salbeinüssen, schokolierten Walnüssen oder Kürbis-Knabberkernen in verschiedenen Geschmacksrichtungen begeistert sein.

Hauptstraße 30, 7361 Lutzmannsburg, Tel.: +43/2615/872 16
Öffnungszeiten: Montag bis Samstag 7–12 Uhr und Freitag 15–18 Uhr

BURGENLAND Einkaufstipps

WURSTMANUFAKTUR PALATIN

2013 verwandelte Andreas Palatin den traditionellen Fleischereibetrieb seiner Eltern – seit jeher bekannt für ausgezeichnete regionaltypische Fleisch- und Wurstwaren von Tieren aus der Region – in die Wurstmanufaktur Palatin. Die neuen und kreativen Wurst- und Fleischdelikatessen basieren auf traditionellen Rezepturen, jedoch unter Verwendung biologischer Zutaten, wie etwa Bio-Selchfleisch, Bio-Schweinsbraten oder Bio-Bratl und Bio-Ganslfett im Glas. Auch die Würstelklassiker von Frankfurter bis Käsedebreziner werden ausschließlich aus Bio-Fleisch zubereitet und in Naturdärme gefüllt. Das Frischfleisch stammt ausschließlich aus Bio-Betrieben im Burgenland.

Mittelgasse 9, 7302 Nikitsch, Tel.: +43/664/444 34 04
www.zumpalatin.at

Öffnungszeiten: Abholung nach telefonischer Vorbestellung in Nikitsch sowie auf diversen Märkten, unter anderem jeden Mittwoch 11.30–13 Uhr auf dem Biomarkt beim Storchennest in 7342 Kaisersdorf

SÜDBURGENLAND

BIOSCHAF & KRAINER STEINSCHAF

Seit 2009 betreiben Julia und Alexander Elpons ihre Bio-Schafzucht: Auf den kräuterreichen ehemaligen Weingartenflächen findet das Krainer Steinschaf (Slow-Food-„Arche des Geschmacks") beste Bedingungen vor. Ab Hof gibt es bestes Bio-Schaf- und Bio-Lammfleisch sowie Spezialitäten wie die Jausen- oder Bratwurst vom Krainer Steinschaf mit Mangalitza, Rohschinken, aber auch das Sulmtaler Huhn. Tipp: die Schaf-Aktie – mit einem Anteilsschein an der Schafherde erhalten „Aktionäre" ihr Geld in drei aufeinanderfolgenden Jahren in Form von Bio-Lammfleischpaketen (Probierpakete) mit guter Verzinsung zurück!

Mühlweg 4, 7521 Bildein, Tel.: +43/3323/219 71
www.bioschaf.at

Öffnungszeiten: nach telefonischer Voranmeldung

JOSTMÜHLE

Die Jostmühle ist die letzte noch in Betrieb befindliche Wassermühle im deutschsprachigen Teil des Naturparks Raab im Dreiländereck (Österreich–Slowenien–Ungarn). Nach alter Tradition wird hier noch Mehl aus Weizen, Roggen und Dinkel hergestellt. Direkt vor Ort wird daraus auch köstliches Haus- und Dinkelvollkornbrot gebacken, das ebenfalls im Mühlenladen zum Verkauf angeboten wird. Regionale Spezialitäten sind das „Hoadnmehl" (aus Buchweizen) sowie

Kukuruzmehl, Maisgrieß und Polenta. Frischfleisch, Leberaufstrich, Grammelschmalz und diverse Rohwurstspezialitäten stammen von hauseigenen Turopolje-Schweinen.
Windisch-Minihof 188, 8384 Minihof-Liebau, Tel.: +43/3329/25 44
www.jostmuehle.at
Öffnungszeiten: Mittwoch 10–15 Uhr (für Mühlenführung bitte um Anmeldung!)

BIOBACKSTUBE WALTRAUD KEDL

Mit viel Liebe und „wie es sein soll", nämlich ausschließlich mit Bio-Produkten aus der Region und per Hand, bäckt Waltraud Kedl Brot, Gebäck und Kekse (z. B. Liebesherzen, Dinkel- oder Lavendel-Cantuccini) in ihrer Backstube im Südburgenland. Darüber hinaus erzeugt Waltraud köstliche Bio-Fruchtaufstriche, z. B. in den Sorten Uhudler, Marille, Haus-Zwetschke, Wilder Holunder, Mispel oder Quitte.
7540 Moschendorf 197, Tel.: +43/664/425 99 98
www.waltraud-kedl.at
Öffnungszeiten: Ab-Hof-Verkauf nach telefonischer Vereinbarung

---

BISCHOF NUDELN

Ursprünglich in den 1920ern als Bäckerei gegründet, erzeugt die Familie Bischof in ihrem Familienbetrieb seit den 1960ern Teigwaren. Was mit den für das Südburgenland so typischen Fleckerln und Suppennudeln begann, wird heute von den Nachkommen mit viel Kreativität und Innovationsgeist nach alter handwerklicher Tradition weitergeführt. Im Verkaufsraum werden mehr als vierzig verschiedene Teigwaren angeboten, von den Klassikern wie Tarhonya oder Bandnudeln bis hin zu Dinkel-, Ingwer-, Spinat- oder Karottennudeln in allen möglichen Formen. Die Zutaten stammen von ausgewählten lokalen Lieferanten. Führungen und Präsentationen für Gruppen.
Bundesstraße 1, 7533 Ollersdorf im Burgenland, Tel.: +43/3326/522 80
www.bischof-nudeln.at
Öffnungszeiten: Montag bis Freitag 7.30–12 Uhr und 14–18 Uhr, Samstag 8.30–12 Uhr
Ruhetage: 25. Dezember bis 6. Jänner

KÜRBISMEISTER NR. 17 – JOSEF UND ANITA JUGOVITS

Kürbismeister Jugovits aus dem Südburgenland wurde bereits mehrmals für das „Steirische Kürbiskernöl g. g. A." ausgezeichnet. Im neuen Betriebsgebäude ist ein Verkaufs- und Verkostungsraum eingerichtet, wo neben Kürbiskernöl auch süße und pikante Knabberkerne und andere Produkte aus der Region (Speisekürbisse, verschiedene Sorten Erdäpfel, Süßkartoffeln, Zuckermais sowie Kichererbsen und Gewürze) angeboten werden.

7472 Schachendorf 16, Tel.: +43/664/612 46 85
www.kuerbismeister.at
Öffnungszeiten: nach telefonischer Voranmeldung

SAFTQUELLE KARL TRUMMER

Familie Trummer hat sich mit ihrer „Obstpresserei" auf die Erzeugung von Direktsäften ohne jegliche Aroma- oder Konservierungsstoffe von Bauern aus der Region spezialisiert. Das Sortiment reicht von Apfel, Birne und Marille bis hin zu Holunder. Aber auch der berühmte Uhudler (seit 2011 in der Slow-Food-„Arche des Geschmacks") ist hier in Form von Wein, Traubensaft, Schaumwein oder Marmelade erhältlich. Darüber hinaus werden Schmankerl von regionalen Produzenten angeboten.

Wiener Straße 63, 7551 Stegersbach, Tel.: +43/3326/541 49
www.saftquelle.at
Öffnungszeiten: Montag bis Freitag 8–17 Uhr, Samstag 9–12 Uhr

BLUMENTALLADEN

Der Blumentalladen von Heidi Hagenauer ist eine Kombination aus Bio-Greißlerei und Nostalgieladen, die ihresgleichen sucht: Das Angebot von regionalen Bio-Lebensmitteln und Spezialitäten reicht von frischem Bauernbrot über verschiedene Käse- und Wurstspezialitäten (u. a. auch Presswurst!), Kürbiskern- oder Sonnenblumenöl und Essig in verschiedenen Sorten von lokalen Bauern, Milchprodukten in Gläsern oder Flaschen bis hin zu Mehl und Teigwaren in verschiedenen Sorten. Aber auch Edelbrände und den regionstypischen Uhudler gibt es. Kurz: alles, was das Genießerherz begehrt.

Wildentengraben 8, 7503, Großpetersdorf, Tel.: +43/664/916 08 88
www.blumentalladen.at
Öffnungszeiten: nach telefonischer Voranmeldung

# DAS IST NIEDERÖSTERREICH

Der Wein aus einigen der berühmtesten Rieden des Landes

Die Mohnnudeln

Die Waldviertler Knödel

Die traditionellen Streuobstwiesen werden leider auch im Mostviertel mit seinen stolzen Bauernhöfen immer seltener.

Aufgenommen in die
SLOW FOOD ARCHE DES GESCHMACKS

---

*Nebenprodukte aus den Weingärten
wie Weinbergknoblauch oder Weingartenpfirsich*

*Die autochthonen Rebsorten von
Zierfandler bis Roter Veltliner*

WIRTSHÄUSER IN NIEDERÖSTERREICH

1. Gasthof Failler zum Goldenen Lamm
2. Wachauerstube
3. Landgasthaus zum Seher
4. Klostergasthaus Thallern
5. Gasthaus Haag
6. Wirtshaus Buchinger
7. Neunläuf
8. Öhlknechthof
9. Jamek
10. Kalteis
11. Gasthaus Buchegger

LAABEN

12. Schilling – Zur Angermühle
13. Landgasthof zur Linde

14. Gastwirtschaft Floh
15. Mühlsteinstube
16. Landgasthaus Winkelhofer
17. Nikolaihof
18. Weinbeisserei
19. Rois
20. Hotel Wegscheidhof
21. Schwarz
22. Weydner Wirtshaus
23. Looshaus
24. Claus Curn
25. Knappenhof
26. Mährische Botschaft
27. Mohnwirt Neuwiesinger
28. Mayerwirt
29. Vinzenz Pauli
30. Weinstube Aichinger
31. Schiller – zum grünen Baum
32. Nibelungenhof

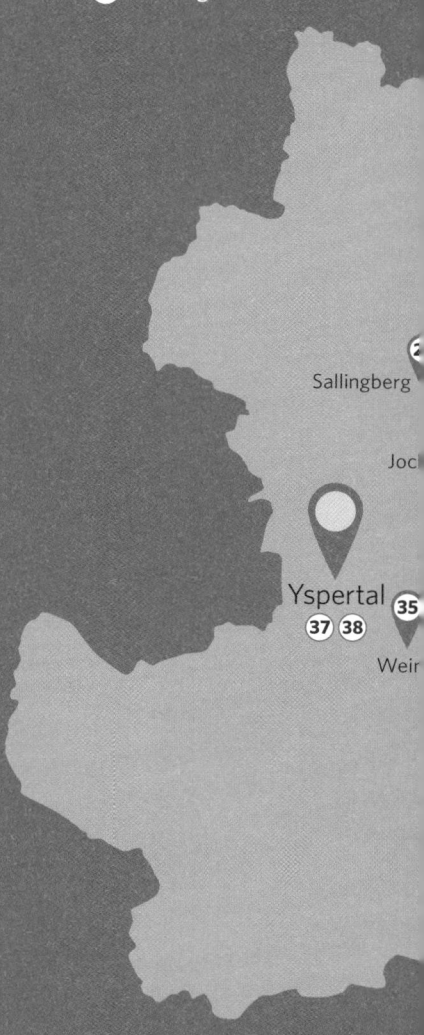

Sallingberg

Joch

Yspertal 37 38 35

Weir

YSPERTAL

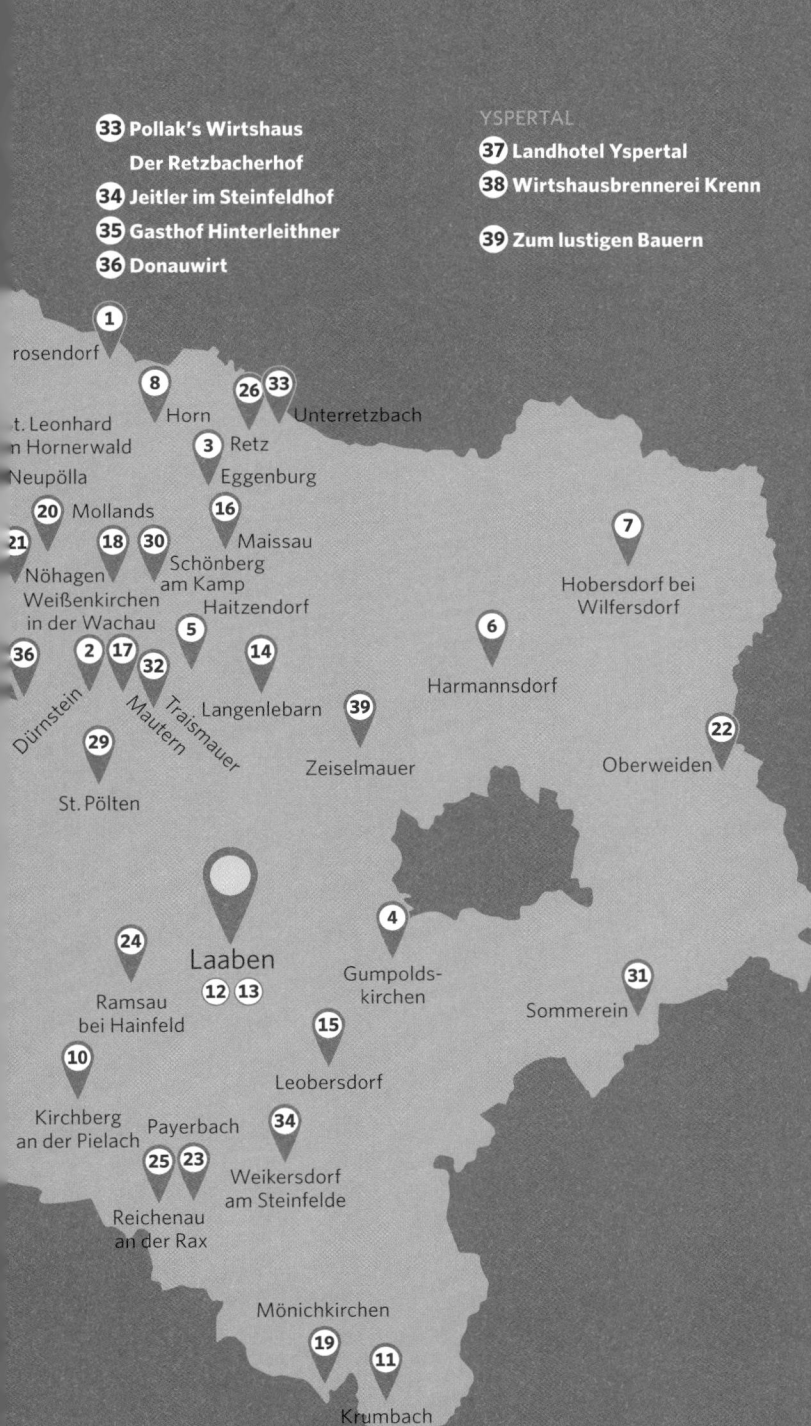

33 Pollak's Wirtshaus
Der Retzbacherhof
34 Jeitler im Steinfeldhof
35 Gasthof Hinterleithner
36 Donauwirt

37 Landhotel Yspertal
38 Wirtshausbrennerei Krenn
39 Zum lustigen Bauern

- (1) rosendorf
- (8) Horn
- (26) (33) Unterretzbach
- t. Leonhard n Hornerwald
- Neupölla
- (3) Retz
- Eggenburg
- (20) Mollands
- (16) Maissau
- (21) (18) (30) Schönberg am Kamp
- Nöhagen
- Weißenkirchen in der Wachau
- (5) Haitzendorf
- (7) Hobersdorf bei Wilfersdorf
- (36) (2) (17) (32)
- Dürnstein Mautern Traismauer
- (14) Langenlebarn
- (6) Harmannsdorf
- (29) St. Pölten
- (39) Zeiselmauer
- (22) Oberweiden
- (24) Ramsau bei Hainfeld
- Laaben
- (12) (13)
- (4) Gumpoldskirchen
- (15) Leobersdorf
- (31) Sommerein
- (10) Kirchberg an der Pielach
- Payerbach
- (25) (23)
- (34) Weikersdorf am Steinfelde
- Reichenau an der Rax
- Mönichkirchen
- (19) (11) Krumbach

NIEDERÖSTERREICH Drosendorf

GASTHOF FAILLER
ZUM GOLDENEN LAMM

Hauptplatz 27, 2095 Drosendorf, Tel.: +43/2915/23 27
www.gasthof-failler.at
Öffnungszeiten: warme Küche Dienstag bis Freitag 11.30–14 Uhr und 18–21 Uhr, Samstag und Sonntag 11.30–21 Uhr
Ruhetag: Montag
Kreditkarten: keine
Gastgarten, Zimmer ab € 35

In Drosendorf gilt der Gasthof Failler als regelrechte Institution, betrieben wird er seit 2010 mit einer kurzen Unterbrechung von Dominik Bednar. Gleich nach dem Eintreten befindet man sich in einer prachtvollen und **denkmalgeschützten Gewölbegaststube**.

Der flinke Service bringt Vorspeisen wie **Hirschschinken und Wildschweinsalami** oder zweierlei Ziegenkäse auf gemischtem Blattsalat. Zum Aufwärmen gibt es eine rustikale Knoblauch- oder Gemüsecremesuppe.

Bodenständige Fischgerichte sind Zander in Butter gebraten sowie der **gebackene Waldviertler Karpfen**. Wunderbar aber auch das Rindfleisch in Form von **Burgunderbraten, Rump- oder Filetsteak**. Selbstverständlich gibt's auch Klassiker wie Wiener Schnitzel oder **Cordon bleu** sowie ein sämiges **Rindsgulasch** mit Nockerln.

Den Abschluss bildet eine **Mohntorte** mit Schlagobers oder ein **Grießpudding** mit Himbeermark. Dazu werden **hausgemachte Sirupe** wie Melisse und Holunder angeboten sowie **Weißweine**, hauptsächlich aus dem Weinviertel, und **Rotweine** aus Carnuntum und dem Burgenland.

Im hinteren Teil des Gasthofs befindet sich ein **altes Kino**, das vom Filmclub Drosendorf wieder zum Leben erweckt wurde.

Dürnstein **NIEDERÖSTERREICH**

WACHAUERSTUBE

Unterloiben 24, 3601 Dürnstein, Tel.: +43/2732/859 50
www.wachauerstube.at
Öffnungszeiten: Freitag bis Dienstag 11.30–21 Uhr
Ruhetage: Mittwoch und Donnerstag
Kreditkarten: keine
Gastgarten

Oh, wie schön ist es in Unterloiben – vor allem wenn man in ein so **wunderbares Gasthaus** wie die Wachauerstube einkehren kann. Hier ist alles echt, hier gibt es keine Verschönerungen, **keine Schnörkel, nur puren Genuss**. Man sitzt im schönen Gastgarten oder im **uralten Schankraum**.

Die Vorspeisen sind **teilweise italienisch angehaucht** wie etwa die Burrata mit Erdbeerbalsamico oder eine **Artischocke mit Bresaola-Salat**. Heimischer mutet das **Wachauerstuben-Gulasch** an, das klein oder groß bestellt werden kann, dazu gibt's entweder ein Wachauer Laberl oder einen Knödel.

Heimisch sind auch die **Rehbratwurst,** die mit **Einbrennte Hund** (gekochte Erdäpfelscheiben in Gurkenwasser-Bechamel) serviert wird, das **Blunzengröstl** oder der **Zander**, der mit Radieschen und grünen Paradeisern daherkommt. Eine Spezialität des Hauses ist das **Paprikahenderl** mit seiner traumhaft sämigen Sauce, den flaumigen Nockerln und garniert mit einem scharfen, schwarz gerösteten Spitzpaprika.

Hinterher drängen sich in der Wachau die **Palatschinken mit Marillenmarmelade** natürlich auf, aber auch eine Erdbeermousse mit Eis oder ein **Apfelstreuselkuchen** macht große Freude.

Unverändert die Thementage: freitags gibt es **steirisches Backhendl**, samstags **Wachauer Mostbratl** und sonntags **geschmorten Burgunderbraten**. Die Weinkarte ist (auch international) gut bestückt.

NIEDERÖSTERREICH Eggenburg

LANDGASTHAUS ZUM SEHER

Hauptplatz 17, 3730 Eggenburg, Tel.: +43/2984/200 31
www.landgasthaus-seher.at
Öffnungszeiten: Montag bis Donnerstag 11–15 Uhr, Freitag 11–22 Uhr, Samstag, Sonn- und Feiertag 10–21 Uhr
Kreditkarten: Mastercard, Visa; Bankomat
Gastgarten

Viele Jahre stand das Gasthaus Zum Seher leer, bis es die neuen Pächter Karl Lind und Christiane Goller übernahmen und in ein **gastronomisches Kleinod** verwandelten. Teilweise wurde behutsam renoviert, vieles belassen.

Der Wirt ist **gelernter Koch**, stammt aus dem nahen Engelsdorf und hat viele Jahre ein Lokal am Wiener Spittelberg geführt. Die Wirtin war lange Zeit beim österreichischen Rundfunk tätig und ist heute sehr aktiv im **örtlichen Kultur- und Vereinswesen**.

Ein Essen im Seher kann beginnen mit einem **Beef Tatar** und getoastetem Bio-Erdäpfel-Weizen-Brot oder mit einer **Rucola-Schafkäse-Roulade** auf Sommersalaten. Aber auch mit einer Suppe wie etwa der **Karotten-Ingwer-Suppe** mit Milchschaum oder einer klassischen **Frittatensuppe**.

Die Hauptspeisen sind typisch fürs Wald- beziehungsweise Weinviertel, an deren gemeinsamer Grenze Eggenburg liegt. Waldviertler **Grammelknödel**, Waldviertler **Blunzenwürstel**, böhmische **Rindsroulade**, eine **Lammkeule vom Donaulamm** oder, fleischlos, **gebackene Sellerieschnitzel** sowie hausgemachte Spinat-Frischkäse-Lasagne.

Naturgemäß **Weinviertler Ursprungs** sie die angebotenen **Weiß- und Rotweine**, die Biere indessen werden in den **Waldviertler Brauereien** in Zwettl und Schrems gebraut. Die **Obstsäfte und Traubensäfte** kommen aus nächster Umgebung, viele davon in Bio-Qualität.

Regionaltypisch fallen auch die Nachspeisen wie Waldviertler Mohntorte, **Topfenknödel** oder die **Mohnnudeln** mit selbst gemachtem „Engelsdorfer" Apfelmus aus.

Gumpoldskirchen **NIEDERÖSTERREICH**

KLOSTERGASTHAUS THALLERN

Thallern 2, 2352 Gumpoldskirchen, Tel.: +43/2236/533 26
www.klostergasthaus-thallern.at
Öffnungszeiten: täglich warme Küche 11–21.30 Uhr
Kreditkarten: Mastercard, Visa; Bankomat
Gastgarten

Lange war das Klostergasthaus Thallern eine **beliebte Ausflugsdestination** und Backhendlstation am Fuße der Weinberge vor den Toren Wiens. Das Backhendl gibt es immer noch, doch ansonsten haben die **neuen Betreiber** die Latte etwas höher gelegt.

Heute sitzt man im **gepflegten Gastraum** oder unter **alten Kastanienbäumen** mit Blick auf eine kleine Kapelle und wählt aus Vorspeisen wie **gebackenem Kalbskopf** mit Eierschwammerl-Tatar und hausgemachter Senf-Mayonnaise, **Beinschinkenbrot vom Ötscherblick-Schwein** mit frischem Kren und Senfgurken oder Suppen wie **Hühnereinmachsuppe mit Bröselknödel** beziehungsweise **kalte Fischsuppe** mit Flusskrebseinlage und Gurken-Dill-Gelee.

Weiter geht es mit Hauptspeisen wie der ofenfrischen **Waldviertler Bauernente** mit warmem Speckkrautsalat und Serviettenknödel für zwei Personen, gemischtem **Gekochtem aus dreierlei Rindfleisch** mit klassischen Beilagen oder **im Ganzen gebratenem Radelberger Bachsaibling** mit Petersilerdäpfeln, brauner Butter und grünem Salat.

Und zur Nachspeise gibt's hausgemachten **Milchrahmstrudel mit Vanillesauce** oder **Wiener Wäschermädeln** mit Nougatsauce und Lavendeleis. Dazu kredenzt man famose **Weine aus der Thermenregion** und von anderswo, aber auch gepflegtes **Bier vom Fass**.

NIEDERÖSTERREICH Haitzendorf

GASTHAUS HAAG

Obere Hauptstraße 17, 3485 Haitzendorf, Tel.: +43/2735/22 52
www.gasthof-haag.at
Öffnungszeiten: warme Küche Mittwoch bis Montag 11–14 Uhr
und 17.30–21.30 Uhr, Sonn- und Feiertag abends geschlossen
Ruhetag: Dienstag
Kreditkarten: Visa; Bankomat
Gastgarten, Zimmer ab € 41

Den Preis für das am schönsten erhaltene Wirtshaus wird der Gasthof Haag nahe dem Schloss Grafenegg nicht erhalten. Dazu ist in den vergangenen Jahrzehnten gar zu **entschlossen renoviert** worden, auch der Gastgarten könnte lauschiger sein.

Dafür zeigen die Brüder Thomas und Markus Haag, wie man sich dem Wirtshaussterben im ländlichen Raum mit **Ideen und Engagement** entgegenstemmen kann. Thomas Haag hat drei Jahre im Münchner Tantris gekocht, sein Bruder Markus war Souschef beim Floh in Langenlebarn, viel bessere Qualitätsnachweise kann man sich nicht wünschen. Jetzt schupfen die beiden lokale Hochzeiten und andere **Dorffeierlichkeiten**.

Der **Fisch kommt von Haimel** in Traismauer, Fleisch liefert die weit gerühmte **Fleischerei Höllerschmied** im nahen Walkersdorf, das Gemüse stammt aus dem **Gemüsegarten**, den der Vater mit Hingabe pflegt.

Suppeneinlagen ebenso wie die grandiosen **Grammelknödel** werden wie selbstverständlich **hausgemacht**, der zartwürzige **Kalbskopf** augenscheinlich selbst ausgelöst und nicht nur **gebacken**, sondern auf Wunsch auch **lauwarm mariniert** in Vinaigrette mit Erdäpfelkrusteln serviert.

Harmannsdorf **NIEDERÖSTERREICH**

WIRTSHAUS BUCHINGER

3713 Harmannsdorf am Manhartsberg 18, Tel.: +43/2984/82 41
www.gasthofbuchinger.at
Öffnungszeiten: warme Küche Mittwoch bis Samstag 10–14 Uhr und 18–22 Uhr,
Sonn- und Feiertag 10–15 Uhr
Ruhetage: Montag und Dienstag
Kreditkarten: Mastercard, Visa; Bankomat
Gastgarten, Zimmer ab € 40

Es wurde im vergangenen Jahr **viel verändert** beim Buchinger: das Logo, die Speisekarte, der Internetauftritt. Das Catering wurde zurückgefahren, und es damit mehr Lebensqualität für die Wirtsleute und Mitarbeiter gefunden. Während Franz und Andrea Buchinger sich um die Gäste kümmern, hat ihr Sohn Andreas das Kommando in der Küche übernommen und bietet **Waldviertler Bauernkost mit internationalen Anklängen**.

Unter den Vorspeisen überzeugten ein **Beef Tatar vom Tullnerfelder Rind** und **gebackene Hühnerleber** mit Erdäpfel-Rapunzel-Salat sowie die Waldviertler **Knoblauchrahmsuppe** mit gerösteten Schwarzbrot-Croûtons.

Tadellos zubereitet werden Wirtshausklassiker wie **Wiener Schnitzel vom Tullnerfelder Schwein** oder **Waldviertler Karpfen** in Butterschmalz gebacken. Wunderbar aber auch der **geschmorte Lammschlögel**, für den Lukas Bull aus dem Nachbarort das Fleisch liefert. Als fleischlose Alternative gibt's **überbackene Gemüse-Spätzle** mit Blattsalat oder **Eierschwammerlsauce** mit Serviettenknödel und Blattsalat.

Zum Abschluss nimmt man **Malakoffnockerl** mit rotem Johannisbeer-Ragout oder **hausgemachtes Nougateis** mit Mandarinensüppchen. Gut **gezapfte Biere, natürliche Säfte** aus der näheren Umgebung sowie ein **gut sortierter Weinkeller** mit vorwiegend Weinviertler, Kremser und Kamptaler Weinen dienen als stimmige Begleitung.

Den Abend ausklingen lässt man am besten bei einem Gespräch mit dem Wirt und einem der **Garser Edelbrände**. Zum Übernachten bieten sich drei geschmackvoll eingerichtete Doppelzimmer mit ausgiebigem Frühstück tags darauf an.

Slow Food

Damals wie heute:
Seit 1898 steht NÖM für liebevoll veredelte Milchprodukte mit bestem Geschmack für deinen Alltag.

noem.at

seit 1898.

Voll Milch
3,5% · länger frisch

nóm
Bleib frisch.

NIEDERÖSTERREICH Hobersdorf bei Wilfersdorf

NEUNLÄUF

Wiener Straße 4, 2193 Hobersdorf bei Wilfersdorf, Tel.: +43/2573/259 99
www.neunlaeuf.at
Öffnungszeiten: warme Küche Mittwoch bis Freitag 11–14 Uhr und 18–21.30 Uhr, Samstag 11–21.30 Uhr, Sonn- und Feiertag 11–20 Uhr
Ruhetage: Montag und Dienstag
Kreditkarten: keine
Gastgarten

Laut Lieferantenliste stammt bis auf den Vorarlberger Bergkäse fast alles von **Erzeugern aus dem Weinviertel beziehungsweise Waldviertel**. Die **Blunze wird gebacken** und mit Hanf, Kümmel sowie Frühkraut angerichtet und gilt als Klassiker im Neunläuf. Der **Ziegenkäse** wird mit Radieschen, Erbsenschoten und Marillenkernöl serviert, die **roh marinierten Rehfilet-Scheiben** werden von rotem Mangold, Bergkäs und Granatapfelkernen flankiert, der **Karfiol** gemeinsam mit **gebeizter Forelle** und Lauch zur Tarte veredelt.

Gulasch vom Wadschunken und ein **Beuscherl** dienen als klassische Zwischengerichte, und da sich unter den Hauptgängen ein **gekochtes Rindfleisch** mit Semmelkren findet, ist auch die **Rindssuppe** eine Empfehlung wert.

Natürlich gibt es **Schweinswiener**, aber auch Weinviertler **Wildragout** mit Serviettenknödel und Preiselbeeren. Ein nach geräuchertem Cremeknoblauch duftender **Mangoldstrudel** wird im Rohr mit viel Schafskäse zum fleischlosen Festmahl gebacken. Die Nudeln werden im Neunläuf selbst gemacht und mit saisonalem Gemüse serviert. Den **Roten Seesaibling** begleiten breite Bohnen und Safranschaum (der Safran ist übrigens auch aus der Region), die **gegrillte Lachsforelle** ein Schöpfer Jungerbsenpüree.

Zum Abschluss gibt es **karamellisierten Grießschmarren** mit Walnüssen und Ribisel aus dem Garten oder ein **Zitronen-Topfentörtchen** mit Himbeeren. Wer eine Flasche Wein zum Essen möchte, holt sich diese selbst aus dem Weinkeller, wo diverse **Weinviertler Kreszenzen** warten.

ÖHLKNECHTHOF

Prager Straße 3–5, 3580 Horn, Tel.: +43/2982/301 00
www.oehlknechthof.at
Öffnungszeiten: warme Küche Montag bis Samstag 11.30–14 Uhr und 18–22 Uhr,
Sonntag 11.30–15 Uhr
Kreditkarten: Diners, Mastercard, Visa; Bankomat
Gastgarten, Zimmer ab € 57,50

Vor kurzem haben Kevin Rohringer und seine Partnerin Yvonne den Gasthof übernommen. Geändert wurde einstweilen noch nicht viel, behutsam sollen **in Zukunft moderne Akzente** gesetzt werden. Es gibt einen **schattigen Innenhof**, bald soll auch die Sonnenterrasse an der Rückseite der alten Stadtmauer wieder bespielt werden.

Man startet beispielsweise mit einem **bunten Paradeis-Salat** mit Marillenessig und Mozzarella, den pikanten **Mini-Grammelknödeln** mit Salbeinussbutter und Paprika-Ingwerkraut oder einer **klaren Suppe vom Ochsen mit Frittaten oder Grießnockerln**.

Danach wählt man zwischen **Zander gebraten** mit Bauchspeck, Coco-Bohnen und Gewürz-Pfirsich, **Eierschwammerl-Gulasch** mit Liebstöckel, Sauerrahm und Semmelknödel, **zweierlei Gekochtem vom Rind** mit Safran-Semmelkren, Wurzelwerk und Schnittlauchsauce und klassischem **Cordon bleu** mit Beinschinken und Bergkäse.

Bei den Desserts wählt man zwischen **Palatschinke mit Marillenmarmelade**, Eis mit Schokosauce und **Marillenknödeln** mit Butterbröseln. Zu trinken gibt es **heimische Säfte** aus Pulkau, **Bio-Sirupe** aus Schiltern sowie **Bier** aus Zwettl. Der **Weinkeller** ist mit Weinen aus dem nahen Weinviertel, Kamp- und Kremstal bestückt. Die sehr schön gestalteten Zimmer laden zum Übernachten ein.

NIEDERÖSTERREICH Joching

JAMEK

Josef-Jamek-Straße 45, 3610 Joching, Tel.: +43/2715/22 35-0
www.weingut-jamek.at
Öffnungszeiten: warme Küche Dienstag bis Donnerstag 11.30–15.30 Uhr,
Freitag 11.30–21 Uhr, Samstag 11.30–15.30 Uhr
Ruhetage: Sonntag und Montag
Kreditkarten: Mastercard, Visa; Bankomat
Gastgarten

Noblesse oblige – und viel nobler als hier, wo Josef Jamek den Wachauer Weinbau **mit lagenreinen Weinen einst an die Weltspitze führte**, geht es in dieser Gegend kaum. Die Zeiten sind lange vorbei, mittlerweile ist schon Jameks Tochter Jutta Altmann dabei, den Betrieb an ihre Kinder zu übergeben. Johannes Altmann hat das Restaurant über und tut alles, um den legendären Ruf der **Küche von Großmutter** Edeltraud in Ehren zu halten.

Topfenhaluschka mit Gurkensalat sind zu Recht legendär, ebenso die flaumigen **Hechtnockerln** mit Petersiliensauce und Reis, an denen sich die vornehme Gesellschaft schon in den 1960er-Jahren delektierte. Die knusprige **Blutwurst** mit Erdäpfelschmarren und Sauerkraut sollte man sich darob aber nicht entgehen lassen, ebenso wie den **Grammelschmarren** mit Rührei und Salat. Tipp: Es gibt von diesen Klassikern auch kleine Portionen – wer alle ordert und teilt, bekommt eine Lektion in **angewandter österreichischer Kulinarik-Geschichte**.

Aber auch abseits der Klassiker geht es sehr gepflegt zu: **Alt-Wiener Backfleisch**, mit Senf und Kren mariniert, paniert und in Butterschmalz resch herausgebacken, bekommt klassischen Erdäpfel-Vogerl-Salat zur Seite, das **gemischte Gesottene vom Waldviertler Rind** wird, wie es sich gehört, mit Erdäpfelschmarren, Schnittlauchsauce und Apfelkren vorgelegt. Zu alldem schmecken **hauseigene Weine** aus den besten Rieden der Welterbe-Region.

Kirchberg an der Pielach **NIEDERÖSTERREICH**

KALTEIS

Melker Straße 10, 3204 Kirchberg an der Pielach, Tel.: +43/2722/72 23
www.kalteis.at
Öffnungszeiten: warme Küche Donnerstag bis Sonntag 11.30–14 Uhr
und 17.30–21 Uhr, Sonntag bis 20 Uhr
Ruhetage: Montag, Dienstag und Mittwoch
Kreditkarten: Mastercard, Visa; Bankomat
Gastgarten, Zimmer ab € 85

Der schattige Gastgarten unter den hohen, alten Bäumen mit seinem plätschernden Brunnen ist ein Labsal. Aber auch die **Stube** und der große **Gastraum** sind ausgesprochen **stimmig und gemütlich**. Für das Wohlbefinden zeichnet das Ehepaar Kalteis verantwortlich, Herr Kalteis in der Küche, Frau Kalteis im Service.

Gekocht wird **österreichischer Wirtshauskanon**: von **Grammelknödeln** über Schnitzel und **Schweinsbraten**, von **Backhendel** über Bachforelle bis hin zu den herrlichen Mehlspeisen wie **Kaiserschmarren** oder **gebackene Apfelradeln**.

Aus der Küche kommen aber auch Gerichte, die sich an die **Feinschmecker** unter den Gästen richten. Da wird dann **Huchen mit Räucherforelle, Flusskrebsen** und Hagebutten verarbeitet, alles aus der Pielach oder von deren Ufergestaden. Die **Paradeiser-Paprikasuppe** wird im Sommer geeist serviert. Vom **Maibock** gibt es **Hirn und Herz** auf sauren Linsen, von der **Taube** die Brust rosig, das **Leberparfait** cremig und die beiden Haxerln als Ragout. Ein Traum ist der mit Dörrzwetschken und Birnen gefüllte **Mostbraten vom Hinteren Ausgelösten** mit Erdäpfelknödel und Speckkraut.

Hervorzuheben ist der ausgesprochen nette, **sehr persönliche Service** von Frau Kalteis – sie führt auch mit sicherer Hand durch das **Weinbuch**, das alle Spezialwünsche bedient. Und seit dieser Saison verfügen die Kalteis auch über Gästezimmer auf der anderen Seite der Straße.

NIEDERÖSTERREICH Krumbach

GASTHAUS BUCHEGGER

Tiefenbach 1, 2851 Krumbach, Tel.: +43/2647/422 63
www.gasthaus-buchegger.at
Öffnungszeiten: warme Küche Donnerstag, Freitag und Montag 11–15 Uhr und 17–21 Uhr, Samstag und Sonntag 11–21 Uhr, Dienstag 11–13.30 Uhr
Ruhetag: Mittwoch
Kreditkarten: keine
Gastgarten, Zimmer ab € 48

Eingebettet in eine **malerische Hügellandschaft**, zwischen Äckern und Wäldern, liegt Tiefenbach. Hier gibt es weitläufige **Dam- und Rotwildgehege**, der Tiefen- und der Arbesbach dienen der **Forellenzucht**.

Kommt man vormittags zum Buchegger, kann es gut sein, dass das Gasthaus gerade vom Duft des frischen **hausgebackenen Brots** erfüllt ist, das so vorzüglich zu den **Wildwürsten** passt. Letztgenannte wiederum stammen von Tieren, die Heidi Buchegger im Ganzen erhält, selbst zerlegt, verwurstet, brät, schmort und paniert.

Man startet beispielsweise mit einer vorzüglichen Suppe mit **Fleischstrudel**. Oder mit **Pasteten, Schinken- und Wurstaufschnitten vom eigenen Damwild oder Wild**.

Weiter geht's mit **Rindsbraten** mit hausgemachten Kroketten beziehungsweise einem **Schweinsbraten** mit knuspriger Schwarte, saftigem Fleisch, vorbildlichem Saftl und flaumigem Knödel. Viele Gäste kommen aber einzig und allein wegen des famosen **Schweinswieners**. Dabei sind auch hausgemachte **Blut- und Bratwürste** eine wahre Attraktion.

Neben einer **kleinen Weinkarte** spielt vor allem das **Bier** eine wesentliche Rolle. Gebraut wird es im nahen Krumbach in der Brauerei Gerald Schwarz. Gründe genug, um eines der Gästezimmer in Anspruch zu nehmen.

Laaben **NIEDERÖSTERREICH**

SCHILLING – ZUR ANGERMÜHLE

3053 Laaben 37, Tel.: +43/2774/83 31
schilling@aon.at
Öffnungszeiten: warme Küche Dienstag bis Freitag 11.30–14 Uhr
und 17.30–20.30 Uhr, Samstag 11.30–14 Uhr,
Sonn- und Feiertag 11.30–14 Uhr und 18–20 Uhr
Ruhetag: Montag
Kreditkarten: keine
Gastgarten

In der an Tourismusattraktionen armen Gegend bildet die Angermühle der Familie Schilling einen guten Grund für einen **Ausflug**. Das Haus mag auf den ersten Blick nicht sehr einladend an der Bundesstraße liegen, doch in seinem Inneren atmet alles **Tradition**. Die Tische sind mit **rot-weiß karierten Tischtüchern** gedeckt, an manchen wird Karten gespielt.

Aus der Küche kommen jede Menge Köstlichkeiten, **sorgfältig zubereitet** und bar jeder Schnörkel: eine **Rindssuppe mit Butternockerln** oder Fleischstrudel, eine Kürbissuppe, eine **Speckknödelsuppe** mit schönem Selcharoma und auch eine **Kohlrabisuppe**.

Das **Lammgulasch** gehört hier zu den gefragten Klassikern, genau wie das Wiener Schnitzel aus der Schmalzpfanne. Der **Schweinsbraten** wird aus Schopf und Bauch zubereitet, der Krautsalat dazu ist perfekt frisch-säuerlich. Im Frühjahr und im Herbst steht meist auch ein **Reh- oder Wildragout** auf der Karte – oder ein **gebratener Schlögel vom Schmaltier** (einer Hirschkuh, die noch nicht gekalbt hat) in Wurzelsauce mit Knödel.

Gut, aber oft schon aus sind **Forellenfilets** mit Krensauce. Die Blunze mit Kraut ist etwas für Hungrige, die **gefüllte Wildschweinbrust** hat schon ihren eigenen Fanclub. Dass die Steiermark nicht mehr weit ist, erkennt man an der hohen Qualität des **Backhenderls** und am **Steirischen Wurzelfleisch**. Auch das Kernöl kommt beim Schaffrischkäse oder der **Rindersulz** reichlich zum Einsatz. Wer auf Fleisch verzichten will, findet **Spinatknöderln** mit brauner Butter, eine Gemüselasagne oder ein **Paradeis-Risotto** mit Saisongemüse.

Und wer hier weder von der **Heidelbeerroulade** noch von der **legendären Cremeschnitte** gekostet hat, kann nicht behaupten, in der Angermühle gewesen zu sein.

NIEDERÖSTERREICH Laaben

LANDGASTHOF ZUR LINDE

Hauptplatz 28, 3053 Laaben, Tel.: +43/2774/83 78
www.landgasthof-zur-linde.at

Öffnungszeiten: warme Küche Montag, Dienstag, Freitag, Samstag 11.30–14 Uhr und 18–21.30 Uhr, Sonntag 11.30–21 Uhr
Ruhetage: Mittwoch und Donnerstag
Kreditkarten: Mastercard, Visa; Bankomat
Gastgarten, Zimmer € 44 + € 2 Gebühren, also € 46 ohne Frühstück

Die Linde ist ein Leitbetrieb für die gesamte Region. Hier bekommt jeder Gast, wonach ihm gerade ist – sei es einfach ein **kleines Bier** mit einem **Fleischbrot** nach der Arbeit **an der Schank** oder am **Stammtisch** oder eine Flasche eines mächtigen Weins, der perfekt zu den zwei Hauptgängen des **mehrgängigen Abendmenüs** passt. Das Lokal hat entsprechend unterschiedliche Bereiche, im wunderschönen Garten treffen sich jedoch alle.

Der Stör, aus dem eine leichte Vorspeise mit Spinat und Perlzwiebeln in Pergament zubereitet wird, kommt aus einer nahen Zucht; genauso wie der Saibling in der **Saiblingsamtsuppe** und die **Bio-Bachforelle** fürs Tatar. Auf der Karte finden sich zudem eine leichte **Schaffrischkäse-Lasagne** sowie hausgemachte **Schafkäse-Kräuternockerln** mit Basilikum-Paradeiser. Die Bio-Ente vom Sallmanshofer aus Rohr im Gebirge wird zu einer Vorspeise verarbeitet – bestehend aus **geräucherter Entenbrust, Ententerrine und Entenleberparfait**.

Wer noch nicht genug Ente hat, kann die Entenbrust auch als Hauptgang aus dem Backrohr mit einer Süßkartoffelroulade genießen. Der **Maibock**, ein zweijähriges Reh aus einer der nahen Zuchten der Umgebung, kommt im knusprigen Brotmantel mit jungen Erbsen und Polenta.

Hinterher empfiehlt sich eine Auswahl **feiner Rohmilchkäse**, das Brot dazu wird im Haus gebacken – oder aber eines der unzähligen Desserts des Hauses, zum Beispiel das vorzügliche **Schokoladen-Holunder-Parfait** mit Erdbeer-Minz-Salat.

Langenlebarn **NIEDERÖSTERREICH**

GASTWIRTSCHAFT FLOH

Tullner Straße 1, 3425 Langenlebarn, Tel.: +43/2272/628 09
www.derfloh.at
Öffnungszeiten: Montag, Freitag, Samstag, Sonn- und Feiertag 9–23 Uhr, Donnerstag immer abends 17–23 Uhr sowie zusätzlich mittags an Feiertagen, zu besonderen Anlässen und auf Anfrage
Ruhetage: Dienstag, Mittwoch und Donnerstagmittag
Kreditkarten: Mastercard, Visa; Bankomat
Gastgarten

Die Speisekarte vom Gasthaus Floh ist nach hauseigener Logik aufgebaut und unterteilt in die drei Kategorien **Gemüse, Fisch und Fleisch**, die selbst wieder in die Kategorien Vorspeisen, Zwischengerichte und Hauptspeisen unterteilt sind. Außerdem gibt es **bodenständige Wirtshausklassiker** sowie das **Floh-Radius-66-Menü**, dessen Zutaten aus einem Umkreis von maximal 66 Kilometern stammen.

Es wird viel mit **alten Getreidesorten** gearbeitet, es gibt zum Beispiel die **Strudelteigflade** aus Waldviertler Einkornmehl mit jungem Gemüse und Ziegenfrischkäse. Gut munden auch **Topfentascherln** mit Bohnenkraut in Butter. Der Fisch stammt aus österreichischen Gewässern und kommt beispielsweise in einer **langsam gegarten Fischsuppe** oder aber erfrischend mit Gurkenessig mariniert auf den Tisch.

Unter den Klassikern findet sich das weithin bekannte **Floh-Gulasch** genauso wie das **Backhendl**, das **Leberwurst-Blunzengröstl** mit Krautsalat und Kren sowie der **gekochte Hüferlspitz**. Saisonal inspirierte Gerichte können etwa Eierschwammerln mit **roh mariniertem Maibock** oder die **lauwarme Kalbszunge** mit Kernöl und Kren sein.

Große Auswahl an Weinen mit **Schwerpunkt Weinviertel**.

NIEDERÖSTERREICH Leobersdorf

MÜHLSTEINSTUBE

Dornau 3, 2544 Leobersdorf, Tel.: +43/664/860 15 37
www.muehlsteinstube.at
Öffnungszeiten: Donnerstag 17–20 Uhr, Freitag bis Sonntag 12–20 Uhr
Ruhetage: Montag, Dienstag und Mittwoch
Kreditkarten: keine
Gastgarten

Eine schöne **uralte Mühle** gleich neben der herausragenden Teichwirtschaft Gut Dornau ist der stimmungsvolle Ort dieses **auf Fisch spezialisierten**, liebevoll geführten Wirtshauses.

Man sitzt im großen Garten, unter einer **alten Laube** oder im stimmungsvoll eingerichteten **Gastraum** und erfreut sich an der Spitzenqualität, die Ferdinand Trauttmansdorff von seiner weithin gerühmten Teichwirtschaft liefert.

Karpfen serbisch oder **Forelle blau, Seesaibling Müllerin** oder **Curry vom roten Wels** und etliche Fischspezialitäten mehr stehen hier stets auf der Karte. Vorneweg empfiehlt sich die **Fischsuppe im knusprigen Brottopf**, der **geräucherte Karpfenrogen** mit getoastetem Hausbrot und Sauerrahm oder eine Variation von **geräucherten Fischen**.

Wer partout keinen Fisch mag, wird mit **Kalbstafelspitz** oder **Gemüsecurry** keineswegs nur abgespeist. Die **Weinkarte ist klein**, weist aber renommierte Namen auf.

Maissau **NIEDERÖSTERREICH**

LANDGASTHAUS WINKELHOFER

Eggendorf am Walde 45, 3712 Maissau, Tel.: +43/2958/827 72
www.derwinkelhofer.at
Öffnungszeiten: warme Küche samstagmittags und -abends,
Sonn- und Feiertag 11–15 Uhr
Ruhetage: Montag bis Freitag
Kreditkarten: keine
Gastgarten

In der **alten Gaststube** dieses klassischen Landgasthauses wird man von Familie Winkelhofer herzlich begrüßt. Seit drei Generationen betreibt sie das Haus mit **angeschlossener Landwirtschaft, Viehzucht und Weinbau**. Senior-Wirt Johann Winkelhofer betreut die Stammtischrunde und kümmert sich um die Weinbegleitungen. Sohn und Wirt Johannes kocht bodenständig mit modernen Einschlägen, seine Frau Gisela leitet den umsichtigen Service.

Wir beginnen mit einer leicht **getrüffelten Kohlrabisuppe** und einer **Ochsenschlepp-Praline**, einem **gebeizten Saibling** mit Artischocken und Paradeiser sowie einem **Beef Tatar** vom Rind aus eigener Zucht.

Wir fahren fort mit dem **Beiried (gleichfalls vom Hausrind)** mit Steinpilz-Risotto und buntem Karfiol, den **faschierten Laibchen vom Wildschwein** mit Erdäpfelpüree sowie einem fleischlosen Gericht in Form von **Sommerkürbis** mit Dille, Süßerdäpfeln und Radieschen.

Unwiderstehlich sind die Nachspeisen wie **Marillenknödel, Crème brulée** oder die Mascarpone-Tarte mit Rhabarber-Joghurt-Eis. Mehrere Speisen können auch in kleineren Portionen geordert werden.

Zu trinken gibt es die **hervorragenden Säfte** der Obstbaufamilie Wurm, die Weine aus den **eigenen Weingärten** (zu günstigen Preisen) sowie aus den nahen Weinbaugebieten oder sehr **gut gezapfte Biere**. Zum Abschluss bittet der Senior noch in die gemütliche Bar auf ein Glas **Selbstgebrannten von der Zwetschke oder Marille**.

Nebenan gibt es die Ölmühle der Familie Blaich mit ihren wunderbaren Bio-Ölen (siehe „Einkaufstipps").

NIEDERÖSTERREICH Mautern

NIKOLAIHOF

Nikolaigasse 3, 3512 Mautern, Tel.: +43/2732/829 01
www.nikolaihof.at
Öffnungszeiten: warme Küche Mittwoch bis Freitag 17–21 Uhr, Samstag 12–21 Uhr
Ruhetage: Sonntag, Montag und Dienstag
Kreditkarten: Diners, Mastercard, Visa; Bankomat
Gastgarten, Zimmer gibt es beim Gästehaus Nikolaihof
um € 65 pro Nacht inklusive Frühstück

Das Gut an sich ist einen Ausflug wert, Familie Saahs und der Nikolaihof gehören aber auch zu den **Pionieren der biodynamischen Weingartenbewirtschaftung** in Österreich. Ihre gereiften Rieslinge werden weltweit gerühmt, aber auch die anderen Wachauer Weine überzeugen mit Finesse. Mit Glück kann man einige der **raren Flaschen** sogar vor Ort verkosten – und gut essen noch dazu.

Der Nikolaihof ist ein entspanntes Beispiel **klassischer Wachauer Gastlichkeit**, und man sitzt sehr angenehm unter **hohen Gewölben**, während im großen Kamin das Feuer knackt. Hausherrin Christine Saahs ist eine gute Köchin, ihre feinen **Wildragouts** oder das **Kalbsgulasch** sind weithin gerühmt, der **Wurzelkarpfen** mit frisch gerissenem Kren ist zu Recht legendär.

In der Saison sind die **riesigen Marillenknödel** aus lokalem Obst natürlich Pflicht, abseits der Marillenzeit sollte man die **Mohnnudeln** mit Zwetschkenröster nicht versäumen.

Mollands NIEDERÖSTERREICH

WEINBEISSEREI

Altweg 5, 3562 Mollands, Tel.: +43/2733/780 80
www.weinbeisserei.at
Öffnungszeiten: Samstag bis 21 Uhr, Sonntag bis 19 Uhr, Feiertage bis 21 Uhr
(wenn der nächste Tag ein Montag bis Freitag ist, dann bis 19 Uhr)
Ruhetage: Montag und Dienstag
Kreditkarten: Bankomat
Gastgarten

Die Weinbeisserei ist ein modern gestaltetes Lokal mit **herrlichem Ausblick**, das auf einem alten Weinkeller errichtet wurde. Matthias Hager sorgt für die **biodynamischen Weine**, die nach Demeter-Richtlinien erzeugt werden; sein Bruder Hermann kocht.

Rund um das Lokal wachsen Kräuter und Salate und suhlen sich Schweine der robusten Rasse Turopolje. Schmalz, Blunzen, Leberwurst, Salami, **alles vom eigenen Schwein**. Und natürlich der herrliche **Schweinsbraten**.

Aber nicht nur Fleischesser kommen auf ihre Kosten. Hermann Hager verkocht auch **Gemüseraritäten** und **Urgetreide** wie das alte Waldviertler Einkorn, den Nackthafer-Reis oder den Emmer-Reis.

Auf der Karte finden sich **Aufstriche, Wurst, Speck und Käse**; wer Warmes will, muss fragen und könnte dann **geschmortes Lamm, Wildschwein, Reh oder Gansl** angeboten bekommen.

Zum Nachtisch kommen die Früchte des Kamptals etwa als **Ribiselkuchen** oder **Marillenröster mit Topfencreme** auf den Tisch.

NIEDERÖSTERREICH Mönichkirchen

ROIS

Hauptstraße 13, 2872 Mönichkirchen, Tel.: +43/2649/209 03
Öffnungszeiten: Mittwoch bis Montag 11.30–20 Uhr
Ruhetag: Dienstag
Kreditkarten: keine
Gastgarten

Täglich heizt Henriette Rois den Holzofen ein, um alsbald frisch gezogenen **Kirschenstrudel** einzuschieben, ein Blech mit **Schinkenschöberln** für die Suppe oder die berühmten Krautrouladen. Nicht zuletzt wegen des respektablen Alters der Hausleute empfiehlt es sich, anzurufen und zu reservieren.

Außerdem lässt sich so auch das legendäre **Backhendl** ordern, das es nur nach Vorbestellung gibt. Die **Rindsuppe** wird wie eh und je aus einem riesigen Topf am Herd geschöpft, wahlweise mit eiflaumigen Schinkenschöberln oder Frittaten. **Rindfleisch** empfiehlt sich nach so einer Suppe, und tatsächlich ist es kernig-mürb und gut abgelegen, von Kühen, die auf den umliegenden Almen geweidet haben. Dazu gibt es ein herrliches Kürbiskraut.

Die **Krautrouladen**, nach alter Schule nur mit Schweinefleisch gefüllt und mit einem Saftl versehen, das noch das Aroma des Holzofens atmet, sollte man probieren, ebenso **Rehragout** und anderes Wild, das Herr Rois und seine Jagdkameraden erlegen. Und erst das **Schnitzel** von Kälbern aus Mutterkuhhaltung, saftig und keinesfalls zu dünn geklopft, mit krachköstlicher Panier aus der Schmalzpfanne. Dazu gibt es klassisch speckigen Erdäpfelsalat.

Alles gut und schön, ohne die Nachspeisen, von **Kaiserschmarren** mit Hollerröster über **Salzburger Nockerln** und **Malakofftorte** bis zu Apfelstrudel, wär's aber nur halb so toll.

Neupölla **NIEDERÖSTERREICH**

HOTEL WEGSCHEIDHOF

Wegscheid am Kamp 2, 3593 Neupölla, Tel.: +43/2731/237
www.hotelwegscheidhof.at
Öffnungszeiten: warme Küche Dienstag bis Sonntag 12–14 Uhr und 18–21 Uhr
Ruhetage: Montag und März, September bis Dezember auch Dienstag
Kreditkarten: keine
Gastgarten, Zimmer ab € 30

Günter Steinhauer ist nach Lehrjahren bei Lisl Wagner-Bacher und einigen **Jahren der Wanderschaft** wieder nach Wegscheid am Kamp zurückgekehrt. In der Gaststube (leider nicht rauchfrei) begrüßt Günters Vater Walter die Gäste.

Wir starteten mit im wahrsten Sinne des Wortes atemberaubender **Bärlauchsuppe** und Knoblauchbrot sowie schön cremiger **Spargelcremesuppe** mit Erbsen. Es folgten das **Carpaccio von Waldviertler Blondvieh** mit Bärlauchpesto und mariniertem Spargel sowie das Vitello forello, ein rosa gebratener Kalbsrücken mit Räucherforelle und Paprikamark.

Die Klassiker wie **Schnitzel vom Donaulandschwein**, ausgelöstes **Backhendl** und der hervorragende **geschmorte Kalbsbraten** mit gebackenen Waldstaudekornknödel und Marchfelder Spargel sind allesamt zu empfehlen.

Den Abschluss bildeten ein **kalter Erdbeer-Topfenknödel** mit Kardamom-Orangeneis und der **Kaiserschmarren** mit Hollerkoch, Vanillesauce und Eis vom grünen Apfel.

Vieles kommt **aus der Region**, wie etwa das Waldviertler Blondvieh (aus Wegscheid), Fische von der Familie Muschl, das Waldstaudekorn und andere Getreidesorten von Martin Allram sowie das Wild vom Jäger aus dem Nachbarort.

Zu trinken gibt es heimische und **selbst gemachte Säfte** wie Holler, Himbeere und mehr, zudem **Bier** aus der Hubertus-Brauerei in Laa an der Thaya und einen gut bestückten **Weinkeller**.

NIEDERÖSTERREICH Nöhagen

SCHWARZ

3521 Nöhagen 13, Tel.: +43/2717/82 09
www.gasthaus-schwarz.at

Öffnungszeiten: Küche Mittwoch bis Freitag 11.30–13.30 Uhr und 17.30–20.30 Uhr, Samstag, Sonntag 11.30–15 Uhr und 17.30–20.30 Uhr
Ruhetage: Montag und Dienstag, Jänner bis März auch Mittwoch
Kreditkarten: American Express, Diners, Mastercard, Visa; Bankomat

Terrasse

Es ist nicht leicht, im Waldviertel ein wirklich brauchbares Wirtshaus zu finden, insofern ist es schade, dass Erwin Schwarz seinen Gasthof **so nah an der Wachau** hat – ein bisschen weiter nördlich würde er noch viel dringender gebraucht. Aber das ist Jammern auf hohem Niveau, für den Schwarz kommt man auch von weiter her angefahren.

Die **Küche ist fein**, aber nicht abgehoben, die Weinkarte vielleicht sogar noch feiner und sehr trinkfreundlich kalkuliert. Der **Schweinsbraten** mit Krautsalat und Waldviertler Knödel kommt **nach Mutters Rezept** aus dem Holzofen. Von ihr stammen auch die Anweisungen für die legendären **Grammelknödel** auf Sauerkraut und den herrlichen **gebackenen Kalbskopf** mit Erdäpfelsalat.

Schwarz' **Cremeschnitte** wird von ihren vielen Fans gern als die Cremeschnitte aller Cremeschnitten bezeichnet. Natürlich bekommt man hier auch Gerichte der Saison, **Spargel oder Morcheln** ebenso wie **Innereien**, beispielsweise Kalbsnieren.

Die **Weinkarte hat es in sich**. Eine vergleichbare Breite und Tiefe der Top-Winzer der Wachau findet man kaum sonst wo (und nirgends zu diesen Preisen). Ein **liebenswerter Ort**.

Oberweiden **NIEDERÖSTERREICH**

WEYDNER WIRTSHAUS

Schönfelder Straße 2, 2295 Oberweiden, Tel.: +43/2284/20153
www.weydner-wirtshaus.at
Öffnungszeiten: Küche Mittwoch bis Freitag 11.30–13 Uhr und 17.30–21 Uhr,
Samstag 11.30–14 Uhr und 17.30–21.30 Uhr, Sonntag 11.30–14 Uhr
Ruhetage: Montag und Dienstag
Kreditkarten: keine
Gastgarten

Franz Neduchal und seine Frau Isabel haben dem **Marchfeld** wieder ein **ordentliches Wirtshaus** gegeben. An der Schank wird Schmäh geführt, in der Küche gibt, wie sollte es in Niederösterreich anders sein, der Schnitzelklopfer den Ton an.

Auch sonst ist das **Gebackene** hier eindeutig gefragt, vom **Cordon bleu** „Absolut" mit Vorarlberger Bergkäse, Rohschinken und Röstzwiebeln bis zum Weydner Knusperkörberl, in das sich neben **Backhendl** auch seltsame Convenience-Käsesticks aus dem Tiefkühler und Kartoffel-Wedges verirren dürfen. „Die Jugend verlangt danach", heißt es vom Wirt, und das sollte uns Sorgen machen. Dabei kann die Karte auch ganz anders.

Mit einer samtigen **Maronisuppe** mit saftig gebratenem Wildbutterschnitzel als Einlage etwa. Oder burgundischem **Bio-Rindsragout** in dichter Rotweinsauce mit Butternudeln. **Rote-Rüben-Risotto** wird nicht als Obersorgie interpretiert, sondern gerät bissfest und köstlich – dazu gibt es ein Filet von der **Lachsforelle** aus einer nahen Zucht.

Wild ist hier stets eine gute Wahl, speziell, wenn es sich um eine mächtige, aus zwei dicken Steaks bestehende Portion **Hirschrücken** mit Pastinakenpüree und Roten Rüben handelt. Der **Grießflammeri** mit Sauerkirschen überzeugt ebenso wie die herrlich altmodische und mit ordentlich Strohrum angeheiterte **Stricknadeltorte**.

NIEDERÖSTERREICH Payerbach

LOOSHAUS

Kreuzberg 60, 2650 Payerbach, Tel.: +43/2666/529 11
www.looshaus.at
Öffnungszeiten: Juli und August täglich 11.30–21 Uhr
Ruhetag: September bis Juni Mittwoch
Kreditkarten: Mastercard, Visa; Bankomat
Gastgarten, Zimmer ab € 39

Das vom Wiener Architekten Adolf Loos in den 1930er-Jahren als Privathaus entworfene Gebäude ist eine **architektonische Attraktion** mit herrlichem **Blick über Täler** und auf die umliegenden Berge.

Seit vielen Jahren betreibt die Familie Steiner hier ein Gasthaus mit **bürgerlicher Küche** und stark **regionalem Angebot**. Die Forellen stammen aus einer kleinen Zucht im nahen Payerbach, das Lamm und der Käse vom Althammerhof am Semmering, das Bier aus der kleinen Rax-Brauerei, und das Wild wird selbst gejagt.

Man startet mit **Lungenstrudelsuppe** oder Knoblauchrahmsuppe beziehungsweise **Haussulz** mit roter Zwiebel und Kürbiskernöl oder **Rehcarpaccio**. Weiter geht es mit der Kreuzberger **Forelle in Butter gebraten** mit Petersilerdäpfeln, der Schnitte vom heimischen **Rehschlögel** in Hagebuttensauce mit Erdäpfelkroketten und Gemüse oder zartem **Lammbeuschel** in Riesling-Wurzelsauce mit Serviettenknödel.

Und zum Abschluss **Mohn-Palatschinke** mit Zwetschkenröster, Mousse von Kreuzberger Schaffrischkäse mit Rosenblütenhonig oder **gebackene Marillen** mit Vanilleeis. Gediegene **Weinauswahl**.

Ramsau bei Hainfeld NIEDERÖSTERREICH

CLAUS CURN

Gaupmannsgraben 21, 3172 Ramsau bei Hainfeld, Tel.: +43/2764/35 00 20
www.claus-curn.at
Öffnungszeiten: täglich 8–22 Uhr
Kreditkarten: Mastercard, Visa; Bankomat
Gastgarten, Zimmer ab € 50

Man muss nicht Golf spielen, um bei Claus Curn im Golfclub Adamstal zu speisen, aber Fehler ist es auch keiner. Die Golfanlage des elffachen Rallye-Staatsmeisters Franz Wittmann liegt eingebettet in die **prachtvolle Voralpenkulisse**, das Clubhaus ist stimmungsvoll, die Preise sind zurückhaltend.

Und Claus Curn **kann kochen**, wie es nur wenigen gegönnt ist. Das hat er schon vor vielen Jahren im Blauen Hahn in Muggendorf, dann im Kaiser in Peisching gezeigt – und zuletzt, wenn auch etwas schaumgebremst, in der (ebenfalls öffentlich zugänglichen) Kantine einer Filmfirma in Wien-Mauer. Im Gaupmannsgraben läuft er wieder **zu Hochform** auf.

Es gibt eine herrlich paprizierte **Schwarza-Fischsuppe** samt köstlichem Fischtascherl, wunderbar hausgemachte **Spinatknödel** mit brauner Butter, geselchtem Käse und Salat oder köstliches **Bio-Bratlcarpaccio** mit Kernöl-Erdäpfel-Mayonnaise und Zwiebelmarmelade.

Es gibt aber auch **Zander** mit Paradeiser, Paprika und Roten Linsen, **Lammrücken** auf Marillen-Paprika-Salsa oder selbstredend hausgemachte **Eierschwammerltascherln** mit köstlich duftiger Kräuterbutter und Parmesan.

Die **Weinkarte ist reichhaltig**, aber vergleichsweise old school – ein bisschen mehr Mut, sich auch den Rebellischen unter Österreichs Top-Winzern zuzuwenden, wäre schön.

NIEDERÖSTERREICH Reichenau an der Rax

KNAPPENHOF

Kleinau 34, 2651 Reichenau an der Rax, Tel.: +43/2666/536 33
www.knappenhof.at
Öffnungszeiten: Montag bis Mittwoch nur für Hotelgäste
Donnerstag und Freitag 12–14 Uhr und 18–21 Uhr,
Samstag 12–21 Uhr, Sonntag 12–19 Uhr
Ruhetage: Montag bis Mittwoch
Kreditkarten: Mastercard, Visa; Bankomat
Terrasse, Zimmer ab € 95 inklusive Frühstück

Das hoch über Reichenau und direkt auf dem Weg auf die Rax gelegene **Sommerfrische-Hotel aus der Jahrhundertwende** hat komfortable Zimmer mit wunderbarer Aussicht, eine **massive Terrasse** und seit vergangenem Jahr auch eine außerordentliche Köchin. Heidi Neuländtner hat die Christian-Petz-Schule intus, dementsprechend großartig weiß sie die österreichische Küche zu variieren.

Die junge Frau beugt sich mit Hingabe zu vermeintlichen Standards von **Kalbsgulasch** mit Nockerln bis **Backhendl** hinunter, um sie als große Küche zu definieren. **Rieslingbeuschel** ist so ein oft geschundener Klassiker, der hier als Juwel heimischer Küche herausgearbeitet wird. Das fein, aber nicht zu fein geschnittene Lüngerl wird mit Kalbsherz und -zunge angereichert – mit animierender Würze.

Oder **Erbsen-Spinat-Cremesuppe** mit Grammel-Frühlingsrolle, die dank hocharomatischer Kräuter intensiv nach Frühling schmeckt – geradezu unerhört für eine Frühlingsrolle. **Gekochter Briesstrudel** im Liebstöckelfond ist noch so eine Herrlichkeit, die von Heidi Neuländtner dem Vergessen entrissen wird – ein in einen durchsichtigen Hauch von Teig gehülltes Innereien-Ragout, mit kurz pochierten Mispeln kombiniert – wirklich große Küche.

Aber Achtung, Haushalten mit dem Hunger ist angesagt: Mit **Grießflammeri**, **Buttermilch-Pannacotta** oder **Marillenpalatschinken** warten auch noch die Nachspeisen!

Retz **NIEDERÖSTERREICH**

MÄHRISCHE BOTSCHAFT

Wallstraße 13, 2070 Retz, Tel.: +43/2942/311 00
www.maehrische-botschaft.at
Öffnungszeiten: Montag bis Samstag 10–23 Uhr, Sonntag 10–16 Uhr
Kreditkarten: Mastercard, Visa; Bankomat
Gastgarten

Mit der Mährischen Botschaft verfügt das nördliche Weinviertel endlich über ein Gasthaus, das sich der **facettenreichen Küche** Mährens annimmt. Der Standort könnte nicht besser gewählt sein, denn die beiden Städte dies- und jenseits der Grenze, **Retz und Znaim**, verbindet seit langem eine enge kulturelle Partnerschaft.

Gastgeber sind Jitka Pucher und ihr Mann Peter. In der Küche steht mit Petr Fucík ein Koch aus Znaim, der die Küche seiner Heimat gekonnt umsetzt. Seine **Kulajda**, eine samtige **Erdäpfelsuppe** mit pochiertem Ei, ist genauso köstlich wie das **Svíčková**, also der traditionelle **Rindsbraten** mit Wurzelgemüse-Oberssauce, böhmischen Knödel und hausgemachten Preiselbeeren oder die flaumigen **Spinatknödel** mit Butter und Parmesan. Sehr gut außerdem das **gebratene Kalbsbries** mit Erbsen, Saubohnen, Knoblauchvelouté und Kräuteröl.

Bei den Desserts spielt naturgemäß die böhmische Mehlspeisenküche die Hauptrolle, wie zum Beispiel die **Mohnnudeln** mit Zimteis oder die **Sauerrahmdalken** mit Rhabarber, Haselnussbröseln und Sorbet von salziger Milch. Das Völkerverbindende spiegelt sich auch in der Getränkekarte wider, auf der sich **Weinviertler und tschechische Weine** sowie **österreichisches und Znaimer Bier** finden.

NIEDERÖSTERREICH Sallingberg

MOHNWIRT NEUWIESINGER

Armschlag 9, 3525 Sallingberg, Tel.: +43/2872/74 21
www.mohnwirt.at
Öffnungszeiten: Mittwoch bis Sonntag 9–19 Uhr
Ruhetage: Montag und Dienstag
Kreditkarten: Mastercard, Visa; Bankomat
Gastgarten

Bis ins 13. Jahrhundert lässt sich der **Mohnanbau** in der Gegend zwischen Zwettl und dem Jauerling zurückverfolgen. Und noch in der ersten Hälfte des 20. Jahrhunderts war die ölhaltige Pflanze ein **wichtiger Wirtschaftszweig im Waldviertel**. Dann geriet das Ganze zum Erliegen, und die Mohnkultur wurde in den 1980er-Jahren wiederbelebt. Im **Zentrum dieser Renaissance** liegt das Gasthaus Mohnwirt von Rosemarie Neuwiesinger.

Hier dreht sich erwartungsgemäß alles um lokal angebauten **Graumohn**. Und zwar sowohl bei süßen als auch bei salzigen Gerichten. Zu letztgenannten zählen Vorspeisen wie **Mohnfrittatensuppe**, **Mohnkäsesalat** mit Äpfeln und Kürbiskernen, gebackenes **Karpfenfilet im Mohnmantel** mit Erdäpfelsalat oder auch das **Kräuter-Käse-Mohn-Omelette**.

Gänzlich mohnfrei indessen sind die tadellosen Wirtshausklassiker wie **Brat'l mit Waldviertler Knödel** und Krautsalat, **Backhendl** oder **Surschnitzel**, jeweils mit Erdäpfelsalat, **Blunzengröstl** mit Sauerkraut oder der **Rindsbraten** in sämiger Wurzelrahmsauce.

Und als Nachspeise natürlich **handgewuzelte Mohnnudeln**, Mohnknödel mit Hollerkoch und frische **Mohnzelten**.

St. Leonhard am Hornerwald **NIEDERÖSTERREICH**

MAYERWIRT

3572 St. Leonhard am Hornerwald 24, Tel.: +43/664/224 69 12
www.mayerwirt.at

Öffnungszeiten: Donnerstag 18–21 Uhr, Freitag 12–14.30 Uhr und 18–21 Uhr, Samstag 12–14.30 Uhr und 18–21 Uhr, Sonntag 12–15 Uhr
Ruhetage: Montag bis Mittwoch
Kreditkarten: keine
Gastgarten

Birgit und Christian Mayer waren schon in den besten Häusern unterwegs, seit mehr als 15 Jahren machen sie das schöne und bescheidene alte Wirtshaus von Christian Mayers Vorfahren zum wohl **besten Haus des Waldviertels**. So ehrlich und frisch wie hier wird da heroben leider kaum noch gekocht.

So wunderbar flaumig, ja geradezu kuchenmäßig fein geraten die **Erdäpfelknödel** zum feinen, saftigen **Rindsbraten mit Wurzelrahm** überhaupt nirgends. **Reh** aus den umliegenden Jagden wird mit Gefühl, aber ohne Gschistigschasti rosa gebraten, dazu gibt's einen Schöpfer ehrliches, auf den Punkt geschmortes Rotkraut und diese süchtig machenden Knödel, die man sich, zum Glück, mehrmals nachbestellen kann. Dazu lässt man sich vom Hausherrn, Chefkoch und Sommelier Christian Mayer, **eine gute Flasche** empfehlen.

Frittatensuppe vorher ist Pflicht, aber nur, wenn man danach (also dazwischen!) noch Platz für die famose **Entenleberterrine** lässt. Hinterher wird es wieder schwierig: Eine bessere **Kardinalschnitte** wird man kaum finden, also muss sie eigentlich Platz haben. Ohne die **Palatschinken** mit hausgemachter, extrem fruchtiger Marillenmarmelade darf man aber auch nicht von dannen. Also im Zweifelsfall beides und im Gegenzug einen extralangen Verdauungsspaziergang einlegen.

NIEDERÖSTERREICH St. Pölten

VINZENZ PAULI

Alte Reichsstraße 11, 3100 St. Pölten, Tel.: +43/650/620 20 77
www.vinzenzpauli.at
Öffnungszeiten: Dienstag bis Samstag 17–24 Uhr, Sonntag 11.30–15 Uhr
Ruhetag: Montag
Kreditkarten: alle
Gastgarten

Ein Schankraum mit massiven Wirtshausdoppelbänken, abgewetzten Resopaltischen, einer **prächtigen Schank** samt eingefügter Budel und dicht beschriebenen **Schiefertafeln an der Wand**: Schon beim Hereinkommen macht sich das Gefühl breit, dass dies ein Ort zum Wohlfühlen ist. Michael Glöckel als Besitzer und Maurice Harant als Restaurantleiter haben dem Ort seine Bestimmung als Wirtshaus zurückgegeben.

Der **Kräutergarten** hinterm Haus war bei unserem Besuch eingewintert, die **Bienenstöcke** daneben ebenso, dafür gibt es **hausgeräucherten Speck und Lardo** sowie selbst gemachte, grüne (also nicht geräucherte!) **Bratwürste vom Freilandschwein**. Das Brät ist grob, was die Qualität des Fleisches betont, die Würzung dezent. Das Fehlen sämtlicher Umrötehilfs-, Binde- oder gar Konservierungsmittel sorgt für ein ungewohnt klares, sauberes Aroma. In der Kombination mit selbst gemachtem Quittensenf und Erdäpfelpüree ergibt das ein frugal-köstliches Mahl.

Sonntags wird zu Mittag ein **Schweinsbraten** aus dem Ofen geholt, ebenfalls vom Freilandschwein, der wird samt Knödeln und elegant gewürztem Sauerkraut in der Rein serviert. Gemüse spielt keineswegs nur Nebenrollen: **Rote-Rüben-Gnocchi** zum Beispiel, mit einer duftigen Creme von Gelben Rüben kombiniert und mit kurz geschwenktem Spinat knackig kontrapunktiert, sind eindeutig bessere Exemplare ihrer Art.

Und hinterher? Darf man sich auf knapp gesüßte **Walnuss-Crème-brulée** mit Kumquat-Kompott freuen.

Schönberg am Kamp **NIEDERÖSTERREICH**

WEINSTUBE AICHINGER

Kellergasse, 3562 Schönberg am Kamp, Tel.: +43/2733/84 11
www.wein-aichinger.at
Öffnungszeiten: Montag und Dienstag von 16 Uhr, bis der letzte Gast geht,
Freitag bis Sonntag von 11 Uhr, bis der letzte Gast geht
Ruhetage: Mittwoch und Donnerstag,
im November auch Montag und Dienstag
Kreditkarten: Mastercard, Visa
Gastgarten

So gut wie alle Zutaten, die in der Weinstube Aichinger verarbeitet werden, stammen **aus der Region**.

Eine Spezialität des Hauses ist die Blutwurst, auch **Blunzen** genannt, die man hier gerne kalt entweder mit Kren oder sauer mariniert als Blunzensalat genießt. Aber auch der vorzügliche **Schweinsbraten** stammt von lokalen Tieren und wird kalt aufgeschnitten serviert. Sehr gut schmeckt auch der lokale **Schafskäse**, entweder mit Kürbiskernpesto oder mit Paradeiser-Kräuter-Pesto.

Im Hochsommer erfrischt ein knackiger **Kohlrabisalat** aus hauchdünn aufgeschnittenem Kohlrabi mit Orangendressing. Für besonders Hungrige sind die **Backhendlkeulen** mit Erdäpfelsalat oder die **Grammelknödel** mit warmem Krautsalat gedacht. Aus einer nahen Zucht stammt die **Lachsforelle**, deren Filets, je nach Saison, zum Beispiel mit **Spargelrisotto** serviert werden.

Weil man in Schönberg auch Sträuße züchtet, gibt es in der Weinstube auch Straußenfleisch, zum Beispiel in Form von **Straußenleberaufstrich** oder im Burger.

NIEDERÖSTERREICH Sommerein

🐌 🐟 SCHILLER – ZUM GRÜNEN BAUM

Hauptstraße 31, 2453 Sommerein, Tel.: +43/676/944 40 49
www.landgasthausschiller.at
Öffnungszeiten: Mittwoch, Donnerstag 11–22 Uhr,
Freitag, Samstag, Sonn- und Feiertag 9–22 Uhr
Ruhetage: Montag und Dienstag
Kreditkarten: Mastercard, Visa; Bankomat
Gastgarten

Bereits seit 1908 wird an diesem Ort gekocht und ausgeschenkt. Gerhard Schiller, aktueller Inhaber und Koch, hat das Lokal von seinen Großeltern übernommen und **in die Moderne** geführt. Freilandhaltung, Bio-Zertifikate und **ethisch wertvoller Umgang** mit Nahrungsmitteln stehen bei ihm ganz oben.

Die **Brennnesseln** im Garten werden zu einer zarten Fülle seidiger **Teigtaschen** verarbeitet und mit Wiesenchampignons und Rahm serviert. Zum **Karfiol** gesellen sich **Gänseleber**, Dattelcreme und Joghurt. Aber natürlich kann man auch nur eine klare **Rindssuppe mit Leberknödel** bestellen.

Wunderbar gelingt auch das **Beef Tatar**, das **gebackene Bauernhendl** mit Rahmgurkensalat oder das **Wildschweinragout** mit Butternockerln und Preiselbeeren. Der **Hecht vom Attersee** wird mit Kamille, Stangenbohnen und Kohlrabi serviert, die Poveraden (Baby-Artischocken) mit Sauerklee und Jungzwiebel, grüner Spargel mit Mispel und Lupine. Die **Bachforelle** bereitet Schiller mit Mönchsbart, Borretsch und Gurke zu.

Auch bei den Desserts spielen **Kräuter und Blumen** eine wesentliche Rolle: Sauerampfer und Verbene geben der **Haselnusscreme** die notwendige Säure und Frische. Bei den **Weinen** wird der Schwerpunkt auf Lokales gesetzt, und das Bier stammt unter anderen von der nahen Ehrentrautmannsdorfer **Biermanufaktur**.

Traismauer **NIEDERÖSTERREICH**

NIBELUNGENHOF

Wiener Straße 23, 3133 Traismauer, Tel.: +43/2783/63 49
www.nibelungenhof.at
Öffnungszeiten: warme Küche Dienstag bis Sonntag 7–21 Uhr
Ruhetag: Montag
Kreditkarten: keine
Gastgarten, Zimmer um € 41 pro Nacht + € 1,10 Gebühren

Koch und Patron Rainer Melichar zählt zu den Künstlern unter Österreichs Köchen. Wie kaum ein anderer versteht er es, einem Gericht **aromatischen Tiefgang** und Komplexität zu verleihen. Dazu bedient er sich der von ihm entwickelten Technik Succowell, mittels derer er allen möglichen **Pflanzen Säfte extrahiert** und als **Basis oder Würzmittel** einsetzt. Für Gourmets gibt es entsprechende Fine-Dine-Menüs.

Mehrheitlich kocht Rainer Melichar jedoch für seine Alltagsgäste. Aber auch im Rahmen dieser sehr ortsgebundenen Küche zeigt sich sein Können. Wie etwa bei Vorspeisen wie **geflämmtem Ziegenfrischkäse** oder **Schulterspitz** mit Senf-Eiscreme.

Die Hauptspeisen können zum Beispiel ein **Bauernhenderl mit Semmelfülle** sein oder ein **Krenfleisch** von der Brust und Schulter mit Dämpferdäpfeln. Vom **Rind paniert** er auch die Schulter, aus **Verhackertem** formt er ein feines Törtchen, **Fisch** bezieht er vom nahen Zuchtbetrieb und bereitet ihn nach Wunsch zu.

Aber mit den Desserts schafft Rainer Melichar es immer wieder, seine Gäste zu beeindrucken. Speziell erwähnt sei die **Böhmische Germtarte** mit Powidl und Karamell oder der **Semmelschmarren nach Urli-Oma Mayers Rezept**. Um den umsichtigen Service kümmert sich seine Frau Elisabeth.

NIEDERÖSTERREICH Unterretzbach

POLLAK'S WIRTSHAUS
DER RETZBACHERHOF

Bahnstraße 1, 2074 Unterretzbach, Tel.: +43/2942/201 71
www.retzbacherhof.at
Öffnungszeiten: warme Küche Mittwoch 17.30–21 Uhr,
Donnerstag bis Samstag 11.30–14 Uhr und 17.30–21 Uhr,
Sonn- und Feiertag 11.30–14 Uhr
Ruhetage: Montag und Dienstag
Kreditkarten: Bankomat
Gastgarten

In ihrem Retzbacherhof setzt die Familie Pollak auf **traditionelle Küche mit modernen Anklängen**. Der Gasthof ist nur wenige Kilometer von der tschechischen Grenze entfernt, an warmen Tagen sitzt man im Gastgarten unter mächtigen Kastanienbäumen oder im **renovierten Salettl**. Küchenchef Clemens Slama hält seine Speisekarte bewusst klein, da alles frisch zubereitet wird.

Wir beginnen mit einem **gebeizten Lachsforellen-Filet** mit Roter Rübe und Salatgurke sowie dem **Honigschinken** mit marinierten Eierschwammerln und frischen Grammeln. Natürlich gibt es auch Frittaten- oder Leberknödelsuppe sowie eine wunderbare **Wiesenkräutersuppe**.

Klassiker der Wirtshausküche wie den ofenfrischen **Schweinsbraten vom Mangalitza-Schwein** mit Krautsalat und Knödel gibt es ausschließlich an Sonn- und Feiertagen. Wunderbar auch der **gekochte Tafelspitz** von der Weinviertler Kalbin mit Semmelkren, Wurzelgemüse und Schnittlauchsauce. Genau wie die **geröstete Leber** mit Zwiebelsauce und Erdäpfelstampf und die **gebratene Landhendlbrust** im Zitronensud mit Nudeln.

Zum Abschluss gibt es einen **Topfenschmarren** mit Vanillesauce sowie einen klassischen **Vanillepudding** mit Himbeersirup oder Eierlikör. Die **Bio-Säfte und -Nektare** stammen aus der Umgebung, unter anderem vom vorbildhaften Obsthof Wetter. Pollaks **Hausbier** wir in der Brauerei in Weitra gebraut, zu empfehlen sind aber auch das Zwettler Zwickl und einige Spezialbiere. Die **Weine** liefert zum Teil der Weinhof Pollak vom Bruder des Wirts.

Weikersdorf am Steinfelde **NIEDERÖSTERREICH**

JEITLER IM STEINFELDHOF

Hauptstraße 31, 2722 Weikersdorf am Steinfelde, Tel.: +43/664/352 41 67
www.einfachjeitler.at
Öffnungszeiten: warme Küche Freitag 11–21 Uhr, Samstag 11.30–21 Uhr,
Sonntag 11.30–20 Uhr, Montag 17–21 Uhr
Ruhetage: Dienstag, Mittwoch und Donnerstag
Kreditkarten: keine
Gastgarten

Im wunderschönen Steinfeldhof zelebriert Gerald Jeitler von Freitag bis Montag die Hochschule der **Kochkunst**. Aus **Steinpilzen** zaubert er eine **Mousse und Sülze**, veredelt diese mit dünnen Scheiben vom Kalbsrücken, einer Schnittlauchsauce und einer zarten Erdäpfelvinaigrette. Vom **Angus-Rind** schabt er ein **Tatar,** dazu gibt es marinierte Eierschwammerln und eine gekonnt gebrannte Eiercreme.

Einfaches wie **faschierte Laibchen** mit Speckerbsen und Erdäpfelstampf, gebackene **Grammel- und Fleischknödel** auf Paprikakraut, wie das **Zanderfilet**, das in Schmalz gebackene **Schweinswiener** oder der **Tafelspitz** gerät genauso fantastisch wie das Carpaccio, das mit Wachtelspiegelei und einem Erdäpfelkuchen gerollt wird. Oder die **Fischsuppe**, eine Referenz an den nahen Neusiedler See, sowie das **Mittelstück vom Zander** mit Purple-Haze-Karotten, Kohlrabi und einer Sauerrahm-Kümmel-Nage.

Zum perfekten **Kalbsrahmbeuscherl** gesellen sich Scheiben vom Bries und ein angebratener Brezenknödel. Und die Pfefferkirschen zum **Zweierlei vom Reh** mit Senfkohl und Kakaojus sind einfach wunderbar. Jeden Freitag gibt es Steaks von gut abgehangenen Rinds- und Schweinsteilen, aber auch **heiß geräucherte Forelle**, am Samstag werden die **Hühner gebacken** und am Sonntag wird vom **großen Braten** heruntergesäbelt. Am Montag können die Gäste dann vom großen Jeitler-Menü auch die kleine Variante bestellen.

NIEDERÖSTERREICH Weins

GASTHOF HINTERLEITHNER

Weinser Straße 95, 3681 Weins, Tel.: +43/7414/72 03
www.hinterleithner.at
Öffnungszeiten: Küche Mittwoch bis Samstag 11.30–14 Uhr und 17.30–20.30 Uhr,
Sonntag 11.30–14 Uhr und 17.30–19.30 Uhr
Ruhetage: Montag und Dienstag
Kreditkarten: Visa; Bankomat
Gastgarten, Zimmer ab € 54

Im **Strudengau** gibt es keinen Wein, deswegen ist er nicht so berühmt wie die nahe Wachau. Schön ist er mindestens genauso, nur viel **wilder, ursprünglicher** – auch einsamer. Dass es in dieser wie in der Vergangenheit vergessen wirkenden Gegend ein sehr **zeitgemäß bekochtes Wirtshaus** gibt, wissen nur wenige.

Der Gasthof Hinterleithner, ein in den 1980er-Jahren in Rustikalbarock modernisiertes Haus mit **riesigem Nussbaum**, wird von Hans-Jörg, dem Sohn des Hauses, und seiner Frau Angeli betrieben. Sie hat BWL studiert, er kochte jahrelang an der Seite von Christian Petz, einem der besten Köche des Landes. Das merkt man.

Millefeuille von der Gewürzforelle ist eine riesige Portion vom roh marinierten Fisch – ebenso zart wie nachhaltig gewürzt, dazu gibt es aromatisch funkelnden Kräutersalat und ein paar Löffelchen Saiblingskaviar. **Rehbock**, die nicht zu schüchtern angebratene Nuss in dunkelrosa, wird mit kurz sautierten **Steinpilzen und Erdäpfelravioli** kombiniert. Aber was für welche: Ganz dünner, elastischer und doch bissfester Teig, darunter eine scheinbar bescheidene Fülle, deren wunderliche Cremigkeit **pure Glückseligkeit** vermittelt.

Geschmortes Milchlamm würzt Hinterleithner subtil mit Ras el-Hanout, bevor er es ebenfalls in diesen fantastischen Pastateig packt. Dazu gibt's Bohnenragout und ganz zarten, duftigen Lammjus. **Schweinsbraten** samt Erdäpfelknödel und Speckkraut gibt es nur am Wochenende.

Weißenkirchen in der Wachau **NIEDERÖSTERREICH**

DONAUWIRT

Wachaustraße 47, 3610 Weißenkirchen in der Wachau, Tel.: +43/2715/22 47
www.donauwirt.at
Öffnungszeiten: warme Küche Montag, Donnerstag, Freitag, Samstag 18–21 Uhr, Sonntag 11.30–14 Uhr
Ruhetage: Dienstag und Mittwoch
Kreditkarten: Mastercard, Visa
Gastgarten, Zimmer ab € 60

Die Küche des Donauwirts bietet deutlich mehr als eine Ausspeisung für Radfahrer und Schiffspassagiere auf Landausflug und ist eher als **gutbürgerlich** denn als zeitgenössisch einzustufen.

Ein sehr feines **Rehcarpaccio mit schwarzen Nüssen** und Artischocken oder die marinierte und **gebeizte Forelle** mit Kren macht Freude. Die cremige **Jungzwiebelsuppe** überzeugt durch intensives Aroma.

Gesottenes vom Ochsen mit gestürzten Rahmerdäpfeln, **gebackener Karpfen** mit Erdäpfel-Vogerlsalat, ein saftig-flaumiges **Wild-Butterschnitzerl** mit Speckmarillen und Erdäpfel-Brandteignockerln sowie eine **Topfenlasagne mit Wachauer Marillenröster** sind allesamt tadellos zubereitete und großzügig servierte Gerichte.

Die Weinkarte setzt ihren Schwerpunkt naturgemäß bei den **Winzern zwischen Melk und Krems,** schaut aber auch über die Wachauer Grenzen hinaus.

NIEDERÖSTERREICH Yspertal

LANDHOTEL YSPERTAL

Ysper 1, 3683 Yspertal, Tel.: +43/7445/72 18
www.landhotelyspertal.at
Öffnungszeiten: warme Küche Freitag 18-20.30 Uhr,
Samstag 12-14.30 Uhr und 18-20.30 Uhr,
Sonn- und Feiertag 12-15 Uhr
Juli und August täglich 12-15 Uhr und 18-21 Uhr
Ruhetage: September bis Juni Montag bis Donnerstag
Kreditkarten: Mastercard, Visa; Bankomat
Gastgarten, Zimmer ab € 45

Nach einer Wanderung in der **wunderschönen Ysperklamm** ist die Einkehr im Landhotel Yspertal mehr als naheliegend. Seit 2009 betreibt Diethold Schaar dieses Hotel, in der Küche steht Elisabeth Haslinger, die vorwiegend auf **lokale Bio-Zutaten** setzt.

Der Wirt persönlich servierte die Suppen, darunter eine kräftige **Rindsuppe mit Dinkelfrittaten**, eine mit **Mohngrießknödel** sowie eine Spargelcremesuppe. Unter den Vorspeisen stachen **zweierlei Bratwürstel** vom Turopolje-Schwein und Waldviertler Blondvieh sowie die **Speckmohnzelten** mit kleinem Krautsalat hervor.

Unter den Hauptspeisen überzeugten das **Einkorn-Spargel-Risotto** mit Melktaler Schafkäse, die **Wildkräutergnocchi** mit Ziegenkäse und der Ottensteiner **Karpfen mit Hanfpanier**, Radieschen-Tsatsiki und Erdäpfelsalat.

Zum Abschluss bestellten wir **Mohn-Topfenknödel** und einen **Käseteller** mit hausgemachter Erdbeer-Szechuanmarmelade. Zu trinken gibt es **hausgemachte Sirupe** wie Holunderbeeren, Kriecherl, Ribisel, Lavendel und viele mehr – sowie **naturtrübe Säfte** aus Pöggstall, gepflegtes **Zwettler Bier** und eine kleine Auswahl an **Rot- und Weißweinen**. An der Hotel-Rezeption gibt es zahlreiche Produkte zu kaufen, die Köchin Haslinger selbst produziert.

Yspertal **NIEDERÖSTERREICH**

WIRTSHAUSBRENNEREI KRENN

Stangles 41, 3683 Yspertal, Tel.: +43/7415/72 58
www.wirtshausbrennerei.at
Öffnungszeiten: April bis Oktober Mittwoch bis Samstag 11.30–14.30 Uhr
und 17.30–20.30 Uhr, Sonntag 11.30–15.30 Uhr
November bis März variable Öffnungszeiten
Ruhetage: Montag, Dienstag
Kreditkarten: Bankomat
Gastgarten, Gästezimmer ab € 39

Das unweit der Donau gelegene Yspertal empfiehlt sich als Geheimtipp für einen ruhigen und naturnahen Urlaub. Die Wirtshausbrennerei Krenn mit ihrer tollen **Aussicht übers Tal** bildet einen idealen Ausgangspunkt für Wanderungen durch die Ysperklamm oder auf den Peilstein.

Bei unserem Besuch war das Tagesgericht ein wunderbarer **Waldviertler Karpfen mit Mohnkruste** und Petersilerdäpfeln. Speck und Wurstwaren liefert eine kleine Fleischerei aus der Umgebung. Herrlich der zarte **Karreespeck** sowie der würzige Bauchspeck und die kräftig mit Majoran gewürzte **Blutwurst**. **Faschierte Hirschlaibchen** vom Sika-Hirsch mit Essiggurkerl, Kriecherlsenf und Hausbrot erfreuen ebenso wie das köstliche **Mangalitza-Grammelfettbrot**.

Neben dem Jausen-Angebot überzeugen überarbeitete Wirtshausklassiker wie die **Rindsuppe mit Mohn-Grießnockerln**. Sehr gut auch das **gebackene Surkotelett** mit Petersilerdäpfeln, der **gebratene Saibling** mit Waldviertler Erdäpfel-Gemüse-Gröstl und Kräutern aus dem hauseigenen Garten, **Krenn's Krenfleisch** mit Waldviertler Knödel oder die **Waldviertler Knödel geröstet** mit Ei. Köstlich der Braten vom Waldviertler Blondvieh mit Serviettenknödel und gedünsteten Karotten.

Zum süßen Abschluss gibt es **Palatschinken mit Kriecherlmarmelade**, Apfel-Ribisel-Strudel oder warme **Schokolade-Mohn-Torte**.

Und danach eine **Schnapsverkostung** des vielfach prämierten Schnapsbrenners Krenn.

NIEDERÖSTERREICH Zeiselmauer

ZUM LUSTIGEN BAUERN

Kirchenplatz 1, 3424 Zeiselmauer, Tel.: +43/2242/704 24
www.zumlustigenbauern.at
Öffnungszeiten: Mittwoch und Donnerstag 11–14.30 Uhr und 18–23 Uhr,
Freitag, Samstag, Sonntag 11–23 Uhr
Ruhetage: Montag und Dienstag
Kreditkarten: Diners, Mastercard, Visa; Bankomat
Gastgarten

Der Lustige Bauer in Zeiselmauer zählt inzwischen zum Stamminventar **österreichischer Wirtshauskultur**. Norbert Payr verkocht im schönen, uralten Passauerhof, was ihm die **Lieferanten der näheren Umgebung** vorbeibringen. Seitensprünge ins internationale Fach finden anlässlich besonderer Veranstaltungen statt – wie etwa der italienischen Wochen, wenn es auch Branzino, Oktopus, Garnelen und Saltimbocca gibt.

Ansonsten aber stehen eine wunderbare **Haussulz** in Essig und Öl oder **gebackene Blunzenradeln** auf der Karte, genauso wie ein herrliches **Wiener Schnitzel** vom Tullnerfelder Bio-Schwein oder das **gekochte Rindfleisch**, gleichfalls bio, das mit Rahmgemüse, frisch geriebenem Kren und Knochenmark serviert wird. Das **Beuscherl** bietet sich als Zwischengang an, ebenso die hausgemachten **Grammelknödel** auf Kümmelsauerkraut.

Ein Gedicht sind die **faschierten Laberln vom Rehbock** mit Erdäpfelpüree, aber auch die selbst fabrizierten **Fischstäbchen vom Zander oder Wels**. Zur Höchstform läuft Norbert Payr bei den Desserts auf. Seine ofenfrischen **Buchteln mit Vanillesauce** und Eierlikör sind längst Legende, das hausgemachte Eisparfait zieht er aus Asperln und der **warme Apfel-Scheiterhaufen** ist in Wahrheit eine lupenreine Hauptspeise, speziell wenn er in herrlicher Kanarimilch daherkommt.

Es gibt eine **gut sortierte Weinkarte** und ein paar feine Brände sowie **selbst gemachte Limonaden**.

PENSION

PRÄMIENPENSION

WIENER STÄDTISCHE
VIENNA INSURANCE GROUP

wienerstaedtische.at
IHRE SORGEN MÖCHTEN WIR HABEN

NIEDERÖSTERREICH Zöbing

GASTHAUS GUTMANN

Heiligensteinstraße 32, 3561 Zöbing, Tel.: +43/2734/23 34
www.gasthaus-gutmann.com
Öffnungszeiten: warme Küche Mittwoch bis Samstag 11.30–14.30 Uhr
und 18–21.30 Uhr, Sonn- und Feiertag 11.30–15 Uhr
Ruhetage: Montag und Dienstag
Kreditkarten: Mastercard, Visa; Bankomat
Gastgarten

Nach den Seniorchefs Hansi und Ilse Gutmann führen Klaus und Alice Gutmann in nächster Generation den Betrieb seit 2016 behutsam weiter. Das alte, verwinkelte Haus hoch über dem Kamp mit der wunderbaren Terrasse bleibt ein **Fixstern am kulinarischen Himmel** des Kamptals.

Steinbeißer, Thunfisch, Lachs und Makrele sind ja keine klassischen Fische, die man aus dem Kamp ziehen könnte, aber zum Glück stehen ja auch **Karpfen und Zander** auf der Karte. Mit einem **Rindscarpaccio** oder einer **Apfel-Sellerie-Suppe** lässt es sich fein beginnen, danach wählt man zwischen fleischlosen Gerichten wie **Spinatpalatschinken** beziehungsweise Lauchgnocchi oder aber Fleischlichem wie **Lamm** mit Waldviertler Knödeln, **Flugentenbrust** mit Käselaibchen und Chilizwetschken, **Kalbsbeuscherl** oder einem **Fasan im Speck** mit Orangen-Karotten. **Gebacken** werden Karpfen, **Huhn, Schwein und Rind** serviert, Letzteres als **Wiener Backfleisch** und unter der Panier mit Senf und Kren eingerieben.

Die Nachspeisen bei den Gutmanns sind Legende: zum Beispiel ein **Mohn-Honig-Schmarren** mit Zwetschkenröster und Vanilleeis, oder eine lauwarme **glutenfreie Schokoladentarte**. Selbst das Eis wird hausgemacht, wie auch die berühmte **Cremeschnitte** oder der **Topfen-Zitronen-Auflauf**. Die **Weinkarte** listet auch weniger berühmte Weinbauern; der nahe Heiligenstein, für viele der beste Weinberg des Landes, ist naturgemäß stark vertreten.

EINKAUFSTIPPS

ERSTE WALDVIERTLER BIO-BACKSCHULE

Im Juni 2016 hat die Erste Waldviertler Bio-Backschule ihre Tore geöffnet. Initiiert von Journalistin und Lebensmittelexpertin Elisabeth Ruckser, finden einmal im Monat in der Backstube von Meisterbäcker Friedrich Potocnik in Burgerwiesen bei Horn die verschiedensten Workshops rund ums Brotbacken statt, vom Vollkornbrot bis zum Adventstriezel, vom Semmerlfalten bis zum Striezelflechten. Kursteilnehmer legen tatkräftig Hand an Sauerteig und Co, und gearbeitet wird natürlich nur mit naturbelassenen Bio-Mehlen ohne Zusatzstoffe.

Backstube Potocnik, 3591 Burgerwiesen/Altenburg
Tel.: +43/664/311 14 84
www.bio.backschule.at

BAUERNGSCHÄFT'L

In der Öhlknechtpassage gibt es ein Bauerngschäft'l mit hervorragenden und teils biologischen Produkten.

Prager Straße 5, 3580 Horn, Tel.: +43/2982/205 62
Montag bis Freitag 8–12.30 Uhr und 14.30–18 Uhr, Samstag 8–12 Uhr

SLOW FOOD REGIONALMARKT – MARKT DER ERDE

Jeden zweiten und vierten Samstag im Monat, von 9 bis 13 Uhr, findet am Horner Hauptplatz der Slow Food Regionalmarkt – Markt der Erde statt. Hier gibt es fast ausschließlich biologische und biodynamische Lebensmittel zu kaufen, wie Gebäck und Brot, frische und geräucherte heimische Fische, Honig, Bier, Waldstaudekornmehl, Waldstaudegetreidereis, Gemüse, Säfte, Weine, frisches und veredeltes Wild, Käse, Eier, Wein, Wurst, Schweine- und Rindfleisch, Schmalz, Blunzen, Lammwurst, Lammleberkäse, Kaffee, frische Rohmilch, Joghurt, Topfen und vieles mehr.

Hauptplatz, 3580 Horn
Jeden zweiten und vierten Samstag im Monat, 9–13 Uhr

ÖLMÜHLE BLAICH

In der Ölmühle der Familie Blaich kann man Sonnenblumenöl Walnussöl, Distelöl, Hanföle, Kürbiskernöl und einige weitere Öle in Bioqualität erstehen.

Eggendorf/Walde 46, 3712 Maissau, Tel.: +43/2958/827 69
bio-blaich@gmx.at

NIEDERÖSTERREICH Einkaufstipps

BÄCKEREI KASSES

Erich Kasses gilt als einer der besten Bäcker Österreichs. Die Brote, die er aus dreißig verschiedenen Sauerteigen kultiviert, entstehen in einer beschaulichen Bäckerei im nördlichen Waldviertel und landen allmorgendlich frisch in den besten Lebensmittelläden der Hauptstadt. In seinem eigenen Geschäft ist die Auswahl etwas kleiner, dafür sind die legendären Handsemmeln, Waldstaudenbrote und Ciabattas (vorbestellen!) noch um ein Alzerl frischer.

Hauptstraße 11, 3842 Thaya, Tel.: +43/2842/526 57
Montag bis Freitag 5.30–18 Uhr, Samstag 5.30–12 Uhr

GUT DORNAU

Jeden Freitagvormittag findet in der herausragenden, vom eiskalten Wasser der Triesting gespeisten Teichwirtschaft ein Ab-Hof-Verkauf statt. Neben den begehrten Karpfen, Seesaiblingen, Welsen und Forellen, im Ganzen oder filetiert, gibt es auch vorzügliche Räucherfische wie Aal, kaltgeräuchertes Seesaiblingsfilet oder Wels. Auch lebende Flusskrebse sind laufend erhältlich! Prächtiger Rahmen einer barocken Parkanlage.

Dornau, 2544 Leobersdorf, Tel.: +43/2256/626 66
Direktverkauf Freitag 8–12 Uhr
www.gutdornau.at

RAX-BRÄU

In Payerbach braut Franz Gerhofer wunderbares Bier, das er von Mittwoch bis Samstag auch verkauft und freitagnachmittags im Lokal ausschenkt. Dazu gibt es zwei wöchentlich wechselnde Gerichte.

Hauptstraße 40, 2650 Payerbach, Tel.: +43/676/640 96 28
Verkauf: Mittwoch, Donnerstag 15–18 Uhr, Freitag 15–22 Uhr,
Samstag 9–12 Uhr; Ausschank: Freitag 15–22 Uhr
Feiertags geschlossen

DAS IST
WIEN

---

*Die klassische Innereienküche:
Beuschel, Bruckfleisch, saure Nierndln, Hirn mit Ei*

*Die Mehlspeisenküche: Germknödel,
Powidltascherl, Buchteln, Kaiserschmarren*

Die Heurigen in den Weingärten

Aufgenommen in die
SLOW FOOD ARCHE DES GESCHMACKS

Die Wiener Schnecke

In der Millionenstadt Wien wird auf über 700 Hektar Rebfläche Wein angebaut. Und zwar ziemlich hervorragender, wie hier am Nussberg.

FOTO: PETER MAYR

WIRTSHÄUSER IN WIEN

1. Gasthaus Reinthaler
2. Gastwirtschaft Huth
3. Giorgina
4. Labstelle
5. Lugeck
6. Meissl & Schadn im Hotel Grand Ferdinand
7. Reisinger's am Salzgries
8. Gasthaus Pöschl
9. Zu den Drei Hacken
10. Ignaz Jahn
11. Schöne Perle
12. Schweizerhaus
13. Stuwer
14. Zum Friedensrichter
15. Gasthaus Schmitzberger
16. Gmoakeller
17. Gustl kocht
18. Steirereck Meierei
19. Ströck-Feierabend
20. Gasthaus Wolf
21. Zur Herknerin
22. Duspara
23. Restaurant Roots
24. Rudis Beisl
25. Hausmair's Gaststätte
26. Grünauer
27. Fuhrmann
28. Kommod
29. Mast
30. Rebhuhn
31. Stern

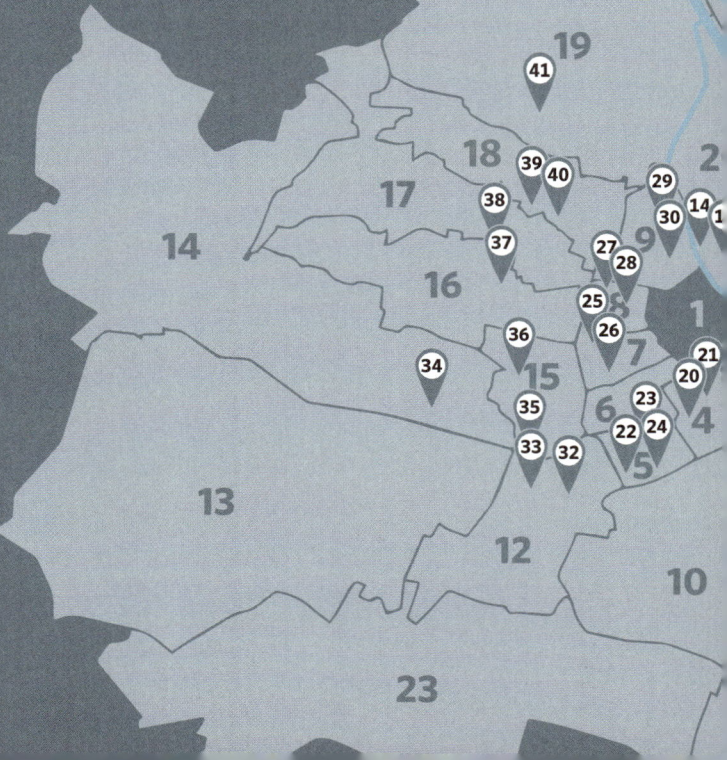

- **32** Weinhaus Pfandler
  „Zu den seligen Affen"
- **33** Stafler
- **34** Die Metzgerei
- **35** Gasthaus Quell
- **36** Heidingers Gasthaus
- **37** Gelbmanns Gaststube
- **38** Der Brandstetter
- **39** Freyenstein
- **40** Zum gemütlichen Weinhauser
- **41** Restaurant Eckel
- **42** Kopp
- **43** Gasthaus zum Neusiedler

WIEN Innere Stadt

GASTHAUS REINTHALER

Gluckgasse 5, 1010 Wien, Tel.: +43/1/512 33 66
Öffnungszeiten: Montag bis Freitag 9–23 Uhr
Ruhetage: Samstag und Sonntag
Kreditkarten: keine
Gastgarten

Das Gasthaus Reinthaler ist eines der **allerletzten echten Beisln** der Wiener Innenstadt. Seit der Eröffnung im Jahr 1973 sind Angebot und Küche gleichermaßen unprätentiös wie **authentisch wienerisch**. Die Preise sind gemessen an der schicken Lage sehr gering, die Wartezeiten aufs Essen äußerst kurz.

Besonders hervorzuheben sind die in der Wiener Küche so beliebten Innereiengerichte, etwa ein famoses und luftiges **Hirn mit Ei**, geröstete Leber oder Nierndln und ein **mürbes Kalbszüngerl,** das in seinem Sud mit Salzerdäpfeln und viel frisch gerissenem Kren serviert wird.

Der **Kalbsnierenbraten** besteht, wie es sich gehört, aus dem um die Niere gerollten Kalbskarree und wird mit dichtem Saftl und Reis sowie grünem Salat aufgetragen. Fleischlose Gerichte sind Wirtshausklassiker wie Champignons oder **Emmentaler gebacken** sowie **Knödel mit Ei**. Und zum Nachtisch **Topfen- oder Marmeladepalatschinken** und Scheiterhaufen mit Vanillesauce.

GASTWIRTSCHAFT HUTH

Schellinggasse 5, 1010 Wien, Tel.: +43/1/513 56 44
www.huth-gastwirtschaft.at
Öffnungszeiten: täglich 12–24 Uhr, Küche bis 23 Uhr
Kreditkarten: American Express, Diners, Mastercard, Visa; Bankomat
Gastgarten

Der Huth ist nur eines von etlichen Lokalen der gleichnamigen Gastronomenfamilie, aber es ist das erste. Hier wird der **Wiener Küche** noch mit Routine und, gegebenenfalls, auch **mit Schmäh** gehuldigt. Die Touristendichte ist hoch, jene an lokaler Prominenz aus Schauspielern über Dichter bis zu Schlagersängern (oder einer Mischung aus allen dreien) aber auch.

Sie kommen wegen der **Grammelknödel** mit Sauerkraut, des klassisch mit knusprigen Zwiebeln, Senfgurke und Braterdäpfeln servierten **Zwiebelrostbratens** oder der **gerösteten Lebe**r im Majoransaftl mit Reis. Unerschrockene bestehen aber auf Cordon bleu mit Moosbacher Käse und Beinschinken, dazu Erdäpfel-Vogerlsalat, und schieben noch **Marillenpalatschinken** hintennach.

WIEN Innere Stadt

GIORGINA

Bankgasse 2, 1010 Wien, Tel.: 43/1/533 31 75
www.giorgina.at
Öffnungszeiten: warme Küche Montag bis Freitag 11.30–14.30 Uhr und 18–22 Uhr
Ruhetage: Samstag, Sonn- und Feiertag
Kreditkarten: keine
Gastgarten

Etwas versteckt liegt dieses **Edel-Beisl** in der Wiener Innenstadt. Für mittäglichen Trubel sorgen die Mitarbeiter der umliegenden Ministerien und Büros, abends zieht mit den Burgtheater-Besuchern ein Hauch von Eleganz ein. Man sitzt im **gemütlich-urigen Gastraum** und im Sommer im schattigen Hofgarten. Da der Betreiber aus Kroatien stammt, ist die Küche als wienerisch mit südländischem Einfluss zu bezeichnen.

Die **Frittaten** für die klare Rinderbouillon werden saisonal mit Kräutern wie Bärlauch oder Thymian gewürzt. Hervorragend ist auch der **Fleischstrudel** als Suppeneinlage. Urwienerisch mit pannonischem Einfluss indessen ist die **paprizierte Fischsuppe**. Wiener Schnecken und **Gebackenes von der Kalbszunge** sind stimmige Vorspeisen.

Fleisch von alten Rassen wie Blondvieh (Rind) und Duroc-Schwein stehen regelmäßig auf der Karte. Hochgehalten wird zudem die Wiener Innereienküche mit Gerichten wie **geröstetes Kalbshirn** mit Eierschwammerln. Wunderbar auch die Teigtaschen mit Blutwurst und Vegetarisches wie **Eierschwammerlgulasch** mit Semmelknödel oder Polenta mit Steinpilzen.

Unter den Nachspeisen locken die **flaumigen Topfenknödel** mit Erdbeersauce und der saftige Rhabarberkuchen mit Kürbiskern-Parfait.

Die Stadt hat Durst.

1837
Ottakringer
BRAUEREI · WIEN

WIEN Innere Stadt

LABSTELLE

Lugeck 6, 1010 Wien, Tel.: +43/1/236 21 22
www.labstelle.at
Öffnungszeiten: Montag bis Freitag 11.30–2 Uhr, Samstag 10–2 Uhr
Ruhetag: Sonntag
Kreditkarten: Mastercard, Visa; Bankomat
Gastgarten

Die Großeltern des Küchenchefs können eine nicht unbedeutende Rolle für die Prägung eines Lokals spielen: Im Fall der Labstelle am Wiener Lugeck stammen **die Großeltern** aus dem Dreiländereck Kroatien-Ungarn-Serbien und lieferten dem kochenden Enkel Kristijan Bacvanin schon früh Einblicke in **traditionelle Methoden des Haltbarmachens**.

Ob **fermentierte Stammbaumrüben** oder **Goderlspeck** – Bacvanin und sein Team stellen zahlreiche Delikatessen, die es für die derzeit so angesagte Brettljause braucht, selbst her. Reifen dürfen **Würste, Pastrami** und Co. tief unter der Innenstadt-Erde im Kellergewölbe.

Ebenerdig wird **Brot gebacken**, wird chinarindenbraunes **Tonic selbst angesetzt**, werden klassisch **Paprika gefüllt** oder, zeitgeistiger, Hanfsponges als Begleitung einer **Karottenvielfalt-Vorspeise** fabriziert. Zelebriert wird mitunter aber auch das Zerlegen eines ganzen Tiers: für das dreigängige **Von-der-Nase-bis-zum-Schwanz-Menü**.

Feigen, die in der Labstelle mit **Blauschimmelkäse** aus Riegersburg und Feigenblatthonig kombiniert werden, kommen aus Simmering. **Paradeisersorten** in allen Farben liefert Michael Bauer. Kimchi macht man selbst, ebenso **Matjes** (aus Reinanken). Sojasauce indes kommt aus der Steiermark und Garnelen werden aus Bayern geliefert.

LUGECK

Lugeck 4, 1010 Wien, Tel.: +43/1/512 50 60
www.lugeck.com
Öffnungszeiten: warme Küche Montag bis Sonntag 11.30–23 Uhr
Kreditkarten: American Express, Diners, Mastercard, Visa; Bankomat
Gastgarten

Ihr Ziel, der Hauptstadt ein klassisches **Wiener Gasthaus in moderner Ausführung** zu schenken, hat die Betreiberfamilie Figlmüller ganz ohne Zweifel erreicht. Das spiegelt sich nicht nur in der prachtvollen Architektur Bernd Eichingers wider, sondern auch in der Speisekarte beziehungsweise in der Küche. Mit **äußerster Sorgsamkeit** wurden hier einige der besten Erzeuger des Landes als Lieferanten ausgewählt.

Unter den Speisen gibt's neben **alteingesessenen Klassikern auch Modernes** wie dry-aged Steaks vom Grill und Burger. In die erstgenannte Kategorie fallen **Tafelspitz und Beinfleisch im Topf** mit Schnittlauchsauce, Apfelkren sowie Semmelkren oder Röster, **Faschiertes Kalbsbutterschnitzel** mit Erdäpfelpüree oder das exzellente **Kaisergulasch mit Nockerln**, das ein Kalbsgulasch ist, welches mit Kapern und Ingwer verfeinert wurde.

Unter den Nachspeisen wählt man zwischen **Milchrahmstrudel mit Vanillesauce**, Topfen-Mohn-Knödeln mit weißer Schokolade und Dirndlmarmelade oder **Wachauer Marillenknödeln** mit Butterbröseln.

Das Bier ist frisch und gepflegt, generell ist die Wein- und Craft-Beer-Auswahl originell und gediegen.

MEISSL & SCHADN
IM HOTEL GRAND FERDINAND

Schubertring 10-12, 1010 Wien, Tel.: +43/1/902 12
www.meisslundschadn.at
Öffnungszeiten: Montag bis Sonntag 12 bis 1 Uhr
Ruhetage: keine
Kreditkarten: Visa; Bankomat
Gastgarten

Das Grand Ferdinand am Schubertring ist nicht nur ein sehr charmantes Hotel, es hat mit dem Meissl & Schadn im Erdgeschoß auch einen großen, fast vergessenen Namen der **Wiener Gastlichkeit mit neuem Glanz** erfüllt.

Das im Stil der 1920er-Jahre gehaltene Restaurant ist der **Tempel des Wiener Schnitzels**. Das gülden panierte Kalb, das anderswo verschämt aus dem Tiefkühler direkt in die Fritteuse und von dort auf den Teller wandert, wird hier mit allem Respekt zelebriert – und zwar mitten im Restaurant, vor dem Gast.

Die Schnitzelküche ist das Zentrum des Lokals. Der Gast kann wählen, ob er sein Schnitzel am liebsten **in Schweine- oder Butterschmalz** oder auch in Pflanzenöl gebacken haben möchte. Dazu gibt es tadellosen **Erdäpfel- und Gurkensalat**, für die Besucher aus Westösterreich auch Preiselbeeren nach Wunsch, und die **klassische Wiener Garnitur** aus hackter Sardelle, Petersilie, Schalotten, Zitrone und Ei. Das bekommt man fast nirgends mehr, tut dem Schnitzel aber gut.

Auch der Rest der Karte kann sich sehen lassen, besonders die **Alt-Wiener Einschiebespeisen** zu Beginn, kleine Kostportionen vom **Filetgulasch** oder vom **gespickten Rahmherz** sowie oder die herrlich lockeren Erdäpfelkroketten mit Remouladensauce. Wer partout kein Schnitzel will, halte sich an **Rahmlinsen Esterházy** mit knusprigem Semmelkren oder saftiges **Paprikahendl** mit Butternockerln.

BOA BIO-Rindfleisch bei Radatz

Wir von Radatz wissen, wo es in Österreich die glücklichsten Rinder gibt.
In Laa an der Thaya, dort wo Fred und Dani Zehetner ihre Galloway und Angus-Aberdeen-Herden züchten! Ihr Handwerk haben die beiden in Kanada gelernt und an der tschechischen Grenze die Weiden gefunden, die der amerikanischen Prärie ähneln.
Best of Austria (BOA) haben sie ihre Rinderzucht genannt. Die 650 Tiere starke Herde frisst nur Gras und lebt das ganze Jahr auf der Weide. Wir von Radatz sind stolz, wenn uns die Zehetners ihr fantastisches Fleisch zum Verkauf überlassen.
Erhältlich nur in ausgesuchten Filialen.

www.radatz.at

REISINGER'S AM SALZGRIES

Salzgries 15, 1010 Wien, Tel.: **+43/676/648 17 48**
www.cafe-reisinger.at
Öffnungszeiten: warme Küche Montag bis Freitag 11.30–15.30 Uhr
Ruhetage: Samstag, Sonntag
Kreditkarten: Mastercard, Visa; Bankomat
Gastgarten

Das **kleine Gastlokal** mit Schanigarten in der Innenstadt wird von Adelheid Reisinger und Michael Vesely bekocht. In nur wenigen Jahren haben sich die beiden Quereinsteiger einen so **guten Ruf** erarbeitet, dass sie über Zuspruch nicht klagen können und seit einiger Zeit nur noch mittags geöffnet haben.

Die ständig wechselnde Speisekarte wird auf einer Schiefertafel im Lokal angeschrieben. Bereits als legendär gilt Veselys **Pastrami**, eine ursprünglich aus Mitteleuropa stammende Spezialität in Form einer eingesalzenen Rinderbrust, die in Scheiben gesäbelt und mit **hausgemachtem Senf** ins Brotlaberl kommt.

Sonst bietet die Küche Wiener Klassiker wie **faschierte Kalbsbutterschnitzel** mit Erdäpfel-Petersil-Püree oder **Kalbsrahmgulasch mit Buchteln**. Bei den Desserts wechseln sich dann etwa warmer Schokoladekuchen, Milchreis mit Gewürzweichsen oder **Buchteln mit Kanarimilch** ab.

GASTHAUS PÖSCHL

Weihburggasse 17, 1010 Wien, Tel.: +43/1/513 52 88
www.gasthauspöschl.com
Öffnungszeiten: Montag bis Sonntag 12–22.30 Uhr
Kreditkarten: keine
Gastgarten

Hanno Pöschl und Andrea Karrer haben das Pöschl verkauft. Die Küchenlinie wird allerdings vom **Nachfolger und ehemaligen Küchenchef** nach Kräften gehalten.

Reisfleisch mit gemischtem Salat, Matjes Hausfrauenart oder in Kürbiskernen **paniertes weiches Ei** auf Blattsalat gehören wie seit je zu den Klassikern des Hauses, auch das **Wiener Schnitzel** kommt schön souffliert zu Tisch. Manche Feinheit wie Karrers legendäres Briesragout, ihr Risotto mit Kürbisblüten oder Pöschls unvergleichliche Kutteln fehlen freilich. Aber das ändert nichts daran, dass hier ein **stimmungsvolles Wirtshaus** im Herzen der Innenstadt überlebt, das von Stammgästen und Touristen gleichermaßen geliebt wird.

Der **Schanigarten am Franziskanerplatz** ist einer der schönsten in der Stadt, das Interieur von Architekt Hermann Czech von beispielgebender Schlichtheit, das WC im Pawlatschenhof eine Besonderheit, über die Touristen verzückt ins Kopfschütteln geraten. **Aufmerksam gezapftes Bier** und kleine, auf Wien und die Wachau fokussierte **Weinkarte**.

ZU DEN DREI HACKEN

Singerstraße 28, 1010 Wien, Tel.: +43/1/512 58 95
www.zuden3hacken.at
Öffnungszeiten: warme Küche Montag bis Samstag 11–23 Uhr, Feiertag 11.30–22 Uhr
Ruhetag: Sonntag (nur im November und Dezember geöffnet)
Kreditkarten: Visa; Bankomat
Gastgarten

In der gesamten Wiener Innenstadt gibt es kaum mehr ein Lokal, das so echt, so unverfälscht und geschichtsträchtig ist wie dieses **Schmuckstück von einem Gasthaus**. Das zieht naturgemäß zahlreiche Touristen an, die sich gemeinsam mit Einheimischen über sorgsam zubereitete Klassiker der Wiener Küche freuen.

Wie zum Beispiel über den gehaltvollen **Alt-Wiener Suppenteller** mit Nudeln, Fleisch und Gemüse, über **Markknochen mit getoastetem Hausbrot** und Knoblauch im Öl sowie **Beinschinken mit frischem Kren** von Wiens Vorzeige-Schinkenmacher Roman Thum.

Oder man delektiert sich an Hauptspeisen wie **Kalbshirn gebacken** mit Erdäpfelsalat oder geröstet mit Ei, **gerösteter Kalbsleber** im Majoransafterl oder gerösteten Nierndln mit Petersilerdäpfeln. Außerdem gibt's stimmiges **Kalbsgulasch mit Nockerln**, Linsen mit Knödel oder **Spinat mit Spiegelei** und Rösterdäpfeln sowie einen Saibling vom Gut Dornau im Ganzen gebraten.

Klassisch und köstlich wie erwartet sind die Nachspeisen, etwa Mohr im Hemd, **Powidltascherl** und **Kaiserschmarren** mit Zwetschkenröster.

Dass die Besitzer auch einen Weinhandel betreiben, zeigt sich an der umfangreichen und **fair berechneten Weinkarte** – einer wahren Attraktion.

Leopoldstadt WIEN

IGNAZ JAHN

Obere Augartenstraße 46, 1020 Wien, Tel.: +43/1/890 72 10
www.ignaz-jahn.at
Öffnungszeiten: Dienstag bis Samstag 12–24 Uhr
Ruhetage: Montag, Sonn- und Feiertag
Kreditkarten: Mastercard, Visa; Bankomat
Gastgarten

Florian Kern hat das **idyllisch gelegene**, mit prächtigem, straßenseitigem Garten versehene Eckbeisl neu übernommen und lässt es vom gebürtigen Griechen George Pappas sehr stimmig **neowienerisch bekochen**. Das ist eine gelungene Mischung, die vom Publikum entsprechend begeistert aufgenommen wird.

George Pappas versteht es, auf seiner häufig wechselnden Karte auch Klassiker der Wiener Küche auf erfrischende Weise neu zu interpretieren. **Schulterscherzel wird schonend geschmort** und mit ganz frischem, geradezu knackig, sautiertem jungen Mangold einerseits, knuspriger, hocharomatischer Kerbelwurzel andererseits kombiniert – köstlich. Oder die auf den Punkt gebratene **Maishendlbrust mit duftigem Pilzfrikassee** und Zitronenrisotto: Klingt wie Essen für alte Damen, macht aber auch junge Burschen froh.

Pastinakencremesuppe gelingt nicht minder gut, von wunderbar flauschiger Konsistenz und kraftvollem, geradezu parfümiertem Wurzelaroma, abermals klug kombiniert mit Sellerie, der mit Sardellen gebraten wurde, ein paar Tupfern Chili-Joghurt und Walnussöl – Komfort-Essen der sehr elaborierten Art.

Die **knappe Weinauswahl** ist zwar klug zusammengestellt, angesichts solch tollen Essens würde man sich aber mehr wünschen.

WIEN Leopoldstadt

SCHÖNE PERLE

Große Pfarrgasse 2, 1020 Wien, Tel.: +43/1/890 32 04
www.schoene-perle.at
Öffnungszeiten: warme Küche täglich 12–23 Uhr
Kreditkarten: keine
Gastgarten

Ihren etwas ausgefallenen Namen bezieht die Schöne Perle von einem Chinarestaurant, das einst an dieser Stelle untergebracht war. Heute ist das Lokal ein unprätentiöses **Neo-Beisl** mit einfacher, aber **gepflegter Küche**, in der sorgsam **ausgewählten Lebensmittel** verarbeitet werden. Sehr beliebt ist das Lokal nicht zuletzt wegen seiner für Wiener Verhältnisse ausgesprochen großen Kinderfreundlichkeit, die vor allem am Wochenende viele Jungfamilien anzieht sowie wegen seiner Nähe zum Karmelitermarkt.

Ein echter Klassiker unter den Vorspeisen ist der sehr gelungene **Avocadosalat mit heißen Erdäpfeln**, Jungzwiebeln, Bio-Kernöl und Koriander, der eindrucksvoll belegt, wie befriedigend Fusion-Küche sein kann. Traditioneller: der **Grazer Bio-Häuptelsalat**, der ebenfalls mit Erdäpfeln, Zwiebeln und Kernöl daherkommt, außerdem noch mit Käferbohnen, geräucherter Forelle und/oder Roten Rüben kombiniert wird.

Unter den Hauptspeisen hat sich das makellos soufflierte **Wiener Schnitzel** einen Namen gemacht, aber auch das **Erdäpfelgulasch** mit Würsten und Fladenbrot. Lobenswert ist, dass gleich mehrere fleischlose Speisen angeboten werden, wie etwa **rote Linsen-Datschi** mit Minzjoghurt und Salat, **Käferbohnen-Kürbis-Eintopf** oder **Quiche mit Mangold und Schafkäse**.

Vorzeigbare Nachspeisen sind die legendäre **Susitorte** (Schokolade) oder die **Topfentorte mit Dörrobstkompott**. Dazu **Grieskirchner und dunkles Velkopopovický Kozel vom Fass**, ausschließlich **österreichische Weine** und hervorragende Fruchtsäfte.

Leopoldstadt WIEN

SCHWEIZERHAUS

Prater 116, 1020 Wien, Tel.: +43/1/728 01 52-13
www.schweizerhaus.at
Öffnungszeiten: 15. März bis 31. Oktober täglich 11–23 Uhr
Kreditkarten: keine
Gastgarten

Im **beliebtesten Biergarten** der Hauptstadt treffen sich die Wiener aus allen Schichten der Gesellschaft sowie zahlreiche Touristen. In der Regel tun sie das wegen des in Tankwagen angelieferten **frischen tschechischen Biers** und der **mächtigen Schweinsstelzen und Hühner vom Grill**. Doch bei genauerem Hinsehen zeigt sich, dass die Küche des riesigen Lokals noch viel mehr zu bieten hat. Nämlich unter anderem auch einige **böhmische und mährische Spezialitäten**, die anderswo in Wien nur selten zu finden sind.

Darunter etwa das tschechische Nationalgericht Svíčková na smetaně, **gedünsteter Rindsbraten in Wurzelrahmsauce**. Aber auch das herzhafte **Znaimer Rindsgulasch** oder das **Budweiser Bierfleisch** mit Serviettenknödel.

Köstlich auch die Suppen wie etwa die **Prager Kuttelflecksuppe** (Dršťková polévka), die **Kartoffelsuppe mit Pilzen** (Kulajda) oder die slowakische Krautsuppe. Fisch spielt hier zwar eine Nebenrolle, kommt aber nichtsdestoweniger vom renommierten Gut Dornau, und zwar in Form eines gebratenen **Karpfens** mit Knoblauchbutter.

Geradezu sensationell sind hausgemachte Mehlspeisen wie die **Powidltascherl**, die **Mohnnudeln**, der **Grießflammeri** oder die **handgemachte Schaumrolle**.

Weine gibt's im Biergarten zwar nur wenige, aber sogar die sind ausgesucht und stammen unter anderem vom **biodynamischen** Weingut Wieninger in Stammersdorf.

WIEN Leopoldstadt

STUWER

Stuwerstraße 47, 1020 Wien, Tel.: +43/660/601 03 69
www.stuwer.com
Öffnungszeiten: Dienstag bis Sonntag 11.30–24 Uhr
Ruhetag: Montag
Kreditkarten: Mastercard, Visa; Bankomat
Gastgarten

Roland Soyka hat ein **altes Eckbeisl** mit extrem nettem Schanigarten renoviert und serviert in unmittelbarer Praternähe eine ideenreiche geschmackvolle **Interpretation der Wiener Küche**.

Lángos, aus Ungarn gebürtig und im Wurstelprater unverzichtbar, sind hier recht schnell zum Vorzeigegericht geworden. Die knusprig frittierten Germteigfladen werden wahlweise mit **Krenrahm und Beinschinken oder Bergkäse**, Frühlingszwiebeln und beinahe subtilem Knoblauchöl belegt – oder mit alldem, was die Jahreszeit sonst gerade bietet.

Es gibt **Linsen mit Kren**, eingelegtem Apfel und knusprig gebackenen, cremig würzigen Blunzenradeln samt Babyspinat, nominell eine Vorspeise, aber riesig. Aber auch sonst dürfen sich Vegetarier auf feine Variationen österreichischer Klassiker freuen: **gebratene Kaspressknödel** mit Spitzkrautsalat, Paprika, Radieschen, Schnittlauch sind ein wunderbar pikantes Gericht.

Der **Stuwer-Schmarren mit Rumrosinen und Zwetschkenröster** gilt zwar als Nachspeise, geht sich aber locker als Hauptgang aus und kommt damit auch der Alt-Wiener Tradition entgegen, mit einer Mehlspeis richtig schön satt zu werden. **Ausgelöstes Backhendl** gibt es aber auch, **Zwiebelrostbraten** detto, und der **gebackene Wels mit Remouladensauce** ist überhaupt ein Traum.

Leopoldstadt WIEN

ZUM FRIEDENSRICHTER

Obere Donaustraße 57, 1020 Wien, Tel.: +43/1/214 48 75
www.zum-friedensrichter.at
Öffnungszeiten: Montag 15–23 Uhr, Dienstag bis Freitag 11–22 Uhr
Ruhetage: Samstag, Sonn- und Feiertag
Kreditkarten: Mastercard, Visa; Bankomat

Die fabelhaften Wiesenläufer-Hendln beziehen Roland Trappmaier und Johannes Bischof von Roman Haslinger im östlichen Weinviertel, der Fisch kommt von Ferdinand Trauttmansdorff aus dem Gut Dornau, das Rind von einer Erzeugergemeinschaft am Leithaberg: **In puncto Produkte** haben Koch und Wirt die **Wiener Umgebung** also gut abgedeckt, speziell wenn man die Weinkarte mit etlichen der interessantesten Winzer zwischen Wachau, Wien und Wagram dazuzählt – und das Hadmar-Bier aus Weitra nicht vergisst.

Das Wichtigste aber ist wohl, dass sie es verstehen, aus diesen hervorragenden Zutaten eine famose **Wiener Küche** über die Rampe zu bringen: Das Wiener Schnitzel ist schulmäßig soufliert und wird mit einem zumindest korrekten Erdäpfel-Vogerlsalat serviert, das **Backhendl** ist zu Recht legendär, und das **Alt-Wiener Backfleisch** von der Beiried ist nach entsprechender Behandlung mit scharfem Senf und frischem Kren nicht minder routiniert paniert.

Beim **Rindsgulasch** dürfen die Sehnen, wie es sich gehört, im Fleisch bleiben, um zu schmelzender Köstlichkeit zu schmoren. Und bei den **Zwetschkenknödeln** wird auf gefinkelte Art Marzipan in die Früchte geschmuggelt, auf dass sie ganz besonders arg gut schmecken.

WIEN Landstraße

GASTHAUS SCHMITZBERGER

Nottendorfer Gasse 30, 1030 Wien, Tel.: +43/1/798 91 68
Öffnungszeiten: warme Küche Montag bis Freitag 9–21 Uhr
Ruhetage: Samstag, Sonn- und Feiertag
Kreditkarten: keine
Gastgarten

Der Schmitzberger in Erdberg ist ein **gestandenes Wirtshaus**, wie es nur noch wenige gibt. Das Haus ist alt, im Garten sitzt es sich lauschig unter **großen Bäumen**, auch wenn rundherum längst Büro- und Industriebauten dominieren. Deren Insassen wollen aber auch ordentlich essen, weshalb die Tische mittags dicht besetzt sind. Mit gutem Grund: Die Karte wird täglich frisch geschrieben, die **Portionen sind mächtig**, die **Preise günstig**.

Es gibt, wie nicht anders zu erwarten, eine reiche Auswahl **panierter Speisen**, die über Schnitzel und Backhendl aber deutlich hinausgeht: **Kalbskopf und Hirn** etwa, manchmal auch ein **Beiried Alt-Wiener Art, Kalbsbries** oder resche **Leber**. **Bruckfleisch**, das würzige Ragout aus allerhand Innereien, wird hier, in unmittelbarer Nähe des einstigen Schlachthofs, traditionsgemäß nur in der kalten Jahreszeit aufgetragen.

Geschätzt wird auch das **gekochte Rindfleisch** mit Kohlgemüse. Immer Donnerstag wird ein großer **Schweinsbraten** ins Rohr geschoben – und ist stets schon zu Mittag, wenn er duftend und mit krachfrischer Kruste herausgeholt wird, mit köstlichem Krautsalat und Semmelknödel verkauft.

Landstraße **WIEN**

GMOAKELLER

Am Heumarkt 25, 1030 Wien, Tel.: +43/1/712 53 10
www.gmoakeller.at
Öffnungszeiten: täglich 11–23 Uhr
Kreditkarten: Mastercard, Visa; Bankomat
Gastgarten

Gleich hinter Konzerthaus und Akademietheater duckt sich eine **Wiener Wirtshausinstitution** in eine zugige Ecke: Der Gmoakeller mit seinen zahlreichen, fast immer ausgebuchten Speisezimmern und -sälen und der über **Jahrzehnte gepflegten Patina** ist ein echtes Relikt aus jener Zeit, als Wien noch mit zahlreichen stattlichen Speisehäusern gesegnet war. Bis heute ist der Gmoakeller ein gut geführtes Wirtshaus mit ordentlich gekochten, **typisch wienerischen Gerichten**.

Wer hier Gebackenes bestellt, liegt nicht falsch. Neben **Wiener Schnitzel** sind vor allem der **Kalbskopf** und die **Jungschweinsleber** zu nennen, die beide mit Mayonnaise-Erdäpfelsalat aufgetragen werden. Die Rindsuppe ist eine ehrliche, auch die **Frittaten** werden hausgemacht.

Auf der Wochenkarte sind zusätzliche Gerichte, die über die erwartbaren Klassiker hinausgehen, vermerkt. Das kann ein **gedünsteter Ochsenschlepp**, ausgelöst und mit Krautfleckerln serviert, sein oder, an dieser Adresse fast exotisch, ein Fisch, etwa **Saibling gedämpft** mit Thymianbutter.

Zum Dessert gibt es Palatschinken mit diversen Marmeladen oder aber die heiß begehrten **Eismarillenknödel** des Wiener Eisfabrikanten Kurt Tichy.

WIEN Landstraße

GUSTL KOCHT

Erdbergstraße 21, 1030 Wien, Tel.: +43/1/712 01 51
www.gustl-kocht.at
Öffnungszeiten: täglich 8–24 Uhr
Kreditkarten: Mastercard, Visa; Bankomat
Gastgarten

Schweinsbraten kommt aus dem **holzbefeuerten Backofen**, kümmeliges **Mischbrot** ebenso und auch das dunkelschwarz **gemälzte Kastenbrot** aus Roggenkochteig litauischer Tradition. Auch der Rest der Einrichtung ist nach bester Handwerkstradition gemacht, die Küche verbindet **wienerische und osteuropäische Tradition** auf zeitgemäße und sehr charmante Art.

Die Stadt, die sich ihre Inspiration und ihr Talent schon seit jeher gern aus dem Osten importieren ließ, wird hier mit löffelfestem **Borschtsch** samt knusprigem Kalbfleischpastetchen von tiefgründiger Aromatik verwöhnt – oder mit in Speck und Apfelspalten abgeschmalzten **Wareniki mit Rindsleber**. Die Variation aus Teigtaschen – neben den Wareniki noch **Pierogi**, gefüllt mit Erdäpfel-Topfen und Zwiebeln, und **gebackene Piroschki** mit Selchfleisch und Käse, serviert mit Sauerrahm bietet einen guten Querschnitt der hier gepflogenen Teigtaschen-Expertise.

Dabei gibt es noch viel mehr: wunderbares **Ochsenschleppragout** mit Bandnudeln, Spargel und Erbsen etwa oder ein wunderbarer georgischer Paradeisersalat mit Himbeeren – passt viel besser als man glauben mag. **Schweinskarree** als großer Braten, gefüllt mit Trockenfrüchten und Roten Rüben, saftig, gut.

Auf der überlangen Karte stehen **Suppe mit Kasknödel** und Schnitzel aus dem Butterschmalz. Die Linie des Lokals wirkt nur auf ersten Blick zusammengewürfelt – in Wahrheit hat Betreiber Christoph Liebscher einen Rückzugsort für Liebhaber der Alt-Wiener, stets von östlichen Traditionen genährten Wiener Küche geschaffen.

Landstraße WIEN

STEIRERECK MEIEREI

Am Heumarkt 2A, 1030 Wien, Tel.: +43/1/713 31 68-10
www.steirereck.at
Öffnungszeiten: Montag bis Freitag 8–23 Uhr, Samstag, Sonntag 9–19 Uhr
Ruhetag: Feiertag
Kreditkarten: Mastercard, Visa; Bankomat
Gastgarten

Mitten im Wiener Stadtpark und gleich **unter dem Stammhaus** von Familie Reitbauer liegt dieser Ableger und eines der besten Restaurants der Stadt, des Landes, ja der Welt. Zwar ist der Rahmen entspannter, **die Küche einfacher** und der Preis niedriger als im Gourmetrestaurant im Stock darüber, doch wird der Auswahl der Grundprodukte sowie ihrer Zubereitung gleich viel **Bedeutung und Sorgsamkeit** zugemessen.

Die köstliche **Beinfleischsuppe mit Grießnockerln** und Karotte ist äußerst befriedigend, genauso wie das **Alt-Wiener Backfleisch** mit Erdäpfel-Selleriekohl-Salat und Sauce tartare, das sensationelle **Kalbsbeuscherl** mit Schnittlauch-Knödel und Majoran oder auch das **Rehgulasch** mit gebratener Topfenschnitte, Kürbisgewächsen und schwarzer Nuss. Das **Wiener Schnitzel vom Milchkalb** ist beispielhaft souffliert und gewiss eines der besten der Stadt.

Auch die Mehlspeisen sind durchwegs musterhaft, darunter etwa der legendäre **Kaiserschmarren** mit Zwetschkenröster oder die **Marillenknödel** mit Butterbrösel. Jeweils um 13 beziehungsweise 14 Uhr werden **frische Strudel** aus dem Ofen geholt. Tolle Weinkarte, **große Käseauswahl**.

STRÖCK-FEIERABEND

Landstraßer Hauptstraße 82, 1030 Wien, Tel.: +43/1/204 39 99-93057
www.stroeck-feierabend.at
Öffnungszeiten: Montag bis Samstag 7–22 Uhr,
Sonntag 7–18 Uhr, Feiertag 8–18 Uhr
Kreditkarten: Mastercard, Visa; Bankomat
Gastgarten

Alles, was ein paar Filialen mehr hat, ist per se verdächtig – Großbäckereien etwa. Es ist allerdings genau die Größe des Unternehmens, die es der Wiener Bäckereifamilie Ströck ermöglicht, mit der Universität für Bodenkultur **Getreidesorten-Feldforschung** zu betreiben oder ein **Vom-Feld-auf-den-Tisch-Restaurant** aufzubauen, das sich zwar nicht unbedingt optisch, aber vom Ansatz her in die Riege internationaler Vorzeigeprojekte reiht.

Aus einem Stück Brachland in Wien-Donaustadt wurde vor einigen Jahren ein Gemüsegarten. Die **bunte Vielfalt** von hier gelangt auf wenigen Kilometern Lieferweg direkt in die Küche des Lokals auf der Landstraßer Hauptstraße.

Hier entstehen Gerichte wie **geschmorter Römersalat** mit Walnussdressing, Ziegenfrischkäse und eingelegten Kirschen, **Ochsenschleppsuppe** oder **Seeforelle mit Paradeiservielfalt** und Artischocken. Fleisch liefert der selbst schlachtende Leopold Hödl, Fisch kommt etwa von Gut Dornau.

Neuerdings wird Frühstück – darunter auch eine **Anti-Kater-Frühstückssuppe** – auch am Platz serviert. An der Rezeptur des eigenen **Feierabend-Brots** wurde ebenso ausführlich getüftelt wie an den **Croissants** und **süßen Kleinigkeiten** von Patissier Pierre Reboul.

Wieden **WIEN**

GASTHAUS WOLF

Große Neugasse 20, 1040 Wien, Tel.: +43/1/581 15 44
www.gasthauswolf.at
Öffnungszeiten: warme Küche Dienstag bis Freitag 11.30–14 Uhr und 18–22 Uhr,
Samstag 18–22 Uhr
Ruhetage: Sonntag, Montag
Kreditkarten: Bankomat
Gastgarten

Wolfgang Wöhrnschimmel ist Steirer und kümmert sich um die Gäste, Jürgen Wolf gab dem Ort seinen Namen und sorgt für **Wiener Küche der Extraklasse**. Gemeinsam haben sie eines der wirklich wunderbaren Wirtshäuser der Stadt geschaffen: Prachtvoller Schankraum, ungekünsteltes Extrazimmer, eine Küche aus der die **fast vergessenen Finessen** der großen Küche dieser Stadt nur so herausgeschossen kommen.

Hirnpofesen in der Rindsuppe sind, so vorhanden, Pflicht – die unvergleichliche **Briesterrine** zur Vorspeise ist aber auch zu gut, um links liegen lassen zu werden. Die **Kutteln** bringt Jürgen Wolf auf eine Art deftig und nobel zugleich hin, wie man das nicht missen will. Und der **Gabelbissen von der Rauchforelle** ist überhaupt ein Hammer.

Es ist also nicht ganz einfach, hier zu bestellen. Weil Jürgen Wolf durch die **Schule von Rudi Kellner** gehen durfte, hat das alles eine französische Finesse, die auch vermeintliche Innereienskeptiker nicht missen wollen. Wer es jedoch unbedingt auf Nummer sicher spielen will, darf sich natürlich auch für die **ausgelösten Hendlhaxen** mit Erdäpfel-Gurken-Salat entscheiden – und wird nicht enttäuscht sein!

ZUR HERKNERIN

Wiedner Hauptstraße 36, 1040 Wien, Tel.: +43/699/15 22 05 22
zurherknerin.at
Öffnungszeiten: Dienstag bis Freitag 17–22 Uhr
Ruhetage: Samstag, Sonntag, Montag
Kreditkarten: Mastercard, Visa; Bankomat
Gastgarten

Das kleine Lokal der gelernten Kunst- und Kulturmanagerin dient sowohl als beliebtes Gasthaus als auch als **Treffpunkt für Kulturtreibende**. Die Wirtin ist eine fröhliche Erscheinung, ihre Küche eher **bodenständig** im besten Sinn. Die überschaubare Speisekarte wird wöchentlich neu geschrieben und umfasst Wiener Klassiker aus saisonalen Zutaten.

Der **Erdäpfelkäse**, eine oberösterreichische Spezialität, wird auf Schwarzbrot als Jause oder Vorspeise serviert. Die Rindsuppe kommt aromatisch intensiv, ganz klassisch mit **Fleischstrudel** daher. Das Suppenfleisch wird kalt und sauer mit Kernöl oder aber warm als köstlicher **Tafelspitz mit Cremespinat** und Rösti kredenzt. Ein Klassiker ist der **faschierte Braten** mit buttrigem Erdäpfelpüree. Bereits Legende sind die herrlichen Sarma, also **gefüllte Krautrouladen**, mit Petersilerdäpfeln und einem kräftigen Löffel Sauerrahm.

Zur Nachspeise gibt's **Marillenknödel** sowie Strudelvariationen. Das gepflegte Bier und eine feine Selektion an **österreichischen Weinen** lassen keine Wünsche mehr offen.

Margareten **WIEN**

DUSPARA

Wiedner Hauptstraße 115, 1050 Wien, Tel.: +43/1/945 71 20
www.duspara.at
Öffnungszeiten: Montag bis Freitag 11.30–15 Uhr und 17.30–0.30 Uhr,
Küche geöffnet bis 22 Uhr
Ruhetage: Samstag, Sonn- und Feiertag
Kreditkarten: Mastercard, Visa; Bankomat
Gastgarten

Danijel Duspara macht das vielleicht **beste Kalbsbeuschel der Stadt**, er brät eine gemeingefährlich gute **Ofenleber** mit feinem, nicht zu dichtem Saftl, mit karamellisierten Äpfeln und himmlisch luftigem **Erdäpfelpüree**. Und er grillt auch Reh aus dem Wienerwald zur Perfektion.

Dennoch ist es schwierig, bei dem einstigen Steirereck-Mann einzukehren, ohne der Versuchung zu widerstehen, einen **Meeresfisch** oder zumindest **Oktopus** zu ordern. Allerdings ist die klassische Wiener Küche seit jeher eine gewesen, die über den Tellerrand zu schauen gewusst und sich die guten Sachen zu eigen gemacht hat. Daran sollte man sich auch erinnern, wenn man das nächste Mal vor einem kraftlosen Filet vom Süßwasser-Zuchtfisch sitzt, nur weil das ganz regional mit Fischmehl aus dem Meer gefüttert worden ist.

Solche Weisheiten erschließen sich jenen, die in dem kleinen, nicht übermäßig charmanten Beisl am Ende der Wiedner Hauptstraße Platz nehmen, um sich an **altmodisch kosmopolitischer Wiener Küche** zu laben. Danijel Duspara ist ein Meister der Balance, abschmecken kann der Mann, dass es eine Freude ist.

Die Thunfischcreme zum **rosa gebratenen Kalbstafelspitz** etwa würde jeder piemontesischen Nonna beim Vitello tonnato zur Ehre gereichen. **Zahnbrasse** wird außen knusprig, innen glasig gebraten und mit Roten Rüben sowie Erbsenpüree kombiniert – schaut gut aus, schmeckt so.

Weine gibt es auch ein paar gute, gut kalkuliert (etwa Furmint von Wenzel) sind sie noch dazu!

WIEN Margareten

RESTAURANT ROOTS

Schönbrunner Straße 32, 1050 Wien, Tel.: +43/660/242 40 65
www.restaurantroots.at
Öffnungszeiten: Montag bis Samstag 18–22 Uhr
Ruhetag: Sonntag
Kreditkarten: Mastercard, Visa; Bankomat

Drei **Jungköche** haben gemeinsame Sache gemacht und ein kleines, feines Restaurant mit Fokus auf regionalen Zutaten eröffnet. Die drei stammen aus unterschiedlichen Ländern und bringen ihren **kulturellen und beruflichen Hintergrund** bei den Gerichten. Nebenbei betreibt man einen **landwirtschaftlichen Betrieb** an der Grenze zu Ungarn sowie ein kleinen Weinhandel unweit des Lokals.

Das Speiseangebot wechselt je nach Verfügbarkeit der Zutaten, und es kann zwischen einem **dreigängigen** und einem **fünfgängigen Menü** mit oder ohne Weinbegleitung gewählt werden. Ein beispielhaftes Abendessen wäre etwa der **gebeizte Saibling** als Vorspeise, **das Stundenei** von der eigenen Landwirtschaft mit Kartoffeln und Speck als Zwischengang und eine Lachsforelle mit italienischen Aromen oder ein **saftiges Hüftsteak mit Knochenmark** mit der passenden Weinbegleitung als Hauptgang. Und danach **Grießmousse** mit Erdbeeren oder **Rhabarber mit Topfen**.

Bei der Weinbegleitung liegt das Hauptaugenmerk auf **Naturweinen** aus den angrenzenden Nachbarländern wie etwa **Tschechien, Slowakei und Ungarn**.

RUDIS BEISL

Wiedner Hauptstraße 88, 1050 Wien, Tel.: +43/1/544 51 02
www.rudisbeisl.at
Öffnungszeiten: warme Küche Montag bis Freitag 11–14.30 Uhr und 18–22 Uhr
Ruhetage: Samstag, Sonn- und Feiertag
Kreditkarten: keine
Gastgarten

Beim Rudi, der eigentlich Christian und mit Nachnamen Wanek heißt, kann man sich auf eine wunderbare **kulinarische Zeitreise** durch die Wiener Küche begeben. Da es stets **Tafelspitz, Schulterscherzel** oder ein **ausgelöstes Beinfleisch** als Hauptgang gibt, ist die Bouillon entsprechend kräftig und mit intensivem Rindfleischgeschmack. Aber auch die **Gansleinmachsuppe mit Bröselknödel** gerät wunderbar.

Von der Gans stammt auch die **Gänseleberterrine**, ganz traditionell serviert mit Sauce Cumberland; von der Ente eine lauwarm aufgeschnittene Brust mit Erdäpfel-Vogerlsalat und Kernöl. **Matjesfilet und Räucherfischsülzchen** gibt es obendrein, bei den Hauptspeisen bleibt es solide: Das halbe **Backhenderl** wird frisch herausgebacken, ebenso das **Schweinswiener** oder das klassische **Wiener Schnitzel** sowie die Scheibe Rostbraten, die mit Senf und Kren bestrichen zum **Alt-Wiener Backfleisch** wird. Das fleischlose Angebot beschränkt sich allerdings auf **Eiernockerl** mit Häuptelsalat.

Als Dessert gibt es sämtliche Variationen von **Palatschinken**, hervorzuheben jene mit Zimt-Rahm-Fülle. **Handgewuzelte Mohnnudeln** und **Topfen-Obers-Nockerl** bieten sich als gelungene Alternative an. Die **Weinkarte** ist anständig bestückt, das Bier kommt aus Ottakring, der **naturtrübe Apfelsaft** vom Mohr-Sederl.

HAUSMAIR'S GASTSTÄTTE

Lerchenfelder Straße 73, 1070 Wien, Tel.: +43/676/754 60 18
www.hausmair.at
Öffnungszeiten: warme Küche Montag bis Freitag 11–21.30 Uhr
Ruhetage: Samstag, Sonn- und Feiertag
Kreditkarten: Mastercard; Bankomat
Gastgarten

Längst gilt Hausmair's Gaststätte als Inbegriff eines Wiener Gasthauses. Hartnäckig bleibt der Wirt sich und seinem Konzept treu und verwöhnt seine Gäste mit klassischen, **perfekt zubereiteten Gerichten**, begleitet von **sorgsam gezapftem Bier** oder **gut gewählten Weinen**.

Man freut sich über **gebackene Karreeschnitzerl** aus der Pfanne, ein **Cordon bleu** mit Beinschinken oder **gebackenes Wild**. Egal ob vom Wildschwein, Reh oder Hirsch – beim Hausmair steht Wild ganz oben. Auch in Form von sensationellen Überraschungen wie dem unvergesslichen **Ragout von Wildhasenherzen**. Wunderbar aber auch der **Krenfleischteller** vom Mostviertler Jungrind oder das **Sulmtaler Backhendl**.

Wiener Gasthausküche kommt natürlich nicht ohne ein **Rindsgulasch** aus, und für sein **Reisfleisch** ist der Hausmair mit Recht berühmt. Genau wie für das selten gewordene **Szegediner Krautfleisch** oder die herrlichen **Krautrouladen**.

Apfelgrießschmarren, Powidlpalatschinke, **Topfenknödel** und **Mohnnudeln** bilden einen würdigen Abschluss. Bier kommt aus Ottakring, aus Schrems oder von der Brauerei Schnaitl aus Eggelsberg.

Neubau **WIEN**

GRÜNAUER

Hermanngasse 32, 1070 Wien, Tel.: +43/1/526 40 80
gasthaus-gruenauer.com
Öffnungszeiten: Montag bis Freitag 18–24 Uhr
Ruhetage: Samstag, Sonntag
Kreditkarten: Mastercard, Visa; Bankomat

Der Grünauer ist das, was man ganz zu Recht eine **Institution** nennt. In den gemütlichen **holzgetäfelten Garträumen** herrscht jene wohltuende Gelassenheit, die auf dem profunden Wissen um **kulinarische Traditionen** fußt, mit der sowohl Küche als auch Service den Gast gekonnt umsorgen.

Und so genießt man, neben Klassikern wie **gebackener Fledermaus** oder **Tafelspitz**, je nach Saison auch **gebackenen Parasol** mit großartiger Sauce tartare, zartes, saftiges **Rehkitz** mit Semmelknödel und Hagebuttengelee oder eines der **besten Martinigansln der Stadt**.

Freunde der inneren Werte erfreuen sich an Kalbsbeuschel, **Spanferkelleber**, **gerösteten Nierndln** oder gebackenem Kalbskopf, während sich Naschkatzen an **Mohnpalatschinken** oder gebackenen Hollerblüten laben. Beeindruckend ist auch die **Weinkarte** mit ihren mehr als 200 Positionen.

FUHRMANN

Fuhrmannsgasse 9, 1080 Wien, Tel.: +43/1/944 43 24
www.restaurantfuhrmann.com
Öffnungszeiten: Montag bis Freitag 11.30–14.30 Uhr und 18–23.30 Uhr
Ruhetage: Samstag, Sonn- und Feiertag
Kreditkarten: Mastercard, Visa; Bankomat
Gastgarten

Entgegen allen ursprünglichen Unkenrufen, das Fuhrmann sei nur ein Lokal für Weintrinker, wo man auch etwas essen könne, hat sich herausgestellt, dass wohl kaum sonst wo **Küche und Keller so perfekt harmonieren** wie bei Sascha Hoffmann und Hermann Botolen.

Zu Beginn: **gebratenes Kalbsbries** mit Knollensellerie, Erbsen und Wiener Kresse oder eine **Radieschenkaltschale** mit hausgemachtem Nussweckerl. Selbstverständlich gibt es auch Rindsuppe mit Wurzelgemüse, Schnittlauch und Frittaten. **Marchfeldspargel**, entweder mit Sauce hollandaise oder mit einem pochierten Ei, zählt zum Feinsten, was Wiens Umgebung hergibt.

Saibling und Lachsforelle, confiert oder gebraten, kommen aus heimischen Gewässern. Typisch Wienerisch geht es weiter mit **geschmortem Beinfleisch**, violetten Erdäpfeln und eingelegten Schalotten, aber auch das **Donau-Lamm** und der **Maibock** stammen von lokalen Erzeugern und Jägern. Zu den Speisen werden **Gemüse-Raritäten** wie Hanfsamen, Schildampfer und Gartenmelde verarbeitet.

Topfenknödel mit Graumohnbrösel, **Brandteigkrapfen** mit dunkler Schokolade sowie tadellos **gereifte Rohmilchkäse** bilden den Abschluss. Zu jedem Gericht empfiehlt Hermann Botolen den **passenden Wein**. Der Hofgarten zählt zu den schönsten der Stadt.

Josefstadt **WIEN**

KOMMOD

Strozzigasse 40, 1080 Wien, Tel.: +43/1/402 13 98
kommod-essen.at
Öffnungszeiten: Dienstag bis Samstag 18–24 Uhr
Ruhetage: Sonntag, Montag
Kreditkarten: keine
Gastgarten

Ob das Kommod so heißt, weil es so klein ist oder weil man sich dort so wohlfühlt, entzieht sich unserer Kenntnis. Tatsache ist, dass es sich bei diesem winzigen Lokal um ein optisch als auch **kulinarisch ansprechendes Kleinod** handelt. Man sitzt in einem **holzgetäfelten Raum** mit stimmiger Beleuchtung und freut sich, dass die ursprüngliche Einrichtung einer **Bäckerei aus den 1920er-Jahren** die Jahrzehnte überdauert hat.

Gastgeber sind Stephan Stahl und Christina Unteregger. Er werkt in der Küche, sie schupft den Service und ist auch für die **bemerkenswerte Weinkarte**, mit vielen älteren, gereiften Positionen, verantwortlich. Mehr Personal gibt es nicht; so ist auch die **alle paar Tage wechselnde Karte winzig**: Vorspeise, Zwischengericht, Hauptgang, Dessert. Wer mag, kann abschließend noch aus dem gut sortierten Käseangebot wählen.

Bei unserem Besuch gab es **kalte Suppe von gelbem Paprika** mit Sanddorn, **Bio-Stundenei mit Steinpilzen** und Sommertrüffel, **gebratene Forelle** mit Erdäpfelpüree und zum Abschluss **Marillenknödel**. Alles perfekt zubereitet und hübsch angerichtet. Christina Untereggers Service ist herzlich, und die von ihr empfohlenen offenen Weine passen perfekt zu den Speisen.

MAST

Porzellangasse 53, 1090 Wien, Tel.: +43/1/922 66 79
www.mast.wine
Öffnungszeiten: Mittwoch bis Freitag 12–14 Uhr,
Mittwoch bis Sonntag 18–22 Uhr
Ruhetage: Montag, Dienstag
Kreditkarten: Mastercard, Visa; Bankomat
Gastgarten

Zwei **gut vernetzte**, vielfach ausgezeichnete (und fußballbegeisterte) **Sommeliers** mit reichlich Erfahrung an österreichischen und internationalen Spitzenadressen **plus ein Koch** mit Praxis in der Topgastronomie: gute Ausgangsposition für ein neues Lokal.

Noch dazu, wenn sich dieses in einem aufstrebenden Sektor breitmacht, jenem der Naturweine. Das Weinbistro Mast, 2017 im neunten Bezirk eröffnet, ist für viele Wiener und Wienbesucher schnell zu einem **Fixpunkt** geworden.

Auf der Karte: ein paar Kleingerichte als Unterlage, etwa **Lauch mit Ochsenmark**, oder Jausenpakete wie etwa ein Kanten Sauerteigbrot von Öfferl plus Rohmilchbutter (als gebürtiger Vorarlberger kennt sich Küchenchef Martin Schmid mit derartigen Sennerei-Preziosen aus) oder **Erdäpfel mit Bergkäse** und Schnittlauch. Ein paar ordentliche Hauptgerichte wie **Entenkeule mit Salzsellerie** und Feige.

Sowie – für viele das Wichtigste hier – eine Weinauswahl, auch **glasweise**, die sich gewaschen hat. Steve Breitzke und Matthias Pitra versammeln im Mast nicht nur die **heimische Naturwein-Elite**, sondern haben auch Zugang zu solchen **französischen Winzern**, bei denen man sich dem Vernehmen nach auf Knien um eine Flasche bewerben muss. Neu: ein eigenes **Mast-Bier**.

Alsergrund WIEN

REBHUHN

Berggasse 24, 1090 Wien, Tel.: +43/1/319 50 58
www.rebhuhn.at
Öffnungszeiten: täglich 11–24 Uhr
Kreditkarten: keine
Gastgarten

Holzboden und -bänke, Lamperie, alte Schank, eine Schwemme: Das Rebhuhn erfüllt alle Kriterien für ein **Wirtshaus wie aus längst vergangenen Zeiten**. Im Sommer kommt ein kleiner, straßenseitiger Gastgarten hinzu, von dem aus sich das geschäftige Treiben am Beginn des Servitenviertels gut beobachten lässt.

Die Größe des Gastraumes erinnert daran, dass derartige Institutionen zu den **Schlachtschiffen der Gastronomie** zählen, die unbeirrt vom Zeitgeist ihren Kurs halten. Und der ist im Rebhuhn seit Jahren erfreulich konstant. Das liegt vor allem an der langjährigen Küchenchefin, die mit sicherer Hand – und täglich frisch – **Speisen ohne Firlefanz** zu den Gästen schickt.

Das Wiener **Schnitzel vom Bio-Kalb** mit Mayonnaise- und Blattsalat gehört zu den besten der Stadt, der **Schopfbraten vom Strohschwein** mit Krautsalat und Knödel ist ein beständiger Klassiker, und **Blattsalate** werden während der Pilzsaison mit **gebratenen Eierschwammerln**, Erdäpfeln, Speck und Kernöl zu einem vielschichtigen Gericht kombiniert. Die **Susitorte** zum Abschluss ist ein Muss. Die **Weinauswahl** ist ausreichend, und bei den Bieren wird neben österreichischem auch **Budweiser** gezapft.

WIEN Simmering

STERN

Braunhubergasse 6, 1110 Wien, Tel.: +43/1/749 33 70
www.gasthausstern.at
Öffnungszeiten: täglich 11–22 Uhr
Kreditkarten: Mastercard, Visa; Bankomat
Gastgarten

Wenn doch nur jeder Wiener Gemeindebezirk ein Gasthaus Stern hätte! Geöffnet ist es jeden Tag des Jahres, und zwar von 11 bis 22 Uhr mit **durchgehender Küche**. Und die hat es in sich.

Zu Beginn eventuell die **weißen Nierndln** (Hoden) vom Bio-Rind oder sechs **Weinbergschnecken** in Kräuterbutter. Dem Innereienfreund seien **Kalbsbries, Kalbsnieren, Kalbsleber oder Kalbshirn** ans Herz gelegt, auch von Huhn und Schwein gibt es die fünften Vierteln vom Tier.

Zu den Standards zählen **Alt-Wiener Zwiebelrostbraten**, **Specklinsen**, Saftgulasch; Fleischverweigerer ergötzen sich an Ziegenkäsestangerln auf Salat, **karamellisierten Krautfleckerln, Spargelrisotto** oder Kasnockerln mit grünem Salat. Saisonal gibt es **Braten vom Maibock** mit Butterschupfnudeln, diverse Spargelgerichte und ein durch und durch wundervolles **Kuttelfleckgulasch**.

Eine weitere Spezialität des Hauses ist **Gesottenes vom Bio-Rind**. Ob vom Tafelspitz, Schulterscherzel oder Beinfleisch – hier kommt perfekt gereiftes Fleisch mit seinen klassischen Beilagen (Cremespinat, Erdäpfelschmarren, Semmelkren, Schnittlauchsauce, Apfelkren) auf den Tisch.

Ein **Apfel-Zimt-Schmarren** hinterher rundet einen klassischen Wiener Gasthausabend ab, natürlich begleitet von einem **Obstbrand** (aus dem Eichenfass) vom Reisetbauer. In Sachen Wein hat das Stern ziemlich zugelegt, so gibt es gereifte Gewächse **bester Lagen** aus der Wachau, dem Seewinkel, aus der Steiermark und aus Wien. Aber auch das **Schankachterl** um 1,70 Euro hat hier noch seinen Platz.

WEINHAUS PFANDLER
ZU DEN SELIGEN AFFEN

Dörfelstraße 3, 1120 Wien, Tel.: keine
Reservierungen per E-Mail an: selig@weinhaus-pfandler.at
www.weinhaus-pfandler.at
Öffnungszeiten: Dienstag bis Samstag 16–22 Uhr
Ruhetage: Sonntag, Montag
Kreditkarten: keine
Gastgarten

Ein bis ins Detail aus den 1950er-Jahren stammendes **prachtvolles Wiener Weinhaus** in Wien-Meidling, das seit vergangenem Jahr mit Achtsamkeit und Flair **ins Heute übersetzt** wurde: Nichts weniger sind die seligen Affen, und ein Wiener Kraftort an unverhoffter Stelle noch dazu. Roman Pfandler hat das legendäre Weinhaus Pitzl mit seinen Alkoven und **Neon-Lustern**, mit Resopal-Tischen und Doppelbänken und einer herzzerreißend **schönen Schank** wiederbelebt, auf sehr achtsame und inspirierte Weise noch dazu.

Die Weine stammen von etlichen der spannendsten jungen, **naturnah arbeitenden Winzer** des Landes, das Bier kommt aus Schrems und die **Küche ist in der Hauptsache noch kalt** – die Tücken der Betriebsanlagengenehmigung lassen einstweilen nichts anderes zu.

Dafür sind die **Salate** allerdings mit erstklassigem Essig und ebensolchem **Öl aus Kleinmühlen** angemacht, die **saure Wurst** ist eine Kranzlextra vom Ausnahmefleischer in Litschau, der **Liptauer** ist tatsächlich mit slowakischem Gebirgsbrimsen abgemischt, und der **Vorarlberger Bergkäse** wurde in den Kellern von Sutterlüty affiniert.

Das eine oder andere warme Schöpfgericht darf man sich zumindest wünschen, und die Weckerl sind mit etwas Glück wahrhaftige **Mangerln**, ein spezielles Mohn-Salz-Gebäck aus dem äußeren Waldviertel.

WIEN Meidling

STAFLER

Ehrenfelsgasse 4, 1120 Wien, Tel.: +43/1/815 62 35
www.stafler.at
Öffnungszeiten: warme Küche Dienstag bis Freitag 12–14 Uhr und 18–21.30 Uhr,
Samstag 18–21.30 Uhr
Ruhetage: Sonntag, Montag
Kreditkarten: Mastercard, Visa; Bankomat
Gastgarten

Das Wirtshaus mit dem gut erhaltenen **holzgetäfelten Gastraum** liegt in einer ruhigen Seitengasse unweit der U4-Station Meidling und bietet in der warmen Saison auch einen kleinen Schanigarten. Der Wirt ist gebürtiger **Südtiroler**, und so gibt es neben **Wiener** genauso **Spezialitäten** aus dem nördlichsten Teil Italiens.

Die Speisekarte wechselt regelmäßig, doch Klassiker wie das **Knödeltris** oder der langsam **geschmorte Schweinsbraten** finden sich so gut wie immer darauf. Äußerst knusprig gerät das dünne **Schnitzerl aus der Fledermaus** mit Erdäpfelsalat. Sehr stimmig auch die leicht süßlichen **Alt-Wiener Krautfleckerln** oder das **lauwarme Schulterscherzel** auf Blattsalat.

Wer auf Fleisch verzichten will, ordert **vegetarisch gefüllte Paprika** mit Krautsalat oder Pasta mit geschmorten Kirschparadeisern. Die angebotenen **Weine** stammen sowohl aus Österreich als auch aus Südtirol.

DIE METZGEREI

Linzer Straße 179, 1140 Wien, Tel.: +43/1/416 43 35
www.diemetzgerei.at
Öffnungszeiten: Dienstag bis Samstag 10–23 Uhr
Ruhetage: Sonntag, Montag
Kreditkarten: Mastercard, Visa; Bankomat
Gastgarten

Weit draußen im 14. Bezirk liegt dieses vor Jahren auf **modern renovierte Wirtshaus**. Die Rindsuppe ist eine Bank, ob mit rosa gegarten **Leberwürfeln**, mit **Frittaten, Grießnockerln oder Milzschnitte**.

Danach lockt das **Kalbsfilet samt kurzgebratener Niere** auf Parmesanpolenta ebenso wie das **Rindswangerl** mit Semmelkren und Karotten. Die Portionen sind gewaltig, beim **Rindsgulasch vom Gschnatter** ebenso wie beim **gekochten Schulterscherzel** vom Rind mit Markknochen, Rösterdäpfeln, Apfelkren und natürlich Schnittlauchsauce.

Dennoch bestehen manche für hinterher auf **Erdbeer-Topfen-Knödeln** mit Tonka-Mandel-Bröseln und Buttermilchschaum. Die **Weinkarte** ist prächtig sortiert und bietet auch viele gereifte Jahrgänge.

WIEN Fünfhaus

GASTHAUS QUELL

Reindorfgasse 19, 1150 Wien, Tel.: +43/1/893 24 07
www.gasthausquell.at
Öffnungszeiten: warme Küche Montag bis Freitag 11–22.45 Uhr
Ruhetage: Samstag, Sonn- und Feiertag
Kreditkarten: keine
Gastgarten

Das Gasthaus Quell ist bekannt als Institution für Wiener Küche, aber auch wegen seines prächtigen **traditionellen Gastraumes** und des schön gelegenen Gastgartens.

Die klassische klare Rindsuppe mit Einlagen wie **Backerbsen, Leberknödeln** oder **Grießnockerln** geratet bilderbuchhaft. Typisch wienerisch auch vegetarischen Speisen wie **geröstete Semmelknödel** oder **Eiernockerl** mit Blattsalat.

Gebackenes nimmt naturgemäß eine bedeutende Stellung auf der Speisekarte ein, wo sich neben **Sellerie, Champignons, Schweinsleber** genauso **Emmentaler** und **Camembert** finden. Und beim **Backhenderl** wird eleganterweise auch die Leber mitserviert. Die **Augsburger** wird gebraten mit Erdäpfeln und Salat serviert. Das saftig **gekochte Rindfleisch** mit seinen charakteristischen Beilagen Apfelkren, Rösti und Schnittlauchsauce. **Rindsgulasch** darf freilich nicht fehlen. Zu guter Letzt gibt's saftige **Topfenknödel** mit Zwetschkenröster, gefüllte Palatschinken sowie knusprig **gebackene Apfelspalten**.

Fünfhaus **WIEN**

HEIDINGERS GASTHAUS

Selzergasse 38, 1150 Wien, Tel.: +43/1/985 99 11
www.heidingers.at
Öffnungszeiten: Montag bis Freitag 11–21 Uhr
Ruhetage: Samstag, Sonntag
Kreditkarten: Mastercard, Visa; Bankomat
Gastgarten

Eigentlich möchte man dieses **Prachtgasthaus** am liebsten nicht weiter verraten, aus Angst vor zu vielen Gästen und vor dem Tag, an dem kein Tisch mehr frei sein wird. Der Rahmen ist stimmig, die Preise äußerst moderat, die **Küche schnörkellos wienerisch** mit regelmäßigen Schlenkern in die **Kärntner Kulinarik**.

Wer zum Mittagessen kommt, sollte genügend Appetit mitbringen, um **Backhendl, Schweinswiener, Schinkenfleckerl, Schweinsbraten** oder **gebackenen Kabeljau** (Montag bis Freitag) zu bestellen.

Sonst gibt es noch glasierte Leber mit Reis, rosa gebratenen Zwiebelrostbraten, Schafkäse im Speckmantel, **Cordon bleu vom Surfleisch** mit Braterdäpfeln und Salat, Grammelknödeln mit Sauerkraut – und für Mehlspeistiger: flaumige böhmische Palatschinken. Eine interessante Eigenentwicklung ist das gebackene Gulasch. Dabei wird das an sich schon famose Gulasch des Hauses lange eingedickt, danach paniert und in Stücken herausgebacken. Zur Ganslzeit muss man rechtzeitig reservieren.

Biertrinker sind beim Heidinger gut aufgehoben: Wechselnde **Spezialitäten aus kleineren und größeren Brauereien** werden perfekt gezapft – Haselböck, Xaver, Schladminger, Schwechater, um nur einige zu nennen.

WIEN Ottakring

GELBMANNS GASTSTUBE

Wilhelminenstraße 62, 1160 Wien, Tel.: +43/1/486 15 99
www.gelbmanns.at
Öffnungszeiten: Dienstag bis Samstag 10-23 Uhr
Ruhetage: Sonntag, Montag
Kreditkarten: Mastercard, Visa; Bankomat
Gastgarten

Das alte, geduckte Biedermeierhaus vermittelt **heimelige Wirtshausatmosphäre**, der Gastgarten ist bestechend schön, dabei ruhig, und die **Küche gutbürgerlich**. Leider ist die Inneneinrichtung schon deutlich in die Jahre gekommen – für Wohlgefühl sorgen indessen Küche und der Keller.

Wo sonst bekommt man selbst unter dem Jahr solch eine dichte **Fischbeuschelsuppe**? Wo gibt es ohne Vorbestellung **Salzburger Nockerln**? Viele Gäste kommen wegen der Innereiengerichte, speziell die Verarbeitung von **Nieren und Hirn** haben hier Tradition. Das **Schweinswiener** ist knusprig gebacken, der mit Senf marinierte Erdäpfelsalat dazu noch leicht warm. Das **Rindsgulasch** wird aus Wadschunken bereitet und ist dementsprechend saftig.

Einen **faschierten Wildbraten** bekommt man vermutlich auch nur hier, das gilt auch für die mit faschiertem Wildschwein **gefüllten Krautrouladen**. Ebenso werden regelmäßig **Zander und Karpfen** aus regionalen Zuchten mit wechselnden Rezepten zubereitet, manchmal mit Wurzelwerk, dann wieder serbisch oder ganz einfach gebraten. Die **Marillenknödel** sind flaumig, die **Palatschinken** tadellos. Die **Weinkarte** ist abundant bestückt, die **Schnapskarte** ebenso.

Hernals **WIEN**

DER BRANDSTETTER

Hernalser Hauptstraße 134, 1170 Wien, Tel.: +43/1/486 46 25
www.derbrandstetter.at
Öffnungszeiten: Montag bis Samstag 9–24 Uhr, Küche 11–22 Uhr,
Sonn- und Feiertag 9–23 Uhr, Küche 11–21 Uhr
Kreditkarten: keine
Gastgarten

Auf den Fensterbrettern stehen Blumenkisterln, und im Gastgarten sorgen Topfpflanzen für **heimelige Atmosphäre**. Das geräumige Gasthaus gliedert sich in zwei durch einen langen **Schankraum** geteilte **Speisesäle**. An der Schank steht man, um ein Bier zu trinken, über Fußball zu diskutieren oder Matchkarten für den Wiener Sport-Club zu erstehen.

Unter der Woche wird ein Mittagsmenü geboten, bestehend aus einer von zahlreichen Suppe vorweg, danach etwa **Schilcherbraten** mit Speck, Schwammerln und Knödel oder Wurstknödel, **Znaimer Rindsschnitzel** sowie **Zander vom Grill**. Oder, vegetarisch, **Flammkuchen** mit mediterranem Gemüse oder lauwarmer Schafkäse mit Birnen und Walnüssen.

Auf der Wochenkarte stehen Speisen vom lokalen Fleischhauer mit Namen Metzger: Metzgers **marinierte Blunze**, kalt mariniertes **Schulterscherzel** vom Almrind, Knacker, Frankfurter oder **Debreziner**. Zu den üblichen Schnitzelvariationen gesellt sich noch **Alt-Wiener Backfleisch**, fleischlos gibt es **Rahmlinsen** oder gebratene **Almkas-Tascherln**.

Hervorzuheben sind das **Salonbeuschel** mit Semmelknödel und natürlich die Gulaschgerichte wie **Gulaschsuppe**, Rindsgulasch oder **Fiakergulasch**. Dazu werden **gepflegte Biere** kredenzt, in erfreulicher Auswahl wie Pilsner Urquell, Velkopopovický Kozel und Villacher Hausbier.

WIEN Währing

FREYENSTEIN

Thimiggasse 11, 1180 Wien, Tel.: +43/664/439 08 37
www.freyenstein.at
Öffnungszeiten: Dienstag bis Samstag 18–24 Uhr
Ruhetage: Sonntag, Montag
Kreditkarten: Mastercard, Visa; Bankomat
Gastgarten

Das Freyenstein in der Wiener Cottage bietet **zeitgemäße Küche** auf höchstem Niveau. Mit seltenen Gemüsesorten der Wiener Gärtnerei Bach, mit biologisch aufgezogenen Fischen aus Heidenreichstein, mit Brot des Sauerteigkönigs Kasses aus dem Waldviertel und mit dem Fleisch glücklicher Schweine vom Bio-Hof Labonca (Freilandhaltung) lässt sich gut kochen. Und das kann das Team rund um Jakob Kaineder ausgesprochen gut.

Jakob Kaineder bietet ein **fünfgängiges Menü mit zwölf Gerichten** an, die einander an sensibler Zusammenstellung zu übertreffen scheinen: Beim **kalten Süppchen von rotem Paprika,** Chili und Paradeiser mit Parmesanbrioche wird das Paprika-Aromenspiel genial im zweiten Teller fortgesetzt, wo ein klassisch **papriziertes Eierschwammerlgulasch** auf ein safransüßes Knöderl trifft. Auch der **confierte Saibling** mit Sellerie, Holunderblüten-Fond und Apfelkren ist nahezu perfekt.

Die Küchenlinie des Freyenstein orientiert sich an klassisch österreichischen Zubereitungsarten und Speisen, ohne dabei auf den Blick Richtung Istrien und Paris zu verzichten. Erwähnt sei noch die hocherfreuliche Weinkarte – wer es sich leicht machen will, wählt die sehr **bedachte Weinbegleitung** - und erfreut sich an einem der lauschigsten Gastgärten der Stadt.

Währing **WIEN**

ZUM GEMÜTLICHEN WEINHAUSER

Gentzgasse 125, 1180 Wien, Tel.: +43/1/479 12 05
www.zum-weinhauser.at
Öffnungszeiten: Donnerstag bis Montag 11.30–21 Uhr,
warme Küche gibt es durchgehend 11.30–21 Uhr
Ruhetage: Dienstag, Mittwoch
Kreditkarten: keine
Gastgarten

Bereits seit 1917 ist dieses Gasthaus in **Familienbesitz**. Vor einigen Jahren hat Alexander Wanitschek den Betrieb übernommen.

Sein Mittagsmenüplan liest sich hocherfreulich: **Spanferkelbraten**, Rib-Eye-Steak mit Süßkartoffelchips, **geschmorte Rindszunge** mit Selleriepüree und Kohlgemüse; zuvor eine Rindsbouillon mit **Tiroler Wurzelspeckknödel** oder eine **Wiener Paradeissuppe** mit Mozzarella. Zur Jause gibt es **Grammelschmalz- oder Sardellenbutterbrot** oder ein kleines Gulasch. Die Hauptgerichte sind fleischlastig, wie etwa die **Augsburger** mit Rösti, die **Schweinswangerln** mit Wildpreiselbeeren oder eines der besten **Beef Tatar** der Stadt: 180 Gramm vom Filet werden mit Sardellen, Kapern, Zwiebeln, rohem Ei, Schnittlauch und Tabasco zum selbst Anrühren serviert.

Alexander Wanitschek wartet immer wieder mit Überraschungen auf: So steht zum Beispiel hin und wieder auch **gebackene Lammleber** auf der Karte. **Apfelrollen** oder **böhmische Maultaschen** mit Topfenfüllung stehen stellvertretend für ein sehr reichhaltiges Dessertangebot; manchmal gibt es eine sensationell gute **Crème brûlée** mit gebrannten Mandeln. Das **Fassbier** kommt aus Gols, vor allem das Rotgold zeigt, wie gut man sich dort aufs Bierbrauen versteht.

WIEN Döbling

RESTAURANT ECKEL

Sieveringer Straße 46, 1190 Wien, Tel.: +43/1/320 32 18
www.restauranteckel.at
Öffnungszeiten: warme Küche Dienstag bis Samstag
11.30–14.30 Uhr und 18–22 Uhr
Ruhetage: Sonntag, Montag
Kreditkarten: Diners, Mastercard, Visa
Gastgarten

Seit 1901 wird in der Sieveringer Straße **klassische Wiener Küche** geboten. Bis heute ist der Eckel eine zuverlässige Adresse für anderswo kaum noch gepflegte Gerichte der **großbürgerlichen Variante** dieser Küche.

Dass es hier auch **Austern und Hummer** gibt, gehört dazu – schließlich ist der Eckel ja die Institution für noble Herrschaften der Sieveringer und Döblinger Nachbarschaft. Dass seit Jahren auch andere Wiener von weither anfahren, erklärt sich aus der Ausnahmestellung, die das Haus inzwischen einnimmt. Nirgendwo sonst wird noch in so **familiärem Rahmen** große Wiener Küche aufgekocht und mit einer der wohl **umfangreichsten Weinkarten** der Stadt kombiniert.

Ob **geröstete Steinpilze** oder saftiger **Hummercocktail** zur Vorspeise, ob **Grießnockerlsuppe**, Ybbstaler Saiblingstatar mit grünem Spargel und Dillrahm oder frische **Eiernudeln mit Morcheln** – Maria Zarl-Eckel bringt alles mit routinierter Expertise über die Rampe!

Bei den Hauptspeisen gehören **Kalbshirn mit Ei** und grünem Salat oder **Stubenküken mit Risipisi** zu den Pflichtbestellungen, genauso die **glacierte Kalbsleber** mit Apfelscheiben, Speck und Erdäpfelpüree oder das ultraklassische **Kalbsgulasch** mit Nockerln. Und hinterher? **Powidltascherl, Pfannkuchen Rothschild** oder Maronireis mit Schlagobers.

Brigittenau WIEN

KOPP

Donaueschingenstraße 28, 1200 Wien, Tel.: +43/1/330 43 92
www.gasthaus-kopp.at
Öffnungszeiten: Mittwoch bis Montag 6–24 Uhr
Ruhetage: Dienstag, Feiertag
Kreditkarten: keine
Gastgarten

Bereits in dritter Generation geführt, gilt das Kopp bis heute als **Tempel der Wiener Gastlichkeit**. Das liegt zum einen an den Preisen und der **Qualität der Küche**, aber auch an der Atmosphäre dieses urigen Gasthauses.

Hier gibt es Speisen, die man in dieser Form vermutlich zuletzt bei seinen Großeltern bekommen hat: **Erdäpfelgulasch, geröstete Knödel, einbrennte Erdäpfel**. Natürlich wird auch dem Gebackenen gehuldigt: **Wiener Schnitzel, Pariser Schnitzel, Cordon bleu** - in großen oder kleinen Portionen.

Aber auch klassische Küche vergangener Zeiten, wie zum Beispiel ein **Szegediner Krautfleisch**, ein **serbisches Reisfleisch** oder ein **Wiener Tafelspitz** stehen auf der Karte. Immer seltener und daher umso erfreulicher: **gefüllte Kalbsbrust** mit Erbsen und Reis.

Unter den Desserts findet man unterschiedlich gefüllte Palatschinken, **Apfelspalten** und **Kaiserschmarren**. Und zu Martini, im November, biegen sich die Tische unter den Ganslvierteln.

WIEN Floridsdorf

GASTHAUS ZUM NEUSIEDLER

Prager Straße 2, 1210 Wien, Tel.: +43/1/278 53 97
Öffnungszeiten: Montag bis Freitag 10–22 Uhr
Ruhetage: Samstag, Sonntag
Kreditkarten: keine
Gastgarten

Von außen sieht das Beisl nicht nach viel aus, im **Schankraum** aber rennt neben dem Fernseher vor allem der kernige **Floridsdorfer Schmäh**. Dreierlei **Biere** gibt es vom Fass, darunter die unterschätzte Schwechater Hopfenperle. Aber auch der **Wein** kommt nicht zu kurz. Neben etablierten Größen wie St. Laurent von Umathum gibt es eine Reihe wenig bekannter, aber lohnender Winzer zu entdecken.

Jürgen Gollacz und Alfred Wenzli betreiben das Lokal seit mehreren Jahren gemeinsam, aus Neusiedl aber stammt keiner der beiden – den Namen haben sie vom Vorgänger übernommen.

Aus der Küche werden saisonale Spezialitäten wie **Eierschwammerl** oder **Spargel** durch die **altmodische Durchreiche** in den Gastraum geschickt, die Standardkarte liest sich wie ein Kompendium klassischer Wiener Wirtshausgerichte. Innereien nehmen einen Ehrenplatz sein: **Leber** gibt es sowohl **geröstet wie gebacken**, **Hirn** detto, aber auch **Nierndln** und **Beuschel** bekommen die Ehre, die ihnen gebührt.

Besonders hervorzuheben ist die Qualität der im **Schmalz gebackenen Speisen**. Aber auch das saftige **Krenfleisch** mit wunderbaren speckigen Erdäpfeln oder der rosa gebratene **Zwiebelrostbraten** mit knusprig frittierter Zwiebel überzeugen durch gute Fleischqualität. Weiters hervorzuheben: **Knacker in Essig und Öl**, Haussulz, **Beinfleisch** mit Kohlgemüse und erstklassig abgeschmalzenen, schön kümmeligen Röstkartoffeln. Sehr faire Preise.

UNSER SLOW FOOD

Tafelspitz Sandwich

Ströck Feierabend
Brot und Wein
EST. 2013

www.ströck-feierabend.at

EINKAUFSTIPPS

INNERE STADT

1516 BREWING COMPANY

Die Mikrobrauerei mit angeschlossenem Pub ist eine spannende Adresse für Bierfreunde: Hier werden mit Sachverstand außergewöhnliche Biere gebraut, die mit den auch hier überhandnehmenden Schüttgetränken rein gar nichts gemein haben. Besonders empfehlenswert: das extra bittere India Pale Ale, das mit ganzen Hopfendolden eingebraut wird. Sehr ordentliche Pub-Küche.

Schwarzenbergstraße 2, 1010 Wien, Tel.: +43/1/961 15 16
www.1516brewingcompany.com

BUCHHANDLUNG 777

Dieter Würch ist Buchhändler aus Leidenschaft, auch Kochbuchhändler. Relevante Neuerscheinungen sind bei ihm verlässlich vorrätig, oft auch in der Originalausgabe. Sehr gut sortiertes Antiquariat. Nebenbei kann man hier großartige Weine befreundeter Winzer erstehen, fantastische Rohmilchkäse von Stephan Gruber und Delikatessen aus Kleinserien. Empfehlenswert: Mittwochabend, wenn sich Interessierte auf ein Gläschen und inspirierten Imbiss treffen.

Domgasse 8, 1010 Wien, Tel.: +43/1/513 11 77
www.domg8.at

HOLZOFENBÄCKEREI GRAGGER & CIE

Helmut Gragger begann als Bäcker in Ansfelden, mittlerweile hat ihn die Qualität seiner Produkte (die ausnahmslos in selbst konstruierten Holzöfen gebacken werden) via Linz nach Wien geführt. Die Bäckerei im Zentrum ist erfüllt vom Duft des frischgebackenen Brots. Graggers zweite Wiener Bäckerei am Vorgartenmarkt ist als Schaubäckerei angelegt. Hier kann dem Werden des Brotes in allen Nuancen zugesehen werden; hier experimentiert er auch mit speziellen Mehlen (etwa Hartweizengrieß aus Apulien oder in Steinmühlen vermahlenem Mehl). Legendär: Graggers „P"-Brot nach dem Vorbild der Pariser Bäckerei Poilâne und die Butter-Salzstangerl, welche eigentlich längst im Suchtmittelgesetz verankert gehörten!

Spiegelgasse 23, 1010 Wien, Tel.: +43/1/513 05 55
Vorgartenmarkt, Stand 14-15, 1020 Wien, Tel.: +43/664/413 72 77
www.gragger.at

HIDDEN KITCHEN

Kleines Mittagslokal in einer versteckten Gasse, in dem eine Auswahl aufwendig komponierter Salate geboten wird. Man stellt sich an, wählt an der Theke, zahlt und sucht sich einen freien Platz. Eine Suppe, eine Quiche und ein täglich frisch geschmortes Gericht runden das Angebot ab. Besonders schön und großzügig gestaltet ist der Ableger beim Bahnhof Wien Mitte, wo auch verlockendes Frühstück sowie am Samstag Brunch geboten wird.

Färbergasse 3, 1010 Wien
Invalidenstraße 19, 1030 Wien
www.hiddenkitchen.at

BÄCKEREI JOSEPH

Josef Weghaupt hat mit seinem Joseph ein Kompetenzzentrum für tolles Brot und feines Essen auf der Basis von Brot geschaffen. Das Joseph Brot ist besonders knusprig, dank langsamer Teigführung sehr saftig und zu Recht heiß begehrt. Neben dem ursprünglichen Geschäft in der Naglergasse gibt es auch das Joseph Bistro auch in Wien Mitte, ein weiteres Bistro mit Brotverkauf am Albertinaplatz und eine Filiale in Wien-Sievering.

Naglergasse 9 und Albertinaplatz/Führichgasse 6, beide 1010 Wien;
Landstraßer Hauptstraße 3, 1030 Wien; Obkirchergasse 37–39, 1190 Wien
www.joseph.co.at

LEBERKAS-PEPI

Der legendäre Linzer Imbiss hat eine Filiale in Wien, womit sich auch in der Welthauptstadt der sonst stets „Wiener" genannten Frankfurter sehr guter Leberkäse verkosten lässt. Verschiedene Sorten schwitzen in der Leberkäs-Schausauna vor sich hin – geschmacksbewusste Gäste werden mit dem ganz klassischen, der hier besonders zart und saftig schmeckt, am glücklichsten. Vorsicht: Im mobilen Pepi-Leberkässtand am Terminal 3 des Flughafens ist die Schlange der Hungrigen zwar lang, der Leberkäse aber meistens kalt.

Operngasse 12, 1010 Wien, Tel.: +43/1/585 06 42
www.leberkaspepi.at

MANNER-SHOP

Im Shop der legendären Wiener Waffel- und Schokolademanufaktur fühlt man sich dank aufsehenerregendem Design wie im Inneren einer Praline. Neben den klassischen Mannerschnitten sei vor allem auf die exzellente Bitterschokolade mit 70 Prozent Kakaoanteil hingewiesen. Und natürlich auf die täglich frisch gelieferten Neapolitanerplatten (mit klassischer Haselnuss-Nougat-Füllung) im Format 22 × 31 cm, die es nur hier zu kaufen gibt.

Stephansplatz 7, 1010 Wien
täglich 10–21 Uhr

MEINL AM GRABEN

Das edle Delikatessenkaufhaus ist ein Sightseeing-Fixpunkt. Besonderes Augenmerk wird auch auf österreichische Spezialitäten gelegt, etwa auf das Brot von Erich Kasses, Rohmilchkäse aus Vorarlberg und der Steiermark, exzellente Wurstwaren aus Kitzbühel und Golling oder Sauergemüse und Marmeladen aus Wien. Empfehlenswert: die Weinabteilung mit konkurrenzfähigen Preisen.

Graben 19, 1010 Wien, Tel.: +43/1/532 33 34
www.meinlamgraben.at
Montag bis Freitag 8–19.30 Uhr, Samstag 8–18 Uhr

GERSTNER BELETAGE

In den Repräsentationsräumen des Palais Todesco, mit bestem Ausblick auf die Staatsoper, bietet die Konditorei Gerstner neben dem altbekannten Torten- und Strudelbuffet und ein paar zusehends antiquiert wirkenden Sandwiches auch warme Küche an. Die kann sich durchaus sehen lassen. Gulasch vom Rindsbackerl etwa, saftig, kernig geschmort, mit dichtem Saft und sehr anständigen Rahmnockerln als Beilage. Oder tadellose und besonders hübsch drapierte Rindsrouladen mit Eiernudeln und feinem Senfsaftl.

Kärntner Straße 51, 1010 Wien, Tel.: +43/1/526 13 61
täglich 10–17 Uhr

Einkaufstipps WIEN

WEINHANDLUNG & BAR UNGER UND KLEIN

Architektonisch schöne Weinhandlung, in der ein fundiertes Angebot österreichischer und internationaler Weine offeriert wird. Die beliebte Bar und der Geschäftsbereich fließen ineinander über, donnerstags gibt es immer einen sehr beliebten Mittagstisch der Kochbuchautorin Eschi Fiege. Seit einiger Zeit gibt es eine charmante Miniaturfiliale mit ganz exzellentem Kaffee und Panini in einem wenige Quadratmeter großen Rondeau beim historischen Hochhaus in der Herrengasse.

Gölsdorfgasse 2, 1010 Wien, Tel.: +43/1/532 13 23
www.ungerundklein.at

SCHACHTELWIRT

Wiener Küche auf zeitgenössische Art interpretiert und in Kartons gefüllt, um sie daheim oder im Büro zu verspeisen – das ist das Konzept von Thomas Rijs und Thomas Fuchs. Und sie bringen es mit solchem Elan und Esprit über die Rampe, dass die Schlange der Hungrigen zu Mittag oft bis zur nächsten Straßenecke reicht. Kein Wunder: Knuspriger Schweinsbraten (Fleischerei Hödl) mit tadellosem Semmelknödel und zweierlei Kraut um 8 Euro, Zwiebelrostbraten (ebenfalls Hödl) mit köstlichem Erdäpfelpüree um 9,50 Euro oder Paradeiserraritäten mit Heidelbeervinaigrette und frisch gemachtem Schafkäse-Basilikum-Weckerl zum selben Preis gelingen zu gut, um die Wartezeit nicht wert zu sein.

Judengasse 5, 1010 Wien
www.schachtelwirt.at
Dienstag bis Freitag 11.30-21 Uhr, Samstag 12-22 Uhr,

MERKUR AM HOHEN MARKT

Die Edelfiliale des Supermarktriesen engagiert sich seit ihrer Eröffnung auch ein wenig für Slow Food: Es gibt Gemüseraritäten regionaler Gärtner, Wild aus dem Wienerwald, Brot und Gebäck von Traditionsbäckern wie Erich Kasses und einige andere Spezialitäten.

Hoher Markt 12, 1010 Wien
Montag bis Freitag 8.30-21 Uhr, Samstag 8.30-18 Uhr

LEOPOLDSTADT

KAAS AM MARKT

Lebensmittel von kleinen österreichischen Bauern und Produzenten, dazu täglich eine oder zwei warme Speisen. Es spricht aber auch nichts dagegen, sich die wunderbaren Delikatessen aus der Vitrine an einem der kleinen Tische vor der Eingangstür zu bestellen, etwas Brot von Österreichs Ausnahmebäcker Erich Kasses dazu – und gut ist es.

Karmelitermarkt, Stand 33-36, 1020 Wien, Tel.: +43/699/18 14 06 01
www.kaasammarkt.at
Dienstag bis Freitag 9-19 Uhr, Samstag 8-14 Uhr

KAES.AT

Stephan Gruber ist eigentlich Physiker an der Uniklinik des Wiener AKH, seine Leidenschaft aber sind herausragende Käse, am liebsten solche von Einmannbetrieben, und da wiederum jene von Vorarlberger Almen. Nicht bloß, weil er selbst von dort stammt, sondern weil sie einfach zum Besten gehören, was weltweit aus Milch gemacht werden kann. Es gibt auch seltene Rohmilch-Weichkäse aus anderen Kleinproduktionen, etwa den sensationellen Rotschmierer von Edwin Berchtold. Gruber teilt seine Leidenschaft gern, konkret immer Samstagvormittag am Karmelitermarkt und am Naschmarkt, wo jeweils nach dem gelben Stand Ausschau gehalten werden sollte.

Karmelitermarkt, 1020 Wien, Naschmarkt, 1040 Wien, Yppenmarkt, 1160 Wien
www.kaes.at
Samstagvormittag

SLOW FOOD CORNER

Der Karmelitermarkt in Wien-Leopoldstadt dämmert die Woche über im Halbschlaf, um Freitag frühmorgens plötzlich zu erwachen: Da kommen die Bauern mit ihren frisch geernteten oder geschlachteten Köstlichkeiten angefahren, um sie dem urbanen Publikum anzupreisen. Plötzlich ist Leben auf dem weiten Platz. So richtig ins Pulsieren gerät er am Samstagvormittag. Dann ist auch stets der Stand von *Slow Food Wien* besetzt, mit tollem Gemüse, mit herausragendem Käse, mit gutem Brot, mit Rohschinken und trocken gereiftem Rindfleisch vom Tschürtz und von diversen wechselnden Produzenten regionaler Delikatessen.

Karmelitermarkt, 1020 Wien
www.slowfood-wien.at
Samstag 8-12 Uhr

LANDSTRASSE

HIDDEN KITCHEN: siehe Innere Stadt
BÄCKEREI JOSEPH: siehe Innere Stadt

WIEDEN

KAFFEERÖSTEREI ALT WIEN
Nur wenige Schritte vom Naschmarkt entfernt liegt die Kaffeerösterei, in der zweimal die Woche direkt im Laden frisch geröstet wird. Seit bald zehn Jahren wird hier dafür gesorgt, dass der Ruhm des Wiener Kaffees nicht ganz verblasst. Zahlreiche handverlesene Sorten und Blends aus den großen Kaffeeanbaugebieten der Welt, auch in Bio- und Fairtrade-Qualität. An der kleinen Bar kann man die diversen Sorten vorab kosten.
1040 Wien, Schleifmühlgasse 23, Tel.: +43/1/505 08 00

BAUERNMARKT AM NASCHMARKT
Während die Gastronomie auf diesem prächtigen, zentralen Markt längst überhandnimmt und das Angebot der festen Stände immer uniformer wird, macht sich samstags – aber nur im hintersten Teil! – noch echte Vielfalt breit: Das ist der Platz für die echten Marktfahrer, die hier ihr eigenes Gemüse, wilde Kräuter, selbst gesammelte Pilze, ausgesuchten Käse oder Bio-Fleisch feilbieten.
Naschmarkt – im hintersten Teil, 1040 Wien, Samstagvormittag

ESSIGBRAUEREI GEGENBAUER: siehe Favoriten
KAES.AT: siehe Leopoldstadt

KÄSESCHATZTRUHE
In ihrem kleinen Käseladen führt Daniela Thaier-Pavel wohl sortierte Spezialitäten aus dem In- und Ausland, darunter wahre Käsesensationen wie den rumänischen Brânză de burduf in der Baumrinde (*Slow Food Presidio*) oder den seltenen Bleu de Termignon aus den französischen Alpen.
1040 Wien, Kettenbrückengasse 10/6, Tel.: +43/699/19 02 28 84
www.kaeseschatztruhe.at

MARIAHILF

FLEISCHHAUEREI RINGL

Der Familienbetrieb im hinteren Teil der Gumpendorfer Straße darf als einer von Wiens besten (und wenigen noch verbliebenen) Fleischhauern gelten. Neben fein gereiftem Rindfleisch, frischen Innereien und kesselheißen Würsteln sind die Milchkälber und Lämmer aus dem Waldviertel heiß begehrt. Manch einer nimmt den Weg hierher freilich nur wegen des feinen Kalbfleisch-Leberkäses auf sich.

Gumpendorfer Straße 105, 1060 Wien, Tel.: +43/1/596 32 78
www.fleischerei-ringl.at
Montag bis Freitag 5.30–18.15 Uhr, Samstag 5.30–12 Uhr

ALSERGRUND

DAZU HOFLADEN

In dem bezaubernden kleinen Laden bietet die Imkerfamilie Rohrauer feil, was sie an Honigspezialitäten produziert – und was sie an Delikatessen daraus zu fertigen weiß. Allerhand Honigsenfe etwa, köstliche Chilipasten, aber auch frisches Gemüse vom Adamah-Biohof, Brot von Gragger, Schafmilchkäse und -joghurt von Nuart und vieles mehr.

Liechtensteinstraße 73, 1090 Wien, Tel.: +43/680/302 01 85
www.dazu.at

XOCOLAT MANUFAKTUR

Hier werden Österreichs vielleicht exklusivste Pralinen und Konfekte fabriziert – aus feinster Plantagenschokolade. Es gibt außergewöhnliche Kreationen wie Yuzu-Konfekt aus der japanischen Zitrusfrucht und handgerollte Trüffeln, immer wieder Workshops, die Einblicke in die Welt des Chocolatiers von Welt geben.

Servitengasse 5, 1090 Wien, Tel.: +43/1/310 00 20
www.xocolat.at
Montag bis Freitag 10–18.30 Uhr, Samstag 10–18 Uhr
Sonn- und Feiertag 12–17 Uhr

ENDLICH WIEDER SAFT IM COLA.
ECHTER SAFT. VIEL GESCHMACK. WENIGER ZUCKER.
Spezi COLA-MIX ORANGE
Spezi COLA-MIX ZITRONE
MIT ZITRONENSAFT WENIGER ZUCKER
Spezi COLA-MIX ORANGE
MIT ORANGENSAFT WENIGER ZUCKER
SPEZI. DAS ORIGINAL.

KÖNIG DELIKATESSEN

Gerald König ist ein Bonvivant reinsten Wassers, mit dem wunderschönen Geschäft in der Servitengasse hat er sich sein eigenes kleines Paradies geschaffen: Weine aus Österreich und Frankreich, grandiose hausgemachte Pasteten, Rillettes und Schöpfgerichte in hübschen Gläsern, sehr gute Wurst und Schinken, Bio-Gemüse und -Obst, aber auch eine konkurrenzlos gut gereifte Auswahl französischer Käse. Alles lässt sich an dem langen Stehtisch auch verkosten – so man unter den zahlreichen Freunden und Fans noch einen Platz ergattert.

Servitengasse 6, 1090 Wien, www.koenigswelt.at
Montag bis Freitag 8-19 Uhr, Samstag 8-14.30 Uhr

FAVORITEN

ESSIGBRAUEREI GEGENBAUER

Erwin Gegenbauers Vorfahren waren Sauerkräutler und legten Gurken in Essig ein, er selbst braut Essig der Spitzenklasse. Das Angebot im Laden wie auch in der Filiale am Naschmarkt ist von unüberschaubarer Größe, manches davon schmeckt wahrhaftig grandios. Bei den Frucht- und Balsamessigen gelten jene aus reinsortigen Äpfeln (Rubinette, Golden Delicious etc.) ebenso wie Johannisbeer- oder Himbeeressig als sehr gut, bei den Weinessigen sind es ganz speziell jene aus „Schmeckaten" wie Muskat Ottonel oder Traminer sowie jene aus Süßwein.

Waldgasse 3, 1100 Wien, Montag bis Donnerstag 8-16 Uhr
Naschmarkt, Stand 111-115, 1040 Wien,
Montag bis Freitag 9-18 Uhr und Samstag bis 17 Uhr
www.wienernaschmarkt.eu/staende_111.html

MEIDLING

ANNA AM MEIDLINGER MARKT

Nach längerem Frankreichaufenthalt und Markterfahrung bei Gegenbauer am Naschmarkt hat Anna Putz am aufstrebenden Meidlinger Markt ihr eigenes Domizil eröffnet. Frische Rohmilchbutter kommt aus Vorarlberg, Käse aus Frankreich und Österreich, die Wurst unter anderem vom Vorzeigebetrieb Labonca, Getreide von Martin Allram, Essig von Gegenbauer, das Brot von der Dampfbäckerei Öfferl im Weinviertel. Es gibt feine Schokoladen, saisonale Spezialitäten, und den Kaffee röstet sie selbst. Vor Ort können kalte Speisen sowie Getränke an der Bar oder bei Schönwetter am Markt konsumiert werden.

Meidlinger Markt 25–27, 1120 Wien, www.anna-am-markt.at
Dienstag bis Freitag 9–18.30 Uhr, Samstag 9–16 Uhr

OTTAKRING

KAES.AT: siehe Leopoldstadt

BAUERNMARKT AM YPPENPLATZ

Samstagvormittag ist am Yppenplatz Bauernmarkt. Dann gibt es hier allerhand erntefrisches Obst und Gemüse, aber auch Fleisch und Wurst von Kleinbetrieben, großartige Pilze, Bio-Zuchtfisch, manchmal sogar Fasane im Federkleid zu ergattern. Pflicht: ein Besuch im Marmelade- und Sauergemüsestand der legendären Manufaktur Staud's, der die ganze Woche über offen hat und hier das gesamte Sortiment ausstellt.

1160 Wien, Yppenplatz
Samstag 7–13.30 Uhr

WIEN Einkaufstipps

WÄHRING

PÖHL AM KUTSCHKERMARKT

Was Irene Pöhl einst als Käsestand begonnen hat, ist inzwischen zu einem überkompletten Feinkostladen auf kleinstem Raum mutiert, weshalb auch ständig über die Grenzen des Marktstands hinaus expandiert wird: mit dem herrlichen Brot von Österreichs einzigem *Slow Baker*, Erich Kasses, mit köstlichen Rohmilchkäsen aus Vorarlberg, mit Mangalitzawürsten aus dem nahen Ungarn und zahllosen anderen Herrlichkeiten. In der gegenüber gelegenen Cantine gibt es einige warme Speisen und wunderbare Sandwiches. Am Samstag, wenn die Bauern und Marktfahrer den Markt zusätzlich beleben, ist der Kutschkermarkt ein weiterhin unterschätzter Platz, um sich mit frischen Köstlichkeiten einzudecken.

Kutschkermarkt, Stand 31, 1180 Wien, Tel.: +43/1/402 98 74
www.kaesestand.at

DÖBLING

BÄCKEREI JOSEPH: siehe Innere Stadt

DONAUSTADT

GÄRTNERHOF BACH

Eveline und Mario Bach beliefern mit ihren grandiosen Gemüsesorten die Top-Restaurants der Stadt. Am Samstagvormittag kann man hier auch als Letztverbraucher einkaufen und sich mit dem wohl tollsten Gemüse und den besten Kräutern eindecken, die die Großstadt hergibt.

Hänischgasse 17, 1220 Wien, www.gaertnerei-bach.at

GÄRTNERHOF GIN

Der Gärtnerhof des Vereins Gemeinwesenintegration und Normalisierung (GIN) bietet zum Teil seltene und alte Sorten von biologischem Gemüse an, das in einer Wiener Gärtnerei von behinderten Menschen angebaut wird. Bestellt wird über eine Liste im Internet und ausgeliefert ab einer Summe von 20 Euro.

www.gin.at/gaertnerhof

LIESING

FLEISCHEREI HÖDL

Die Hödls sind die letzten Fleischhauer Wiens, die noch selbst im Betrieb schlachten. Die Tiere werden eigenhändig von den Bauernhöfen geholt und können sich nach dem Transport in eigenen Ställen beruhigen, um vor der Schlachtung nicht gestresst zu sein. Fleisch-, Wurst- und Selchwaren kommen ausnahmslos aus eigener Erzeugung; topfrische Innereien, darunter auch Lammhirn oder Bries.

1230 Wien, Loosgasse 1, Tel.: +43/1/865 94 38
www.hoedl-fleisch.at

THUM SCHINKEN

Der Traditionsbetrieb darf als Heimstätte des saftigen Wiener Beinschinkens gelten. Hier wird er besonders schonend adergepökelt und am Bein geräuchert. Zart, saftig, mild – genau so, wie Beinschinken sein soll. Dazu gibt es zahlreiche weitere Produkte vom Schwein – Schmalz und Wurst, frisches Fleisch vom Mangalitzaschwein sowie zahlreiche kreative Schinkenvariationen.

Triester Straße 201, 1230 Wien, Tel.: +43/1/544 25 41
www.thum-schinken.at
Montag bis Freitag 7–12 Uhr

HEURIGENTIPPS

Wien gilt als eine der wenigen Großstädte Europas, in denen wirtschaftlich relevanter Weinbau betrieben wird. Seit Jahrhunderten ist das Lebensgefühl der Stadt stark vom Wein geprägt, der auf ihren Hügeln wächst und in sogenannten Heurigen oder Buschenschanken von den Winzern selbst, entweder ganzjährig oder nur manchmal, ausgeschenkt wird. Über viele Jahre hinweg verschlechterte sich das Verhältnis der Wiener zum Heurigen zusehends. Jener Typus Lokal, in dem einst die Wiener Seele wohnte, wurde ausländischen Touristen überlassen, die in großen Gruppen aus Reisebussen quellend in die mittlerweile zu Massenausspeisungen umfunktionierten Betriebe strömten. Doch dank dem Engagement einer neuen Generation von Winzern ist heute wieder alles anders. Am Anfang stand der gewaltige – als „Wiener Weinwunder" bekannte – Qualitätssprung, den der hauptstädtische Weinbau in den vergangenen Jahren vollzog. Mittlerweile haben auch die Wiener den Heurigen wiederentdeckt. Und sie haben erkannt, dass es wohl zum Besten gehört, was diese Stadt an Lebensqualität zu bieten hat, mit einem Glas Wein zwischen den Reben zu sitzen und mit dem Winzer zu plaudern.

BUSCHENSCHANK IN RESIDENCE

Jutta Ambrositsch betreibt an etwa neun Wochenenden im Jahr eine (schon seit langem bestehende, aber während der letzten Jahre geschlossene) Buschenschank mitten im Herzen des Grinzinger Touristenwahns. Hervorragende Weine (Riesling, Grüner Veltliner, Gemischter Satz in Weiß sowie in Hellrot) und – wegen echter Buschenschank-Konzession – nur kalte Gerichte, diese allerdings von ausgesuchter Qualität.

1190 Wien, Langackergasse 5a, Tel.: +43/664/500 60 95
Termine auf jutta-ambrositsch.at

H. P. GÖBEL

Hans Peter Göbels zeitgenössisch designter Betrieb liegt inmitten prachtvoller Weinreben am obersten Ende der Stammersdorfer Kellergasse. Wiens schönste Kellergasse allein ist schon die Fahrt nach Stammersdorf wert. Hervorragende Rotweine, auf die sich Göbel als einer der wenigen hier spezialisiert hat. Sehr gutes Essen vom ambitionierten jungen Koch Helmut Krenek.

Stammersdorfer Kellergasse 131, 1210 Wien,
Tel.: +43/1/294 84 20 und +43/664/243 98 35
Öffnungszeiten auf www.weinbaugoebel.at

OBERMANN

Martin Obermann ist Weinbaureferent der Wiener Landwirtschaftskammer und Winzer in fünfter Generation. Neben einem Heurigenbetrieb in der Cobenzlgasse betreibt er auch eine Buschenschank in seinem Weingarten, unweit der Kaasgrabenkirche.

Cobenzlgasse 102, 1190 Wien, Tel.: +43/1/318 43 41
Öffnungszeiten auf www.weinbauobermann.at

ANDREAS WAGNER

Andreas Wagner gilt als Urgestein des Wiener Weinbaus. Er betreibt seine winzige Buschenschank mitten in den Weingärten von April bis Oktober und nur bei Schönwetter. Zu essen gibt's ausschließlich heimische Produkte. Wagners Weinbaufläche erstreckt sich auf 1,2 Hektar am Nussberg. Auf diesem sitzt man unter Föhren und alten Obstbäumen und verkostet Gemischten Satz, Grünen Veltliner, Riesling und Muskateller.

Wildgrube 48, 1190 Wien, Tel.: +43/650/738 00 03
www.wildgrube48.at
Mai bis September täglich 14–23 Uhr
(bei Regen geschlossen, im Zweifelsfall anrufen)

WEINHANDWERK

Der Heurige des Südtirolers Martin Strobl besteht aus einem kleinen Winzerhäuschen und ein paar schönen alten Tischen, die unter Obstbäumen stehen. Sehr gute Wiener Eigenbauweine, serviert zu Speck, Käse und Schüttelbrot aus Südtirol. Außerdem gibt es selbst gesammelte Wildkräuter und Wildgemüse.

Senderstraße 27, 1210 Wien, Tel.: +43/660/525 85 00
www.weinhandwerk.at
April bis Oktober Freitag, Samstag, Sonn- und Feiertag ab 12 Uhr
(ab 20 Personen nach Vereinbarung geöffnet)

WIENINGER

Großer, vom Bruder des Weinbauern sehr professionell betriebener Heuriger mit guter Speisenauswahl, aber vor allem mit den hervorragenden Weinen von Fritz Wieninger, dem Vater des „Wiener Weinwunders" und „Entdecker" des Wiener Gemischten Satzes. Wieningers Weine stammen vom Nussberg oder Bisamberg und gehören zu den besten des Landes. Besonders stimmungsvoll: die Dependance am Nussberg, oberhalb von Grinzing, wo mit herrlichem Blick auf die Donau im Freien gespeist und getrunken wird – nur bei Schönwetter!

Stammersdorfer Straße 78, 1210 Wien, Tel.: +43/1/290 10 12
Öffnungszeiten auf heuriger-wieninger.at
Wieninger am Nussberg, Eichelhofweg 125, 1190 Wien
Öffnungszeiten auf www.wieninger-am-nussberg.at

KLAUS WINDISCHBAUER

Der Name „Buschenschank mit Blick nach Süden" ist zweideutig und bezieht sich auf den herrlichen Blick über Stadt und Fluss sowie auf die fühlbar mediterrane Note bei den Speisen. Zu Weißburgunder und Riesling wird Selbstimportiertes aus Italien serviert.

Greinergasse 27, 1190 Wien, Tel.: +43/1/318 05 31
Öffnungszeiten auf www.windischbauer-wein.at

WINZERWAGEN

Der Winzerwagen ist ein Baustellenwagen, den ein paar Winzer zu einer mobilen Buschenschank umfunktioniert haben und abwechselnd an (leider viel zu wenigen) Sommerwochenenden in den eigenen Weingärten aufstellen. „Die Idee zu dem Winzerwagen ist entstanden, weil wir den Menschen klarmachen wollten, dass die traumhafte Kulturlandschaft in Wien keine Selbstverständlichkeit darstellt und vor allem der Verdienst der Winzer ist", sagt Linus Schaber, einer der Winzer.

Öffnungszeiten und Adressen auf www.winzerwagen.at

ZAWODSKY

Beim Zawodsky ist der Wein in Ordnung – das Essen natürlich auch. Aber der wahre Grund hierherzukommen ist der prachtvolle Naturgarten mit atemberaubendem Ausblick auf die Wienerstadt. Schickes, jüngeres Publikum, sehr oft aus kreativen Berufszweigen.

Reinischgasse 3, 1190 Wien, Tel.: +43/1/32 07 97 82
Öffnungszeiten auf www.zawodsky.at

DAS IST
SÜDTIROL

Der wunderbare Speck, wenn er handwerklich erzeugt wird

Die Schlutzkrapfen, auch Schlutzer genannt

Aufgenommen in die
SLOW FOOD ARCHE DES GESCHMACKS

―――

Der Graukäse aus dem Ahrntal

―――

Vom Sellajoch auf gut 2.200 Metern hat man den schönsten Blick auf die Dolomiten. Im Vordergrund: der Langkofel mit der Fünffingerspitze.

WIRTSHÄUSER IN SÜDTIROL

1. **Schnalshuberhof**
2. **Sonneck**
3. **Gasthaus Kürbishof**
4. **Gasthof Oberraut**
5. **Garsun**
6. **Hotel-Restaurant Waldheim**
7. **Berggasthof Dorfner**
8. **Restaurant Durnwald**
9. **Falschauerhof**
10. **Signaterhof**
11. **Gasthaus Lamm Mitterwirt**
12. **Oberraindlhof**
13. **Pretzhof**

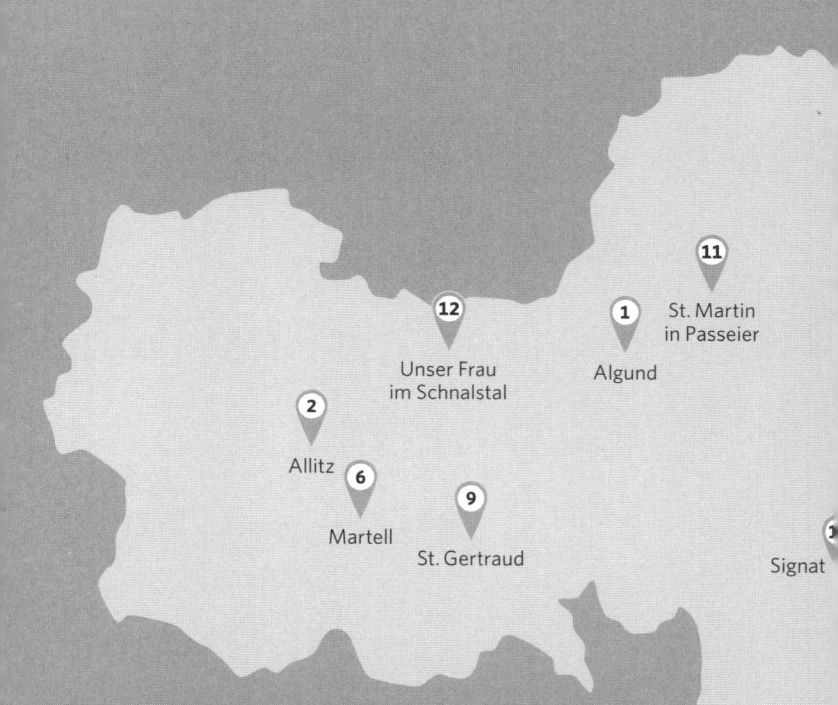

(11) St. Martin in Passeier
(1) Algund
(12) Unser Frau im Schnalstal
(2) Allitz
(6) Martell
(9) St. Gertraud
Signat
(7) Montan
(3) Altrei

3 Wiesen in Pfitschtal

4 Amaten

8 Pichl im Gsiesertal

5 Enneberg

SÜDTIROL Algund

SCHNALSHUBERHOF

Oberplars 2, I-39022 Algund, Tel.: +39/0473/44 73 24
Details auf: www.roterhahn.it/de (nach Schnalshuberhof suchen)
Öffnungszeiten: von 1. März bis 22. Juli und von 9. August bis 16. Dezember
Donnerstag bis Sonntag jeweils 18–21 Uhr geöffnet,
Vorbestellung erforderlich
Ruhetage: Montag bis Mittwoch
Kreditkarten: keine
Gastgarten

Eingebettet zwischen biologisch bewirtschafteten Weinbergen und Apfelplantagen liegt der Bauernhof Schnalshuber in Oberplars, urkundlich erstmals erwähnt **im Jahr 1318**. Man speist in zwei prachtvollen und **denkmalgeschützten Stuben**.

Um den freundlichen Service kümmern sich Christian Pinggera und sein Vater Hansjörg, während in der Küche Mutter Rosa Gerichte aus **lokalen und saisonalen Zutaten** bereitet. Welche das sind, wird **mündlich verkündet**.

In unserem Fall waren es **Speck und Wurstwaren** aus eigener Erzeugung als Antipasti. Als Primi gab es **Knödel mit Speck, Spinat oder Roter Rübe** sowie die wunderbaren **Schlutzkrapfen** gefüllt mit Ricotta und Spinat. Die Hauptspeise waren saftige **Schweinerippchen**, manchmal ist es auch herrlicher **Kalbsbraten** und im Herbst natürlich die eindrucksvolle **Schlachtplatte**.

Zum Abschluss dürfen frisch gebackene **Krapfen mit Mohnfüllung** nicht fehlen. Zum Trinken wählt man unter **hausgemachten Säften** und als Weinbegleitung den **Hauswein,** der aus pilzwiderstandsfähigen Trauben gekeltert wird. Telefonische Reservierung ist unerlässlich!

Allitz SÜDTIROL

SONNECK

Allitz 11, I-39036 Allitz, Tel.: +39/0473/62 65 89
Öffnungszeiten: Montag sowie Mittwoch bis Sonntag,
unbedingt reservieren!
Ruhetag: Dienstag
Kreditkarten: Mastercard, Visa; Bankomat

Die Ortschaft Allitz liegt etwas nördlich von Schlanders im Vinschgau und ist gut erreichbar mit dem Auto oder nach einer halbstündigen Wanderung vom Nachbarort Laas. Bekannt ist die Gegend wegen des **Marmors** sowie für die **Vinschger Marille**, weswegen in Laas jeden Sommer das Vinschgauer Marillen- und Marmorfest abgehalten wird. Das Gasthaus ist in seinem Inneren ganz mit **Holz verkleidet** und spezialisiert auf **traditionelle Küche**.

Als Antipasto empfehlen sich das **Hirschcarpaccio** sowie der **Speck aus Eigenproduktion**, begleitet von **Salami** und **einheimischen Käsen**. Unter den Primi wählt man etwa **hausgemachte Tagliatelle** mit Pfifferlingen, **Safranrisotto** mit Ziegenkäse und Palabirne, einer alten Vinschgauer Birnensorte, oder die hausgemachten **Tagliolini** geschwenkt in Wildkräutern, Minze und **Tomaten-Lamm-Ragout**.

Als Hauptspeise sollte man den einheimischen **Lammbraten** mit Kräutern und Thymiankartoffel probieren. Im Herbst verwöhnt Herbert Thanei seine Gäste mit Spezialitäten vom **Villnösser Brillenschaf**, einer von Slow Food geschützten alten Rasse, sowie mit verschiedensten **Wildgerichten**.

Abgerundet wird das Mahl mit **hausgemachten Kuchen** oder klassisch mit Kaiserschmarren, begleitet von Palabirnen oder Preiselbeermarmelade. Zudem gibt es eine gute **Wein- und Spirituosenkarte**. Reservierung wird angeraten.

SÜDTIROL Altrei

GASTHAUS KÜRBISHOF

Guggal 23, I-39040 Altrei, Tel.: +39/0471/88 21 40
www.kuerbishof.it
Öffnungszeiten: warme Küche Mittwoch bis Montag 12.30–14 Uhr und 19–21 Uhr
Ruhetag: Dienstag
Kreditkarten: Mastercard, Visa; Bankomat
Gastgarten, Zimmer ab € 80 inklusive Frühstück

Das kleine Dorf Altrei, bekannt unter anderem für seinen Kaffee, der aus blau blühenden Lupinen hergestellt wird, liegt an der Grenze zwischen den Provinzen Südtirol und Trentino. Gesprochen wird folglich sowohl **Deutsch als auch Italienisch**, auch im Kürbishof der Familie Varesco.

In den zwei knapp **250-jährigen Tiroler Stuben** servieren Hartmann und Sara typische Gerichte mit leicht **mediterranem Einschlag**. Die Zutaten werden zu einem großen Teil im hauseigenen biologischen Garten angebaut und ansonsten in der Region bezogen.

Als Antipasti gibt es **Saibling Saor** mit Lauch und Rosinen sowie **lauwarmen Kalbskopf** mit roter Zwiebel. Unter den Primi empfehlen sich die **Ravioli mit Hanfmehl** und die **Kartoffel-Buchweizen-Gnocchi mit Lamm** und Wirsing.

Für die Hauptgerichte verwendet der Kürbishof nur Fleisch aus umliegenden Betrieben. Darunter etwa **Kalb mit Kräuterkruste** auf Gröstl und Gemüse sowie **Lammrücken im Ofen gebraten** mit „Roascht" (angebratene Polenta und Kartoffel).

Zum Abschluss wählt man zwischen **Südtiroler Käsesorten**, serviert mit hausgemachten Chutneys, oder den wunderbaren Süßspeisen wie der **Variation vom Lupinen-Kaffee** von Altrei oder den **Ricotta-Gnocchi** mit Zwetschken- und Quittenkompott. Sehr gute **Weine**, vorwiegend aus Südtirol.

Amaten SÜDTIROL

GASTHOF OBERRAUT

Amaten 1, I-39031 Amaten/Bruneck, Tel.: +39/0474/55 99 77
www.oberraut.it
Öffnungszeiten: Montag bis Mittwoch 12–14 Uhr und 18–21 Uhr,
Freitag bis Sonntag 12–14 Uhr und 18–21 Uhr
Ruhetag: Donnerstag
Kreditkarten: Mastercard, Visa; Bankomat
Gastgarten, Zimmer ab € 42 pro Nacht

Schon seit vielen Jahren betreibt Familie Feichter diesen Gasthof hoch ober dem Pustertal und der Stadt Bruneck. Man speist in **prächtigen Stuben** oder auf der Terrasse neben dem **Gemüsegarten**. Ein paar Schritte weiter liegt der Stall, wo die **Rinder** gehalten werden. Getreide wird selbst angebaut, gemahlen und zu **exzellentem Brot** verarbeitet. Der Küchenstil ist traditionell mit alpin-mediterranen Einflüssen.

Wunderbar munden die hausgemachten Wurstwaren wie **Gamswurst, Hirschschinken und Kaminwurzen** sowie der **Graukäse** als Antipasto. Sehr gut sind auch das **Tatar vom Rind** mit Schwarzbrot und der **Frühlingssalat** mit Löwenzahn, Kartoffeln, Speck und Ei. Weiter geht es mit den **Kartoffel-Ravioli mit Ziegenkäse**, einem **Kräuter-Risotto**, **Pustertaler Tirtlen** mit Kraut-, Spinat- oder Topfenfülle oder den hausgemachten **Tagliatelle mit Zirbelgeschmack und Ragout vom Reh**. Und im Winter gibt's die **legendären Blutnudeln** mit Graukäse.

Für die Hauptspeisen wird hauseigenes Rindfleisch verarbeitet wie etwa für das wunderbare **Gulasch** oder das Wild aus den umliegenden Wäldern beispielsweise für den **Hirschpfeffer**. Unter den Süßspeisen finden sich **Knödel mit saisonalen Früchten** wie Erdbeeren oder Marillen sowie die herrlichen **Strauben** mit Preiselbeeren. Kleine, aber sehr ausgewählte **Südtiroler Weinkarte**.

SÜDTIROL Enneberg

GARSUN

Welschmontal 9, I-39030 Enneberg, Tel.: +39/0474/50 12 82
Öffnungszeiten: Dienstag bis Sonntag 8–22 Uhr
Ruhetag: Montag
Kreditkarten: Mastercard, Visa; Bankomat

In der Nähe von St. Vigil bei Enneberg im wunderschönen **Dolomitengebiet** und in einem der **ladinischsprachigen Täler** Südtirols liegt das Gasthaus Garsun. Bitten Sie die Hausherrin Maria Luisa, Ihnen die Geschichte der ladinischen Landwirtschaft und des Handwerks, der beiden Grundsteine dieses Tals, zu erzählen.

Das Menü ist vom Gastgeber festgelegt. Als Antipasti werden **Tultres, kleine frittierte und gefüllte Teigwaren**, serviert. Weiter geht es mit **Cajinci**, mit Kräutern, Kartoffeln und Ricotta **gefüllten Ravioli**, geschwenkt in Butter und Parmesan. Traditionell werden sie mit Mohn und Zucker serviert.

Die **Schweinshaxe** mit Ofenkartoffeln und Kraut zergeht im Mund. Zum Abschluss gibt es noch **gefüllte Krapfen** mit hausgemachter Marmelade, Apfelstrudel und **Crafun Môre, kleine frittierte Ringe mit Apfelmus**. Telefonische Reservierung absolut notwendig.

HOTEL-RESTAURANT WALDHEIM

St. Maria in der Schmelz 16, I-39020 Martell, Tel.: +39/0473/74 45 45
www.waldheim.info
Öffnungszeiten: täglich 7.30-24 Uhr
Kreditkarten: Mastercard, Visa; Bankomat
Gastgarten, Zimmer ab € 45

Das Martelltal ist ein Seitental des Vinschgauer Etschtals. An seinem Ende und fast schon am Eingang zum **Stilfser Nationalpark** liegt das Hotel-Restaurant Waldheim. Das Gasthaus verfügt über eine prächtige Terrasse und in seinem Inneren über eine Stube, es ist eine **typische Tiroler Taverne**. In der Küche steht der Wirt Hermann Mair, Juniorchef Alexander kümmert sich um den Service.

Man startet beispielsweise mit einer traditionellen Suppe wie **Speckknödelsuppe**, Milzschnittensuppe oder der **Bauernsuppe vom Ur-Paarl**, einem von Slow Food geschützten Roggengebäck. Als Primi folgen **Schlutzkrapfen** mit Spinat- oder Brennnesselfülle, **Tagliatelle mit Wildfleischragout** oder Nudeln mit Brokkoli und geräucherter Bachforelle.

Unter den Hauptspeisen empfehlen wir das **Hirschschnitzel** mit Preiselbeeren oder die in Butter geschwenkte **Bachforelle** mit Kartoffeln und Petersilie. Gute **Auswahl an Weinen**.

SÜDTIROL Montan

BERGGASTHOF DORFNER

Gschnon 5, I-39040 Montan, Tel.: +39/0471/81 99 24
www.dorfner.it
Öffnungszeiten: Dienstag bis Sonntag 12-14.30 Uhr und 18.30-21.30 Uhr
Ruhetag: Montag
Kreditkarten: Mastercard, Visa; Bankomat
Gastgarten, Zimmer ab € 90

Wer dem Chaos von Bozen entfliehen möchte, tut gut daran, hinauf zum Dorfnerhof im Naturpark Trudner Horn zu fahren. Man durchquert eine Laube und tritt **durch die Schank** ins Gasthaus, Platz findet man in den **gemütlichen Stuben** oder im Freien, wo im Sommer der Wald für angenehme Temperaturen sorgt.

Koch Anton Dalvai setzt auf **traditionelle Gerichte**, einige davon **neu interpretiert**. Das Fleisch stammt von der hofeigenen Züchtung, Gemüse und Obst werden selbst angebaut. Das Menü folgt in hohem Maße den Saisonen.

Wir starteten mit **Carpaccio vom Knollensellerie** mit schwarzen Trüffeln und mit klassischem **Tatar vom hauseigenen Rind**. Unter den Primi empfehlen sich das **Risotto mit Pfifferlingen** und frischem Speck oder die **Gemüseknödel** mit Käse und Lauch.

Wunderbar sind die Fleischgerichte wie das **Bauerngröstl** mit Krautsalat oder **Ossobuco vom Kalb** mit Gemüse und Knödel, aber auch Fisch wie das **geröstete Sailblingsfilet**. Bei den Desserts kommen dann die hauseigenen Früchte ins Spiel, wie etwa beim **Vanilleeis mit Amarenakirschen** und beim bilderbuchhaften **Apfelstrudel**. Große und interessante Auswahl an **regionalen Weinen**.

RESTAURANT DURNWALD

Nikolaus-Amhof-Straße 6, I-39030 Pichl im Gsiesertal
Tel.: +39/0474/74 68 86
Öffnungszeiten: warme Küche 12–14 Uhr und 19–21 Uhr
Ruhetag: Montag
Kreditkarten: Mastercard, Visa; Bankomat
Gastgarten

Im idyllischen Gsiesertal, einem Seitental des Pustertals, und direkt am Waldrand liegt das Gasthaus der Familie Mayr, von der man herzlich empfangen wird. Der Gastraum ist gemütlich, strahlt **Wärme und Gastfreundschaft** aus. In der Küche steht die junge, aber erfahrene Köchin Sylvia Mayr; um den Service kümmert sich Mutter Barbara.

Beginnen kann man beispielsweise mit etwas **gut gereiftem Speck** und Bauchspeck, die mit drei verschiedenen Sorten **hausgemachtem Brot** serviert werden. Sehr gut auch der **Kalbskopf sauer** mit Zwiebelringen und **Ahrntaler Graukäse** mit Kürbiskernöl. Als Primo empfehlen wir die traditionellen **Bluatnudeln mit Graukäse**, aber natürlich auch die **Speckknödelsuppe**, die hausgemachten „Schlutza" oder die Nudeln mit Ragout vom Reh und Pilzen.

Weiter geht es mit Hauptspeisen wie **Gulasch vom Hirsch** mit Polenta oder Speckknödel sowie Blaukraut und Pilzen, dem **Herrengröstl** mit Kraut-Speck-Salat oder den **Lammkoteletts** auf Gemüsebeet und Röstkartoffeln.

Zum Abschluss kann man entweder zu Käse greifen und einen **Ziegger** beziehungsweise einen **Graukäse** probieren oder aber die hervorragende hausgemachte **Linzertorte** oder den frischen **Apfelstrudel** ordern. Gute Auswahl an **Südtiroler und italienischen Weinen**.

SÜDTIROL St. Gertraud

FALSCHAUERHOF

I-39016 St. Gertraud 14, Tel.: +39/0473/79 01 91
Öffnungszeiten: Man muss einen Tag vorher reservieren
Ruhetage: Mittwoch und Donnerstag
Kreditkarten: keine
Gastgarten, Zimmer ab € 47 plus ein Zuschlag von € 2

Der Falscherhof in Sankt Gertraud, fast schon am Ende des Ultentals, liegt auf 1.500 Meter Höhe, dementsprechend **eindrucksvoll ist der Ausblick**. Im Hof stöbern die Hühner, es riecht nach frischen Kräutern, die im **eigenen Garten** angebaut werden. Begrüßt wird man von Sepp Gruber, in der Küche steht seine Frau Lisi. Mit viel Liebe verarbeitet sie das Gemüse aus dem Garten sowie das **Fleisch vom Hof** und Wild aus der Gegend.

Speisekarte gibt es keine, das Menü wird vom Gastgeber angekündigt. Den Anfang macht ein gemischter **Aufschnitt-Teller** mit hausgemachtem Speck, Salat aus dem Garten, Radieschen und Eiern vom Hof. Als Primi folgen **Käse- und Spinatknödel** mit zerlassener Butter und Salbei.

Hervorragend schmecken die Hauptspeisen wie der **Gamsbraten**, man kann bei der Reservierung auch nach **Kitz-, Lamm- oder Kalbsbraten** fragen. Dazu gibt es in Butter geschwenkte Karotten, knackigen Fenchel sowie geröstete Kartoffeln. Als Nachspeise folgt eine wunderbare **Erdbeer-Roulade**. Kleine, aber sehr gute Auswahl an **Weinen**. Telefonische Reservierung ist unbedingt notwendig.

Signat **SÜDTIROL**

SIGNATERHOF

Signat 166, I-39054 Signat, Tel.: +39/0471/36 53 53
www.signaterhof.it
Öffnungszeiten: Sonntag 8–17 Uhr,
Dienstag bis Samstag ab 8 Uhr, bis der letzte Gast geht
Ruhetage: Sonntagabend, Montag
Kreditkarten: Mastercard, Visa; Bankomat
Gastgarten, Zimmer ab € 47

Der Signaterhof liegt zirka 15 Minuten von der Autobahnausfahrt Bozen Nord am **Fuße des Ritten**, des Hausbergs der Provinzhauptstadt. Hier kann man **die Stille** und **das Panorama** genießen oder aber zahlreiche Wanderungen beginnen.

Vor vielen Jahren dienten die Räume im Erdgeschoß als Schmiedewerkstatt, während die **in schwarzem Holz getäfelte Stube** im ersten Stockwerk seit jeher als Gastraum genutzt wurde. Seit mehr als 20 Jahren kümmern sich Erika und Günther Lobiser um die Gäste.

Für den Beginn empfehlen wir **Vitello tonnato**, in der Salzkammer gereifte **Hirschsalami** mit eingelegten Pfifferlingen oder **Specksalat mit Ei**. Ausgezeichnet unter den Primi sind die **Petersiliengnocchi** mit geräuchertem Ricotta sowie das **Knödeltris** mit zerschmolzener Butter und geriebenem Parmesan.

Wunderbar auch **Bollito misto** mit Salsa verde, also **gemischtes Gesottenes** mit Kräutersauce und Kren, das Gröstl mit Speckkrautsalat, der **saure Kalbskopf** mit Zwiebel sowie der **Tiroler Braten** mit Röstkartoffeln und Gemüse, aber auch der **Saibling** mit Kartoffelsalat und Tatarsauce.

Als süßen Abschluss empfehlen wir die **Karottentorte**, die **Schokoladevariation mit Knödel** und den klassischen Kaiserschmarren mit hausgemachter Preiselbeermarmelade.

SÜDTIROL St. Martin in Passeier

🐌 GASTHAUS LAMM MITTERWIRT

Dorfstraße 36, I-39010 St. Martin in Passeier, Tel.: +39/0473/64 12 40
www.gasthaus-lamm.it
Öffnungszeiten: täglich außer an Ruhetagen von 12–14 Uhr und 18–21 Uhr
Ruhetage: Sonntag, Montag (Juli, August und September nur Montag)
Kreditkarten: Mastercard, Visa; Bankomat
Gastgarten

Vom Gasthaus Lamm blickt man auf den neu gestalteten Dorfplatz von St. Martin in Passeier. Erstmalig erwähnt wurde es bereits im 17. Jahrhundert, die Fassade wie auch die **zwei Stuben** sind sehr gut erhalten.

Arnold Fontana kümmert sich gemeinsam mit seinen Söhnen um die Gäste, seine Frau Hildegard ist für die Küche verantwortlich. Meisterhaft kombiniert sie traditionelle **Südtiroler Küche mit mediterranen Einflüssen**. Die Rohstoffe werden von den umliegenden Bauern bezogen; wenn möglich, werden Bio-Produkte verwendet.

Zu Beginn empfehlen wir Tiroler Antipasto: **geräuchertes Biofleisch** aus dem Passeiertal, **Speck und Kaminwurzen**. Die Nudeln für die Primi sind hausgemacht, zur Auswahl stehen auch **Gnocchi mit Schüttelbrot** und Blauschimmelkäse, die **Rohnenknödel** und die **Vollkorn-Roggen-Pappardelle** mit Graukäse.

Als Hauptspeisen gibt es **Braten vom Lamm** mit Knödeln und Salat, **Bratl von der Passeirer Bergziege** oder **Filet vom Passeirer Rind** mit Rotweinschalotten und Rösterdäpfeln. Fisch gibt's aber auch, beispielsweise **Saibling oder Zander gebraten** mit Petersilerdäpfeln und Salat.

Zum Abschluss wählt man zwischen einer tollen Selektion an **lokalen Käsen** und **Apfelstrudel** beziehungsweise **Topfenknödel**. **Ehrliche Weinkarte** mit regionalen Weinen.

Unser Frau im Schnalstal SÜDTIROL

OBERRAINDLHOF

Raindl 49, I-39020 Unser Frau im Schnalstal, Tel.: +39/0473/67 91 31
www.oberraindlhof.com
Öffnungszeiten: Küche 12–14 Uhr und 18–21 Uhr
Ruhetag: Mittwoch
Kreditkarten: Mastercard, Visa; Bankomat
Gastgarten, Zimmer ab € 67

Bekannt ist das Schnalstal nicht zuletzt wegen seines seit Jahrhunderten betriebenen Schaftriebes über die Berge ins Ötztal. Von der Hauptstraße Richtung Kurzras, kurz nach dem Tunnel nach Karthaus, weist ein kleines Schild auf den Oberraindlhof hin. Es geht **über eine kleine Holzbrücke**, dann eine kurvige, steile Straße hinauf, bis man schließlich den **antiken Bauernhof** am Waldesrand erreicht.

Der Blick von der **großzügigen Terrasse** auf die umliegenden Berge ist grandios. Aber auch die zwei **gemütlichen Stuben** eignen sich gut, um in den Genuss von Familie Raffeiners **traditioneller Küche** zu kommen. Fleisch von Schaf, Ziege und Schwein stammt aus eigener Landwirtschaft.

Wir begannen mit Vollkorn-Toastbrot mit **Rindswangen-Ragout** sowie einer **Creme von Brunnenkresse**, sehr gut schmeckt auch die **Bauernbrotsuppe** und die **Carne Salada vom Schnalser Lamm**. Unter den Primi begeistern die Ravioli. gefüllt mit Weichkäse vom Pfossental, die **Vollkorn-Käse-Knödel** mit Salat und die **Schluzer** vom Schnalser Lamm.

Ausgezeichnet und in einer Pfanne serviert: der **Braten vom Lamm** mit Kartoffeln aus dem Schnalstal sowie **Leber und Niere** vom Schnalser Lamm. Und zum Abschluss ein Käseteller mit einer Auswahl an **Schnalser Käse** oder als Dessert die traditionelle **Schneemilch**. Sehr gepflegte Weinkarte.

SÜDTIROL Wiesen im Pfitschtal

PRETZHOF

Tulfer 259, I-39040 Wiesen, Tel.: +39/0472/76 44 55
www.pretzhof.com
Öffnungszeiten: Mittwoch 12-16 Uhr,
Donnerstag bis Samstag 12-21 Uhr, Sonntag 12-20 Uhr
Ruhetage: Montag, Dienstag
Kreditkarten: Mastercard, Visa; Bankomat
Gastgarten

Nur wenige Kilometer von Sterzing und am **Eingang zum Pfitschtal** liegt der von der Familie Mair betriebene Pretzhof. Hier ist man bemüht, möglichst alles, was den Gästen serviert wird, selbst zu erzeugen. Karl kümmert sich um die Tiere, deren Fleisch in der **eigenen Metzgerei** vom Sohn verarbeitet wird. Ulli steht in der Küche und bereitet hervorragende traditionelle Gerichte zu, die von der Tochter serviert werden.

Alle veredelten Fleischprodukte vom Hof können im hauseigenen Geschäft erworben werden. Man sitzt in **gemütlichen Stuben** oder auf der **Terrasse mit Blick übers Tal**. Speisekarte gibt es keine, nach **Absprache mit der Köchin** zählt der Wirt auf, was es gerade gibt.

Als Antipasto empfehlen wir den **Gemischter-Aufschnitt-Teller** mit hausgemachtem Speck, Kaminwurzen und Käse. Unter den Primi finden sich die klassischen Knödel, aber auch die **Pressknödel**, die nach dem Pressen nochmals in Butter gebraten werden, und, wenn vorhanden, die sensationellen **Schwoasnudeln mit Schweineblut**.

Unter den Hauptspeisen überzeugten **Lammleber gebraten** mit Zwiebel, **Lammrücken** mit Kartoffelpüree oder frischem Salat aus dem Garten, duftendes **Hirschgulasch** mit Buchweizenpolenta und der **Braten vom Grauvieh**. Als Süßspeisen sollte man die **Krapfen** und das **hausgemachte Eis** probieren. Eine gute Auswahl an **hochwertigen Weinen**.

EINKAUFSTIPPS

OFFICINA DEL GELO AVALON
Für viele Experten der beste Eissalon in Bozen. Alle Zutaten werden nach strengen Qualitätskriterien ausgewählt und haben jeweils ihre eigene Geschichte. Darunter auch einige *Slow Food Presidi*.
Freiheitsstraße 44, 39100 Bozen
Tel.: +39/0471/26 04 34
www.officinadelgeloavalon.eu

OSTERIA DAI CARRETTAI
In dem kleinen Weinlokal wird auf die Ehrlichkeit der Gäste gesetzt, die sich die verschiedenen Weine selbst vom Fass zapfen und sich an den berühmten Canapés von der Theke bedienen.
Dr.-Josef-Streiter-Gasse 20, 39100 Bozen
Tel.: +39/0471/97 05 58

FEINKOST EGGER
Die Traditionsmetzgerei Peter Egger bietet in einer prachtvollen Fleischerei mitten im Zentrum von Bozen eine große Auswahl an selbst erzeugten Speckstücken von allen möglichen Teilen des Tiers sowie interessante Würste und Salamis von Schwein, Lamm, Wild, Pferd und Esel.
Obstplatz 7, 39100 Bozen
Tel.: +39/0471/97 55 35
www.feinkostegger.it

GENUSSMARKT PUR SÜDTIROL BOZEN
Interessante Produkte von Südtiroler Bauern, darunter verschiedene Specksorten (einige ohne Verwendung von Pökelsalzen hergestellt) sowie Käse, Weine, Säfte, Schüttelbrot und Ähnliches.
Dr.-Julius-Perathoner-Straße 9, 39100 Bozen
Tel.: +39/0471/09 56 51
www.pursuedtirol.com
Montag bis Freitag 7.30-19.30 Uhr,
Samstag 9.30-18 Uhr

STADTMETZGER K. BERNARDI

Karl Bernardi gilt in ganz Italien als einer der ganz Großen des Südtiroler Schinkenspecks. Diesen und zudem etliche weitere kann man in der schönen Metzgerei in Bruneck verkosten und erstehen.

Stadtgasse 36, 39031 Bruneck
Tel.: +39/0474/55 54 72
www.bernardi-karl.it
Montag bis Freitag 8.30–12 Uhr und 15 –19 Uhr,
Samstag 8.15–12.15 Uhr,
jeden ersten Samstag im Monat auch 15–18 Uhr

GENUSSMARKT PUR SÜDTIROL BRUNECK

Interessante Produkte von Südtiroler Bauern, darunter eine Fülle verschiedener Specksorten (einige ohne Verwendung von Pökelsalzen hergestellt) sowie Käse, Weine, Säfte, Schüttelbrot und Ähnliches.

Herzog-Sigmund-Straße 4/a, 39031 Bruneck
Tel.: +39/0474/05 05 00
www.pursuedtirol.com
Montag bis Freitag 7.30–19.30 Uhr,
Samstag 7.30–17 Uhr

METZGEREI HOLZNER

Der Name Holzner steht für ausgezeichnete Qualität, von lokalem Frischfleisch bis hin zu Wurstwaren. Ganz besonders hervorzuheben ist der hausgemachte Speck, der ausschließlich mit Meeressalz hergestellt wird.

Andreas-Hofer-Straße 15, 39011 Lana
Tel.: +39/0473/56 13 48
www.lanaspeck.it

HOFKÄSEREI ENGLHORN

Alexander Agethle ist einer der ambitioniertesten Käsemacher Südtirols. In seiner Hofkäserei Englhorn erzeugt er hervorragende, gut gelagerte Rohmilchkäse aus frischer Almmilch.

Schleis 8, 39024 Mals
Tel.: +39/0473/83 53 93
www.englhorn.com
Hofladen: Montag bis Samstag 8–12 Uhr
Die Käserei kann auch besichtigt werden.

Einkaufstipps **SÜDTIROL**

GENUSSMARKT PUR SÜDTIROL MERAN

Im Pur-Südtirol-Shop im Meraner Kurhaus können in modernem Ambiente interessante Produkte von Südtiroler Bauern verkostet und gekauft werden. Darunter eine Fülle verschiedener Specksorten, von denen einige ohne Pökelsalze hergestellt werden, sowie Käse, Weine, Säfte, Schüttelbrot und Ähnliches.

Freiheitsstraße 35, 39012 Meran
Tel.: +39/0473/01 21 40
Montag bis Freitag 9–19.30 Uhr,
Samstag 9–18 Uhr

ULTNER BROT

Per Hand und nach biologischen Richtlinien erzeugt die Bäckerei Ultner Schüttelbrot, Vinschgerl und traditionelle Südtiroler Brotspezialitäten.

Dorfplatz 114/a, 39016 St. Walburg im Ultental
Tel.: +39/0473/79 53 27
www.ultnerbrot.it

DEGUST

Im Geschäft des gleichfalls traditionsverbundenen wie kreativen Affineurs Hansi Baumgartner findet sich Käse aus Südtirol und anderswo, vom Meister mit Leidenschaft gesammelt, gereift und verfeinert.

Bsackerau 1, 39040 Vahrn
Tel.: +39/0472/84 98 73
www.degust.com

SLOW FOOD

Slow Food ist eine Non-Profit-Organisation, die 1986 in Italien gegründet wurde und seit ihrem ersten internationalen Auftritt 1989 zu einer weltweit aktiven Bewegung mit einer Million Unterstützern und mehr als 100.000 Mitgliedern in 160 Ländern gewachsen ist. Slow Food fordert das Recht auf verantwortungsvollen Genuss für alle. Jeder soll Zugang zu guten, sauberen und fairen Lebensmitteln haben.

Gut sind Lebensmittel, wenn sie geschmacklich und gesundheitlich einwandfrei sind. Unter sauber versteht man Lebensmittel, deren Produktion und Verarbeitung keinen Schaden an Mensch, Natur und Tier anrichtet. Zuletzt muss eine faire Entlohnung für alle in der Lebensmittelproduktion – vom Bauern bis zum Koch – sichergestellt werden.

SLOW FOOD
- *fordert das Recht auf Produktion und Genuss guter, sauberer und fairer Lebensmittel für alle Menschen weltweit ein und übernimmt Verantwortung für unser Öko- und Lebensmittelsystem;*
- *engagiert sich für eine nachhaltige, multifunktionale Landwirtschaft und Fischerei, artgerechte Tierhaltung, den Schutz der biologischen Vielfalt, eine regionale Geschmacksvielfalt, Pflege und Weiterentwicklung des traditionellen Lebensmittelhandwerks sowie eine Gastronomie, die auf ihren lokal spezifischen Ressourcen aufbaut;*
- *zielt auf die Wiedergewinnung einer genussvollen, vielfältigen und ganzheitlichen Ess- und Trinkkultur ab und leistet Widerstand gegen die Standardisierung von Lebensmitteln und das industrielle Agrar- und Ernährungssystem;*
- *tritt für die Wertschätzung von Lebensmitteln ein und bringt Produzentinnen und Produzenten sowie Verbraucherinnen und Verbraucher – oder wie Slow Food sie nennt: Koproduzentinnen und Koproduzenten – wieder miteinander in Kontakt;*
- *fördert den Austausch und vermittelt Wissen und Information über die Herkunft, Qualität und den Geschmack von Lebensmitteln.*

DIE CONVIVIEN
Die Basisgruppen von Slow Food sind die Convivien. Diese werden von einer ehrenamtlichen Convivienleitung (CL) organisiert. Mindestens einmal im Jahr trifft sich der Vorstand und bespricht regionale, nationale und internationale Projekte. Die Convivien sind in der Planung ihrer Aktivitäten im Rahmen der Ziele und Prinzipien von Slow Food autonom. Die Convivien sind der Ort, an dem Slow Food gelebt wird. Hier finden die unterschiedlichsten Aktionen und Aktivitäten statt, wie zum Beispiel Verkostungen, Geschmacksschulungen, Schulgärten, Märkte,

SLOW FOOD

Exkursionen zu Produzent(inn)en und Handwerksbetrieben, Seminare, Vorträge und Podiumsdiskussionen, Kochshows, Kochtreffen, Stammtische und Feste. Die Arbeit der regionalen, weltweit vernetzten Convivien orientiert sich an den Aktivitäten und Kampagnen der internationalen Bewegung, etwa gegen die Lebensmittelverschwendung und für den Schutz und Erhalt der biologischen Vielfalt. Weltweit gibt es mehr als 1.500 Convivien. In Österreich (inklusive Südtirol) sind die Mitglieder in 15 Convivien organisiert:

SLOW FOOD ALPE ADRIA: CL Herwig Ertl | ertl@herwig-ertl.at | Tel.: +43/650/554 00 80
SLOW FOOD ALTO ADIGE SÜDTIROL: *www.slowfoodaltoadigesuedtirol.it*
CL Ivo De Pellegrin | info@slowfoodaltoadigesuedtirol.it | Tel.: +39/0333/859 36 29
SLOW FOOD BURGENLAND: *www.slowfoodburgenland.at*
CL Kerstin Rohrer kerstin.rohrer@chello.at | Tel.: +43/650/812 23 84
SLOW FOOD CARINTHIA: *www.slowfoodkaernten.at*
CL Erwin Jäger | erwin@delijaeger.com | Tel.: +43/699/11 67 64 68
SLOW FOOD KAMPTAL: CL Robert Paget | paget.robert@netway.at | Tel.: +43/664/154 02 18
SLOW FOOD LINZ: *www.slowfoodlinz.at*
CL Philipp Braun | slowfood-linz@gmx.at | Tel.: +43/676/82 52 37 56
SLOW FOOD LUNGAU: CL Gunther Naynar | hiasnhof@aon.at | Tel.: +43/6483/219
SLOW FOOD PINZGAU:
CL Wolfgang Schäffner | w.schaeffner@smc-info.at | Tel.: +43/664/421 37 48
SLOW FOOD SALZBURG:
CL Jürgen Schmücking | juergen@schmuecking.bio | Tel.: +43/676/689 59 17
SLOW FOOD STYRIA: *www.slowfood-styria.com* | *www.facebook.com/SlowFoodSteiermark*
SLOW FOOD TIROL: *www.slowfoodtirol.at* | *www.facebook.com*
CL Elisabeth Senn | elisabeth.senn@aon.at | Tel.: +43/699/17 58 54 04
SLOW FOOD VORARLBERG: *www.slowfoodvorarlberg.at*
CL Vito Mussner | tavela@gmx.net | Tel.: +43/664/73 06 54 34
SLOW FOOD WALDVIERTEL: *www.slowfoodwaldviertel.at*
CL Helmut Hundlinger | helmut@hundlinger.at | Tel.: +43/2982/22 81
SLOW FOOD WEINVIERTEL: *www.slowfood-weinviertel.at*
CL Gabriele Gansler | gg@slowfood-weinviertel.at | Tel.: +43/676/733 62 06
SLOW FOOD WIEN: *www.slowfoodwien.at* | *www.facebook.com/SlowFoodWien*
CL Barbara van Melle | info@slowfoodwien.at | Tel.: +43/660/315 40 00

STIFTUNG FÜR BIOLOGISCHE VIELFALT

Um für die Wertschätzung biologischer und kultureller Vielfalt und gegen die drohende Vereinheitlichung durch das industrielle Agrar- und Ernährungssystem zu kämpfen, wurde 2003 die Stiftung für biologische Vielfalt gegründet. In den letzten 100 Jahren sind 75 Prozent der Nutzpflanzen verlorengegangen, ähnlich dramatisch sind die Verluste bei den Nutztierrassen. **www.slowfoodfoundation.com**
In der „Arche des Geschmacks" werden Lebensmittel, Nutztier- und Pflanzenarten gelistet und beschrieben, die vom Vergessen bzw. Verschwinden bedroht sind und nachhaltig produziert werden, regional verankert sowie außergewöhnlich im Geschmack sind. Gegenwärtig gibt es weltweit etwa 2.715 Einträge, davon 40 Arche-Passagiere aus Österreich.

SLOW FOOD

WAS IST DIE
„ARCHE DES GESCHMACKS"?

Die Arche des Geschmacks ist ein internationales Projekt der Slow-Food-Stiftung für **biologische Vielfalt** (Slow Food Foundation for Biodiversity) und ein eingetragenes Markenzeichen von Slow Food International. Sie stellt das Weltkulturerbe des Essens dar: eine Liste von **Pflanzenarten, Nutztierrassen und regionalen Lebensmitteln,** die unter den gegenwärtigen ökonomischen Bedingungen auf dem Markt nicht bestehen können oder in ihrer Existenz gefährdet sind.

Die Arche des Geschmacks hat sich zum Ziel gesetzt, diese regionalen Produkte zu katalogisieren, zu beschreiben und sie erneut ins Bewusstsein sowie auf die Teller der Konsumentinnen und Konsumenten zu bringen. Dies stellt auch den wesentlichen Unterschied zu einem **Presidio-Projekt*** dar, bei dem der Schwerpunkt nicht nur auf das Katalogisieren und Beschreiben der Produkte gesetzt wird, sondern besonders auf die **Unterstützung der Produzentinnen und Produzenten**. Häufig ist die Aufnahme in die Arche des Geschmacks ein erster Schritt zur Gründung eines Presidio-Projekts. Die Arche des Geschmacks wurde im Jahr 1996 beim ersten „Salone del Gusto" in Turin ins Leben gerufen und ging dem Projekt der Presidi voran. Weltweit gibt es 3.843 Einträge – siehe im Internet auf:
www.fondazioneslowfood.com/en/what-we-do/the-ark-of-taste

FÜR EINE NOMINIERUNG MÜSSEN DIE PRODUKTE IN ÖSTERREICH FOLGENDE KRITERIEN ERFÜLLEN:

- *Sie sind identitätsstiftend für bestimmte Regionen.*
- *Sie sind ein Beitrag zur geschmacklichen Vielfalt. Sie stammen aus nachhaltiger Bioproduktion und fördern die Biodiversität (biologische Vielfalt).*
- *Sie respektieren die Würde der Tiere und Pflanzen.*
- *Sie sind frei von gentechnisch veränderten Organismen.*
- *Sie stammen aus bäuerlicher Kleinproduktion und/oder aus handwerklicher Verarbeitung.*
- *Sie sind selten oder sogar vom Aussterben bedroht.*
- *Sie sind erwerbbar.*

*****Presidi** (ital.; Singular: *presidio* = Schutz) sind Projekte, die Lebensmittelhandwerkern dabei helfen, ihre traditionell hergestellten Produkte in der modernen Wirtschaft zu vermarkten. Sie sind der operative Teil der „Arche des Geschmacks". Presidi-Projekte werden eingerichtet, um vom Aussterben bedrohte hochwertige Produktionen zu unterstützen, einzigartige Regionen und Ökosysteme zu schützen, traditionelles Lebensmittelhandwerk zu bewahren und/oder heimische Nutztierrassen und Pflanzensorten zu schützen und zu erhalten. Weltweit gibt es etwa 570 Presidi-Projekte, in Österreich sind es derzeit acht: **Leithaberger Edelkirsche, Lesachtaler Brot, Lungauer Tauernroggen, Steirisches Grubenkraut, Wiener Gemischter Satz, Waldviertler Blondvieh, Waldviertler Waldstaudekorn, Wiesenwienerwald-Elsbeere.**

SLOW FOOD

DERZEIT GIBT ES IN ÖSTERREICH
40 VON DER INTERNATIONALEN SLOW-FOOD-ARCHE-KOMMISSION ANERKANNTE ARCHE-PRODUKTE:

- **Bolaga**[1]
- **Bregenzerwälder Bergkäse**
- **Donnerskircher Blaukirsche**[1]
- **Grubenkraut**
- **Hängerte**[1]
- **Hirschbirne**
- **Innviertler Abgereifter** oder **Graukäse**
- **Joiser Einsiedekirsche**[1]
- **Krainer Steinschaf**
- **Kritzendorfer Ribisel**
- **Kuchelzwetschke** *aus dem Weinviertel*
- **Lungauer Rahmkoch**
- **Lungauer Tauernroggen**
- **Montafoner Sura Kees** *hergestellt nach traditioneller Methode*
- **Pielachtaler Dirndl** *aus Wildsammlung*
- **Purbacher Frühbraune**[1]
- **Purbacher Spätbraune**[1]
- **Riesen von Aspern**
- **Roter Veltliner**
- **Schachl**[1]
- **Scheckerl**[2]
- **Speierling** *aus dem Weinviertel*
- **Spenling** *aus dem Weinviertel*
- **Sulmtaler Huhn**
- **Talggen**
- **Tiroler Grauvieh**
- **Uhudler**
- **Vorarlberger Riebelmais**
- **Waldschaf**
- **Waldstaudekorn**
- **Waldviertler Blondvieh**
- **Waldviertler Kriecherl**
- **Weingartenknoblauch**
- **Weingartenpfirsich**
- **Wiener Gemischter Satz**
- **Wiener Weinbergschnecke**
- **Wiesenwienerwald-Elsbeere**
- **Wildschönauer Krautinger**
- **Windener Schwarze**[1]

[1] Leithaberger Edelkirschsorte, [2] Erdäpfel

Informationen zu allen anerkannten österreichischen Arche-Produkten finden Sie auf: **www.archeprojekt.at**

Informationen über Arche-Produkte weltweit finden Sie auf der Website der Slow Food Stiftung für biologische Vielfalt: **www.slowfoodfoundation.com**

ORTE

Achenkirch	58
Aigen im Mühlkreis	152
Alberschwende	12
Algund (Südtirol)	464
Alkoven	153
Allitz (Südtirol)	465
Altaussee	248
Altenberg bei Linz	155
Altenfelden	154
Althofen	202
Altmünster	156
Altrei (Südtirol)	466
Amaten (Südtirol)	467
Anif	100
Annaberg im Lammertal	98
Annaberg-Lungötz	99
Apetlon	312
Arriach	203
Arzberg	249
Au im Bregenzerwald	13
Aurach bei Kitzbühel	59
Bad Aussee	250
Bad Goisern	157
Bad Hofgastein	101
Bad Leonfelden	158
Bad Zell	159
Bizau	14
Bramberg am Wildkogel	102
Braz	15
Bregenz	16
Brixlegg-Mehrn	60
Buch	61
Buch-St. Magdalena	251
Dellach	204, 205
Deutsch Schützen	313
Deutsch Tschantschendorf	314
Deutschlandsberg	252
Dienten	103
Dölsach	62
Dornbirn	17, 18
Drobollach am Faaker See	206
Drosendorf	348
Dürnstein	349
Ebbs	63
Eggelsberg	160
Eggenburg	350
Ehrenhausen	253
Elixhausen	104
Eltendorf	315
Enneberg (Südtirol)	468
Erl	64, 66
Etmißl	254
Feldkirch	19–22
Feldkirch-Altenstadt	23
Feldkirchen	161
Frauenkirchen	316
Fulpmes	67
Fuschl am See	105
Fußach	24
Gargellen	25
Garsten	162
Gaspoltshofen	163
Geinberg	164
Gmünd	207
Gmunden	165
Gnesau	208
Golling	106
Gols	317
Grafenstein	209, 210
Gramastetten	166
Graz	255–259
Graz-Andritz	260
Graz-St. Veit	261
Grödig	107
Großkirchheim	211
Gumpoldskirchen	351
Gurtis	26
Gußwerk	262
Gutau	167
Haitzendorf	352

Orte REGISTER

Hallein	108
Hard	27
Harmannsdorf	353
Harmisch	318
Hatzendorf	263
Heilbrunn	264
Heiligenbrunn	319
Heiligenkreuz im Lafnitztal	320
Heinfels	68
Hermagor	213–215
Hittisau	28
Hobersdorf bei Wilfersdorf	356
Hohenems	29, 30
Horn	357
Illmitz	321, 322
Ilz	265
Innerbraz	31
Innerschmirn	69
Innervillgraten	70
Innsbruck	71–73
Jochberg	74
Joching	358
Kirchberg an der Pielach	359
Kirchham	168
Klagenfurt	216, 217
Klein St. Paul	218
Klingenbach	323
Koblach	32
Krakau	266
Krakauebene	267
Kronstorf	169
Krumbach (Vorarlberg)	33, 34
Krumbach (Niederösterreich)	360
Laaben	361, 362
Landl	268
Langenlebarn	363
Langenwang	269
Lans bei Innsbruck	75
Lech	35
Lembach	170
Leobersdorf	364
Leogang	109, 110
Leutasch	76
Lichtenberg	171
Liebenfels	219, 220
Linz	172, 173
Maishofen	111
Maissau	365
Mallnitz	221
Marhof bei Stainz	270
Mariapfarr	112
Martell (Südtirol)	469
Matrei in Osttirol	77
Mautern	366
Millstatt am See	222
Mittersill	113
Mogersdorf	324
Mollands	367
Mönichkirchen	368
Mönichwald	271
Montan (Südtirol)	470
Mutters	78
Neckenmarkt	325
Neuberg an der Mürz	272
Neufelden	174
Neumarkt am Wallersee	114
Neupölla	369
Nöhagen	370
Oberafiesl	175
Oberndorf	79
Oberweiden	371
Oggau am Neusiedler See	326, 327
Oppenberg	273
Payerbach	372
Pichl im Gsiesertal (Südtirol)	471
Pierbach	176
Podersdorf am See	328
Pöllauberg	275
Prägraten am Großvenediger	80
Puch bei Weiz	274

REGISTER Orte

Purbach	329	St. Kathrein am Offenegg	283
Radenthein	223	St. Leonhard am Hornerwald	377
Ramsau bei Hainfeld	373	St. Margarethen im Lungau	128
Rankweil	36–38	St. Martin in Passeier (Südtirol)	474
Rattersdorf	330	St. Michael	284
Reichenau an der Rax	374	St. Pantaleon	129
Retz	375	St. Paul im Lavanttal	225, 226
Roßleithen	177	St. Pölten	378
Röthis	39	St. Radegund	285
Rudersdorf	331	St. Stefan ob Stainz	286
Saalbach	115	St. Thomas am Blasenstein	182
Saalfelden	116, 117	St. Veit am Vogau	287
Sallingberg	376	St. Veit an der Glan	227, 228
Salzburg	118–124	St. Veit im Innkreis	183
Sauerwald	229	St. Veit im Pongau	130
Scharfling am Mondsee	125	St. Wolfgang	131
Scharnstein	178	Steyr	180
Schildorn	179	Strassen	83
Schönberg am Kamp	379	Stuben am Arlberg	43
Schwanberg	276	Stuhlfelden	132
Schwarzenberg	41, 42	Stumm	84, 85
Semriach	277	Taiskirchen im Innkreis	184
Signat (Südtirol)	473	Tragwein	185
Sirnitz-Hochrindl	230	Traismauer	381
Soboth	278, 279	Traunkirchen	186
Sölden	82	Trautenfels	288
Sölk	280	Trautmannsdorf	289
Sommerein	380	Tschagguns	45
Sonntag	44	Unser Frau im Schnalstal (Südtirol)	475
Spielfeld	281	Unteraichwald bei Latschach	233
Spittal an der Drau	231, 232	Unterpremstätten	290
St. Georgen am Längsee	224	Unterretzbach	382
St. Gerold	40	Velden am Wörthersee	234
St. Gertraud (Südtirol)	472	Viktorsberg	46
St. Gilgen am Wolfgangsee	126	Villach	235
Guttaring	212	Vorchdorf	187, 188
St. Jakob am Thurn	127	Waisenegg	291
St. Johann am Wimberg	181	Wattens	86
St. Johann bei Herberstein	282	Weikersdorf am Steinfelde	383
St. Johann in Tirol	81		

Orte REGISTER

Weinitzen	292
Weins	384
Weißenkirchen in der Wachau	385
Wien-Alsergrund	428, 429
Wien-Brigittenau	441
Wien-Döbling	440
Wien-Floridsdorf	442
Wien-Fünfhaus	434, 435
Wien-Hernals	437
Wien-Innere Stadt	398–408
Wien-Josefstadt	426, 427
Wien-Landstraße	414–418
Wien-Leopoldstadt	409–413
Wien-Margareten	421–423
Wien-Meidling	431, 432
Wien-Neubau	424, 425
Wien-Ottakring	436
Wien-Penzing	433
Wien-Simmering	430
Wien-Währing	438, 439
Wien-Wieden	419, 420
Wiesen im Pfitschtal (Südtirol)	476
Wulkaprodersdorf	332
Yspertal	386, 387
Zams	87
Zeiselmauer	388
Zell am Moos	189
Zell am See	133
Zell am Ziller	88
Zeltweg	293
Zöblen	89

WIRTSHÄUSER

Aiola im Schloss	261
Alexanderhütte & Sennerei	222
Almgasthof Windlegern	156
Alpengasthof Brunella Stüble	26
Alpengasthof Grobbauer	273
Alpengasthof Kasern	69
Alte Point	203
Altes Brauhaus	316
Angerer Alm	81
Bärenwirt	213
Bauernkuchl	61
Beim Dresch	64
Beim Krutzler	319
Berggasthof Dorfner	470
Bertahof	101
Biohotel Schwanen	14
Blaue Gans	121
Blaue Quelle	66
Bräurup Hotel, Restaurant, Brauerei	113
Brunnwirt	105
Brunnwirt Kassl	212
Buschenschenke Brunnerhof	227
Café Bar Restaurant Dorfmitte	32
Café Konditorei Zanona	21
Claus Curn	373
Culinariat im Bergergut	175
Der Brandlwirt	117
Der Brandstetter	437
Der Gannerhof	70
Der Hambrusch	209
Der Kirchenwirt	109
Der Schützenwirt	127
Der Steirer	259
Der Unterwirt	63
Der Weiserhof bei Jules	119
Der Wilde Eder	283
Die Donauwirtinnen	172
Die geheime Specerey	120
Die Genusswerkstatt	30
Die Kochwerkstatt	217
Die Metzgerei	433
Die Völlerei Restaurant & Bar	116
Die Weinbank	253
Döllacher Dorfwirt	211
Döllerers Wirtshaus	106
Donauwirt	385
Duspara	421
Edelweiss am Öberle	13
Einkehr Holzingerbauer	125
Einkehrgasthof Grünwald	204
Falschauerhof	472
Färberwirt	159
Fernruf 7	174
Fischerheim am Schleienloch	27
Forellengasthaus zur Raabklamm	249
Fränzle's	24
Freyenstein	438
Fuhrmann	426
Gampe Thaya	82
Garsun	468
Gasthaus „Zum Simale"	219
Gasthaus Adler	29
Gasthaus Alte Mühle	41
Gasthaus Bärenbichl	74
Gasthaus Buchegger	360
Gasthaus Csencsits	318
Gasthaus Gemsle	17
Gasthaus Gibiser	320
Gasthaus Gössnitzer	160
Gasthaus Großvenediger	80
Gasthaus Haag	352
Gasthaus Haberl	265
Gasthaus Haderer	170
Gasthaus Hinterbrühl	124
Gasthaus Kleebauer	154
Gasthaus Krenn	288
Gasthaus Kürbishof	466
Gasthaus Lamm Mitterwirt	474

Wirtshäuser REGISTER

Gasthaus Lindner	279	Gasthof Hotel Adler	33
Gasthaus Naturwirt	76	Gasthof Isserwirt	75
Gasthaus Nester	84	Gasthof Klinger	163
Gasthaus Pauritsch	276	Gasthof Kollar-Göbl	252
Gasthaus Planötzenhof	73	Gasthof Lang zur Festenburg	271
Gasthaus Poppmeier	226	Gasthof Liegl	224
Gasthaus Pöschl	407	Gasthof Mohren	36
Gasthaus Quell	434	Gasthof Morent	89
Gasthaus Reinthaler	398	Gasthof Oberraut	467
Gasthaus Schäfle	38	Gasthof Populorum	176
Gasthaus Schiffle	18	Gasthof Rahofer	169
Gasthaus Schlagerwirt	161	Gasthof Rössle	31
Gasthaus Schloss Hochhaus	187	Gasthof Schichlreit	99
Gasthaus Schmitzberger	414	Gasthof Schloss Aigen	122
Gasthaus Seebauer	177	Gasthof Schöne Aussicht	46
Gasthaus Stainzerbauer	256	Gasthof Sölkstub'n	280
Gasthaus Steegwirt	157	Gasthof Waldemar	215
Gasthaus Strutz	278	Gasthof Walits-Guttmann	314
Gasthaus Taverne Pöll	168	Gasthof Wispelhof	216
Gasthaus Wolf	419	Gasthof zum Dorfschmied	218
Gasthaus Zum Edi	167	Gasthof zum Schupfen	78
Gasthaus zum Fallenstein	262	Gasthof zum Schwan	86
Gasthaus zum Felx'n	179	Gastwirtschaft Der Tschebull	206
Gasthaus zum Neusiedler	442	Gastwirtschaft Floh	363
Gasthaus zum Türkenwirt	324	Gastwirtschaft Huth	399
Gasthaus-Restaurant Thaller	287	Gelbmanns Gaststube	436
Gasthof Ahorner	182	Genuss am See	250
Gasthof Alpenrose Seehäusl	221	Genusstreffpunkt Höfer	292
Gasthof Eberhard	284	Gerüchteküche	258
Gasthof Failler zum Goldenen Lamm	348	Giorgina	400
Gasthof Familie Hutter	330	Gmoakeller	415
Gasthof Fürberg	126	Gowerl-Haus	321
Gasthof Gasser	235	Greißlerei De Merin	260
Gasthof Gregorits	323	Grüll Bistro	107
Gasthof Gröbenhof	67	Grünauer	425
Gasthof Hinterleithner	384	Grünhilde	185
Gasthof Hirschen	42	Gustl kocht	416
Gasthof Hohlwegwirt	108	Gut Purbach	329
Gasthof Holzer	272	Hallerwirt	59
		Hausmair's Gaststätte	424

489

REGISTER Wirtshäuser

Heidingers Gasthaus	435
Heuriger am Gut Oggau	327
Hiasl Zirbenhütte	230
Hotel Bärnsteinhof	152
Hotel Gasthof Kreuz	44
Hotel Gasthof Krone	28
Hotel Gutwinski	19
Hotel Madrisa	25
Hotel Stigenwirth	266
Hotel Tiroler Buam	115
Hotel Traube Braz	15
Hotel Wegscheidhof	369
Hotel-Gasthof „Bräu"	88
Hotel-Restaurant Krainer	269
Hotel-Restaurant Retter	275
Hotel-Restaurant Waldheim	469
Huaba Hittn	229
Husarenwirt	100
Hüttwirt in Leogang	110
Ignaz Jahn	409
Illmitzer	322
Jagawirt Unterberger	264
Jamek	358
Jausenstation Wielandhof	112
Jeitler im Steinfeldhof	383
Jenichl Most & Mehr	164
Johannesmesner	225
Kalteis	359
Kirchenwirt Mehrn	60
Kleinsasserhof	231
Kloster-Restaurant Propstei	40
Klostergasthaus Thallern	351
Knapp am Eck	180
Knappenhof	374
Köglerhof	166
Kommod	427
Kopp	441
Krämerladen auf Gut Wildshut	129
Kulinarik- und Genießer-wirtshaus Alpin	58
Labstelle	402
Landgasthaus Holzpoldl	171
Landgasthaus Winkelhofer	365
Landgasthaus zum Seher	350
Landgasthof Hotel Schäfle	23
Landgasthof Linde	85
Landgasthof Löckerwirt	128
Landgasthof Riegerbauer	282
Landgasthof zur Linde	362
Landhaus zu Appesbach	131
Landhauskeller	257
Landhotel Grünberg	165
Landhotel Hubinger	254
Landhotel Keplingerwirt	181
Landhotel Yspertal	386
Langwallner Gasthaus und Fleischerei	189
Looshaus	372
Lugeck	403
Magma	20
Mährische Botschaft	375
Malerwinkl	263
Mast	428
Mayerwirt	377
Meissl & Schadn im Hotel Grand Ferdinand	404
Metzgerwirt	223
Mohnwirt Neuwiesinger	376
Mühlsteinstube	364
Neunläuf	356
Nibelungenhof	381
Nikolaihof	366
Oberraindlhof	475
Öhlknechthof	357
Oliver kocht	281
Oscar kocht	71
Paracelsusstube in der Stiegl-Brauwelt	118
Penzinghof	79
Pollak's Wirtshaus	

Wirtshäuser REGISTER

Der Retzbacherhof	382	Schlossstern Velden	234
Postgasthof Gemse	87	Schlosstaverne Farrach	293
Poststube 1327	186	Schnalshuberhof	464
Pretzhof	476	Schöne Perle	410
Rankweiler Hof	37	Schwarz	370
Rauch-Hof	270	Schweizerhaus	411
Rauchenbichlgut	123	Seebacher	208
Rauchkuchl Berngarten-Schwaigerlehen	132	Seehotel Restaurant Winkler	114
		Seewiese Altaussee	248
Rauner	173	Signaterhof	473
Rebhuhn	429	Sonneck	465
Reisinger's am Salzgries	406	Sonnhof Wirtshaus-Stuben	130
Restaurant & Bar Fuxbau	43	Spitzwirtin	153
Restaurant Alte Burg Gmünd	207	Stafler	432
Restaurant Bachler	202	Steinerwirt	133
Restaurant Durnwald	471	Steira Wirt	289
Restaurant Eckel	440	Steirereck Meierei	417
Restaurant Florian	255	Stern	430
Restaurant Gorfer	162	Strasserwirt	83
Restaurant Heimspiel	68	Ströck-Feierabend	418
Restaurant Hoamat	268	Strumerhof	77
Restaurant Hofkuchl	277	Stuwer	412
Restaurant Kupferdachl	290	Taverne Silmbroth	178
Restaurant Moritz	210	Tirolerhof	62
Restaurant Roots	422	Traditionsgasthof Löwen	45
Restaurant Varga	317	Uhudlerei Mirth	315
Restaurant 's Schulhus	34	Vinzenz Pauli	378
Riese Haymon	72	Wachauerstube	349
Rois	368	Wachter-Wiesler	313
Romantikhotel Gmachl	104	Waldschenke am Sternstein	158
Rudis Beisl	423	Weinbeisserei	367
s' Achtele	35	Weinhaus Pfandler „Zu den seligen Affen"	431
Satzinger	155		
Schallerwirt	267	Weinlokal Rebberg	39
Schauflinger's Gasthaus	188	Weinstube Aichinger	379
Schiller – zum grünen Baum	380	Weisses Rössl	232
Schilling – Zur Angermühle	361	Weydner Wirtshaus	371
Schloss Kammer Hotel & Landgasthof	111	Weyerhof	102
		Winterstellgut	98
Schloss Lerchenhof	214	Wir:zhaus	285

REGISTER Wirtshäuser

Wirt am Markt	184
Wirtschaft zum Schützenhaus	22
Wirtshaus Buchinger	353
Wirtshaus Friedrich	251
Wirtshaus Gallbrunner	291
Wirtshaus Gelter	228
Wirtshaus Jagawirt	286
Wirtshaus Kunsthandwerk	220
Wirtshaus Meißl	274
Wirtshaus Umadum	233
Wirtshaus zur Taube	12
Wirtshausbrennerei Krenn	387
Wohlrabs Schenkhaus	332
Zachhofalm	103
Zollnerseehütte	205
Zu den Drei Hacken	408
Zum alten Weinstock	331
Zum Friedensrichter	413
Zum fröhlichen Arbeiter	312
Zum gemütlichen Weinhauser	439
Zum goldenen Hirschen	16
Zum Haiderwirt	183
Zum Herztröpferl Gutsgasthaus	326
Zum lustigen Bauern	388
Zur Dankbarkeit	328
Zur Herknerin	420
Zur Traube	325

GLOSSAR

Ajvar: *„Gemüsekaviar", Mus aus Paprika oder Paprika und Auberginen*
Almraunkerln: *in Fett gebackene, herzförmige Küchlein, deren Teig durch saure Sahne seinen charakteristischen Geschmack bekommt*
Apfelschlangl: *Apfelkuchen aus Mürbteig*
aufg'setzte Henn': *Brathuhn mit Semmel- und Hühnerleberfülle*
Baumkuchen: *schichtweise (original über offener Flamme) gebackener Kuchen, auch „Prügeltorte" genannt*
Beiried: *Zwischenrippenstück, flaches Roastbeef, Rostbraten*
Besoffener Kapuziner: *kleiner, in (Gewürz-)Wein getunkter Haselnusskuchen*
Beuschel: *Ragout von Kalbs- oder Rinderlunge (manchmal auch mit Herz und sonstigen Innereien)*
Bigala: *Apfelmost-Uhudler-Verschnitt*
Bladln: *Pinzgauer Spezialität, in heißem Fett kurz herausgebackene Teigfladen aus Roggenmehl*
Blinis: *Eierkuchen (Osteuropa)*
Blondvieh: *Kärntner bzw. Waldviertler Rinderrasse mit hellem, mitunter weißem Fell*
Blunz(e)n: *Blutwurst*
Bluttommerl: *Schweineblutpudding*
Bogrács: *aus Ungarn stammender Kochkessel, in dem man traditionell Suppen oder Eintöpfe über offener Flamme zubereitet*
Bohnschoten: *grüne Bohnen*
Bratl: *Schweinsbraten*
Bratlfett: *erkalteter Fettrückstand des Schweinsbratens samt geliertem Bratensaft*
brocken: *pflücken, sammeln*
Bruckfleisch: *Ragout aus Rindsinnereien, jenen Teilen, „die von der Schlachtbrücke fallen" und als wenig begehrt gelten; Milz, Kronfleisch, Herz, Bries, Lichtln (Schlagadern)*

Buchteln: *im Rohr gebackener, meist mit Konfitüre gefüllter Hefeteigkloß, Rohrnudel*
Buschenschank, -schenke: *Gastronomiebetrieb, in dem ein Landwirt, der einen Obst- oder Weingarten besitzt, seine Erzeugnisse (Getränke, Speisen) ausschenken und servieren darf. Dieses Recht geht auf eine Verordnung Josephs II. aus dem Jahr 1784 zurück. Wenn geöffnet ist, zeigt dies der Hauer mit einem oberhalb des Eingangs angebrachten Büschel („Buschen") an.*
Confit: *(oft im eigenen) Fett gekochtes und haltbar gemachtes Fleisch*
Dalken: *böhmische Mehlspeise, kleine, in Schmalz herausgebackene Hefeteigfladen*
Datschi: *mit Obst (meist Pflaumen) belegter Hefekuchen*
Dirndl: *Kornelkirsche*
Eierschwammerl: *Pfifferling*
Einbrenn: *Mehlschwitze*
Eiszapfen: *eine Rettichsorte*
Erdapfel: *Kartoffel*
Erdäpfelkäse, -kas: *Mixtur aus gestampften Kartoffeln, Quark und Gewürzen*
Erdäpfelzweckerl: *kleine Klößchen aus Kartoffelteig, den italienischen Gnocchi vergleichbar*
Farferlsuppe: *Mehlsuppe*
Faschierte Laibchen (Fleischlaberl): *Frikadellen, Buletten*
Fisolen: *grüne Bohnen*
Fleckerlspeis: *Gericht, das ursprünglich der Resteverwertung diente, Fleckerl (kleine Nudeln) mit Resten von Kraut, Wurst, Gemüse etc.*
Flecksuppe: *Kuttelflecksuppe*
Fledermaus: *besonders saftiges Stück Fleisch aus der Rinder- oder Schweinshüfte*
Frittaten: *Pfannkuchenstreifen, Suppeneinlage*
Gebackene Mäuse: *Nocken (kleine Klöße) aus Hefeteig, die in Fett gebacken werden*

GLOSSAR

Giersch: *Doldenblütler, wohlschmeckendes „Unkraut"*
Glundner Käse: *mager-würziger Kochkäse*
Gockel: *Hahn*
Grammeln: *Grieben*
Granggen: *Preiselbeeren*
Grantenschleck: *Creme aus Preiselbeeren und Schlagsahne*
Graukäse, -kas: *Käse aus Magermilch*
Gröstl: *Pfannengericht, meist mit Kartoffeln und Fleisch, mit Zwiebeln angeröstet*
Gundelpalatschinke: *nach dem ungarischen Koch Karl Gundel benannte Schokolade-Nuss-Palatschinke*
Hadn: *Buchweizen (Heidenkorn)*
Haluska: *ungarische Spezialität, Nudelgericht mit Quark und Speck, manchmal auch mit Grieben*
Häuptl: *Salatkopf*
Heidenbrein: *Einbrenn (Mehlschwitze) aus Heidengrieß (Buchweizengrieß)*
Hendl: *Huhn*
Heuriger: *eine Ausschank (in Ostösterreich), die in erster Linie Wein (meist den Wein der letzten Ernte, den „Heurigen") und ein Buffet anbietet. Die Bezeichnung ist im Gegensatz zu „Buschenschank" nicht gesetzlich definiert.*
Hoagascht: *Unterhaltung, geselliges Beisammensitzen (tirolerisch)*
Hoan, Hoadn: *siehe Hadn*
Holler: *Holunder*
Hüferschwanzel: *dreieckiger, grobfaseriger Muskel des Rindes, Pastorenstück*
Kanarimilch: *Vanillesauce*
Karree: *Rückenstück von Schwein oder Rind zwischen Nacken und Hinterkeule*
Kaspressknödel: *flach gepresste, in Fett gebackene Käseklöße aus Semmelknödelmasse*

Kasspatzen, Kasnocken, Käsknöpfle, Kässpätzle: *Spätzle, Nocken mit Käse*
Kitz: *junge Ziege (manchmal auch junges Lamm oder junges Reh)*
Klachlsuppe: *Suppe aus Schweinshaxen*
Kletzen: *gedörrte Birne*
Knödel: *Kloß*
Kochkäse: *weicher Sauermilchkäse*
Konfit: *siehe Confit*
Krainer: *Wurst aus grobem Brät mit Schweine-, Rindfleisch und Speck*
Krauthäuptl, auch Grazer Krauthäuptl: *Salatkopf aus der Steiermark, der zwischen Eissalat und herkömmlichem grünen Salat anzusiedeln ist*
Kren: *Meerrettich*
Krenfleisch: *einfaches Gericht aus gekochtem Schweine- oder Rindfleisch mit Wurzelgemüse und Meerrettich*
Kriecherl: *eine Pflaumensorte*
Krumpansterz: *Kartoffelsterz*
Kruspelspitz: *vor allem zum Kochen geeignetes Rindfleisch, unter der Schulter gelegen, von einem weichen Knorpel (= Kruspel) durchzogen*
Kübelspeck: *in einem Holz- oder Steingefäß (Kübel, Eimer) in Schmalz luftdicht eingelassener und auf diese Weise konservierter Speck*
Kukuruz: *Mais*
Kutteln, Kuttelfleck: *Kaldaunen, Rindermagen*
Langos: *in Fett gebackene Hefeteigflade (ursprünglich aus Ungarn – dort Lángos)*
Laxn: *Kärntner Seeforelle*
Leberschädel: *Braten aus faschierter Leber, in Schweinenetz eingebunden*
Liptauer: *pikanter Frischkäse-Brotaufstrich ostösterreichisch-slowakischen Ursprungs*
Mageres Meisel: *mageres Rindfleischstück von der Schulter, auch „falsches Filet" oder „Schulterfilet" genannt*

GLOSSAR

Maischerl: *Kärntner Art der Saumaise, im Netz gebratener, faschierter Schweinskopf mit Rollgerste*
Maiwipferl: *junge Triebe von Nadelbäumen*
Marille: *Aprikose*
Marmelade: *Konfitüre*
Melanzani: *Aubergine(n)*
Milchner: *umhüllter Samen des männlichen Karpfens, von ähnlicher Konsistenz wie Bries*
Millirahmstrudel: *Milchrahmstrudel, Quarknachspeise*
Mohnnudeln: *von Hand geformte, längliche Nocken aus Kartoffelteig (ähnlich den Schupfnudeln), in einer Mohn-Zucker-Mischung gewälzt und mit geschmolzener Butter übergossen*
Mohr im Hemd: *kleiner Nussgugelhupf, mit Schokoladensauce übergossen, mit Schlagsahne serviert*
Most: *vergorener Trauben-, Apfel- oder Birnensaft*
Mulbratl: *Schweinskarree, das naturgepökelt und über Buchenholz geräuchert wird, oststeirische Spezialität*
Navette: *Speiserübenart, Mairübe*
Ni(e)dei: *Klößchen aus Kartoffelteig*
Nierndl: *Niere*
Nock(e)n, Nockerl: *Spätzle, kleine Teigklößchen*
Oafisch: *pochiertes Ei*
Osso Collo: *kaltgeräuchertes, getrocknetes Fleisch vom Schweinekamm*
Palatschinken: *Pfannkuchen*
Paradeiser: *Tomaten*
Pastrami: *geräuchertes, gewürztes (Rind-)Fleischstück*
Pofesen: *in Ei gebackene, üblicherweise mit Powidl gefüllte Weißbrotscheiben*
Pogatscherl: *süßes oder salziges kleines Gebäck*
Polsterzipf: *frittiertes, mit Marmelade gefülltes Gebäck*
Potitze: *mit Nüssen oder Mohn gefüllte Mehlspeise*

Powidl: *sehr lange gekochtes Zwetschkenmus ohne Zuckerzusatz*
Powidltascherl, Powidldaschgerl: *Teigtaschen aus Kartoffelteig, mit Powidl gefüllt*
Pusterer Tirtlan: *knusprig gebackene Krapfen mit einer Füllung aus Quark und Spinat oder Kraut aus dem Südtiroler Pustertal*
Radi: *Rettich*
Reibgerstel: *Graupen oder Rollgerste*
Rein, Reindl: *Kasserolle*
Reindling: *gefüllter Napfkuchen aus Hefeteig*
Reinkerln: *meist gefülltes Gebäck*
Ribisel: *Johannisbeeren*
Riebelmais: *in Milch aufgekochter Maisgrieß (weißer Riebel: eine in Vorarlberg beheimatete, alte weiße Maissorte)*
Rieddeckel: *grobfasriges, saftiges Rindfleisch vom oberen Teil des Roastbeefs, Hochrippendeckel*
Rillettes: *Brotaufstrich aus Fleisch, das im eigenen Saft und Fett gekocht wird (Frankreich)*
Ritschert: *Eintopf mit Gerste*
Rohnen: *Rote Bete, Rote Rüben*
Röster: *Aprikosen- oder Zwetschkenkompott*
Rotlärchenes: *luftgetrocknetes Schweinskarree*
Saitling: *Naturdarm*
Salettl: *Gartenhäuschen, Pavillon*
Sauerrahm: *saure Sahne, Schmand*
Schanigarten: *Gastronomiebereich bzw. kleiner Gastgarten auf dem Bürgersteig direkt vor dem Lokal*
Schermrippe: *(ausgelöstes) Beinfleisch*
Schlipfkrapfen, Schlutzkrapfen, Schlutzer: *gefüllte Teigtasche*
Schlögel: *Keule*
Schmarr(e)n: *Mehlspeise aus zerteiltem Palatschinken- oder Grießteig*

GLOSSAR

Schokofondant: weiche, pastöse Zuckermasse auf Schokoladebasis
Schopf: Schweinekamm
Schotten: geräucherter Frischkäse aus Buttermilch
Schüblingwurst: die Vorarlberger Art der Knackwurst („Knacker"), etwas größer und gröber als in Restösterreich und ohne Kartoffelstärke, vergleichbar dem Schweizer Cervelat
Schulterscherzel: Schaufelstück, Mittelbugstück vom Rind
Schupfnudeln: von Hand geformte, längliche Nocken (meist aus Kartoffelteig)
Schwarzbeeren: Heidelbeeren
Schwarzgeselchtes: Fleisch aus intensiver Feucht-Heißräucherung mit dunkler Färbung
Schwarzplenten: Buchweizen (Südtirol)
Spagatkrapfen: Krapfen, die entweder mit einer speziellen Form oder mit Bindfaden (Spagat) an einen Holzstab oder eine Blechröhre fixiert frittiert werden
Stanitzel: (Eis-)Tüte aus Waffelteig
Stelze: Eisbein
Sterz: Getreidebrei aus Buchweizen oder Maisgrieß, auch aus Kartoffeln
Stöcklkraut: in großen Stücken mit dem Schweinsbraten mitgebratenes Weißkraut
Störibrot: Mischbrot aus verschiedenen Mehlsorten
Strauben: süßes Backwerk; der flüssige Teig wird durch einen Trichter in heißes Fett eingelassen und gebacken
Subiere, Subira: „Saubirne" (Vorarlberg), die vor allem in destillierter Form als „Subirer" (Schnaps) geschätzt wird
Sulz: Sülze, in Aspik Eingelegtes
Sura Kees/Käs: Vorarlberger Magerkäse, ähnlich dem Tiroler Graukäse
Tafelspitz: gekochtes Schwanzstück vom Rind
Tapioka: aus der Maniokwurzel gewonnene Stärke
Tarhonya: Eiergraupen, traditionelle Teigware der ungarischen Küche
Tirtlen, Tiaterln: siehe Pusterer Tirtlan
Topfen: Quark
Tellerfleisch: gekochtes Rindfleisch
Uhudler: burgenländischer Wein aus verschiedenen Direktträger-Traubensorten
Vanillerostbraten: dünne, gebratene Rindfleischscheiben (vom Roastbeef); Fond wird mit Knoblauch, nicht mit Vanille gewürzt (Vanille ist früher zu teuer für Durchschnittsverdiener gewesen – der Knoblauch ist so zur „Vanille des einfachen Mannes" geworden).
Vinschger Ur-Paarl, Vinschgauer: älteste Variante des Paarl-Brots aus dem Vinschgau; kleine, runde Sauerteigbrote, die mit Roggen und Dinkel sowie regionalen Kräutern und Gewürzen gemacht werden
Wadschunken: Hesse, Wade, Teile des Unterschenkels von Rind oder Kalb
Waldviertler Knödel: Kloß aus Kartoffelteig, hergestellt jeweils zur Hälfte aus gekochten und rohen Kartoffeln
Wuzinudeln: von Hand geformte Kartoffelteignudeln
Zeller: Sellerie
Zwetschkenfleck: Zwetschkenkuchen aus Mürb- oder Hefeteig

IMPRESSUM

Sämtliche Angaben in diesem Werk erfolgen trotz sorgfältiger Bearbeitung ohne Gewähr. Eine Haftung der Autoren bzw. Herausgeber und des Verlages ist ausgeschlossen.

©2018 Servus Verlag bei Benevento Publishing Salzburg – München, einer Marke der Red Bull Media House GmbH, Wals bei Salzburg

Alle Rechte vorbehalten, insbesondere das des öffentlichen Vortrags, der Übertragung durch Rundfunk und Fernsehen sowie der Übersetzung, auch einzelner Teile. Kein Teil des Werkes darf in irgendeiner Form (durch Fotografie, Mikrofilm oder andere Verfahren) ohne schriftliche Genehmigung des Verlages reproduziert oder unter Verwendung elektronischer Systeme verarbeitet, vervielfältigt oder verbreitet werden. Gesetzt aus der Adobe Caslon Pro und der Whitney.

Herausgeber: Severin Corti & Georges Desrues
Verlag: Red Bull Media House GmbH
Oberst-Lepperdinger-Straße 11–15
5071 Wals bei Salzburg, Österreich
Redaktion: Andreas Wollinger, Uschi Korda

Satz: Matthias Preindl, Dominik Uhl
Lektorat: Hans Fleißner, Petra Hannert
Lithografie: Josef Mühlbacher

Umschlaggestaltung: Matthias Preindl
Cover-Ilustration: Andreas Posselt

Printed in Slovakia
ISBN: 13 9783710401855